明沈应时家族墓地

（上册）

洛阳市文物考古研究院
吴业恒　史家珍　马占山　等
编著

科学出版社
北京

内 容 简 介

本书是对2012年洛阳市文物考古研究院发掘的明南京工部尚书沈应时及其家族墓地的全面报告与综合研究。全书分五章：第一章介绍地理位置、地形地貌、历史沿革等，第二章介绍墓地概况及发掘经过，第三章介绍墓葬概况、形制及出土遗物，第四章为墓志考释，第五章综述洛阳地区出土明代墓葬。沈应时家族墓地由5座墓葬组成，均为夫妇合葬墓，排列规律，年代从明嘉靖至崇祯时期，出土了大量陶俑及日常生活用具，尤其是在沈应时墓中发现的明代官员出行图是近年来洛阳地区明代考古的重要收获，丰富了人们对明代社会及埋葬习俗的认识，为研究洛阳地区明代葬俗提供了一批重要资料。

本书可供考古、历史、文物、艺术等方向研究者和爱好者，以及大专院校相关专业师生阅读、参考。

图书在版编目（CIP）数据

明沈应时家族墓地：全2册 / 吴业恒等编著. — 北京：科学出版社，2021.6
ISBN 978-7-03-069228-3

Ⅰ. ①明… Ⅱ. ①吴… Ⅲ. ①墓葬（考古）－发掘报告－洛阳－明代
Ⅳ. ①K878.85

中国版本图书馆CIP数据核字（2021）第113409号

责任编辑：张亚娜 周 赒 / 责任校对：邹慧卿
责任印制：肖 兴 / 书籍设计：北京美光设计制版有限公司

科学出版社 出版
北京东黄城根北街16号
邮政编码：100717
http://www.sciencep.com

北京华联印刷有限公司 印刷
科学出版社发行 各地新华书店经销

*

2021年6月第 一 版 开本：889×1194 1/16
2021年6月第一次印刷 印张：31 1/4 插页：4
字数：900 000

定价：498.00元（全二册）

（如有印装质量问题，我社负责调换）

目　录

引　言

洛阳以位于洛水之北而得名，地势西高东低，境内山川丘陵交错，河渠密布，气候适中，雨量足而不溢，河水沛而不滥，土地肥沃，物产富饶，退可丰衣自足，进可虎视天下。万涓归流，滴水成江，千百年来，洛河盆地以其优越的地理位置和自然环境，自旧石器时代晚期以来就一直是人类进化繁衍的理想之所。沿伊洛瀍涧两岸分布着数以千计的新石器文化遗存，星罗棋布的古代遗存奠定了洛阳天下之中的物质和人文基础，从而孕育出灿烂的古代文明，催生了以洛阳为中心的华夏文明，造就了“天下之中”“五都贯洛”的千古传奇，缔造了中华文明的根基，积淀了丰富的文化底蕴，以“河图洛书”代表的河洛文化被奉为“人根之祖”“人文之祖”。清人陈心传赞美洛阳为“天心地胆之中，阴阳风雨之会，四通八达之所，声名文物之区”，是对洛阳的天然形势和人文风貌的精辟描绘。

俗话说“生在苏杭，葬在北邙”。“洛阳北门北邙道，丧车辚辚入秋草。……山头松柏半无主，地下白骨多于土。”[①]“北邙山头少闲土，尽是洛阳人旧墓。旧墓人家归葬多，堆著黄金无买处。”[②]邙山作为千千万万人死后梦寐以求的最终归属，它所承载的不仅是人们对肉体的安置，也是人们死后“魂灵”的寄托，古柏森森、墓冢林林，构成了邙山独特的历史人文景观。邙山，又称北邙，属秦岭崤山余脉中间的一段，横亘在黄河和伊洛盆地之间，属黄土丘陵地带，高出黄河、洛河水面约150米，其中洛阳城北南北16、东西30公里的范围内，地势开阔，地处黄河与洛水交汇处，这种地形俗称“水口”，从“风水学”的角度来看，这“水口”恰是帝王贵胄、王侯将相理想中的风水宝地。明南京工部尚书沈应时家族墓地坐落在隋唐洛阳城之北的邙山南麓。

---

① （唐）张籍：《北邙行》，《张籍诗集》，中华书局，1959年。
② （唐）王建：《北邙行》，《王建诗集》，中华书局，1959年。

第一章

地理位置与历史沿革

第一节　地理位置与地形地貌

洛阳位于河南省西部，横跨黄河中游两岸，亚欧大陆桥东段，地理坐标东经111° 8′ ～112° 59′，北纬33° 35′ ～35° 05′。有“天下之中”“九州腹地”之称。洛阳地处暖温带南缘向北亚热带过渡地带，四季分明，气候宜人。年平均气温14.2℃，降雨量546毫米。东邻郑州，西接三门峡，北跨黄河与焦作接壤，南越伏牛与平顶山、南阳相连。东西长约179公里，南北宽约168公里，总面积15208平方公里（图1-1）。

洛阳市地处华北地台与秦岭褶皱系的接合部位，横跨两个一级大构造单元。辖区地貌轮廓明显，分为东北部黄土地貌和西南部山地地貌两大类型。山地面积、丘陵面积、平原面积分别占总面积的45.51%、40.73%、13.8%。全市总体地势西、南部高，中、东部低。主要山脉有邙山、伏牛山、熊耳山、外方山、崤山。境内最高点海拔2212.5米，最低点海拔112.8米。洛阳市东部主要是海拔300米以下的平原地区，总面积19.01万公顷，占全市总土地面积的12.48%。土壤肥沃，以褐土、潮土为主，农业生产条件优越；北中部丘陵区多为海拔500米左右的丘陵和浅山，地势起伏，切割严重，总面积52.41万公顷，占全市总土地面积的34.41%。境内河渠密布，分属黄河、淮河、长江三大水系。黄河、洛河、伊河、清河、磁河、铁滦河、涧河、廛河等10余条河流纵横蜿蜒其间，故有“四面环山、六水并流、八关都邑、十省通衢”之称。洛阳地处中原，山川纵横，形势险要，西出崤函通秦川，东跨嵩岳瞰平原，北倚太行黄河险，南望伏牛宛叶间，“河山拱戴，形势甲于天下”。

图1-1　洛阳地形地貌图

第二节　历史沿革

以洛阳为中心的河洛地区，历史上被称为“河南”，与“河东”“河内”相对应，是华夏民族最早的政治活动中心。自有历史记载以来，洛阳一直是这一地区的政治、经济、文化中心。

河洛地区是中华文明形成和发展的核心区域，中国古代帝喾、唐尧、虞舜、夏禹等神话，多传于此。它也是中国第一个奴隶制国家——夏朝的主要活动区域。夏太康迁都斟鄩；商汤定都西亳；武王伐纣，八百诸侯会孟津，江山甫定即“迁宅成周，宅兹中国”；周成王时，周公辅政，因虑“四方入贡，道里均”而营建洛邑，迁九鼎于洛邑，此即为成周城；平王东迁，定都洛邑；秦时置县，为三川郡治；汉高祖都洛，旋即西迁；东汉定都雒阳；三国时魏改“雒”作“洛”。此后洛阳历为河南郡，后魏置司州，东魏改为洛州，北周置东京六府、洛州总管。开皇元年（581年）改六府，置东京尚书省。其年废东京尚书省。开皇二年（582年）废总管，置河南道行台省。开皇三年（583年）废行台，以洛州刺史领总监。开皇十四年（595年）于金墉城别置总监。东魏迁邺，改为宜迁县。炀帝即位置河南县。大业元年（605年）徙入新都（东都），武德四年（621年）废。贞观六年（632年）号洛阳宫，显庆二年（657年）曰东都，光宅元年（684年）曰神都，神龙元年（705年）复曰东都，天宝元年（742年）曰东京，至德元年（756年）复为东都，上元二年（761年）罢京。

宋为西京。洪武二十四年（1391年）建伊王府，嘉靖四十三年（1564年）废。万历二十九年（1601年）十月建福王府。清置洛阳县，隶河南府。民国建立，废河南府，设河南道，道尹公置驻洛阳。1923年、1939年洛阳两度成为省会。1932年，为国民政府“行都”。1948年，洛阳解放。1954年，洛阳升格为河南省直辖市（今地级市）。现辖7县7区，总面积1.52万平方公里，其中市区面积2229平方公里；总人口717.02万，其中市区人口342万，为河南省第二大城市。

洛阳是我国“八大古都”之一，夏、商、周、东汉、三国魏、西晋、北魏（孝文帝以后）、隋（炀帝）、武周、五代唐等朝代先后定都于此；新莽、唐、五代梁、晋、汉、周、北宋、金（宣宗以后）皆以此为陪都。洛阳在战国至西汉时是全国性商业都市之一，东汉、魏晋、隋唐时更是全国乃至全亚洲的经济、文化中心。

第二章

墓地概况及发掘经过

第一节　墓地概况

沈应时家族墓地位于洛阳市道北二路和经八路交叉口东北，洛阳市老城区苗南村东南，东距定鼎北路300米，南距隋唐洛阳城宫城北城墙约800米。地理坐标东经112° 26′ 40.5″，北纬34° 41′ 45.8″，海拔163米。根据近年考古材料，墓地南侧为一条东西大道，宽20余米，厚6米左右，路土板结致密，与隋唐洛阳城北城墙平行（图2-1）。墓地距隋唐洛阳城宫城北墙约600米，倚邙山，望伊阙，临小溪。西侧溪水约在20世纪八九十年代干涸断流，河道填平，辟为农田。现墓地所在周边已是高楼林立，无复原始地形地貌。据当地村民回忆，在20世纪五六十年代沈应时家族墓地所在区域地面还有石羊、石虎等石刻造像，后来不知所终。

沈应时，正史无传。《清史稿》内有同名人物事迹。《清史稿》卷二三六载："（顺治十八年）大军至，结筏以济，（吴三桂）遣总兵马宁、沈应时追之（明桂王朱由榔）。"[①]《清史稿》卷四七四："（顺治十七年）十月，（吴三桂）又疏请置援剿四镇，以马宁、沈应时、王辅臣、杨武为总兵。皆允之。"[②] 考察此沈应时活动年代，与出土的沈应时墓志记载年代相去甚远。《河南通志》卷五十九载："沈应时，字子易，河南卫人，嘉靖庚戌进士。备兵海上，值严嵩私人赵文华为总督，侵军储数十万，事败，嵩嘱从宽，应时勘报务尽法，触嵩怒，迁凉州参议，能先机料敌，敌不敢犯，既抚西夏，于敖忽洞、小松山、白城子，屡以捷闻，累擢户部侍郎。时张居正当国，以应时不附己，迁南工部尚书，岁余乞归。"[③] 又据《河南通志》卷四十九："沈应时，明南京工部尚书，墓在府城北十里北邙山之麓。"[④] 这与出土的沈应时墓志内容及墓地所在位置相吻合，因此，该墓葬应为《河南通志》等文献所记载的明南京工部尚书沈应时之墓，该墓地应为沈应时家族墓地。

历年来，洛阳已发掘的明代墓葬不多，主要分布在邙山南麓的瀍河东花坛和涧西区汉宫路一带（图2-2）。此次发掘的沈应时家族墓地位于两个区域之间，为新发现的一处明代墓葬分布较为集中的区域，该区域内除沈应时家族墓地之外，还发现了明真定县令刘润家族墓群和一些小型明墓，尤其是沈应时家族和刘润家族关系十分密切，曾两代联姻。这些明代墓地的发现与发掘，为我们研究明代埋葬习俗提供了重要资料。

---

① 赵尔巽，等：《清史稿》卷二三六，中华书局，1976年。

② 赵尔巽，等：《清史稿》卷四七四，中华书局，1976年。

③ （清）王士俊，等修：《河南通志》卷五十九，《钦定四库全书》影印本。

④ （清）王士俊，等修：《河南通志》卷四十九，《钦定四库全书》影印本。

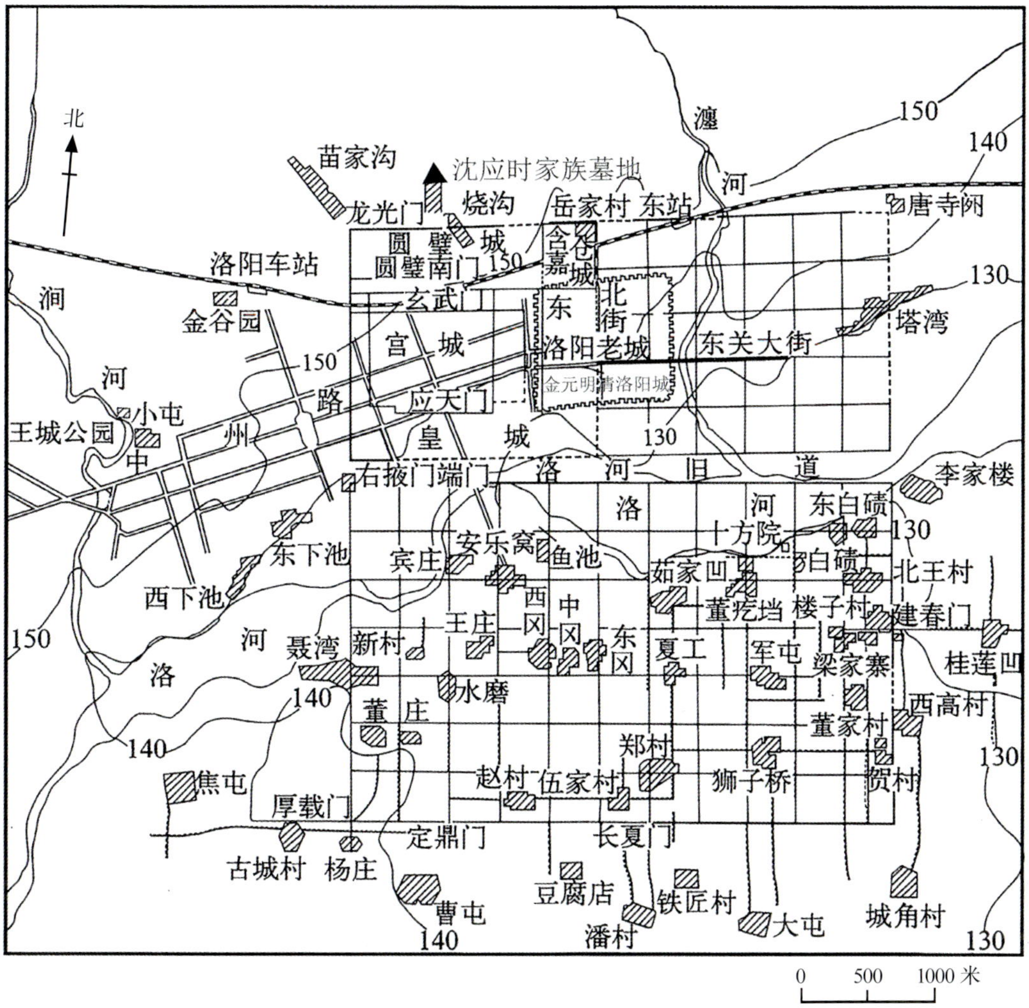

图2-1　沈应时家族墓地与隋唐洛阳城和金元明洛阳城（洛阳老城）相对位置

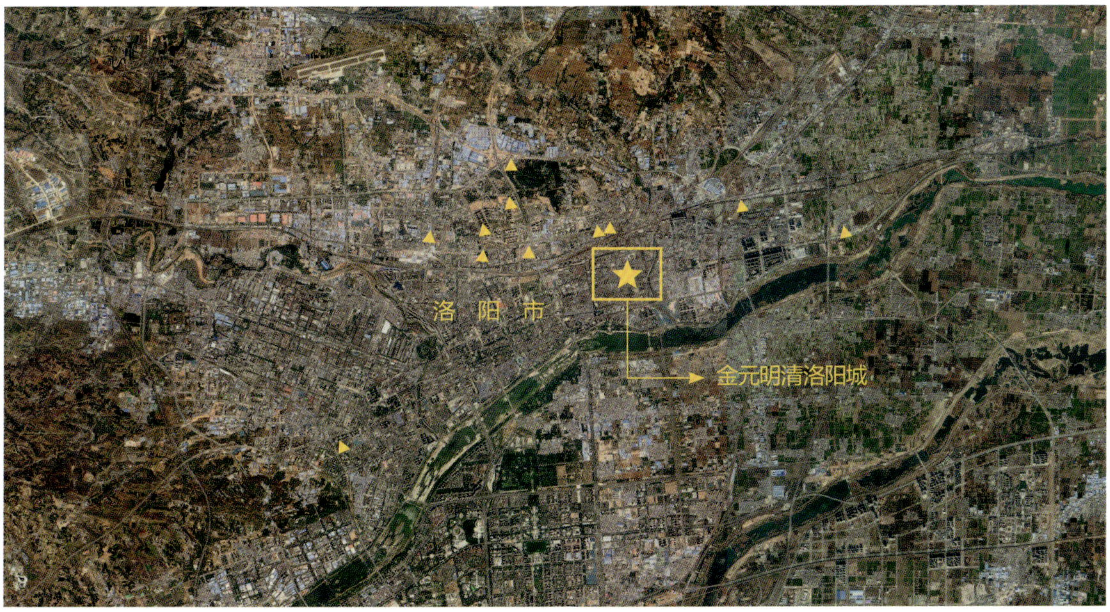

图2-2　洛阳市明代墓葬出土地点

第二节　发掘经过

2012年2月，洛阳市“都市雅居建材市场”项目启动。根据钻探资料，在建设区域内发现成组砖瓦窑和大批墓葬，经报请国家文物局批准，对窑址和墓葬区进行了考古发掘。清理成组唐代砖瓦窑址2组、散窑4座，砖瓦窑资料已编辑出版《洛阳市定鼎北路唐宋砖瓦窑址考古发掘报告》一书。墓葬600余座，有汉、晋、魏、宋、明、清等时期墓葬，也有大量近现代墓葬。其中有北魏墓1座，墓主为北魏平原王元祉，资料已整理出版《洛阳北魏元祉墓发掘简报》和《洛阳北魏元祉墓》一书，部分东汉和宋代墓葬的考古发掘简报均已发表。

据钻探资料，沈应时家族墓地所在区域墓葬分布密集，各时期墓葬交错叠压，打破关系较为复杂。其中有四座长斜坡墓道墓葬，钻探调查推断为汉墓。由于开发商资金等问题，该工地经考古钻探后，闲置达十年之久，现场无人看护，围墙内灌木丛生，盗洞遍地，墓葬多被盗扰或迁坟破坏。

结合现场实际情况，我们对四座长斜坡墓道墓葬采取探方与探沟相结合的方法进行考古发掘，即在墓室上方布探方，墓道部位开探沟。因平整土地和历年人类活动，该区域地层堆积已被完全破坏，耕土层和垫土下即为墓道开口，未见封土痕迹。墓葬均被盗扰，盗洞一般位于墓道与墓室结合部或墓室顶部，墓室破坏严重，墓室均已坍塌或扰乱淤实。

由于工期紧、任务重，我们通过探方发掘了解清楚墓葬开口和周边情况以后，随即采取人工清理和机械开挖相结合，即对墓道进行人工清理，对墓室上部进行机械大开挖，整体揭露。2016年4月5日，在清理四座长斜坡墓周边近现代墓葬时，意外发现一座竖穴墓道石封门墓，经过清理，确认该墓为明墓，墓主为沈应时之孙沈余庆夫妇合葬墓，据此我们初步推断四座长斜坡墓道极有可能为沈应时家族墓地。截至2016年4月26日四座墓葬全部清理结束，其中三座长斜坡墓中发现墓志五合，均为沈应时家族成员，一座未见墓志。根据该墓所处位置分析，也应为沈应时家族成员之墓。

第三节　考古发掘报告的整理与编写

2012年7月田野发掘工作全部结束后，我们随即着手对墓地出土各类遗迹、遗物进行分类整理。由于该工地出土遗迹、遗物十分丰富，根据工作安排，我们对所有出土考古资料进行了分类分时代整理。

2013年，首先整理砖瓦窑址资料，历时近一年，编写出版了《洛阳市定鼎北路唐代砖瓦窑址发掘简报》（《洛阳考古》2013年第1期）和《洛阳市定鼎北路唐宋砖瓦窑址考古发掘报告》（中州古籍出版社，2016年1月）。

2014年，主要整理东汉、宋代墓葬资料，陆续发表了《河南省洛阳市北宋安番（审）韬墓发掘简报》（《洛阳考古》2015年第1期）、《河南省洛阳市苗南村两座宋墓发掘简报》（《洛阳考古》2015年第1期）、《河南省洛阳市苗南村三座东汉墓发掘简报》（《洛阳考古》2016年第2期）。

2015～2016年，主要整理北魏元祉墓资料。由于元祉墓随葬陶俑陶质极差，大都残碎成泥，修复整理耗时费力，困难重重，资料整理与报告编写历时两年方完成，先后发表了《洛阳北魏元祉墓发掘简报》（《洛阳考古》2017年第3期）、《北魏元祉墓志考释》（《洛阳考古》2017年第4期）和《洛阳北魏元祉墓》（中州古籍出版社，2018年）。

2016～2018年，整理沈应时家族墓等明代墓葬资料。其中，沈应时家族墓出土遗物体量大且多残碎，整理工作繁重，修复、绘图历时近两年，直到2018年年初整理工作才全部完成。其间陆续编写发表了《明沈余庆夫妇墓发掘简报》（《洛阳考古》2017年第2期）、《明沈侨夫妇墓发掘简报》（《洛阳考古》2018年第2期）、《明南京工部尚书沈应时夫妇墓发掘简报》（《洛阳考古》2018年第3期）、《明沈机夫妇墓发掘简报》（《洛阳考古》2018年第4期）。

2018年2月，在简报梳理完成的情况下，开始着手编写沈应时家族墓地考古发掘报告，于2020年7月最终完成。

沈机夫妇墓
沈应时夫妇墓
沈侨夫妇墓
沈余庆
夫妇墓
IM4180

第三章

墓葬介绍

第一节　墓葬概况

沈应时家族墓地由五座墓葬组成，编号分别为IM4195、IM4084、IM4098、IM4110、IM4180。其中IM4195、IM4084、IM4098、IM4110出土有墓志铭，IM4180未见墓志，但从墓葬形制、年代及位置，可以确认墓主为沈应时家族成员。五座墓均为夫妇二人或三人合葬墓，时间跨度在明嘉靖辛亥年（1551年）到崇祯时期（1628～1644年），至少葬有四代沈氏家族成员11人，包括沈机夫妇（IM4195）、沈应时夫妇（IM4084）、沈侨夫妇（IM4098）、沈余庆夫妇（IM4110）、IM4180葬3人。其中，沈机夫妇墓为斜坡墓道石封门拱顶单室砖室墓，沈应时夫妇、沈乔夫妇和IM4180为长斜坡墓道石封门土洞墓，沈余庆夫妇墓为竖穴墓道石封门土洞墓。

从墓葬分布情况看，沈应时家族墓地应是遵循昭穆制度进行规划布局的，其中，沈应时父母沈机夫妇墓居主位，沈应时夫妇、沈应时长孙沈余庆夫妇墓居昭位，沈应时之子沈侨夫妇及IM4180居穆位（图3-1）。

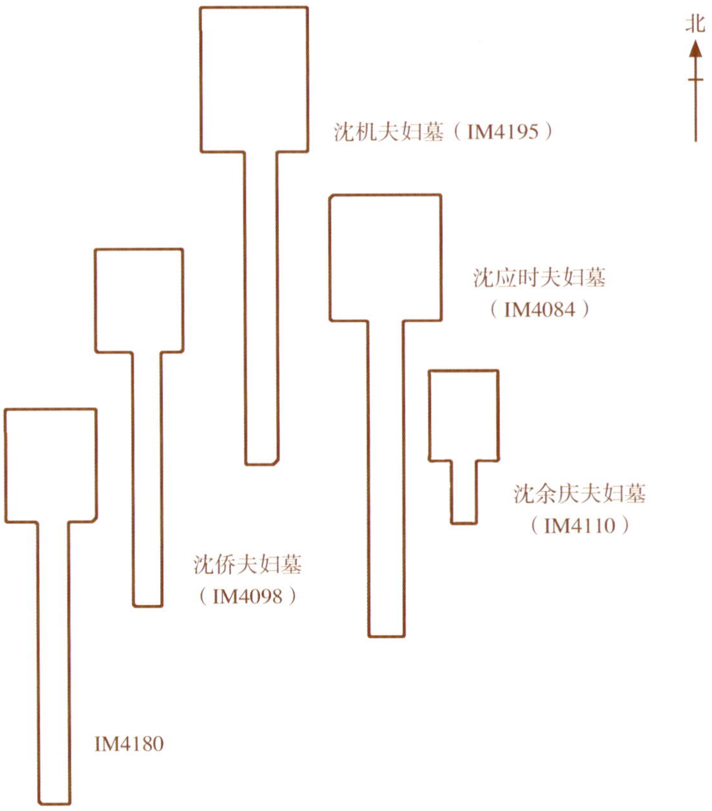

图3-1　沈应时家族墓分布示意图

第二节　沈机夫妇墓

一、位置与地层

沈机夫妇（IM4195）墓位于沈应时家族墓地从南到北第一排，居主位，东南距其长子沈应时夫妇墓5米，西南距其长孙沈侨夫妇墓10米。发掘历时12天。垫土层下即为墓葬开口，垫土层厚0.4米。

二、墓葬形制

沈机夫妇墓为长方形斜坡墓道拱顶砖室墓，由墓道、甬道、石封门、墓室四部分组成。方向170°，总长16.8米，墓室底部距地表4.7米，墓道口距地表0.4米（图3-2～图3-5）。

图3-2　沈机夫妇墓（IM4195）全景（由南向北）

图3-3　沈机夫妇墓（IM4195）俯视图（由北向南）

图3-4　沈机夫妇墓（IM4195）墓顶拆除后全景（由南向北）

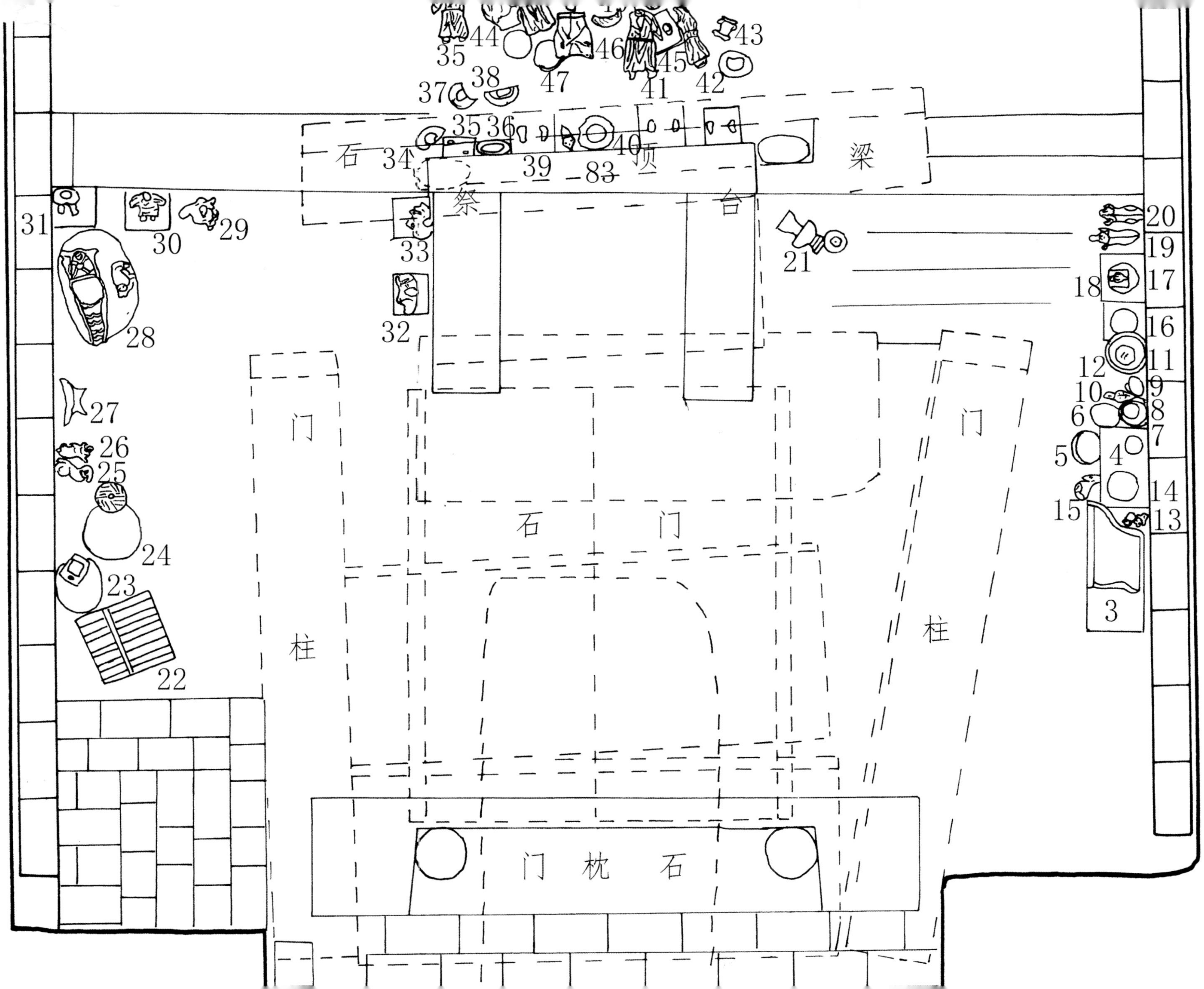

石梁
祭台
顶
石门
门柱
门柱
门枕石
3 4 5 6 7 8 9 10 11 12 13 14 15 16 17 18 19 20 21 22 23 24 25 26 27 28 29 30 31 32 33 34 35 36 37 38 39 40 41 42 43 44 45 46 47 83

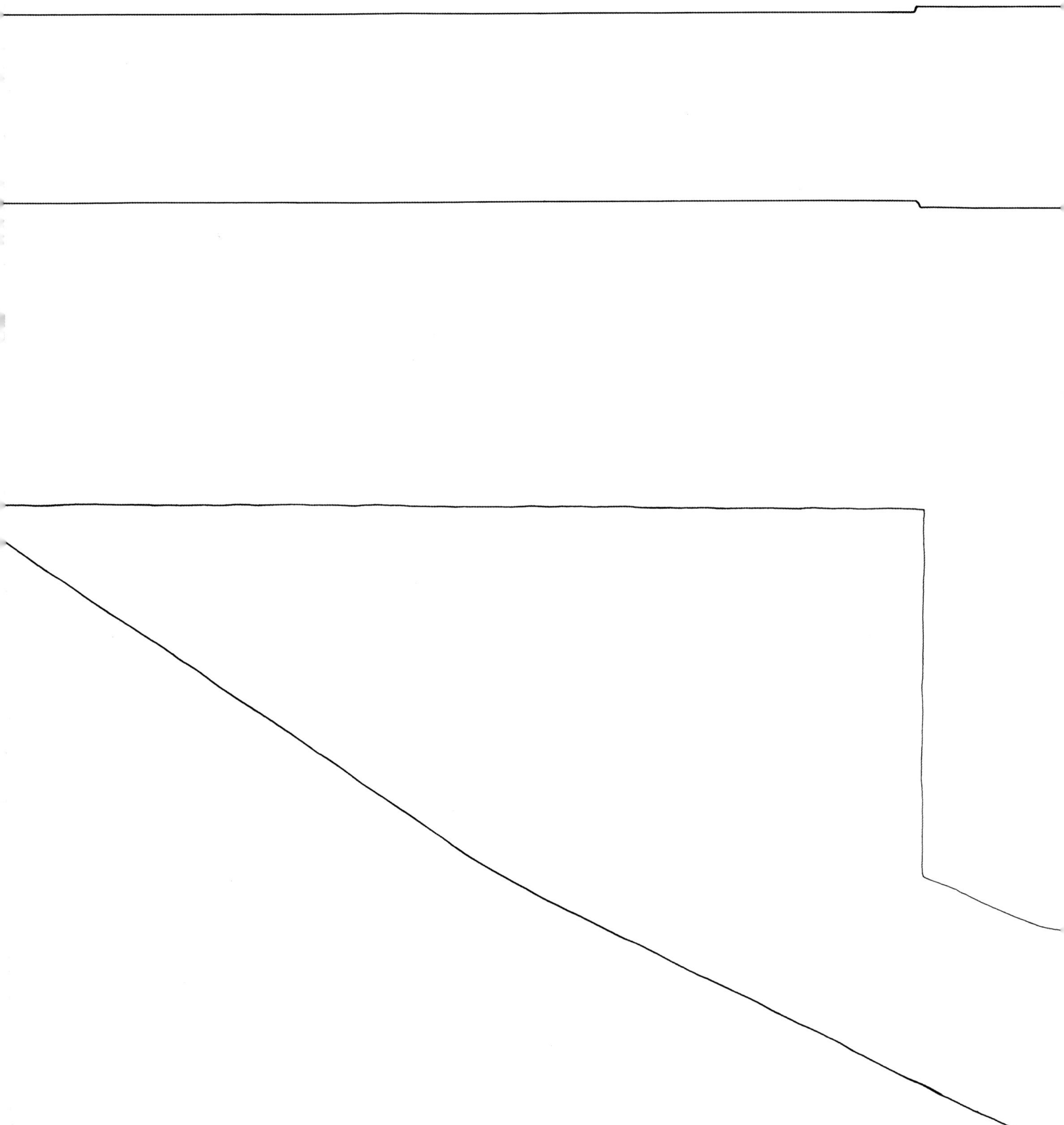

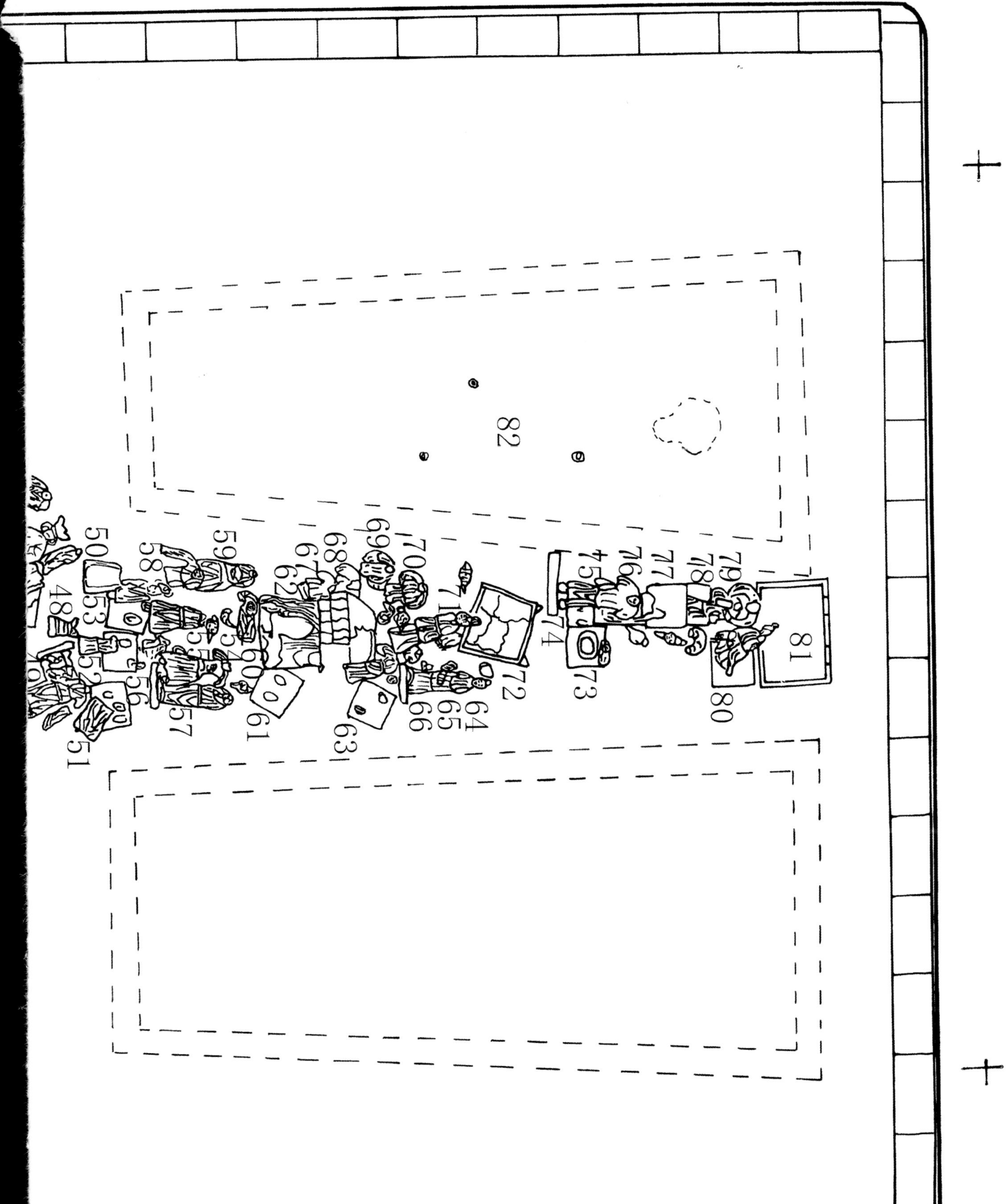

48
50
51
52
53
54
55
56
57
58
59
60
61
62
63
64
65
66
67
68
69
70
71
72
73
74
75
76
77
78
79
80
81
82

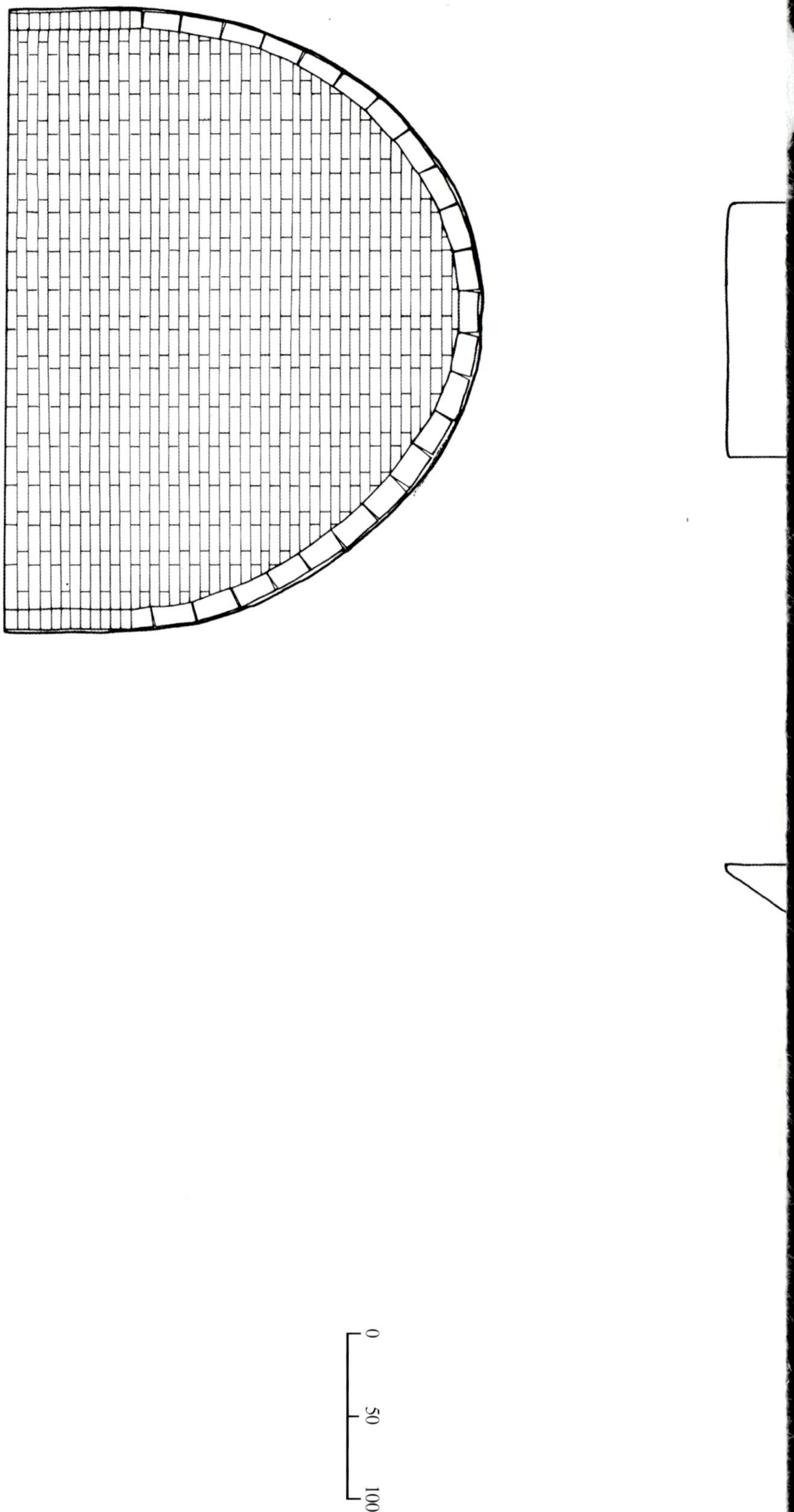

图3-5　沈机夫妇墓（IM4195）平剖图

1、2. 墓志　3、22. 陶房　4. 陶灶　5、6、8、38. A型陶碗　7、9、11. 陶酒盅　10. 陶鸡　12. B型陶碗　13、14. A型陶狗　15、17. B型陶狗　16、18. 陶井　19、20. 陶猪　21、48. 陶灯　23. 陶碾　24. 陶磨　25、26. 陶羊　27、36. 陶爵　28、29、49. 陶牵马俑　30、35、51~53、59、65、84. Bb型男俑　31. E型男俑　32、42. Bc型男俑　33、57. Ca型男俑　34. A型陶碟　37. C型陶碗　39、41、45、58. Ba型男俑　40、47. B型陶蝶　43、44. 陶烛台　46. 陶香炉　50、70. A型女侍俑　54、61、63、64、66、71、73、76~78. 陶俑残片　55、67、68. Cb型男俑　56. A型男俑　60. D型男俑　62. 陶戏楼　69、75、79、80. B型女侍俑　72. 陶轿　74. C型女侍俑　81. 陶床　82. 铜钱　83. 石祭台

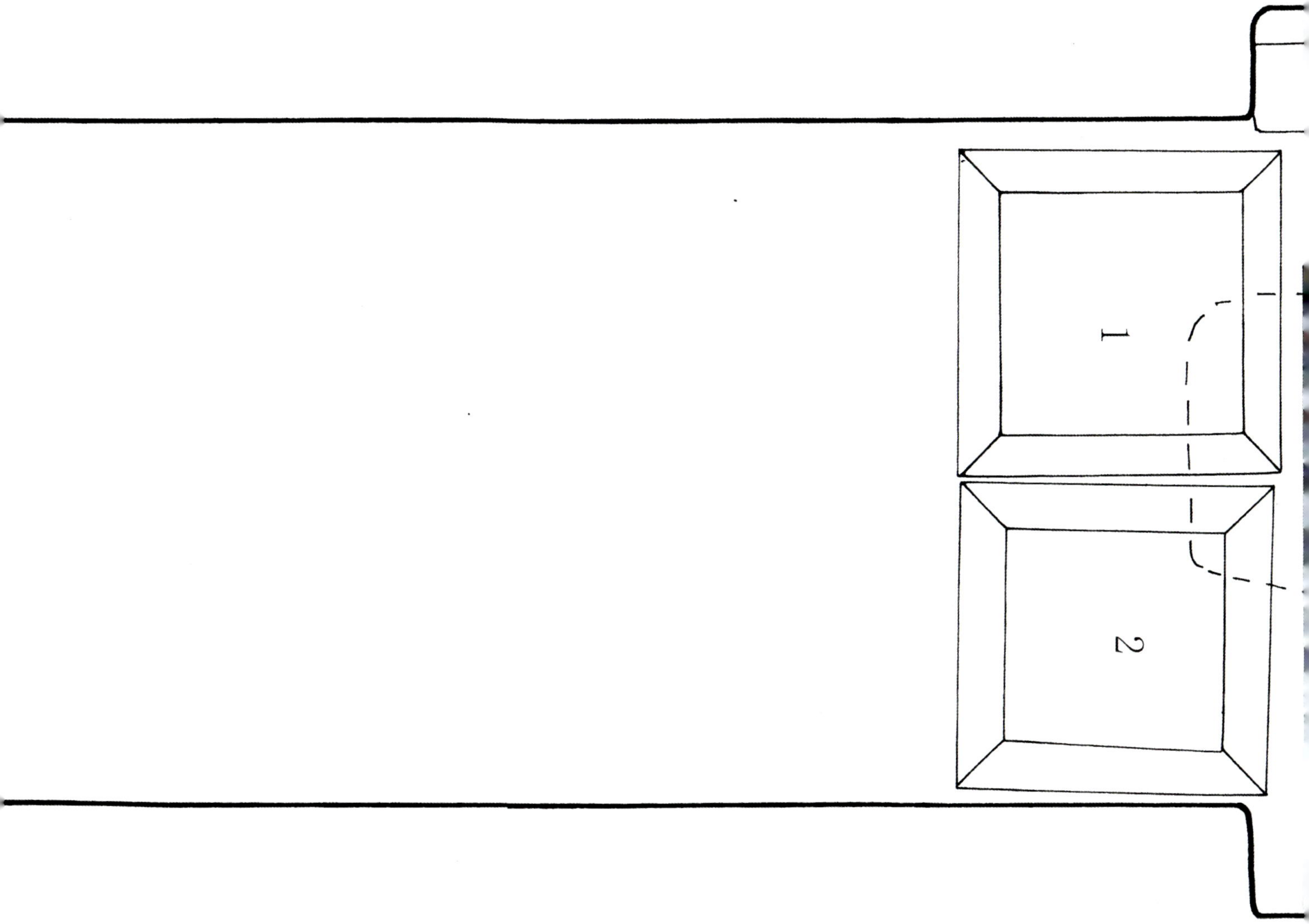

沈机夫妇墓（IM4195）平剖图局部

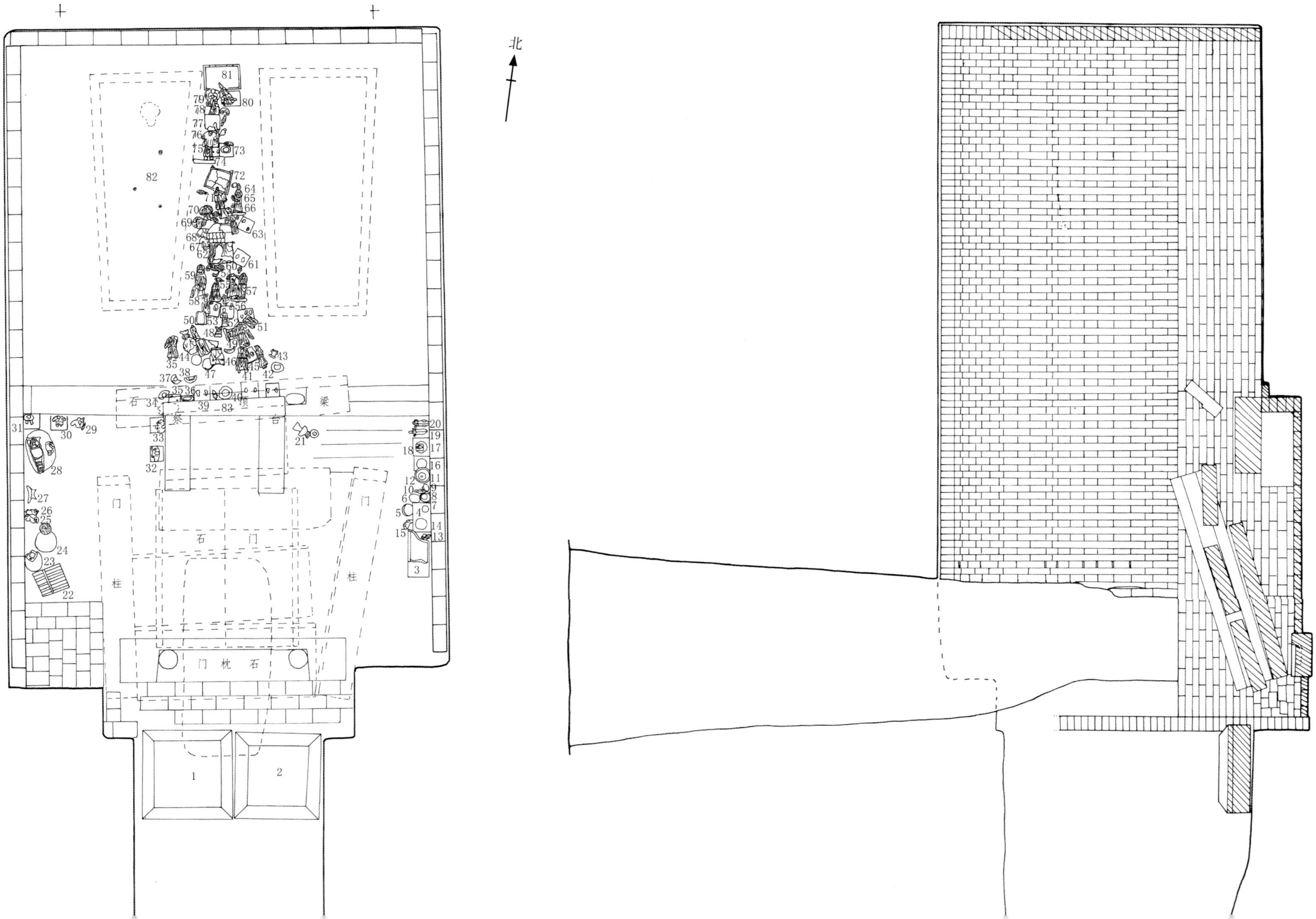

北
门枕石
石门
门
柱
石条
台
石梁

（一）墓道

长方形斜坡墓道位于墓葬最南端，坡度30°，平面呈长方形。开口距地表0.4米。口长7.8米，宽1.56米。底部长9米，宽1.56米，深0.2～4.7米。填土为花土，包含有瓦片等遗物，底部有踩踏。

（二）过洞

过洞位于墓道与封门之间，为土洞拱顶，有坍塌，底部为斜坡，近底略缓。底长3.18米，宽1.66米，高1.54～2.16米。填土为淤土，底部有踩踏面。过洞北段与封门结合处东西并列放置墓志两方（图3-6）。

（三）封门

封门两重，位于过洞与墓室之间，封门底部低于甬道底部0.45米，外侧封门西侧有小砖平铺叠砌护墙，残存36层。东侧无砖砌护墙。门框为长条形柱石，内侧有凹槽，顶部横梁与两侧门柱有榫卯扣合，门框内用三块长方形青石板侧立叠砌。石板长1.5米，宽0.6米，厚0.1米。外侧封门宽2.2米，高2.2米。内侧封门为青石质，两扇对开，未经打磨，底铺石条，两侧有长条形门柱，顶部横梁已断裂，门柱与横梁通过榫卯相连接。两扇石门形制相同，宽0.56米，高1.3米，厚0.15米（图3-7、图3-8）。

图3-6 沈机夫妇墓（IM4195）墓志放置情况（由南向北）

图3-7 沈机夫妇墓（IM4195）封门情况（由北向南）

图3-8 沈机夫妇墓（IM4195）门础地袱（由南向北）

（四）墓室

墓室位于封门之北，为两层砖砌拱顶，顶部保存完整。壁面为两层小砖错缝叠砌，券砖为小砖侧立错缝叠砌。底部分前后两部分，墓室前部底与封门底部持平，小砖错缝平铺。墓室前部有一石祭台（图3-10），后部有棺床，高于墓室底部0.4米，前部用小砖包边，棺床上有两具木棺痕。墓室东西宽3.5米，南北长5.5米，顶高约2.9～3.05米（图3-9、图3-11）。小砖规格长24厘米，宽12厘米，厚6厘米。墓室西南角有砖砌平台，边长0.5米，残高0.5米。

图3-9　沈机夫妇墓（IM4195）墓室全景（由北向南）

图3-10　沈机夫妇墓（IM4195）墓室内石祭台（由南向北）

图3-11　沈机夫妇墓（IM4195）墓室全景（由南向北）

（五）葬具葬式

棺床上放置两具木棺，南北向，东西并列（图3-12）。西棺长2.02米，宽0.66米；东棺长2.12米，宽1.02米。

人骨完全粉化，扰乱严重，性别、葬式不明。

（六）盗洞

盗洞位于墓室前部，打破墓顶和封门上部，进入墓室，由于盗洞破坏了封门内部结构，导致封门向内倒塌。盗洞长1.7米，宽0.76米，为近现代盗掘。

（七）随葬遗物

该墓出土各类遗物83件（套），质地有石、陶、铜三类。石质文物有墓志、祭台等；陶质文物多为陶俑和日用生活类明器，有牵马俑、男女侍俑、房、灶、碗、酒盅、井、灯、碾、磨、爵、碟、香炉、烛台、戏楼、轿、床、狗、鸡等；铜质类只有铜钱。由于盗墓扰动破坏，随葬品破损移位，主要堆放在两棺之间和墓室前部（图3-13、图3-14）。

图3-12　沈机夫妇墓（IM4195）墓室内棺床局部（由南向北）

图3-13 沈机夫妇墓（IM4195）墓室内遗物分布情况局部（由南向北）

图3-14 沈机夫妇墓（IM4195）墓室内遗物分布情况局部（由北向南）

陶双人牵马俑

1组。出土编号IM4195：28、IM4195：29、IM4195：49。残，修复。牵马俑和马均站于椭圆形踏板之上。马居中，牵马俑分立两侧。马体型健硕，四足遒健，仰首挺立，嘴残，头微侧，马鬃浓密，迎风飘扬。鞍辔分明，马耳及额前当卢残，马饰齐备，马鞍施红彩。左侧牵马俑头戴卷沿尖顶小毡帽，面部清隽，络腮胡，张嘴若笑，背贴马身，右手拉缰，左手曲臂，肘部以下残。身穿紧袖右衽及膝皂袍，下穿紧身裤，脚穿圆头高筒靴，腹下束带。右侧牵马俑头戴尖顶小圆帽，面部清秀，无须。背贴马腹，侧身侍立。左手抓马缰，右手叉腰，身穿紧袖右衽及膝皂袍，腹部束带。下穿紧身裤、圆头高筒靴。马、侍俑均局部残。长37.7厘米，宽29.8厘米，通高42厘米。

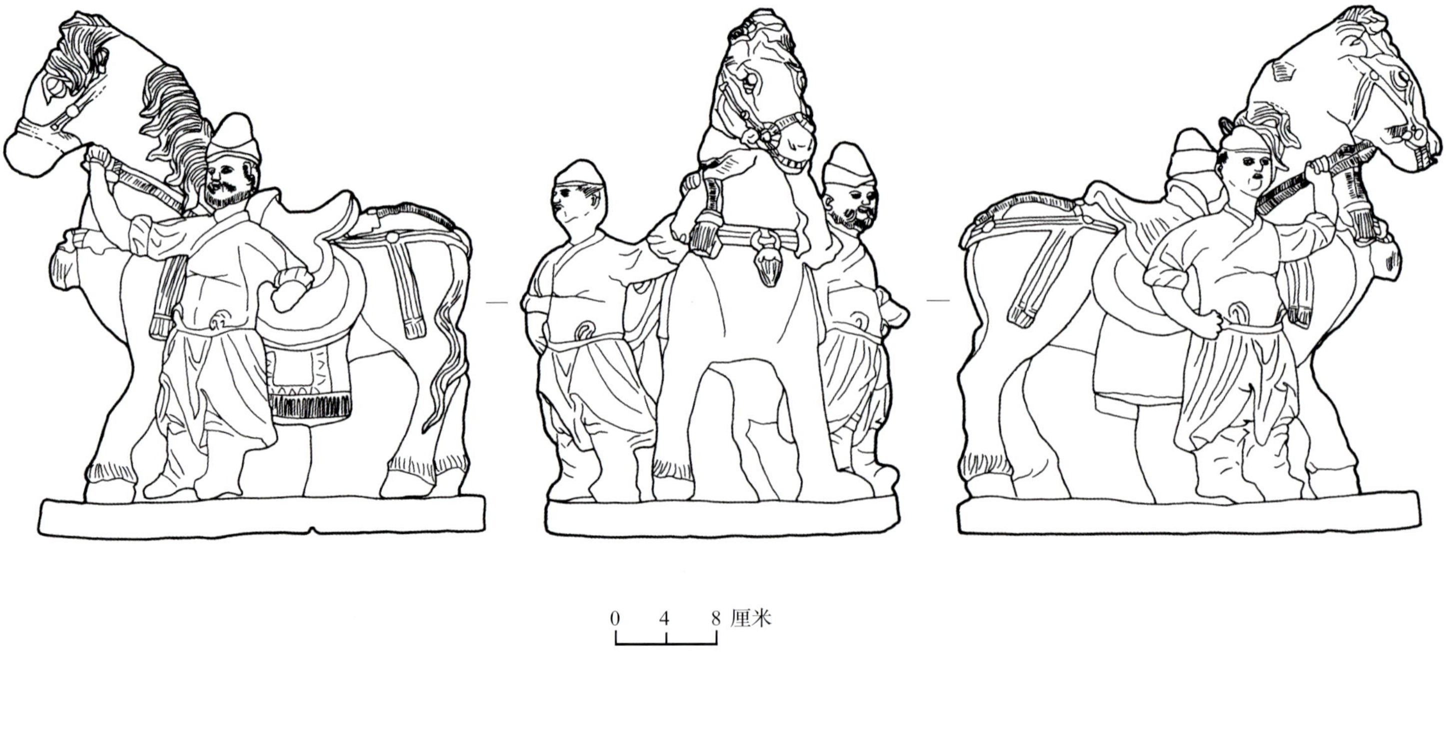

陶双人牵马俑（IM4195：28、IM4195：29、IM4195：49）

陶双人牵马俑（IM4195：28、IM4195：29、IM4195：49）

陶双人牵马俑（IM4195∶28、IM4195∶29、IM4195∶49）

陶俑

39件。有男俑和女俑两类，其中9件残碎难辨。

男俑　22件。依冠帽服饰可分为五型。

A 型　1件。头戴双耳冠帽，身穿双层紧袖右衽及膝皂袍，腹部束带，结系腹前，脚穿圆头高筒靴。

标本IM4195：56，头戴双耳冠帽，帽前部对称镂刻，两侧有耳，残。面部圆润，双目微睁，蒜头鼻，嘴角带笑，腮下有短须。双臂屈肘前抬，手腕以下均残佚，若抱持之状，腹部所抱之物佚失。身穿双层紧袖右衽及膝皂袍，腹部束带，结系腹前。脚穿圆头高筒靴。两腿分开，站立长方形踏板之上。面部施红彩、腿部黑彩，身施白陶衣。踏板长15厘米，宽12.3厘米，厚2厘米。通高34.8厘米。

A型男俑（IM4195：56）

A型男俑（IM4195：56）

B型 14件。头戴卷沿尖顶帽，身穿交领、窄袖长袍，下打密褶，腰间系束红带。依造型可分三个亚型。

Ba型 4件。头戴卷沿尖顶帽，身穿交领窄袖长袍，下打密褶，腰间系束红带，有腰牌。编号IM4195：39、IM4195：41、IM4195：45、IM4195：58。其中，IM4195：45头佚，IM4195：58帽沿和左臂残，着装造型一致。

标本IM4195：39，头戴卷沿圆顶红毡帽，面部清秀，无须。左手腕部以下残佚，右手缩袖中，身穿紧袖右衽及膝皂袍，腹部束带。左腹上悬长方形腰牌，下穿紧身裤、圆头高筒靴。一足残，修复。两腿分开，站立长方形踏板之上。踏板长16.4厘米，宽13.3厘米，厚2.5厘米。通高34.2厘米。

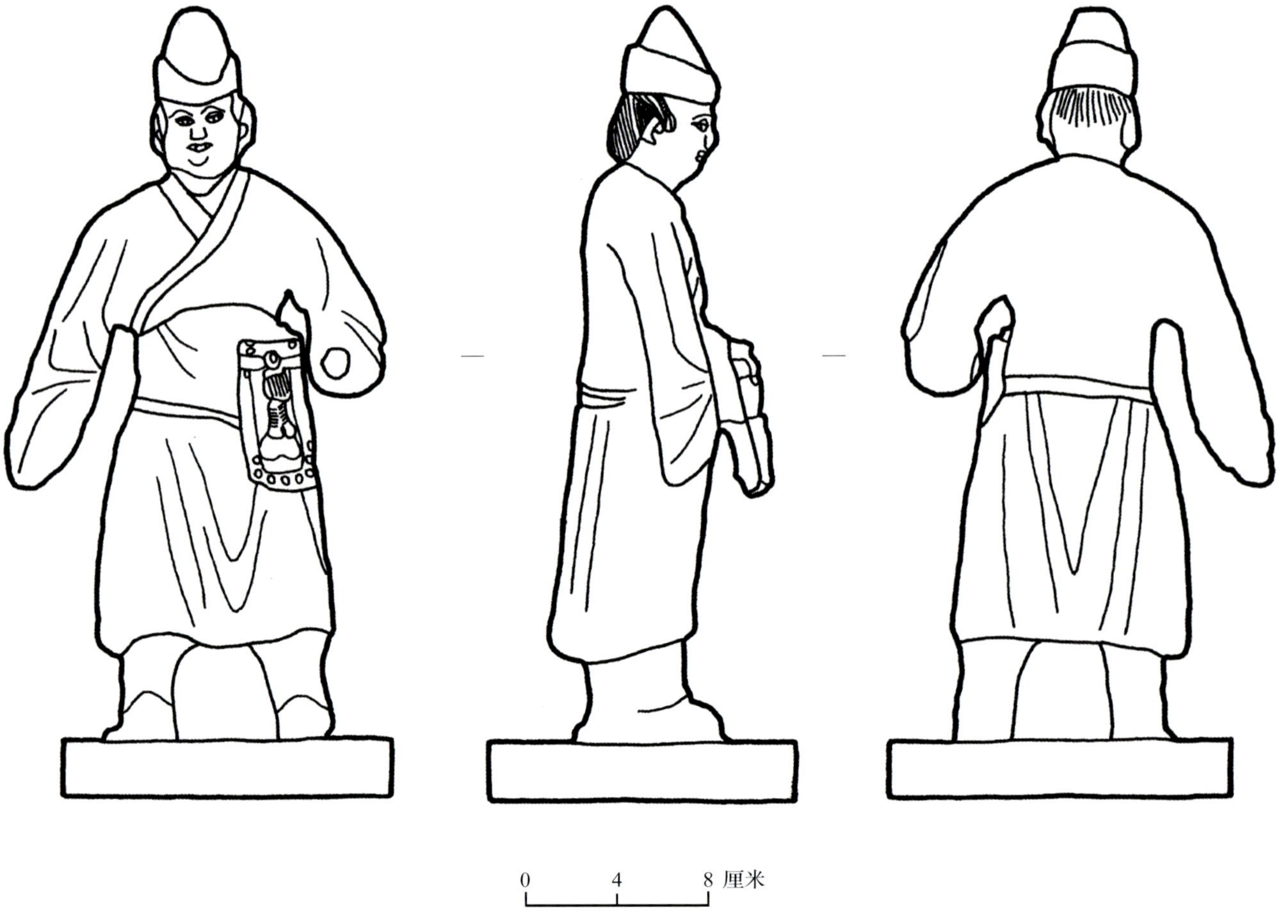

Ba型男俑（IM4195：39）

Ba型男俑（IM4195：39）

标本IM4195：41，头戴卷沿圆顶红毡帽，面部清秀，无须。右手屈肘抬胸前，手张开，掌心朝内，左手缩袖中，身穿紧袖右衽及膝皂袍，腹部束带。右腹上悬长方形腰牌，腰牌下部残。下穿紧身裤、圆头高筒靴。两腿分开，站立长方形踏板之上。身施黑彩、红彩，白陶衣。踏板长15.7厘米，宽14.6厘米，厚2.5厘米。通高34.8厘米。

Ba型男俑（IM4195：41）

Ba型男俑（IM4195：41）

标本IM4195：45，头佚失。右手屈肘抬胸前，手残，左手缩袖中，身穿紧袖右衽及膝皂袍，腹部束带。右腹上悬长方形腰牌，腰牌残。下穿紧身裤、圆头高筒靴。两腿分开，站立长方形踏板之上。身施红彩，白陶衣。踏板长17.6厘米，宽9.3厘米。残高25.5厘米。

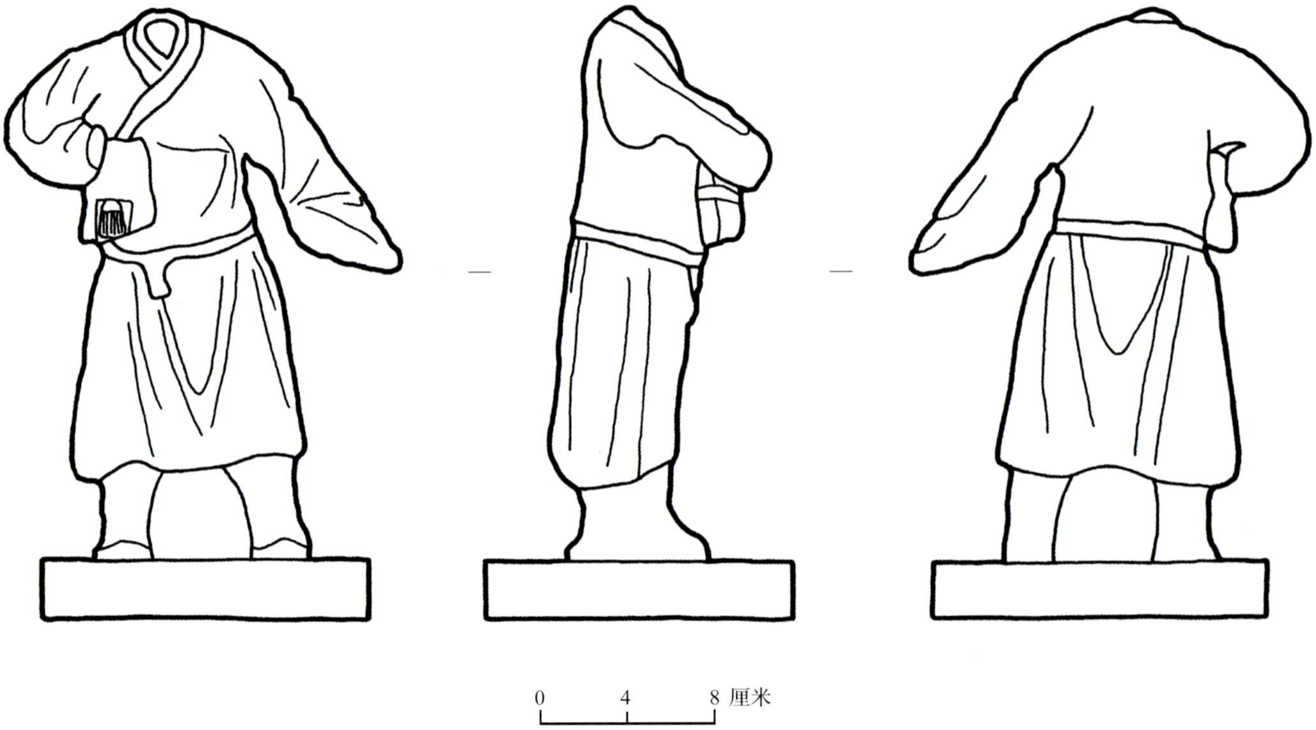

Ba型男俑（IM4195：45）

Ba型男俑（IM4195：45）

标本IM4195：58，头戴桃形小帽，面部俊朗，无须。双手曲臂平台胸前似抱物，左臂以下残，右手手腕以下残，环抱执物残佚。身穿紧袖右衽及膝皂袍，束带结腹下。下穿紧身裤、圆头高筒靴。两腿分开，身施红彩，白陶衣，站立长方形踏板之上。踏板长14.9厘米，宽13.4厘米，厚2厘米。通高32.7厘米。

Ba型男俑（IM4195：58）

Ba型男俑（IM4195：58）

Bb型　8件。头戴卷沿尖顶帽，身穿交领窄袖长袍，下打密褶，腰间系束红带，无腰牌。编号IM4195：30、IM4195：35、IM4195：51、IM4195：52、IM4195：53、IM4195：59、IM4195：65、IM4195：84。其中IM4195：30、IM4195：59、IM4195：65头或帽沿残，着装造型一致。

标本IM4195：30，头佚。双手残，左手屈肘上抬，手腕以下残，右手肩部以下残。内穿双层紧袖交领过膝长袍，腹部束带，脚穿高筒靴，两腿分开，站立长方形踏板之上。踏板长14.3厘米，宽12.4厘米。残高27.2厘米。

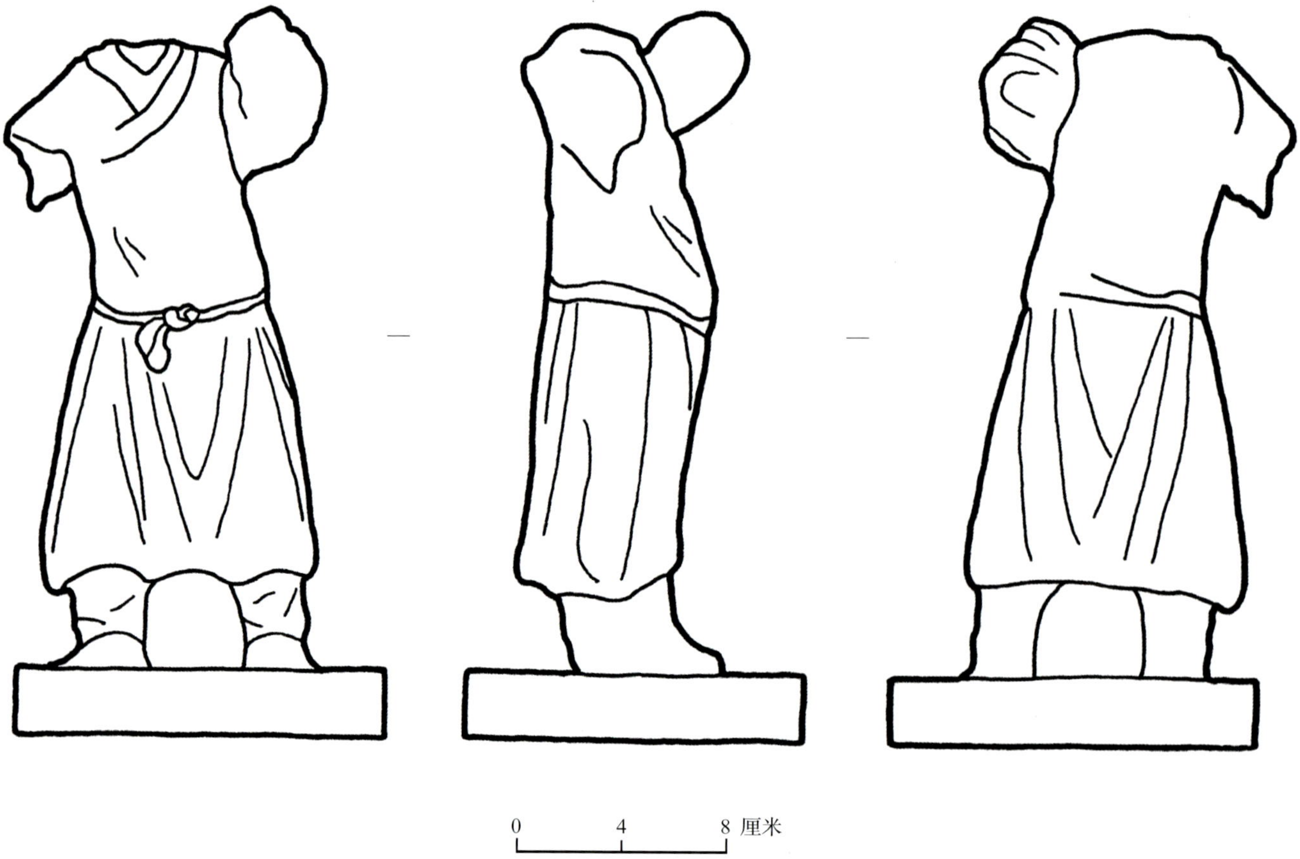

Bb型男俑（IM4195∶30）

Bb型男俑（IM4195：30）

Bb型男俑（IM4195∶35）

标本IM4195：35，头戴卷沿圆顶红毡帽，面部清秀，无须。左臂残，右手缩袖中，身穿交领窄袖长袍，下打密褶，腰间系束红带。下穿紧身裤、圆头高筒靴。两腿分开，站立长方形踏板之上。踏板长15.6厘米，宽11.2厘米。通高33.3厘米。

Bb型男俑（IM4195：35）

标本IM4195：51，头戴卷沿圆顶红毡帽，面部清秀，无须。右手屈肘抬胸前，手张开，掌心朝内，左手缩袖中，身穿交领窄袖长袍，下打密褶，腰间系束红带。下穿紧身裤、圆头高筒靴。两腿分开，站立长方形踏板之上。身施黑彩、红彩，白陶衣。踏板长14.9厘米，宽13.6厘米，厚2厘米。通高34.2厘米。

Bb型男俑（IM4195：51）

Bb型男俑（IM4195：51）

标本IM4195：52，头戴卷沿圆顶红毡帽，面部清秀，无须。右手屈肘抬胸前，肘部以下残佚，左手屈肘抬腹前，手腕以下残佚，身穿交领窄袖长袍，下打密褶，腰间系束红带。下穿紧身裤、圆头高筒靴。两腿分开，站立长方形踏板之上。身施白陶衣。踏板长13.7厘米，宽12.4厘米，厚2厘米。通高34厘米。

Bb型男俑（IM4195：52）

Bb型男俑（IM4195：52）

标本IM4195：53，头戴卷沿圆顶红毡帽，面部清秀，无须。右手屈肘抬胸前，手腕以下残佚，左手缩袖中，身穿交领窄袖长袍，下打密褶，腰间系束红带。下穿紧身裤、圆头高筒靴。两腿分开，站立长方形踏板之上。身施白陶衣。踏板长14.2厘米，宽13.8厘米，厚2厘米。通高34.4厘米。

Bb型男俑（IM4195：53）

Bb型男俑（IM4195：53）

标本IM4195：59，头残佚。右手肩部以下残佚，左手缩袖中，身穿交领窄袖长袍，下打密褶，腰间系束红带，残。下穿紧身裤、圆头高筒靴。两腿分开，站立长方形踏板之上。踏板长15.2厘米，宽12.9厘米，厚2厘米。残高26.7厘米。

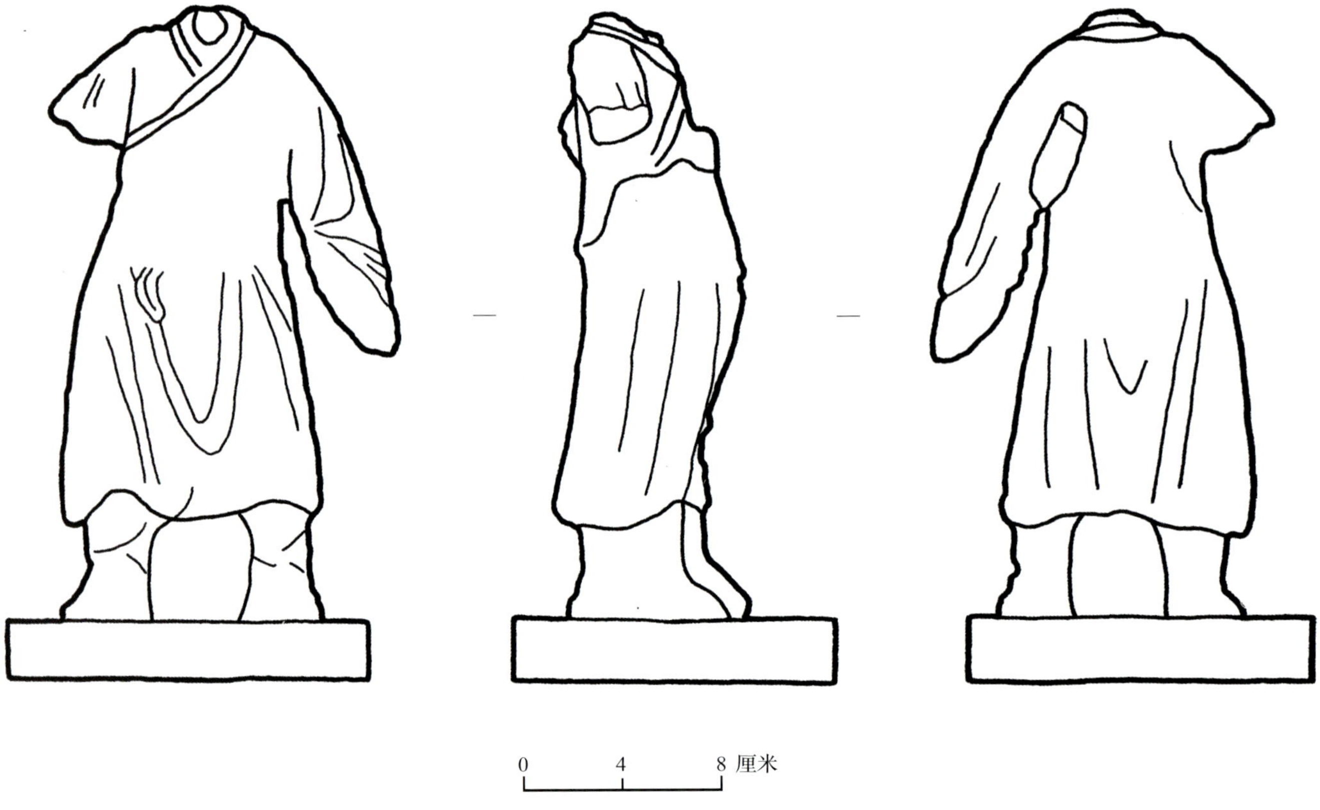

Bb型男俑（IM4195：59）

Bb型男俑（IM4195：59）

Bb型男俑（IM4195：65）

标本IM4195：65，头、双臂残佚。身穿交领窄袖长袍，下打密褶，腰间系束红带。脚穿圆头高筒靴。两腿分开，站立长方形踏板之上。身施红彩，白陶衣。踏板长14厘米，宽12厘米，厚2厘米。残高27.1厘米。

Bb型男俑（IM4195：65）

标本IM4195：84，头戴卷沿圆顶红毡帽，面部清秀，无须。左手臂以下残，右手缩袖中，身穿交领窄袖长袍，下打密褶，腰间系束红带。下穿紧身裤、圆头高筒靴。两腿分开，站立长方形踏板之上。身施黑彩、红彩，白陶衣。踏板长14.8厘米，宽13.2厘米，厚2厘米。通高35.2厘米。

Bb型男俑（IM4195：84）

Bb型男俑（IM4195：84）

Bc型　2件。编号IM4195：32、IM4195：42。头戴卷沿尖顶帽，身穿交领窄袖长袍，下打密褶，腰间系束红带，悬腰牌，肩扛扁担。

标本IM4195：32，头佚。身穿双层紧袖交领过膝长袍，腹束宽带结腹前，左胸侧悬腰牌，腰牌残。脚穿高筒靴。右手缩袖中，左臂屈肘上抬，手残，手持扁担，一端放肩上，一端残佚。两腿分开，站立长方形踏板之上。踏板长15.2厘米，宽13.6厘米，厚2.5厘米。残高28厘米。

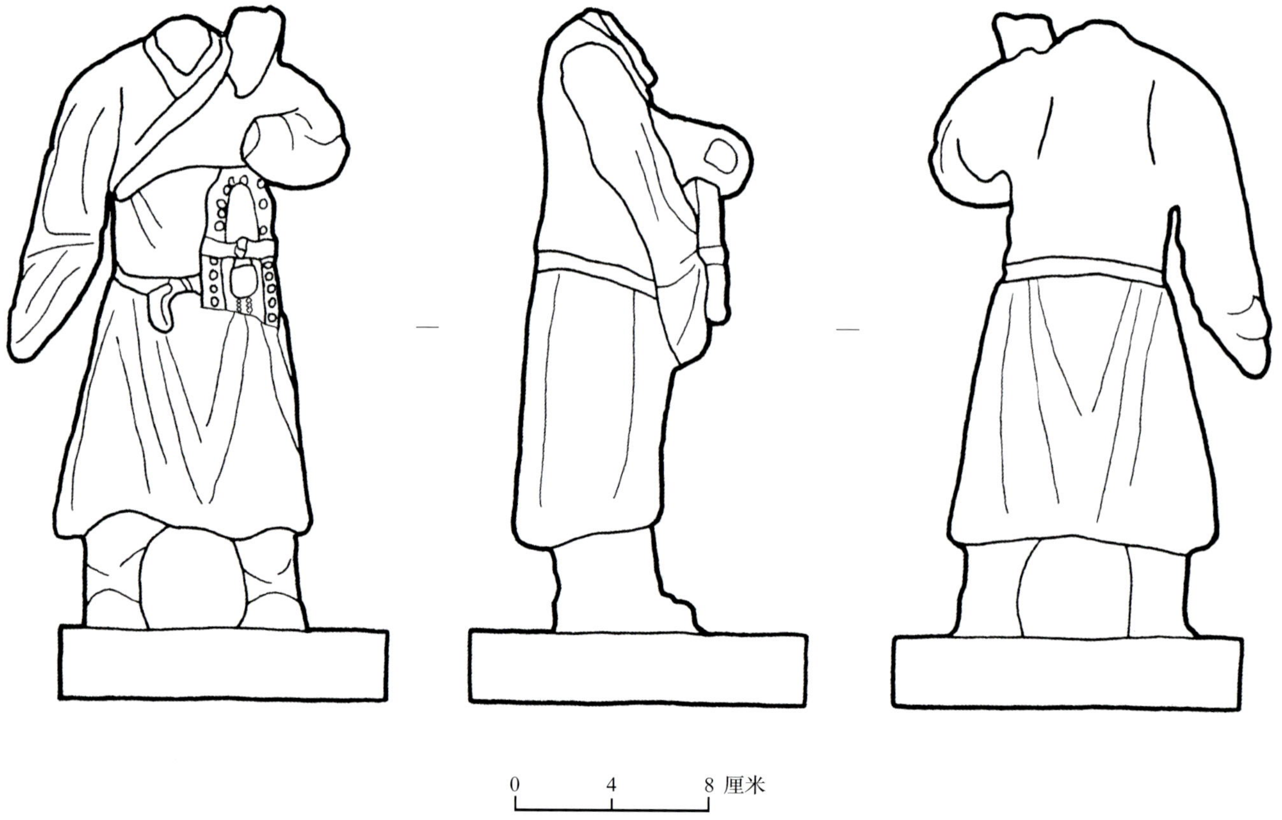

Bc型男俑（IM4195：32）

Bc型男俑（IM4195：32）

标本IM4195：42，头戴卷沿圆顶红毡帽，面部清秀，无须。右手屈肘抬胸前，手残，持扁担，扁担残，仅肩上残存一部分，左手缩袖中，身穿紧袖右衽及膝皂袍，腹部束带。右腹上悬长方形腰牌，腰牌残。下穿紧身裤、圆头高筒靴。两腿分开，站立长方形踏板之上。身施红彩，白陶衣。踏板长14.1厘米，宽13厘米，厚2.5厘米。通高34.8厘米。

Bc型男俑（IM4195：42）

Bc型男俑（IM4195：42）

Ca型男俑（IM4195：33）

C型　5件。头戴瓜棱形圆顶帽，身穿双层紧袖交领及踝长袍。编号IM4195：33、IM4195：57、IM4195：55、IM4195：67、IM4195：68。据造型可分二亚型。

Ca型　2件。编号IM4195：33、IM4195：57。头戴瓜棱形圆顶帽，小头细颈，大腹便便，身穿交领窄袖及踝长袍，腰腹束红带。

标本IM4195：33，头戴瓜棱形圆顶帽，发丝外露，小头细颈，无须，身体粗壮，大腹便便，身穿双层紧袖交领及踝长袍，腹束宽带结腹前，脚穿圆头靴。右手缩袖中，左臂屈肘上抬，手残，两腿分开，站立长方形踏板之上。踏板长18.6厘米，宽13.6厘米。通高34.6厘米。

Ca型男俑（IM4195：33）

标本IM4195：57，头戴瓜棱形圆顶帽，发丝外露，小头细颈，面似老年，双目圆睁，蒜头鼻，两颊及腮两侧均有长须，大腹便便，身穿广交领袖及踝宽长袍，胸、腹各束宽带，脚穿圆头靴。左手缩袖中，右壁残。身施红彩，白陶衣。两腿分开，站立长方形踏板之上。踏板长16.6厘米，宽13.8厘米，厚2厘米。通高33.6厘米。

Ca型男俑（IM4195：57）

Ca型男俑（IM4195：57）

Cb型男俑（IM4195：55）

Cb型　3件。编号IM4195：55、IM4195：67、IM4195：68。头戴瓜棱形圆顶帽，身穿交领窄袖长袍，下打密褶，腰间系束红带。

标本IM4195：55，头戴瓜棱形圆顶帽，发丝外露，面部清秀，无须。右手屈肘抬胸前，手腕以下残佚，左手肩部以下残佚，身穿交领窄袖长袍，下打密褶，腰间系束红带。下穿紧身裤、圆头高筒靴。两腿分开，站立长方形踏板之上。身施红彩，白陶衣。踏板长13.6厘米，宽13.5厘米，厚2厘米。通高33.6厘米。

Cb型男俑（IM4195：55）

Cb型男俑（IM4195：67）

标本IM4195：67，头戴瓜棱形圆顶帽，发丝外露，小头细颈，双目睁开，蒜头鼻，无须，大腹便便，身穿双层广交领袖及踝宽长袍，胸、腹各束宽带，脚穿圆头靴。左手抬胸前，手腕以下残佚，右臂残。身施红彩，白陶衣。两腿分开，站立长方形踏板之上。踏板长13.3厘米，宽12.7厘米，厚2厘米。通高33.4厘米。

Cb型男俑（IM4195：67）

标本IM4195：68，头戴瓜棱形圆顶帽，发丝外露，面部清秀，无须。双手屈肘抬胸前，手心向上。怀抱物佚失。身穿交领窄袖长袍，下打密褶，腰间系束红带。下穿紧身裤、圆头高筒靴。两腿分开，站立长方形踏板之上。身施黑彩，白陶衣。踏板长15厘米，宽14.7厘米，厚2厘米。通高34.3厘米。

Cb型男俑（IM4195：68）

Ca型男俑（IM4195：68）

D型男俑（IM4195：60）

D型 1件。头戴小盖帽，身穿双层紧袖右衽及膝皂袍，束带结腹下。

标本IM4195：60，头戴桃形小盖帽，面如中年，双目睁开，圆头鼻，无须，脖子微微偏向左侧。左手肩部以下残佚，右手缩袖中，左侧腰腹部悬有腰牌，残佚。肩部有扛物痕迹。身穿双层紧袖右衽及膝皂袍，束带结腹下。下穿紧身裤、圆头高筒靴。身施白陶衣。两腿分开，站立长方形踏板之上。踏板长16.6厘米，宽13.3厘米，厚2厘米。通高32.9厘米。

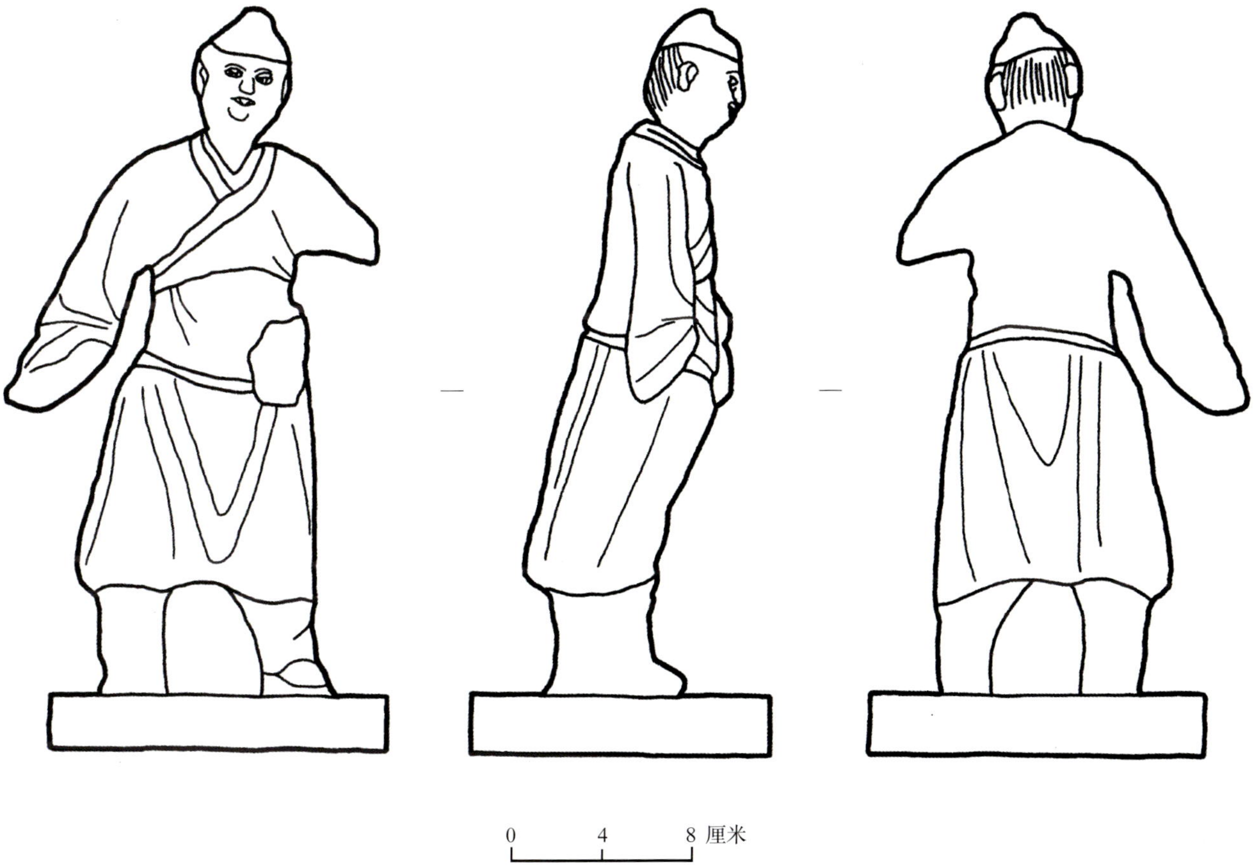

D型男俑（IM4195：60）

E型 1件。头佚，身穿双层紧袖交领过膝长袍，外穿开胸无袖马夹，腹束宽带结腹前。

标本IM4195：31，头佚。双手残。身穿双层紧袖交领过膝长袍，外穿开胸无袖马夹，腹束宽带结腹前，脚穿高筒靴。左手屈肘抬起，手残，右手持短棍，一端搭肩部，肘下悬锣，姿若敲击之状。身施红彩。两腿分开，站立长方形踏板之上。踏板长15.4厘米，宽13.7厘米。残高27.7厘米。

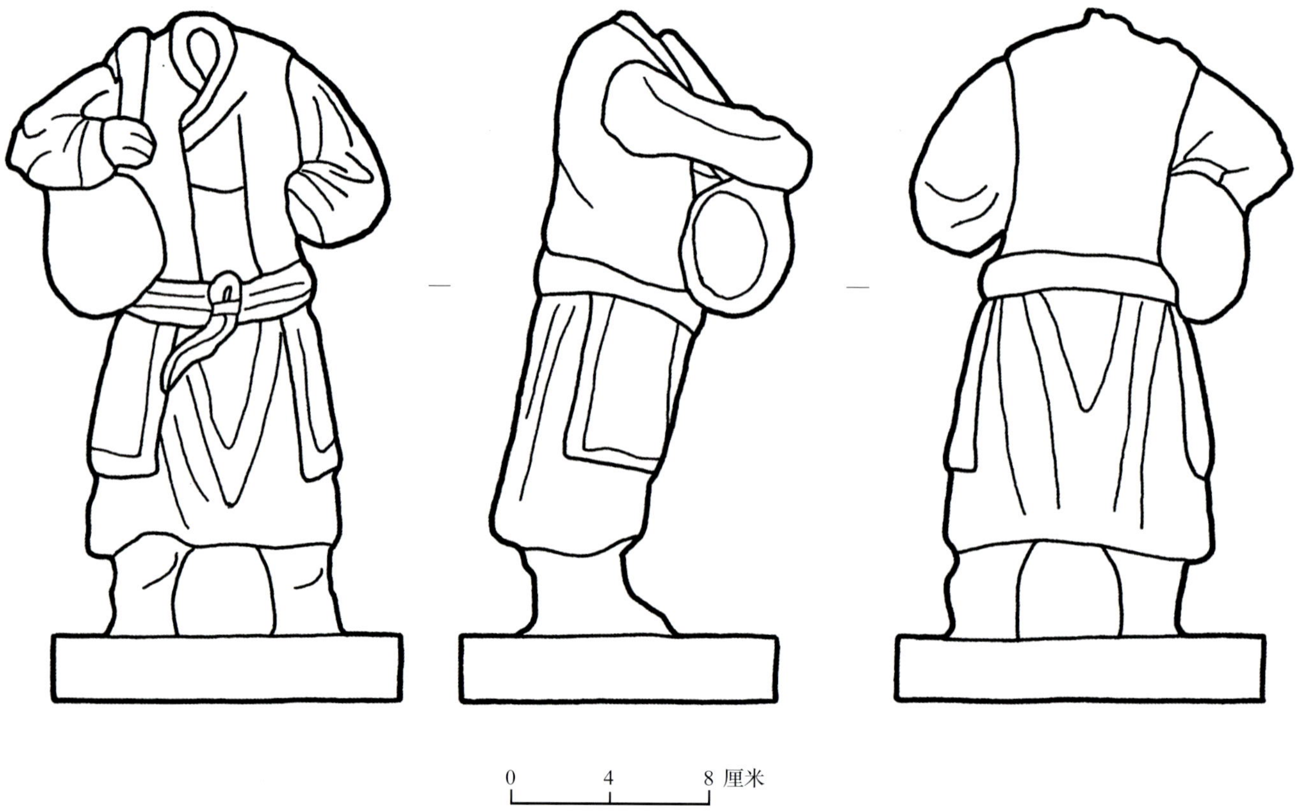

E型男俑（IM4195：31）

E型男俑（IM4195：31）

女俑　8件。编号IM4195：50、IM4195：70、IM4195：64、IM4195：69、IM4195：74、IM4195：75、IM4195：79、IM4195：80，均为杂役俑，依服饰、发饰可分为三型。

A型　2件。头挽高髻，身穿圆领对开短衫，腰束围裙，内穿曳地长裙。编号IM4195：50、IM4195：70。

标本IM4195：50，头身分制，发辫高挽头顶，发丝清晰可见，束额，面部清秀，身材苗条。右手屈肘平抬胸前，手腕以下残，左手自肩部残佚。上穿对开短衫，上下各有1枚圆形纽扣，腰部束围裙，内穿曳地长裙。身施红彩和白陶衣。站立长方形踏板之上。踏板长15厘米，宽13厘米，厚2厘米。通高34厘米。

头部背面

A型女侍俑（IM4195：50）

A型女侍俑（IM4195：50）

标本IM4195：70，头身分制，发辫高挽头顶，发丝清晰可见，束额，面部清秀，身材苗条。双手屈肘平抬胸前，左手手腕以下残。上穿对开短衫，上下各有1枚圆形纽扣，腰部束围裙，内穿曳地长裙。身施红彩，白陶衣。站立长方形踏板之上。踏板长15.4厘米，宽11.4厘米，厚2厘米。通高33.3厘米。

A型女侍俑（IM4195：70）

A型女侍俑（IM4195：70）

B型女侍俑（IM4195：64）

B型　5件。头戴发箍，上穿圆袖对扣短衣，下穿曳地长衫。编号IM4195：64、IM4195：69、IM4195：75、IM4195：79、IM4195：80。

标本IM4195：64，束辫头顶，发辫清晰可见，面部突出，面似中年，双目睁开，圆头鼻，脖子微微偏向左侧。左手缩袖叉腰，右手屈肘抬起，手腕以下残佚。上穿圆袖大红对扣短衣，胸前自上而下有3枚纽扣，下穿曳地长衫，鞋尖微露，站立长方形踏板之上。踏板长14.3厘米，宽12.6厘米，厚2厘米。通高34.2厘米。

B型女侍俑（IM4195：64）

标本IM4195：69，束辫头顶，发辫清晰可见，面部突出，面似中年，双目睁开，圆头鼻，脖子微微偏向左侧。双手屈肘抬胸前，手心相对，似抱物之状。外穿对开短上衣，自上而下有纽扣3枚，内穿曳地长衫，腹部束带。身施红彩，白陶衣。站立长方形踏板之上。踏板长12.1厘米，宽13.5厘米，厚2厘米。通高34.7厘米。

B型女侍俑（IM4195：69）

B型女侍俑（IM4195：69）

B型女侍俑（IM4195：75）

标本IM4195：75，束辫头顶，发辫清晰可见，面部突出，面似中年，双目睁开，圆头鼻，脖子微微偏向左侧。双臂残，胸前似抱物，物佚。外穿对开短上衣，自上而下有纽扣3枚，内穿曳地长衫，腹部束带。身施红彩，白陶衣。站立长方形踏板之上。踏板长14.1厘米，宽11.7厘米，厚2厘米。通高34.2厘米。

B型女侍俑（IM4195：75）

标本IM4195：79，束辫头顶，发辫清晰可见，面部突出，面似中年，双目睁开，圆头鼻，脖子微微偏向左侧。左臂残，长巾挽右手臂下垂至足部。外穿对开短上衣，胸部可见纽扣1枚，内穿曳地长衫，腹部束带。身施红彩，白陶衣。站立长方形踏板之上。踏板长13.7厘米，宽13.4厘米，厚2厘米。通高34.4厘米。

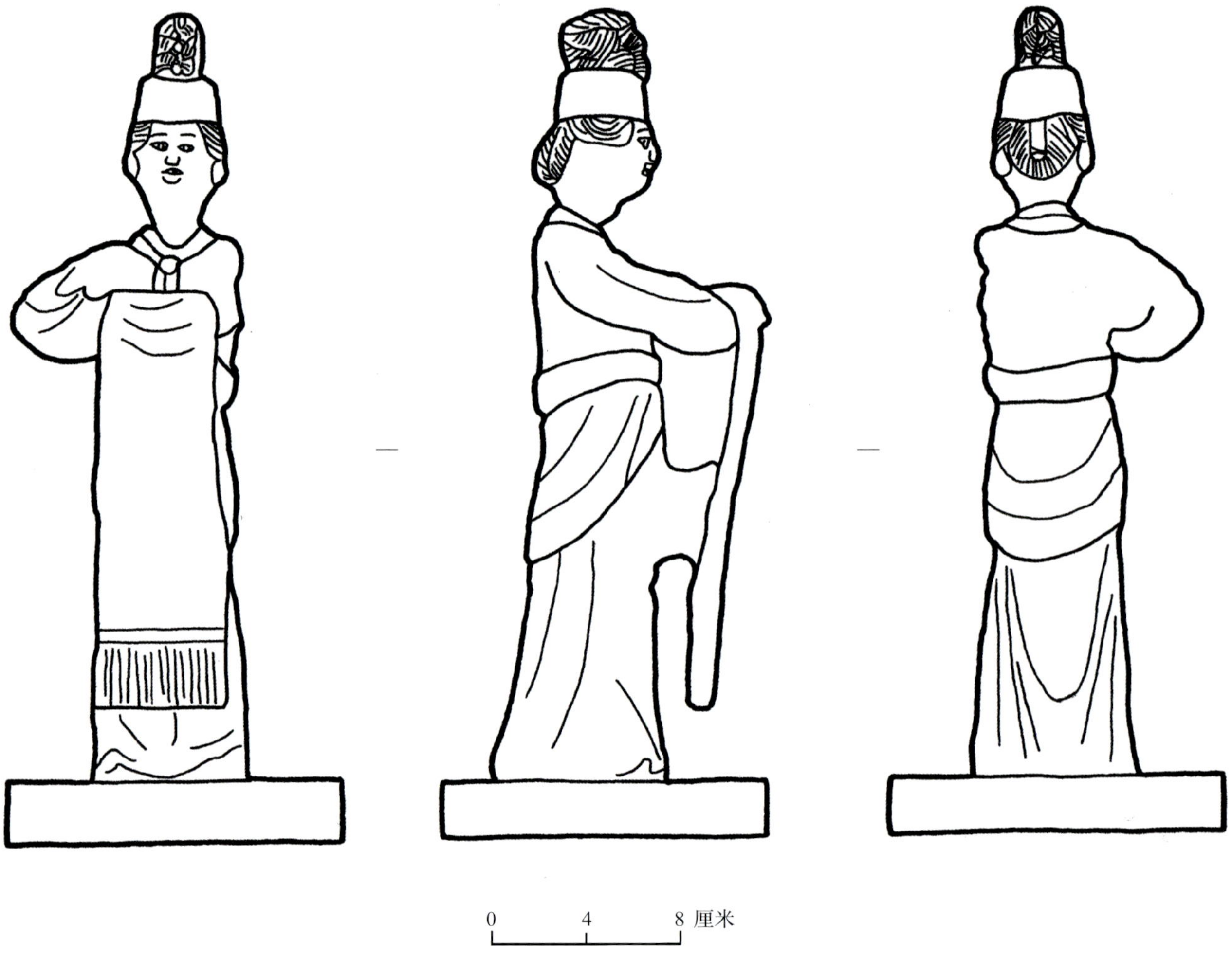

B型女侍俑（IM4195∶79）

B型女侍俑（IM4195：79）

标本IM4195：80，头残佚。双手屈肘抬胸前若抱物之状，左手手心向上，右手手腕以下残佚。上穿紧袖对开短衫，胸部残，胸部可见纽扣1枚，内穿曳地长衫，圆头鞋尖外露。站立长方形踏板之上。踏板长13.42厘米，宽12.8厘米，厚2厘米。残高26.3厘米。

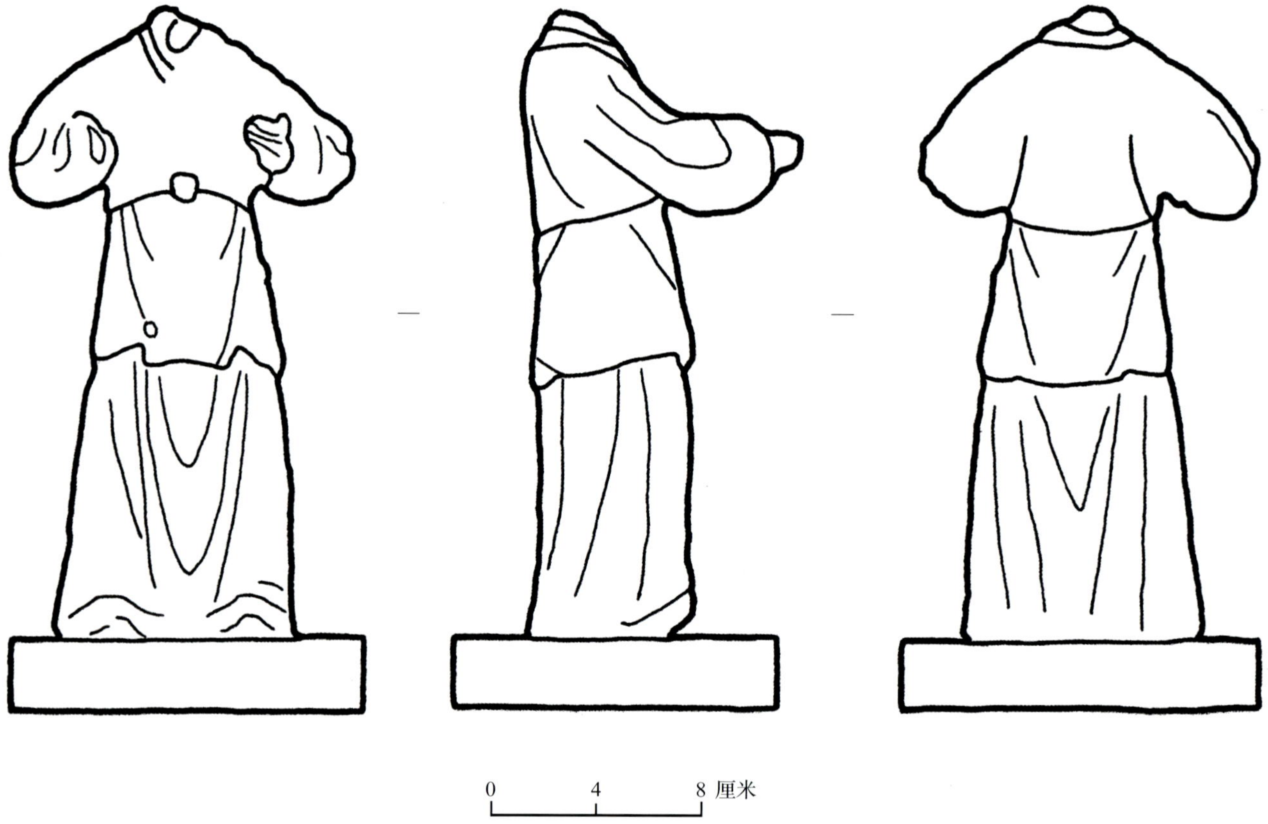

B型女侍俑（IM4195：80）

B型女侍俑（IM4195：80）

C型　1件。头戴瓜棱形圆顶帽，上穿圆袖无领对扣短衣，下穿曳地长衫。

标本IM4195：74。头戴瓜棱形圆顶帽，发丝外露，面部清秀，无须。面似中年，双目睁开，圆头鼻，脖子微微偏向左侧。右手缩袖叉腰，左手屈肘抬起，手腕以下残佚。上穿圆袖无领大红对扣短衣，胸前自上而下有2枚纽扣，腰束短裙，下穿曳地长衫，鞋尖微露，站立长方形踏板之上。踏板长14.6厘米，宽13.4厘米，厚2厘米。通高33.3厘米。

C型女侍俑（IM4195：74）

C型女侍俑（IM4195：74）

陶碗

6件。均为泥质灰陶，内涂橘红色。编号IM4195：5、IM4195：6、IM4195：8、IM4195：12、IM4195：37、IM4195：38。一件残。据口底形制可分三型。

A型　4件。微敛口，平底内凹。编号IM4195：5、IM4195：6、IM4195：8、IM4195：38。

标本IM4195：5，口微敛，斜腹微弧，平底内凹。口径11.2厘米，底径5.6厘米，高5.1厘米。

标本IM4195：6，残，修复。微敛口，弧腹，平底内凹。口径11.2厘米，底径5.6厘米，高5.7厘米。

标本IM4195：38，微敛口，斜弧腹，平底内凹。口径11.8厘米，底径7.2厘米，高5.4厘米。

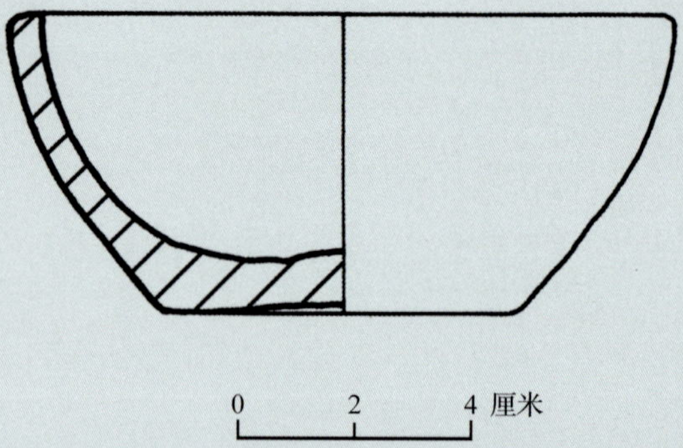

A型陶碗（IM4195:5）

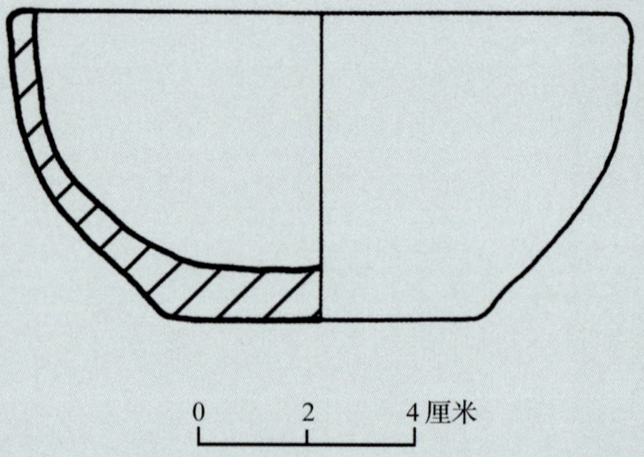

A型陶碗（IM4195:6）

A型陶碗（IM4195:5）

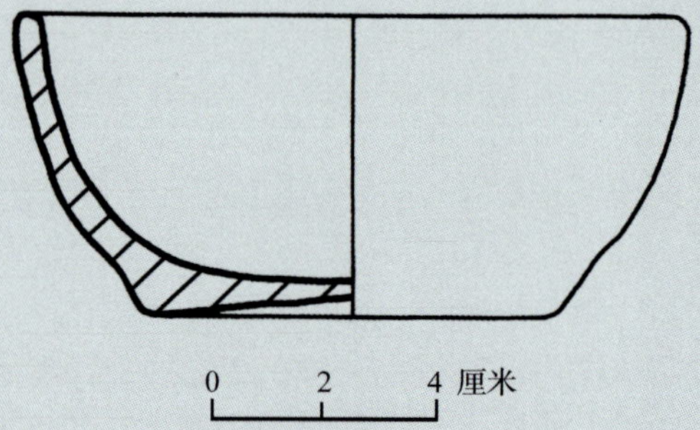

A型陶碗（IM4195:38）

B型陶碗（IM4195∶12）

C型陶碗（IM4195∶37）

B型　1件。泥质灰陶。微敛口、沿外凸弦纹，平底。

标本IM4195：12，口微敛，圆唇，沿外有一圈凸弦纹，内底有旋涡纹斜直腹，平底。口径14厘米，底径9.2厘米，高6.5厘米。

C型　1件。泥质灰陶，内涂橘红色。敞口，假圈足。

标本IM4195：37，敞口，斜腹近底略弧，假圈足。口径9.4厘米，底径3.8厘米，高4.8厘米。

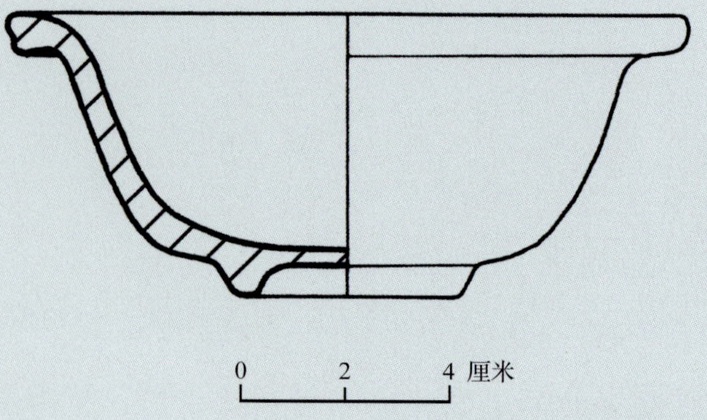

陶酒盅（IM4195∶7）

A型陶碟（IM4195∶34）

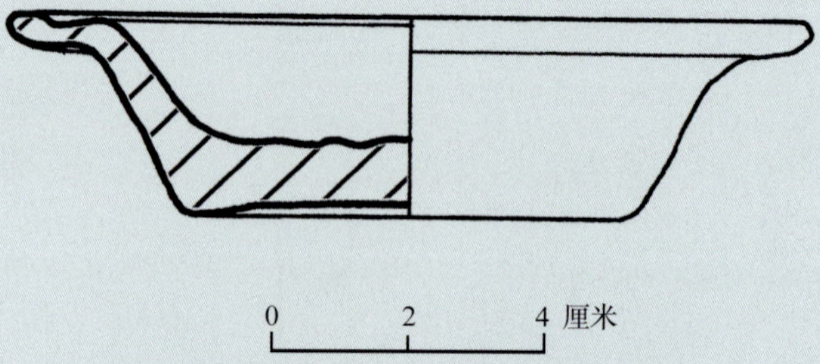

B型陶碟（IM4195∶40）

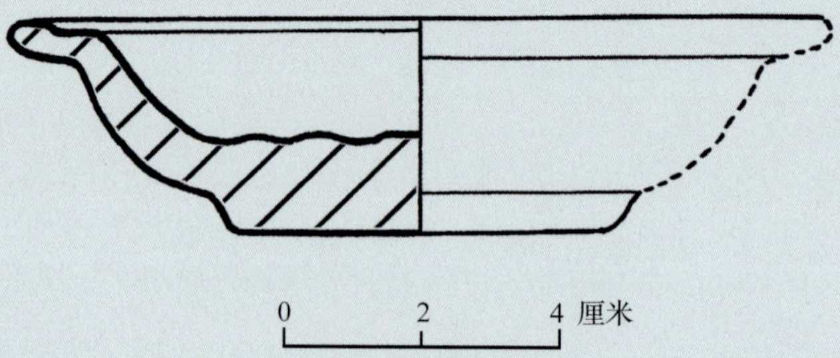

A型陶碟（IM4195∶34）

陶酒盅

3件。均为泥质灰陶。编号IM4195：7、IM4195：9、IM4195：11。形制相同。

标本IM4195：7，敞口，平沿外撇，浅斜腹近底弧，圈足。口径6.4厘米，底径2.1厘米，高2.7厘米。

陶碟

3件。均为泥质灰陶。编号IM4195：34、IM4195：40、IM4195：47。依腹部特征分二型。

A型　1件。浅弧腹。

标本IM4195：34，口残，敞口，宽平沿内凹，浅弧腹，饼足。口径11.6厘米，底径5.3厘米，高3.1厘米。

B型　2件。斜腹。编号IM4195：40、IM4195：47。形制相同。

标本IM4195：40，敞口，宽平沿内凹，斜腹，平底内凹，内涂朱。口径11.5厘米，底径6.3厘米，高2.9厘米。

陶灯

2件。均为泥质灰陶。编号IM4195：21、IM4195：48。

标本IM4195：21，上下两层。下层圈底部喇叭型，短高柄，外饰宽带弦纹，豆盘敞口，浅弧腹。上层高柄，灯碗直口，口残，弧腹。高15厘米，上口径7厘米，中口径9.9厘米，底径6.9厘米。

标本IM4195：48，上部残，底部呈塔形，外饰宽带弦纹。残高9.5厘米，底径6.9厘米。

陶灯（IM4195：21）

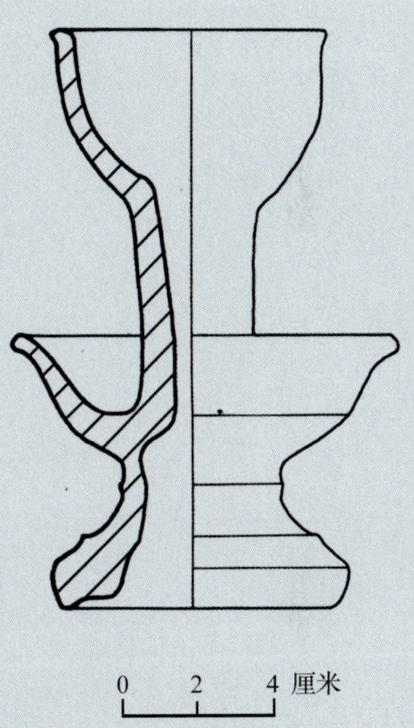

陶灯（IM4195：21）

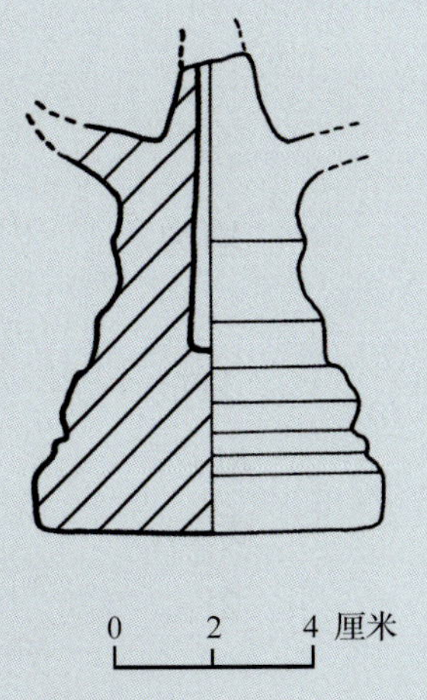

陶灯（IM4195：48）

陶井

2件。均为泥质灰陶。编号IM4195：16、IM4195：18。形制基本相同。外方内圆，井圈外刻一圈砖砌纹饰，外圈为凹弦纹。

标本IM4195：16，残，斜口，井圈一周环节纹，外圈凹弦纹，长13.4厘米，宽13.4厘米，高3.4厘米。

标本IM4195：18，残。直口，井圈一周环节纹，外圈凹弦纹，井台一角有“井”字。长15.6厘米，宽15.4厘米，高4.6厘米。

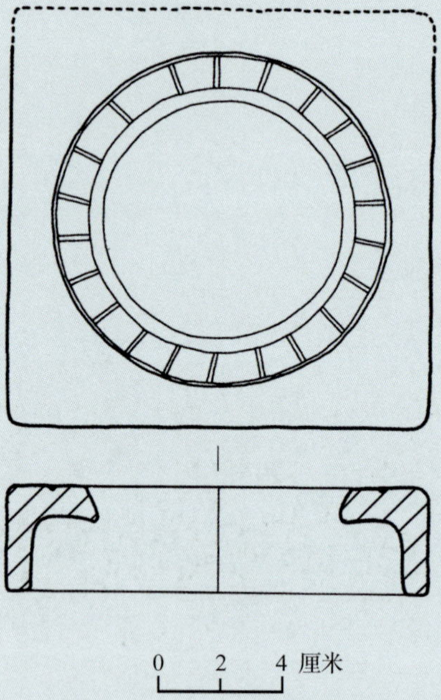

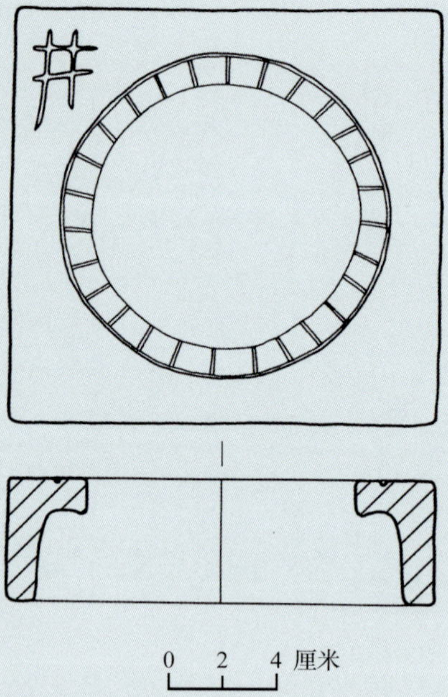

陶井（IM4195:16）

陶井（IM4195:18）

陶碾

1件。标本IM4195：23，泥质灰陶。碾盘圆形，碾座圆柱形，碾盘中心一立柱，碾子圆柱状与立柱连接，横放碾盘之上，碾盘近中心有一孔。碾盘直径19厘米，通高14.8厘米。

陶磨

1件。标本IM4195：24，泥质灰陶。底部圆柱状，圆柱上部为圆形磨盘台面，台面正中放置陶磨一副，分上下两扇，上扇中部有两个圆孔，下部有磨齿，磨盘残。磨台直径18.2、高7.6厘米，圈足直径12.6厘米，磨盘直径9、厚2厘米，通高15厘米。

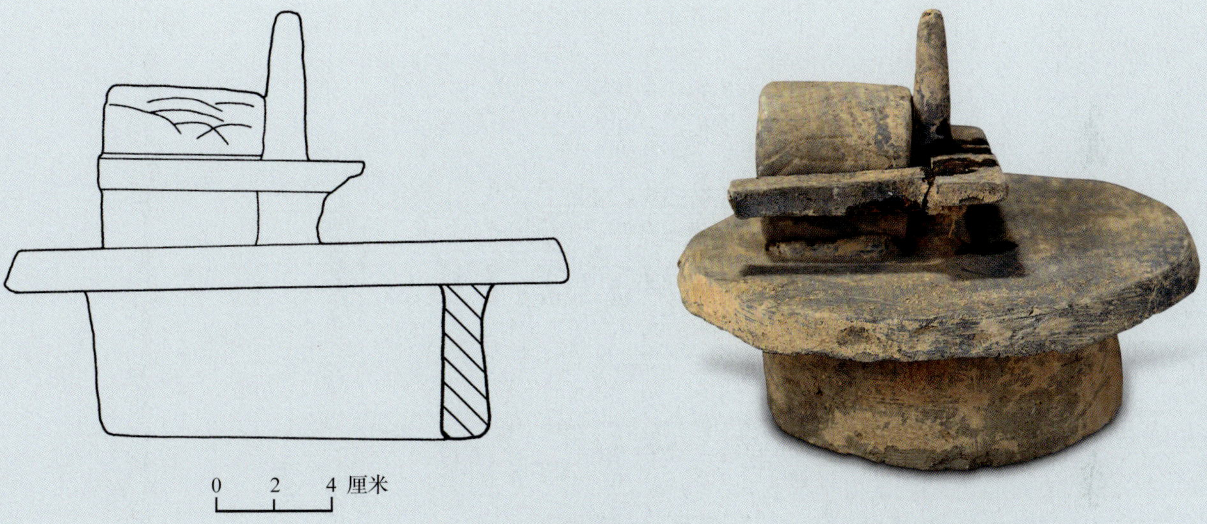

陶碾（IM4195：23）

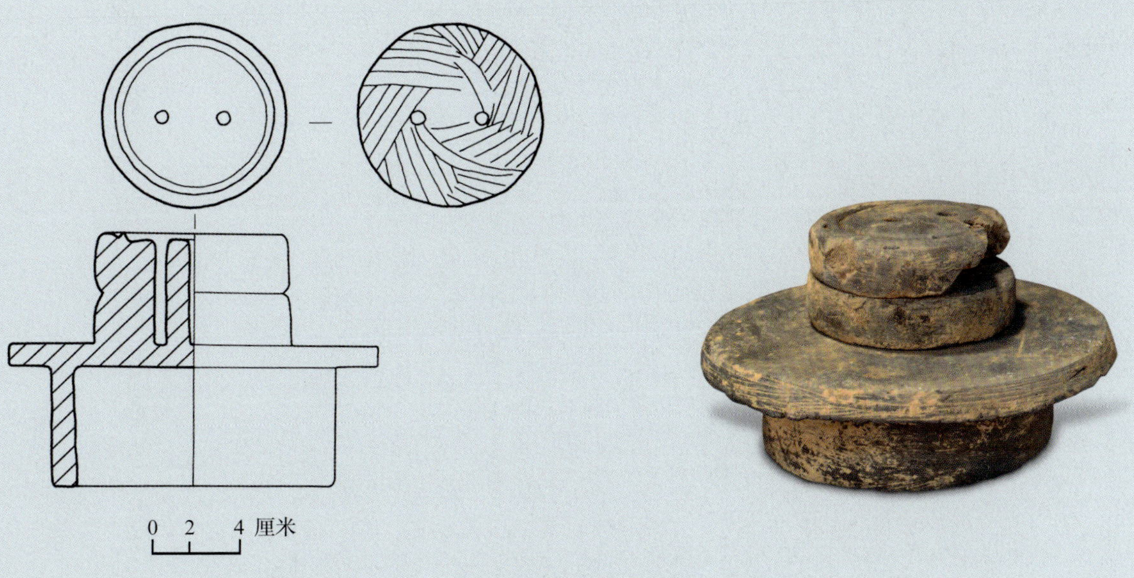

陶磨（IM4195：24）

陶爵

2件。泥质灰陶，外饰仿铜绿锈。编号IM4195：27、IM4195：36。形制相同。

标本IM4195：27，三足，口如扁舟状，两头高，中间底，两侧有立柱，一侧已残。沿外一周阴刻云纹，腹部刻卷草纹。长14厘米，宽5.6厘米，高8.1厘米。

陶香炉

1件。标本IM4195：46，泥质灰陶。方口，残，修复。短方颈，四足，腹部圆方形。口边长12.1厘米，腹径14.6厘米，高16.2厘米。

陶爵（IM4195:27）

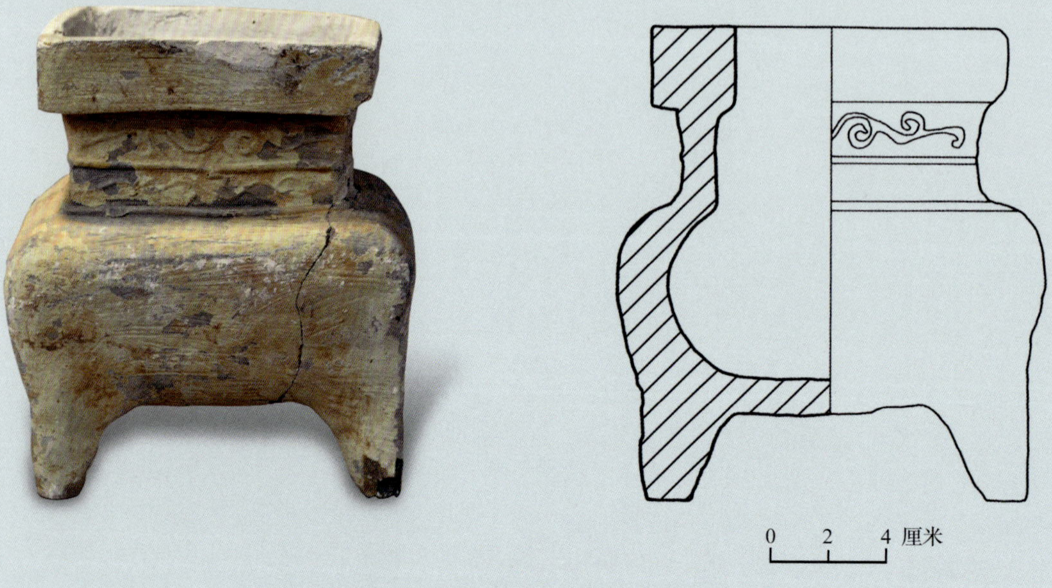

陶香炉（IM4195:46）

陶烛台

2件。均为泥质灰陶。编号IM4195：43、IM4195：44。形制相同，均残，修复1件。

标本IM4195：43，灰陶，施浅绿釉，多脱落，葫芦状，莲瓣口残，长颈，颈部有两系耳，溜圆肩，须弥底座，肩部镂刻卷云纹饰。最大腹径10.7厘米，底径9.3厘米，高24.5厘米。

陶烛台（IM4195:43）

陶灶

1件。标本IM4195：4，泥质灰陶。灶台长方形，台面上有两个灶口，其中一个灶口上放置平底锅。平底锅口径10厘米，高3.5厘米。灶门拱形。长24.9厘米，宽17厘米，通高14厘米。

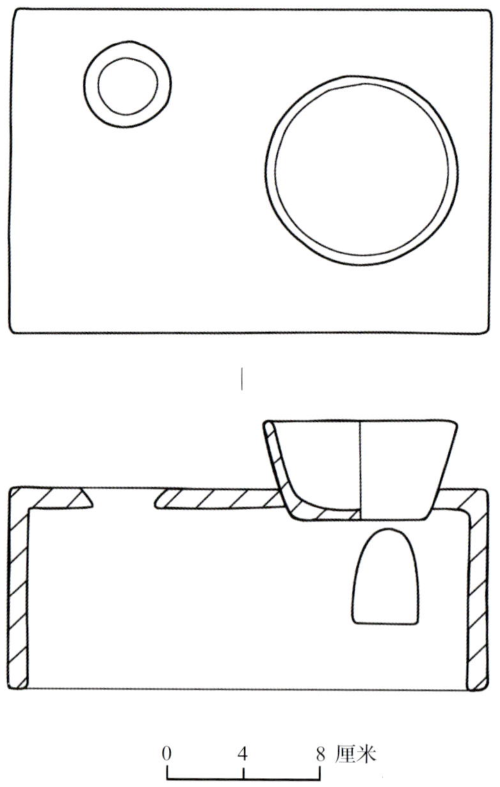

陶灶（IM4195：4）

陶床

1件。标本IM4195：81，泥质灰陶。长方形，底部中空，床前镂空莲瓣状，床脚一侧有卷尾雕，床面四侧有围挡，后档呈“山”状，床沿下有圆角长方形装饰，前档中部有供人上床的通道。床面施红彩。长38厘米，宽23厘米，高31厘米。

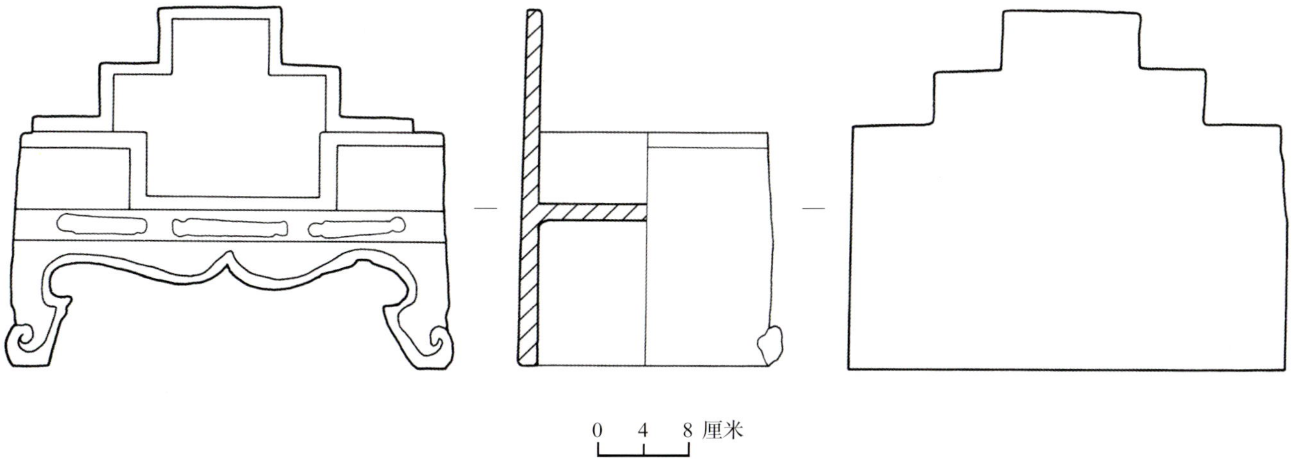

陶床（IM4195：81）

陶轿

1件。标本IM4195：72，泥质灰陶。轿顶覆斗形，轿沿有刻槽。轿体后部有垂帘纹和穿环，两侧素面，轿门两侧红色门帘。轿底方形，边长24.8厘米，通高39厘米。

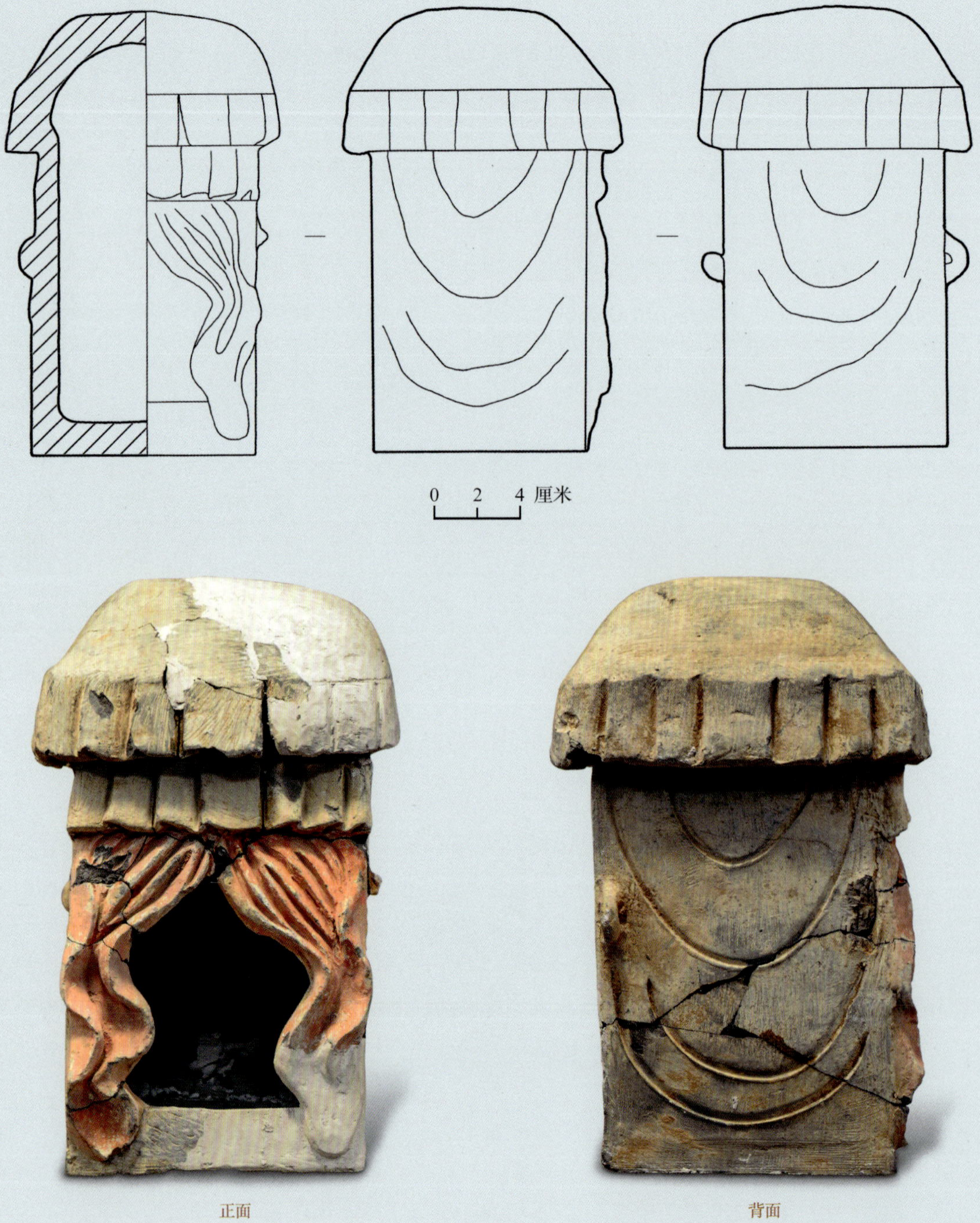

正面　　背面

陶轿（IM4195:72）

陶鸡

1件。标本IM4195：10，泥质灰陶。母鸡，抬头翘尾，卧状，羽片清晰可见。长12.8厘米，高7.3厘米。

陶狗

4件。均为泥质灰陶。依造型可分二型。

A型　2件。编号IM4195：13、IM4195：14。形制相同。

标本IM4195：13，蹲伏，抬头，扁圆嘴，双耳直竖，尾卷一侧，卧平板之上。长11.3厘米，高8.8厘米。

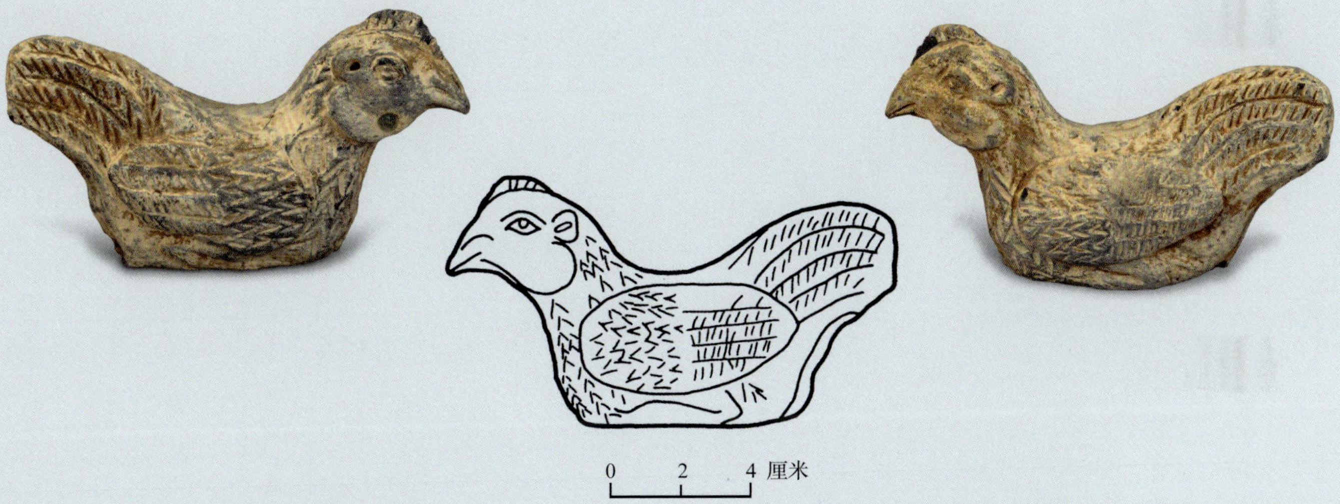

陶鸡（IM4195:10）

A型陶狗（IM4195:13）

B型　2件。编号IM4195：15、IM4195：17，形制相同。

标本IM4195：17，尖嘴，前腿直立，后腿蜷曲，双耳张开，身材修长，蹲坐长方形踏板之上。高13.3厘米。托板长7.2厘米，宽6.3厘米。

B型陶狗（IM4195：17）

陶羊

2件。均为泥质灰陶。编号IM4195：25、IM4195：26。

标本IM4195：25，成年羊，俯卧，四肢蜷曲，短尾，羊角粗壮，弯曲，嘴短小。双耳张开。长13.2厘米，高8.3厘米。

标本IM4195：26，羔羊，俯卧，四肢蜷曲，短尾，羊角刚露出，嘴短小，双耳张开。长13.4厘米，高8.3厘米。

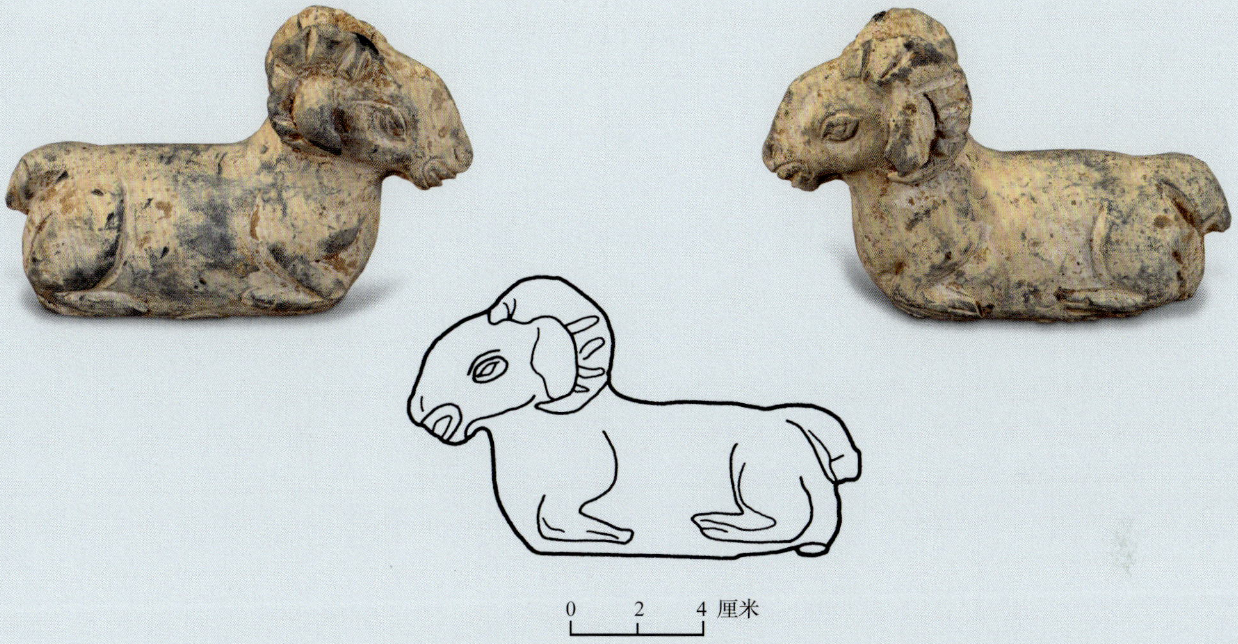

陶羊（IM4195：25）

陶羊（IM4195：26）

陶猪

2件。均为泥质灰陶。编号IM4195：19、IM4195：20，形制相同。

标本IM4195：19，俯卧，四肢蜷曲，双耳张开两侧。长15.4厘米，高7.3厘米。

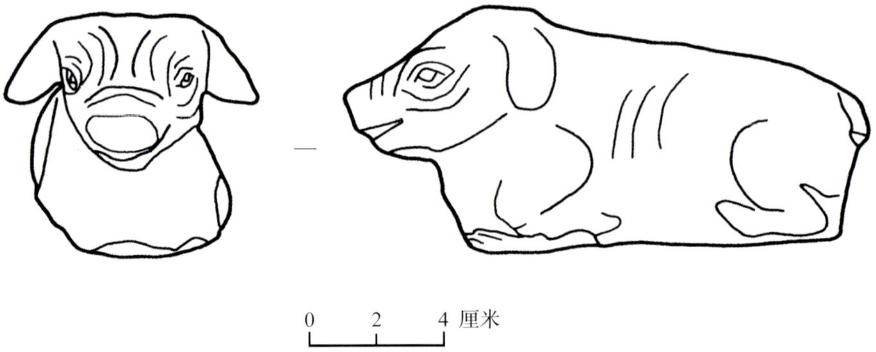

陶猪（IM4195：19）

铜钱

6枚。编号IM4195：82。

无钱文铜钱　1枚。外圆内方。直径2.4厘米，孔边长0.7厘米，厚0.1厘米。

开元通宝　3枚。外圆内方。直径2.5厘米，孔边长0.7厘米，厚0.1厘米。

绍圣元宝　2枚。外圆内方。直径2.5厘米，孔边长0.5厘米，厚0.1厘米。

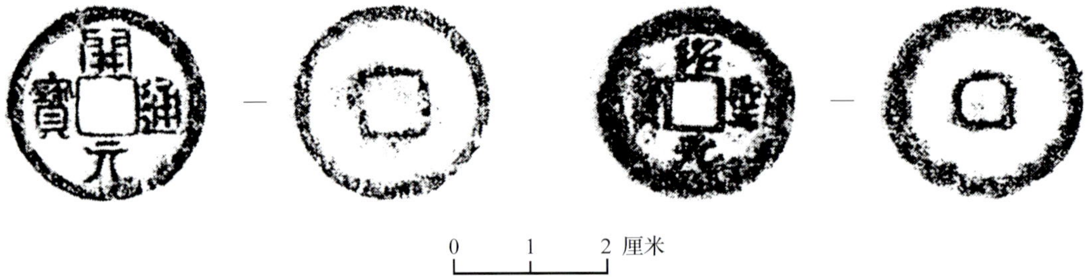

铜钱拓片（IM4195：82）

墓志

2合。分别为沈机墓铭和改葬后夫妻合葬墓志。

沈机夫妇合葬墓志铭　由盖、志两部分组成。编号IM4195：1。

志盖，青石质，盝顶，四边素面磨光。盖顶边长56厘米，底边长76厘米，厚15.5厘米。顶部阴刻楷书，竖排5行，每行4字，共20字，“明赠中宪大夫父沈公封太恭人母辛氏合葬墓志”。

墓志方形，青石质，侧面粗糙未打磨。边长76厘米，厚17厘米。志面四周阴刻凤鸟花草纹，志文楷书，阴刻，竖24行，满行24字，计498字。首行题“明赠中宪大夫父沈公封太恭人母辛氏合葬墓志”。墓志录文如下[①]。

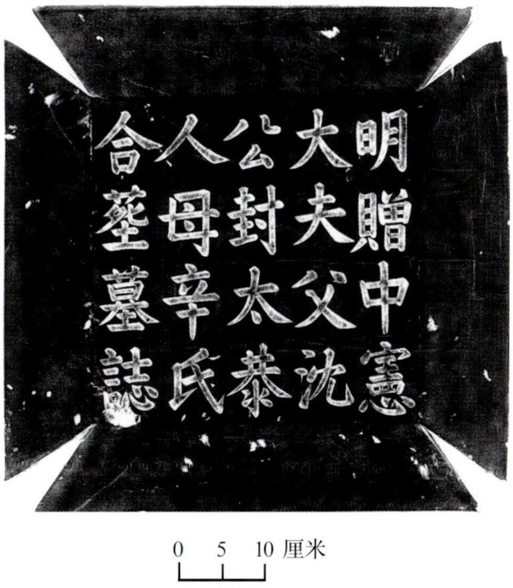

明赠中宪大夫父沈公封太恭人母辛氏合葬墓志盖（IM4195：1-1）拓片

盖铭：

明赠中宪/大夫父沈/公封太恭/人母辛氏/合葬墓志/

志铭：

明赠中宪大夫父沈公封太恭人母辛氏合葬墓志/司马温公曰人果贤耶则名闻昭显众所称颂流播终古不/可掩蔽岂待碑志始为人知如其不贤虽以巧言丽辞强加/采饰徒取讥笑其谁肯信碑立于墓道人犹见之志乃藏于/墓中自非开发莫之观也今必欲为志但可直述乡里世家/生死年月男女子孙终始而已不在多言也朱文公家礼所/载志式与温公之意正同应时於先父母合葬墓志谨遵家/礼并温公训言为之父沈公讳机字德由河南卫人考讳澜/嫡母吴氏母杨氏弘治十二年十二月二十日生嘉靖三十/年七月二十三日卒加赠中宪大夫山西按察司副使母辛氏/考讳铉洛阳县人母张氏弘治十五年十一月十四日生/隆庆五年三月二十九日卒加封太恭人子男四人伯即应/时巡抚江西都察院右副都御史妻儒官李天秩女加封恭/人仲随时散官妻王用才女叔乘时早殇季际时郡庠廪膳/生先母卒妻庠生苏鳌女女三人长早殇次适杨泰三适许/颛亦先母卒孙男三曰侨庠生娶知县吴三聘女曰伉庠生/娶散官刘贷女曰任年十岁孙女二一适举人刘衍畴与侨/俱应时生一六岁与任俱际时生曾孙二人延庆九岁聘庠/生孙光遇女余庆五岁皆侨生也曾孙女一人三岁伉生母/以应时官兼抚宁夏军功蒙/朝廷谕祭/恩至渥也卜卒之明年二月初四日迁父柩合母葬於新茔茔/在今洛阳城西北三里邙山之麓/孤哀子应时泣血谨志孙侨书/

① 墓志录文分行用“/”表示，繁体字、异体字一律改为简体字，无对应简体字则使用繁体字。

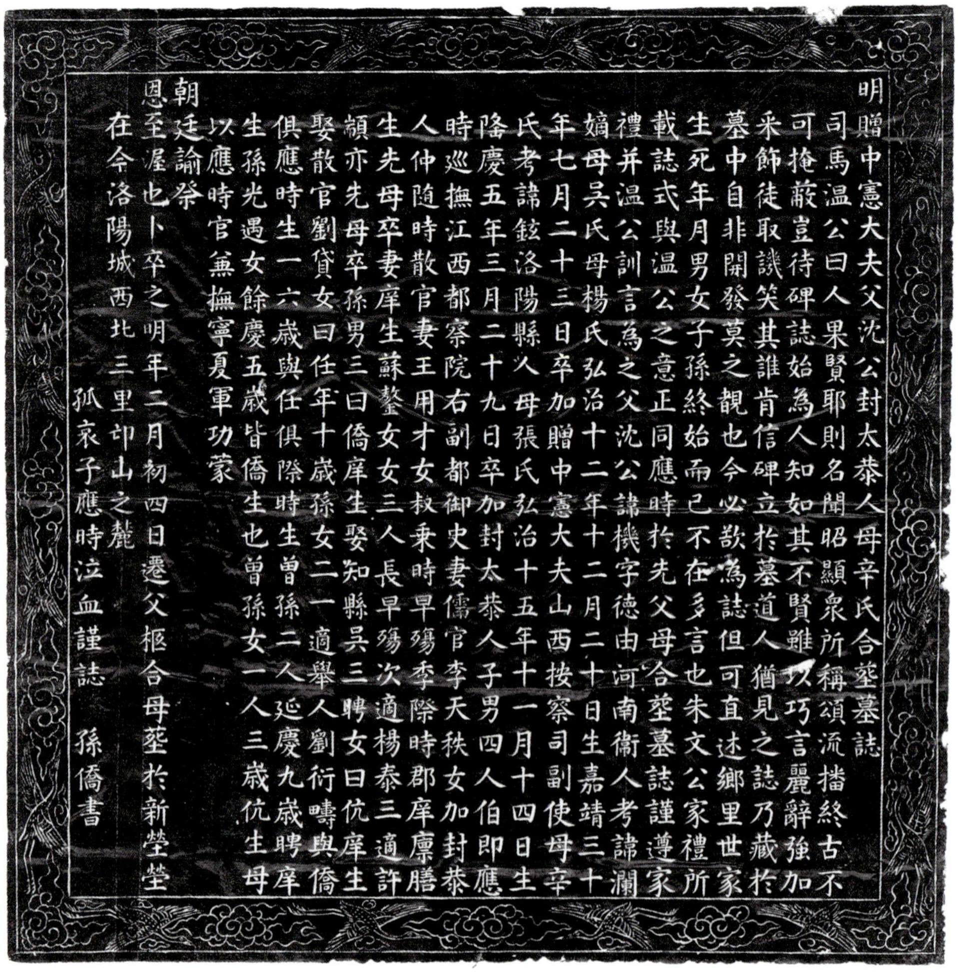
明贈中憲大夫父沈公封太恭人母辛氏合塋墓誌
司馬溫公曰人果賢耶則名聞昭顯衆所稱頌流播終古不
可掩蔽豈待碑誌始為人知如其不賢雖以巧言麗辭強加
釆飾徒取譏笑其誰肯信碑立於墓道人猶見之誌乃藏於
墓中自非開發莫之覩也今必欲為誌但可直述鄉里世家
生死年月男女子孫終始而已不在多言也朱文公家禮所
載誌式與溫公之意正同應時於先父母合塋墓誌謹遵家
禮并溫公訓言為之父沈公諱機字德由河南衛人考諱瀾
嫡母吳氏母楊氏弘治十二年十二月二十日生嘉靖三十
年七月二十三日卒加贈中憲大夫山西按察司副使母辛
氏考諱鉉洛陽縣人母張氏弘治十五年十一月十四日生
隆慶五年三月二十九日卒加封太恭人子男四人伯即應
時巡撫江西都察院右副都御史妻儒官李天秩女加封恭
人仲隨時散官妻王用才女叔秉時早殤季際時郡庠廩膳
生先母卒妻庠生蘇鏊女女三人長早殤次適楊泰三適許
穎亦先母卒孫男三曰僑庠生娶知縣吳三聘女曰伉庠生
娶散官劉貸女曰任年十歲孫女二一適舉人劉衍疇與僑
俱應時生一六歲與任俱際時生曾孫二人延慶九歲聘庠
生孫光遇女餘慶五歲皆僑生也曾孫女一人三歲伉生母
以應時官兼撫寧夏軍功蒙
朝廷諭祭
恩至渥也卜卒之明年二月初四日遷父柩合母塋於新塋
在今洛陽城西北三里邙山之麓
孤哀子應時泣血謹誌　孫僑書

0　5　10厘米

明赠中宪大夫沈公封太恭人母辛氏合葬墓志（IM4195：1-2）拓片

沈机墓志铭　由志、盖两部分组成。编号IM4195：2。

志盖，青石质，盝顶磨光。盖顶边长51厘米，底边长74厘米，厚13厘米。顶部阴刻篆书，竖排3行，每行4字，共12字，“大明故处士东桥沈公墓志铭”，四面阴刻“四神”图案。

墓志方形，青石质，侧面打磨光滑，阴刻人物图像，每侧三人。边长74厘米，厚16厘米。志面四周阴刻花草纹，志文楷书，阴刻，竖31行，满行38字，计1046字。首行题“明故处士沈东桥墓志铭”。墓志录文如下。

0　5　10 厘米

大明故处士东桥沈公墓志铭盖（IM4195：2-1）拓片

盖铭：

大明故处/士东桥沈/公墓志铭/

志铭：

明故处士沈东桥墓志铭/洛阳嵩少山人李天成撰并书篆/东桥处士五十三而卒一乡之人亡问老少罔不惊悼予既已往哭之矣盖伤其不终云其嘉靖/辛亥孟秋之杪乎乃伯子应时以庚戌进士留京师方/命下授知山西翼城县未就道而讣音适至遂奔还叩柩大恸予又往吊之见其擗踊哀毁曰子不/闻送死大事也勉之慎之应时哀少止匍匐稽颡谓予曰伤哉父也孤生不能养死不能面诀孤/之罪大矣天不殄绝孤顾父是及孤於此不用其恸又恶乎用其恸且我沈氏世居城南内叔岂/不闻知正德辛未遭兵燹家产尽毁吾祖以故忧愤而卒遗我父十有四年矣三叔复冲弱祖母/吴杨二夫人俱衰老当是时也居无庐出无乘我父用是大惧遂弃学务植生竭力周旋以奉二/亲抚三孤艰辛苦楚莫可言状十年始复其庐逾年娶吾母辛夫人而家道浸浸可观人见我父/少而树立也咸称其干蛊丁亥族有讼十年未决费日不给举族坐困父倾资倒囊供之无难色/事亦多赖人见我父义而轻财也咸服其睦族丁酉吴夫人没壬寅杨夫人又丧虽再值中衰而/附身附棺勿之有悔人见我父戚逾於易也咸嘉其敦本我父忧沈氏之不振日训孤及时修业/曰汝苟为大儒家虽窘吾亦豫汝苟惰入汗下家虽豫吾亦窘孤奉教惟谨寻叨中河南癸卯乡/试每戒孤毋称贷习骄侈为俗态及再叨登第亲诣都下戒孤初入宦途上毋负/国下毋负学毋温饱以悦亲飘然而归留之不及人见我父家训之严贞也咸拟之义方呜呼父/平生无过举既素为乡人所与又窃视其饮食动定无以异曩昔方幸其日之必永讵知归而病/病而不起乎讵知旅邸之训其永决之言乎呜呼孤服家庭之教幸有今日欲禄养而父不逮风/木之悲抱恨终古卜是年十一月十有八日窆葬北邙先兆大恐蹈夫有美不称之罪欲图为不/朽者惟内叔其毋孤弃孤昏迷先人行实不能悉知先人者莫如陈伯荐已托之为状矣予唯唯/及睹状亦若应时之言夫据状处士生弘治己未十二月二十日姓沈氏讳机字德由东桥则其/号也直隶长洲人一世祖政洪武初从义兵定天下后隶河南卫故今又为河南人二世祖礼三/世祖钦父澜世无夫德生子四人伯子即应时娶吾兄儒官天秩女仲子随时娶义官王用才女/叔子乘时季子济时女二人一适杨昂子泰一适引礼许光祚子庠生颛孙子二侨伉孙女一李/子曰予观处士而疑德不必寿寿不必德乎夫干蛊之谓孝睦族之谓仁敦本之谓礼义方之谓/毅备此四德而又发之以忠诚执之以矜约家虽索而心自如子虽仕而气愈下视世之约则徇/物裕则肆已奚啻倍徙哉曾无一致短之行乃如斯而止其他悖乱者往往终其天年岂修短者/叹君子作德不与哉无怪乎马迁天道之惑也虽然惟德则不朽不寿犹寿不德则速朽寿亦不/寿予於处士无憾矣故为之铭曰/天道忌彰人道忌眩匪壬曷殇匪懿曷春昭伏屈信叵测斯电嗟嗟处士惧彼作善曰艾匪寿不/可谓短曰德匪爵不可谓贱佑启令嗣为邦之彦世济其美孰常孰变/石工刘策镌/

明故處士沈東橋墓志銘
洛陽嵩少山人李天成撰并書篆
東橋處士五十三而卒一鄉之人亡問大小罔不驚悼予既已往哭之矣蓋傷其不終云其嘉請
辛亥孟秋之杪乎乃伯子應時以庚戌進士留京師方
命下授知山西翼城縣未就道而訃音遣至遂奔還叩柩大慟予又往弔之見其擗踊哀毀曰子不
聞送死大事也勉之慎之應時哀少止匍匐稽顙謂予曰傷哉父也孤生不能養死不能面訣孤
之罪大矣天不珍絕孤顧父是及孤於此不用其慟又悉乎用其慟且我沈氏世居城南內叔豈
不聞知正德辛未遭兵燹家產盡燬吾祖以故憂憤而卒遺我父十有四年矣三叔俊沖弱祖母
吳楊二夫人俱衰老當是時也居無廬出無乘我父用是大懼遂棄學務植生竭力周旋以奉二
親撫三孤艱辛苦楚莫可言狀十年始復其廬踰年娶吾母辛夫人而家道浸浸可觀人見我父
少而樹立也咸稱其幹蠱丁亥族有訟十年未決費日不給舉族坐困父傾貲倒囊供之無難色
事亦多賴人見我父義而輕財也咸服其睦族丁酉吳夫人沒壬寅楊夫人又喪雖再值中衰而
附身附棺勿之有悔人見我父咸踰於易也咸嘉其敦本我父憂沈氏之不振日訓孤及時脩業
曰汝苟為大儒家雖窘吾亦豫汝苟惰入汙下家雖豫吾亦窘孤奉教惟謹尋叨中河南癸卯鄉
試每戒孤母稱貸習驕侈為俗態及再叨登第親諸都下戒孤初入宦途上母負
國下母負學母溫飽以悅親飄然而歸留之不及人見我父家訓之嚴貞也咸擬之義方嗚呼父
平生無適莫見素為鄉人所與又竊視其飲食動定無以異曩昔方幸其日之必永詎知歸而病
病而不起乎詎知詠邱之訓其永訣之言乎嗚呼孤服家庭之教幸有今日欲祿養而父不逮風
木之悲抱恨終古卜是年十一月十有八日窆葬北邙先兆大恐蹈夫有美不稱之罪欲圖為不
朽者惟內叔其母孤棄孤昏迷先人行實不能悉知先人者莫如陳伯薦已托之為狀矣予唯唯
及覩狀亦若應時之言夫據狀處士生弘治己未十二月二十日娃沈氏諱機字德由東橋則其
號也直隸長洲人一世祖政洪武初從義兵定天下後隸河南衛故今又為河南人二世祖禮三
世祖欽父瀾世無失德生子四人伯子即應時娶吾兄儒官天秩女仲子[illegible]時娶義官王用才女
叔子秉時季子濟時女二人一適楊昇子泰一適引禮許光祚子庠生顯孫子二僑侃孫女子李
子曰予觀處士而疑德不必壽壽不必德乎夫幹蠱之謂孝睦族之謂仁敦本之謂禮義方之謂
設備此四德而又裝之以忠誠執之以矜約家雖索而心自如子雖仕而氣愈下視世之約則徇
物裕則肆己奚啻倍蓰哉曾無一致短之行乃如斯而止其他悖亂者往往終其天年豈脩短者
數君子作德不與哉無怪乎焉遷天道之惑也雖然惟德則不朽不壽猶壽不德則速朽壽亦不
壽予於處士無憾矣故為之銘曰
天道忌彰人道忌昵匪壬曷殤匪懿曷春昭伏厥信叵測斯電嗟嗟處士惟彼作善曰艾匪壽不
可謂短曰德匪爵不可謂賤佑啟令嗣為邦之彥世濟其美孰常孰變
石工劉策鐫

0　5　10 厘米

大明故处士东桥沈公墓志（IM4195∶2-2）拓片

第三节　沈应时夫妇墓

一、位置与地层

沈应时夫妇墓（IM4084）位于其家族墓地从北到南第二排，其父沈机夫妇墓东南，西北距其父沈机夫妇墓5米，西南距其子沈侨夫妇墓约12米，长孙沈余庆位于其墓道东侧。发掘时间历时14天。垫土层下即为墓葬开口，垫土层厚0.4米。

二、墓葬形制

沈应时夫妇墓为长斜坡道穹隆顶土洞墓。由斜坡墓道、过洞、壁龛、甬道、封门、墓室组成。方向175°，总长25.4米（图3-15、图3-17）。

图3-15　沈应时夫妇墓（IM4084）全景图（由北向南）

（一）墓道

墓道位于过洞南端，为长方形斜坡，口距地表0.4米，填土花土，坡度28°。口深0.2～5.8米，长14.2米，宽1.4米。斜坡底长14.8米，宽1.4米。

（二）过洞

过洞位于墓道和甬道之间，土洞拱顶，清理时顶部已破坏，平面呈长方形，长4.6米，宽1.4米。斜坡底，斜坡长5.1米，宽1.4米，高1.6米，坡度28°，填土花土。过洞东西两侧各掏挖两个壁龛（图3-16）。

（三）壁龛

壁龛4个。

壁龛1　位于过洞西壁南部，平面呈长方形，土洞平顶，填土淤土，底部高于过洞底部0.3～0.62米，空心砖封门，底部南北两头用小砖叠砌支垫，南侧支砖6层，北侧支砖11层。壁龛顶部已破坏，南北长1.48米，进深0.9米，高0.42米。封门长1.65米，宽0.45米，厚0.09米。壁龛内放置仪仗俑，有人俑和骑马俑两类。因上部取土，陶俑大部分残碎，部分仅存下半部分。仪仗俑摆放顺序是：前面两陶俑并列，手举灯笼状物件，物件均掉

图3-16　沈应时夫妇墓（IM4084）壁龛3、4仪仗队（由北向南）

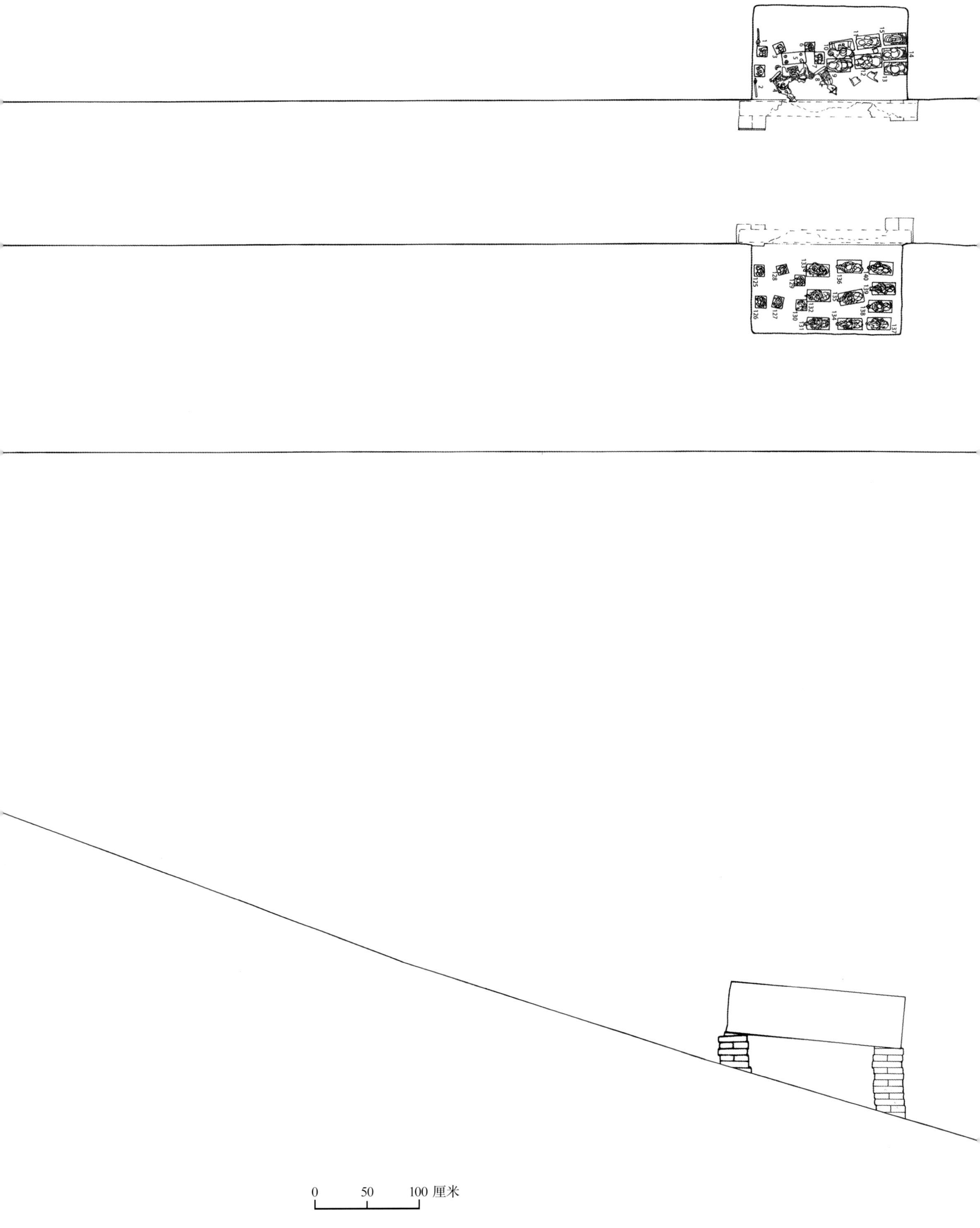
0 50 100 厘米

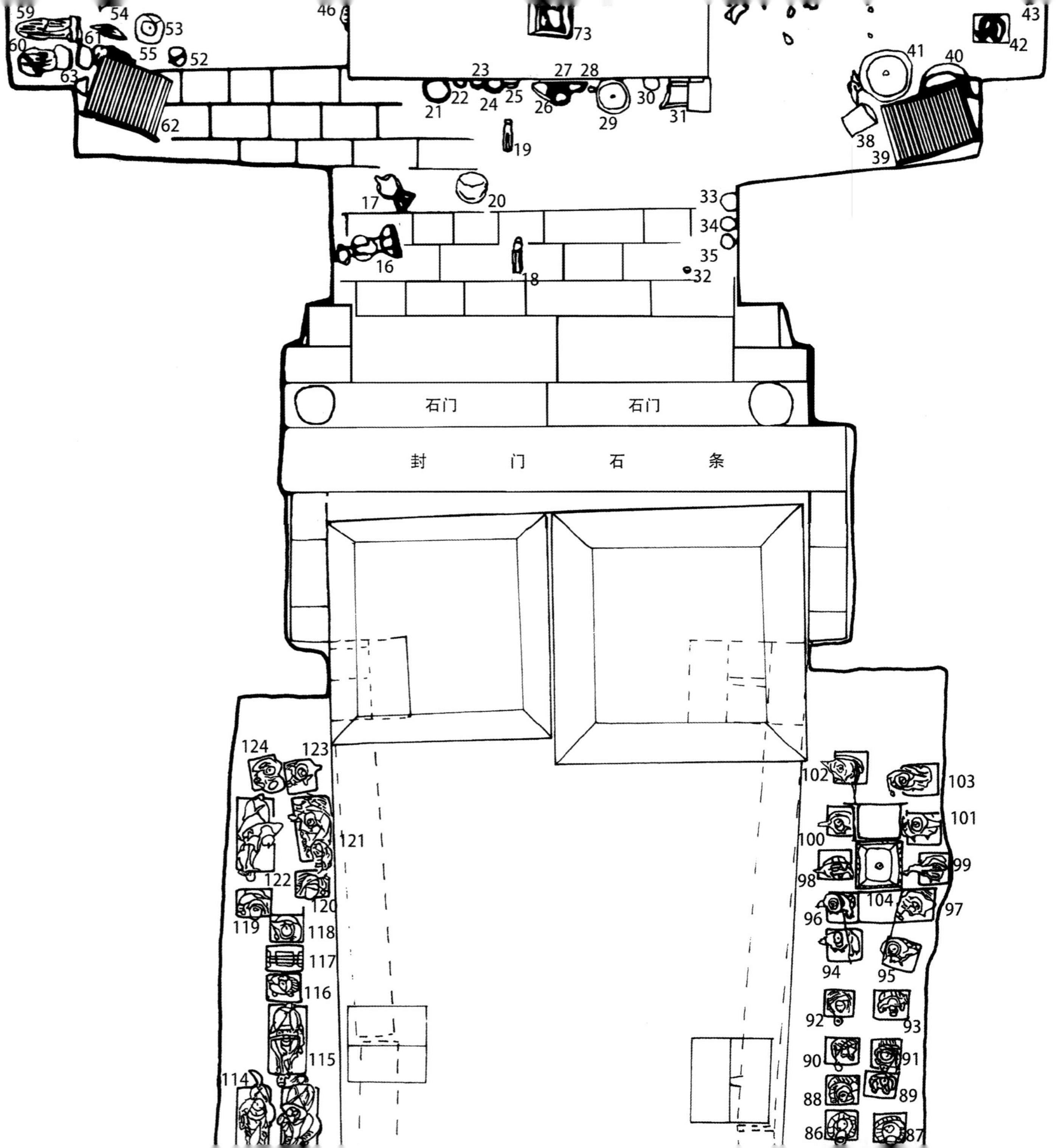
石门
石门
封门石条

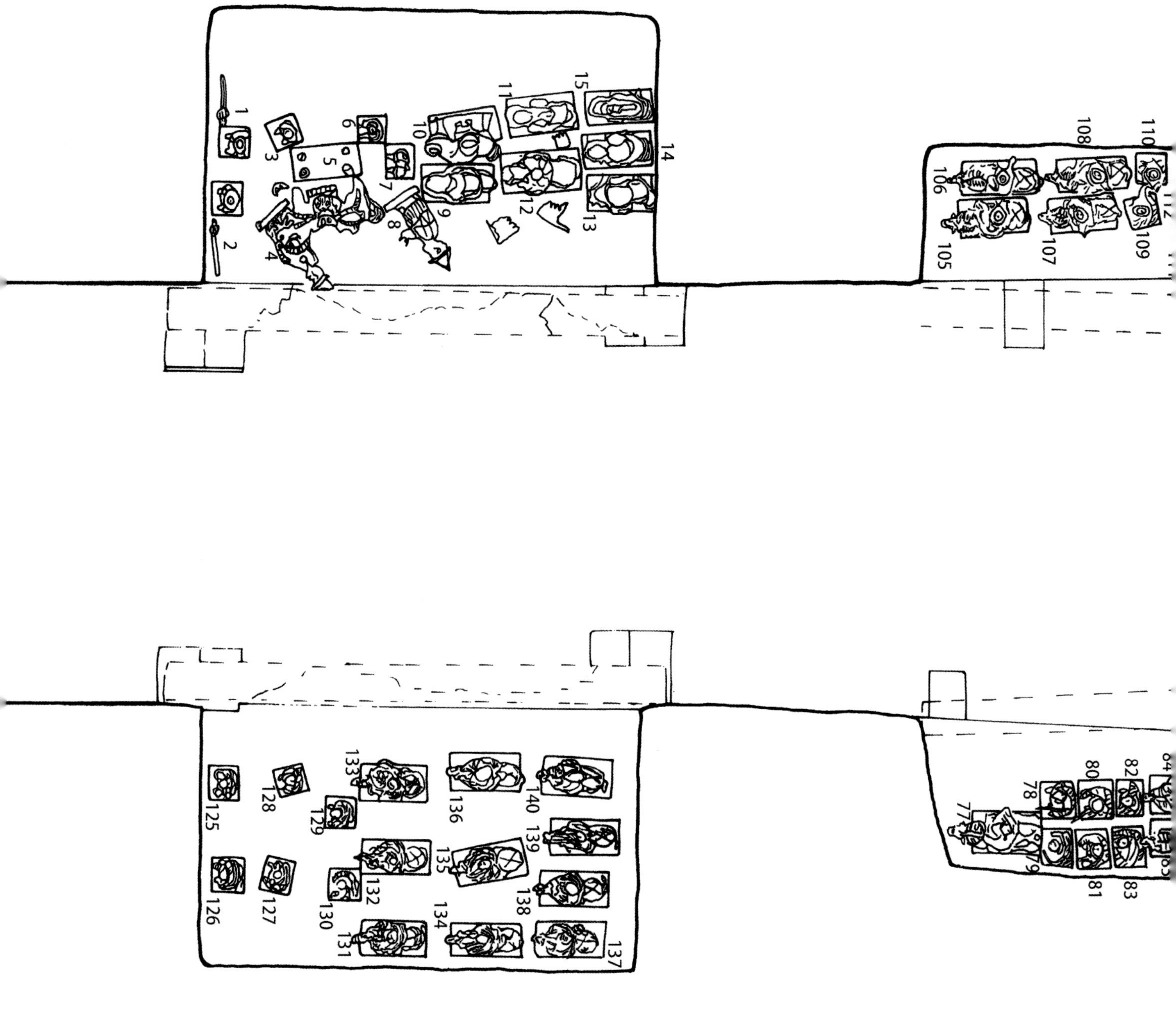

沈应时夫妇墓（IM4084）平剖图局部

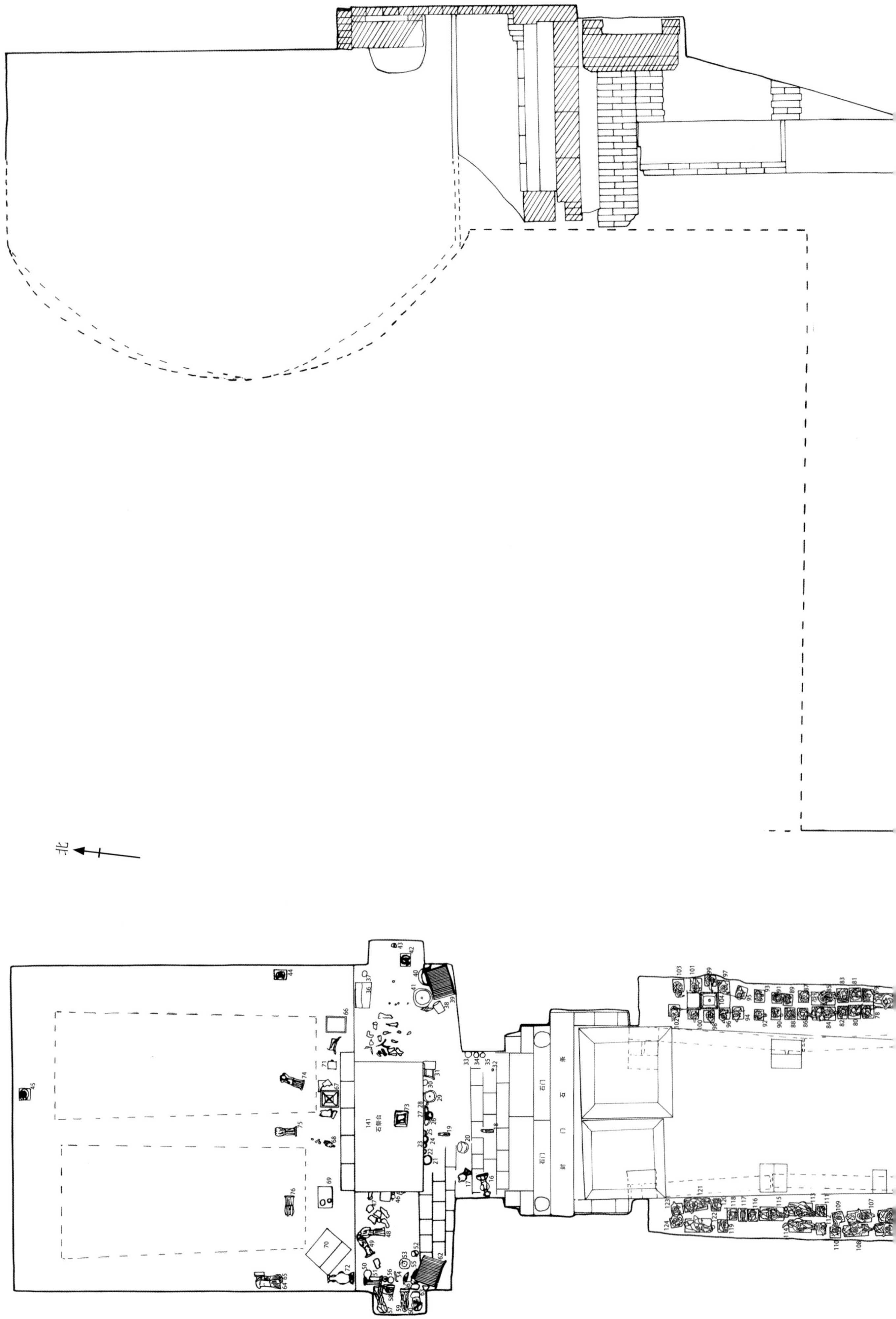
北
141
石祭台

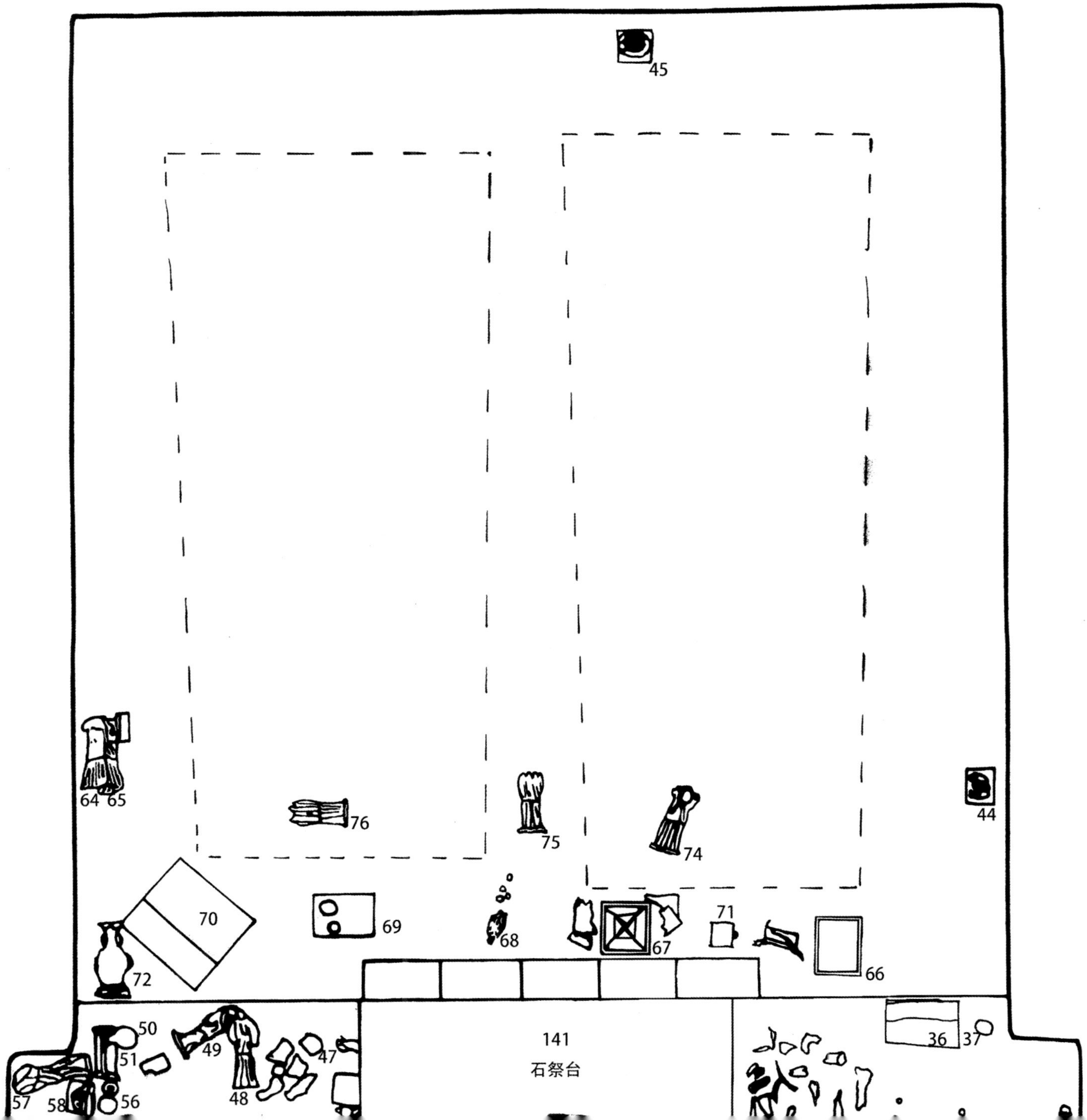
45
44
64 65
76
75
74
70
69
68
67
71
66
72
50
51
49
47
48
57
58
56
141
石祭台
36
37

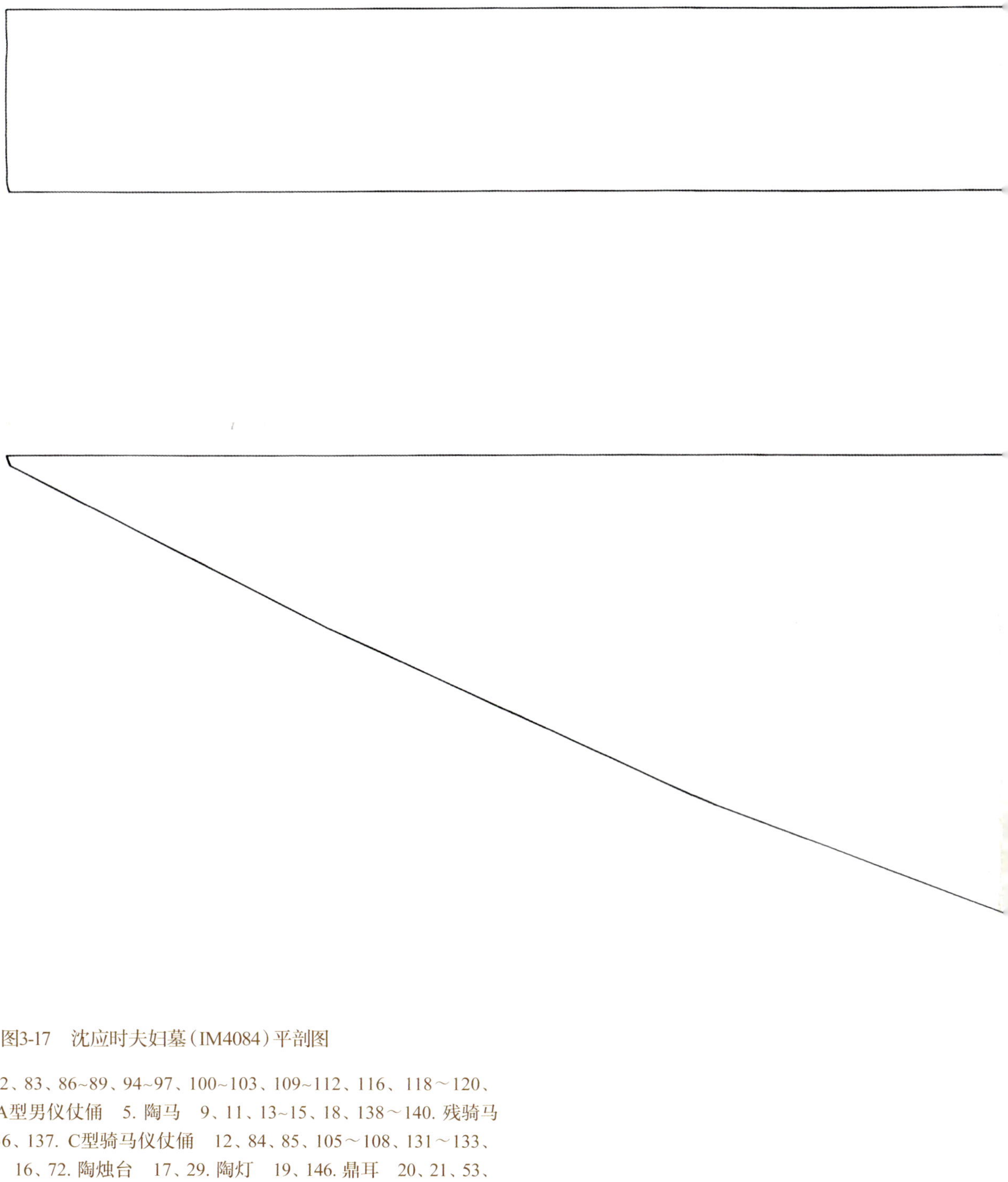

图3-17　沈应时夫妇墓（IM4084）平剖图

1~4、6~8、78、79、82、83、86~89、94~97、100~103、109~112、116、118～120、123、126、128~130. A型男仪仗俑　5. 陶马　9、11、13~15、18、138～140. 残骑马仪仗俑　10、134、136、137. C型骑马仪仗俑　12、84、85、105～108、131～133、135. B型骑马仪仗俑　16、72. 陶烛台　17、29. 陶灯　19、146. 鼎耳　20、21、53、145. 陶碗　22. A型陶杯　23. 陶研墨器　24. 小陶盘　25. 陶镜　26~28. 陶爵　30、33. 陶碟　31. 陶椅　32. 铜钱　34、35. B型陶杯　36、48. 买地券　37、144. 陶粉盏　38. 陶臼　39、62. 陶房　40. 陶磨41. 陶碾　42、46. A型女侍俑　43. 陶提壶　44、45、49、57~60、64、65、74~76. B型女侍俑　47. 陶斟酒壶　50. 陶壶　51. 陶晾衣架　52. 陶锅　54. 陶鸡　55. 陶猪　56. C型陶杯　61. 陶温酒壶　63. 陶盆　66. 陶箱　67、104. 陶轿　68. 陶鸭　69. 陶灶　70. 陶戏楼　71. 陶瓢　73. 陶香炉　77、115. D型骑马仪仗俑　80、81、125、127. C型男仪仗俑　90~93、98、99. B型男仪仗俑　113、114、121、122. A型骑马仪仗俑　117、147. 陶笔架　124. C型女仪仗俑　141. 石祭台　142、143. 墓志　148. 陶茶儿

落俑前侧，后面为鞍鞯齐备、装饰华丽的马俑；马俑左前和左后站立扈从俑，右前侧为头戴卷沿小毡帽，身穿皂袍的牵马俑。出土时马俑和牵马俑均侧倒，马俑正后方站立两陶俑，左侧陶俑侧倒，头戴圆形尖顶帽，腰悬长方形腰牌，右手缩袖，左手握棒槌，棒槌前端为鬼脸状，尾端放肩上；右侧陶俑头戴卷沿小毡帽，左手缩袖，右手上抬略与肩平，应持有物，物已掉落。其后为三排骑马俑，骑马俑上部均已残碎，前两排两两并列，第三排东西并列三个骑马俑，前面两排骑马俑前均有彩旗，应为持旗骑马俑，后面三个骑马俑侧有陶喇叭掉落，应为吹奏喇叭骑马俑。

壁龛2 位于过洞东壁南部，与壁龛1东西相对，大小形制基本相同，为土洞平顶，底部高于过洞底部，空心砖封门，南北两端小砖叠砌支垫，南侧支砖6层，北侧支砖11层。壁龛南北长1.44米，进深0.86米，高0.41米。封门长1.65米，宽0.45米，厚0.09米。壁龛内为仪仗俑，其摆放顺序为：前面三排陶俑，两两并列，后面三排骑马俑，前两排每排三个，第三排四个。第一排左侧陶俑头戴卷沿尖顶毡帽，右手缩袖中，左手向内弯曲平抬略与肩平，前面掉落一长杆长方形牌，片面朱书“回避”，应为持“回避”牌俑；右侧陶俑头戴圆顶宽沿帽，右手屈肘高抬，腋下与手臂之间有圆形锣，左手上抬，做敲锣状，敲锣锤掉落，应为鸣锣开道俑。第二排为两个侍女俑，左侧双手抱长方形盒状物，右侧女侍俑所持物不详。第三排左侧陶俑头戴卷沿尖顶帽，右手缩袖中，左手屈肘抬高与肩平，手中应持有物，已掉落不详；右侧陶俑肩部以上残，腰悬长方形腰牌，手持物不详。第一排骑马俑均头戴尖顶宽沿帽，马俑鞍鞯齐备，雄壮威武，左侧骑俑，左手屈肘平抬与肩平，右手手掌五指微屈，若持物之状，中间骑马俑左手缩袖中，右手屈肘，持旗，旗掉落；右侧骑俑右手缩袖中，左手屈肘胸前，手握一物。第二排左侧骑马俑头戴卷沿尖顶帽，右手缩袖中，左手持长杆状彩旗，中间骑俑左手缩袖中，右手持旗，旗掉落；右侧陶俑头戴卷沿尖顶帽，右手缩袖中，左手屈肘持物，物掉落；第三排骑俑左侧骑俑头戴卷沿尖顶帽，左手缩袖中，右手持旗，旗掉落，中间两个骑俑头部残佚，双手屈肘上台面前，马前有喇叭掉落，应为吹喇叭骑俑，左侧陶俑上部残，持物不详。

壁龛3 位于过洞西壁北侧，与壁龛1相距0.9米，平面呈长方形，填土淤土，致密。南北长2.5米，进深0.45米，高0.42米。封门用两块空心砖南北纵向封门，南部空心砖一端直接放置与过洞底部，另一端用小砖自过洞底部支垫6层，与北侧空心砖共用支垫，北侧空心砖支垫直接从墓志盖砌小砖，共8层。因空心砖宽度不够，又在空心砖上部错缝平铺小砖两层。壁龛内为官员出行场景，前为骑马持旗俑，前后两排，每排2个，骑俑头戴圆顶宽沿帽，座下马鞍鞯齐备，威武雄壮。骑马俑后紧跟两排陶俑，头戴卷沿尖顶毡帽，前排右侧左手缩袖，右手持陶伞扛肩上；左侧陶俑右手缩袖，左手持长杆鬼脸扛肩上。后排右侧陶俑左手缩袖中，右手屈肘上抬，手持物佚失；左侧陶俑左手屈肘腰部，右手缩袖中，持物佚失。紧跟其后为两排骑马俑，前排2个，后排1个。前排骑马俑头戴盔帽，右侧骑俑身穿铠甲，右手挽缰绳，左手缩袖中；左侧骑俑身穿软长袍，左手挽缰绳，右手缩袖中。后排骑马俑头戴双耳软帽，左手缩袖中，右手挽缰绳。其后为一组一前一后抬笔架陶俑，头戴卷沿圆顶帽，右手缩袖中，左手上抬与肩平，若抬物之状。其后为一持物俑，头戴卷沿尖顶帽，右手缩袖中，左手抬胸前，似持物，物佚失。其后为头戴盔帽骑马俑，左侧骑俑身穿软长袍，左手挽缰绳，右手缩袖中；右侧骑俑披铠甲，左手缩袖中，右手挽缰绳。骑马俑后站立两陶俑，左侧头戴卷沿尖顶帽，左手缩袖中，右手上抬与肩平，似持物，物佚失；右侧为女俑，发髻挽头顶，双手抱圆盘状物（图3-18、图3-19）。

壁龛4　位于过洞东侧北部，与壁龛3东西相对，和壁龛2相距0.9米，平面略呈长方形，南部不规则，长2.6米，南壁不规整，北部已深入甬道两侧，进深0.46米，高0.4米。底部与西壁龛2相同。

封门用两块空心砖南北纵向封门，南部空心砖一端直接放置与过洞底部，另一端用小砖自过洞底部支垫6层，与北侧空心砖共用支垫，北侧空心砖支垫直接从墓志盖砌小砖，共8层。因空心砖宽度不够，又在空心砖上部错缝平铺小砖两层。壁龛内为官员出行

图3-18　沈应时夫妇墓（IM4084）壁龛3剖视图

图3-19　沈应时夫妇墓（IM4084）壁龛3剖视图（由东向西）

场景。最前为骑马引导俑，其后三排立俑，第一排立俑头戴卷沿尖顶帽，右手缩袖中，左手持物一面半弧形呈竹节状，一面为平面，中有半弧形凹槽，一端放肩上。第二排立俑头戴宽沿圆顶帽，左侧俑左手叉腰，右手持长锤，锤头为拳头状，掉落左前侧；右侧俑右手叉腰，左手持长锤，锤头为拳头状。第三排立俑头戴卷沿尖顶帽，左侧俑左手缩袖中，右手上抬，持物掉落；右侧俑右手缩袖中，左手上抬，持物掉落。三排立俑之后为一排骑马俑，骑俑头戴宽沿圆顶帽，一手缩袖中，一手挽马缰。骑马俑后四排立俑，第一排立俑头戴卷沿尖顶帽，左侧俑怀抱官帽，右侧怀抱圆琮状物体。第二排立俑头戴卷沿尖顶帽，左侧俑左手抱物，右手缩袖中；右侧俑左手缩袖中，右手抱长方形状物体。第三、四排为挑灯俑，头戴双耳软帽，左侧俑左手挑灯，右手缩袖中；右侧俑右手挑灯，左手缩袖中。其后为八抬大轿，轿厢两侧各有扶轿俑，头戴双耳软帽。抬轿俑头戴卷沿尖顶帽（图3-20、图3-21）。

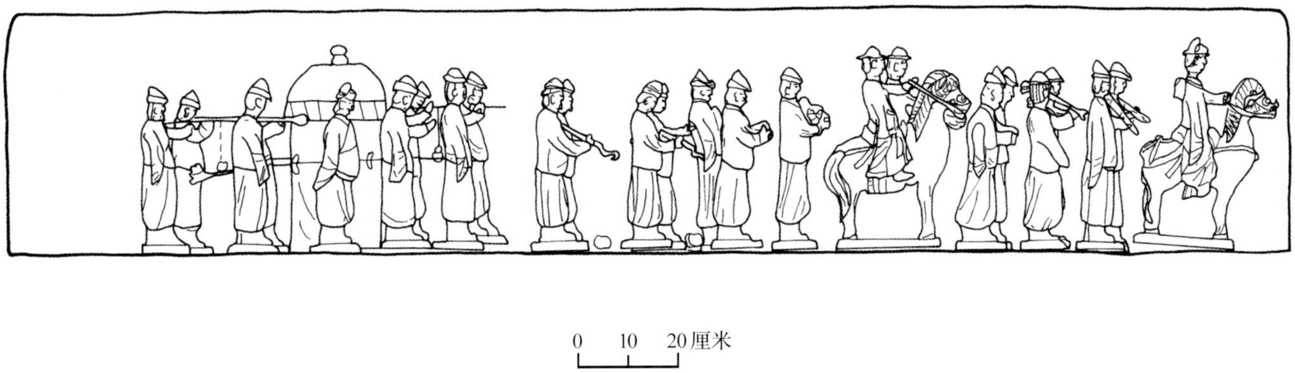

图3-20 沈应时夫妇墓（IM4084）壁龛4剖视图

图3-21 沈应时夫妇墓（IM4084）壁龛4剖视图（由西向东）

（四）甬道

甬道位于过洞北端，墓室南端，平面呈长方形，底部呈台阶状，北部低于南部0.2米。南部低于过洞底部0.4米，东西并列放置沈应时及其夫人李氏墓志，沈应时墓志在东侧，李氏墓志位于西侧。墓志底部用小砖支垫2层。过洞两壁南部为土壁，土壁南北长0.5米，壁龛3和壁龛4北部已伸入甬道南部两侧。甬道北部两侧小砖错缝平铺，地用小砖错缝平铺。甬道南北长2.1米，东西宽1.5米，高1.9～2.1米。

（五）封门

过洞中部为封门，封门南侧用长条形青石条东西横置，叠砌4层，内侧为石门，东西两扇对开，门框、门楣均为青石，每扇门高1.5米，宽0.7米（图3-22～图3-25）。

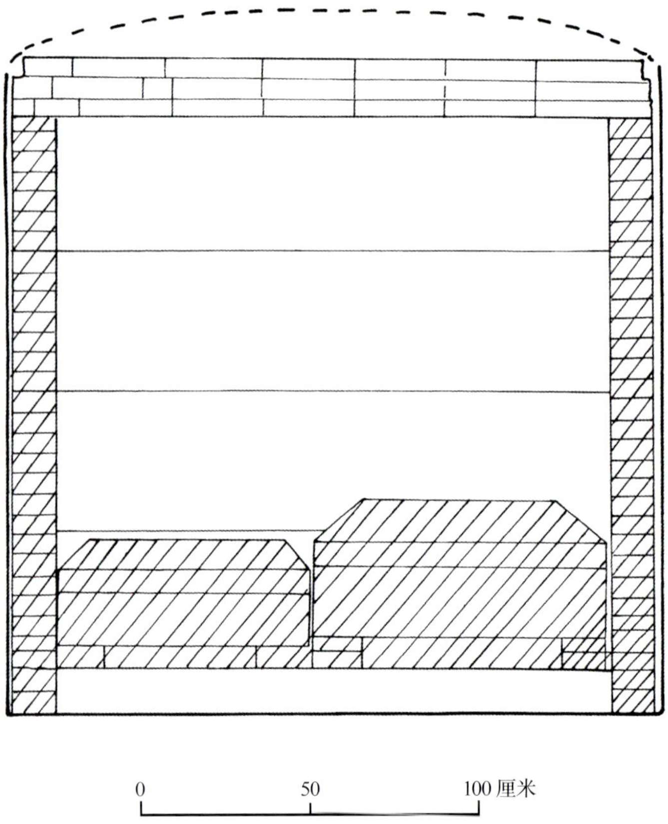

图3-22 沈应时夫妇墓（IM4084）封门正视图（由南向北）

图3-23 沈应时夫妇墓（IM4084）封门（由南向北）

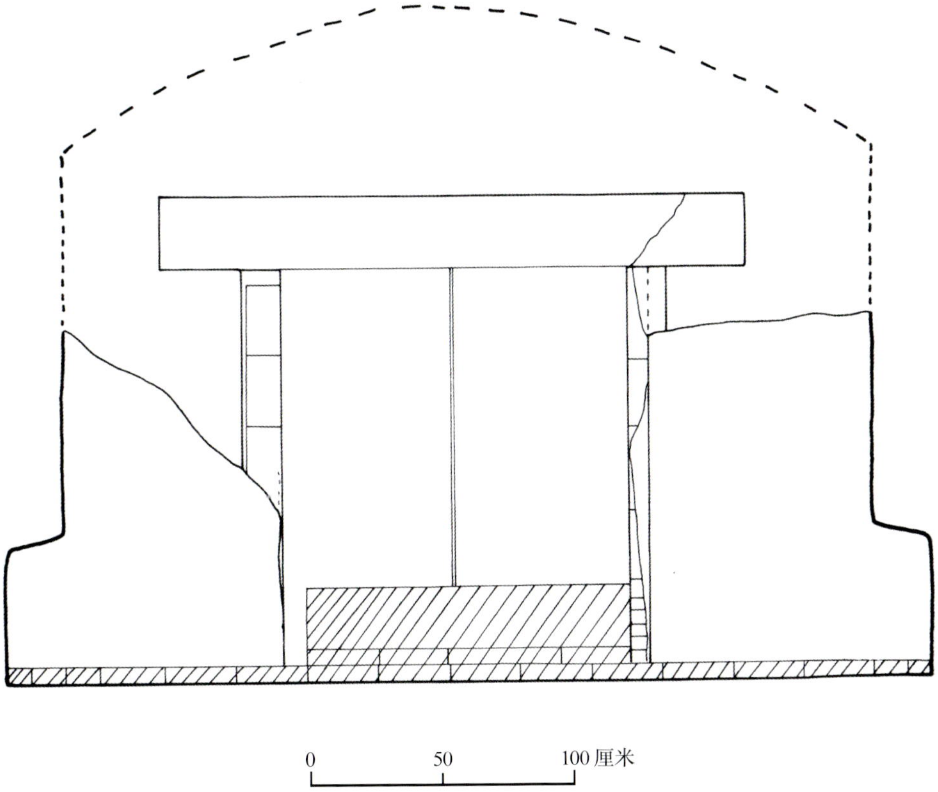

图3-24　沈应时夫妇墓（IM4084）封门正视图（由北向南）

图3-25　沈应时夫妇墓（IM4084）封门（由北向南）

（六）墓室

墓室为长方形土洞穹隆顶，已坍塌。墓室前部底与甬道底相平，低于棺床0.4米，用小砖错缝平铺，棺床前部用小砖错缝叠砌包边。墓室前部东西两侧各设一壁龛，南北长0.52米，进深0.24米，高0.52米。壁龛门口均有一站立挑灯俑。墓室前部正中放置石质祭台，祭台平面呈长方形，底有四足。台面东西长1.24米，宽0.64米。棺床上东西并列两具棺痕，部分棺木尚存，东侧棺痕南北长2.46米，宽0.9～1米。西侧棺痕南北长2.3米，宽0.92～1.04米。墓室已盗扰，遗物大都散乱堆放在墓室前部，棺床上仅见少量陶俑，人骨散乱在祭台两侧的扰土中。墓室长4.13米，宽2.07米，顶高3米（图3-26、图3-27）。

三、随葬遗物

沈应时夫妇墓墓室被严重盗扰，四个壁龛中两个上部破坏，两个保存较好。随葬陶俑主要放置在四个壁龛中，均为仪仗队伍，陶俑有骑马俑、挑灯俑、抬轿俑、扶轿俑、仪仗俑等，造型生动，栩栩如生。墓室出土陶俑均为女侍俑，另有一些生活日用器皿之类。

陶俑

61件。其中男俑46件，女俑15件。男俑皆为仪仗俑，女俑除一件为仪仗俑之外，其余皆为侍俑。

男俑　46件。大部分保存完整，少数残碎，无法修复。依服饰造型可分为三型。

A型　36件。头戴卷沿尖顶帽。编号IM4084：1、IM4084：2、IM4084：3、IM4084：4、IM4084：6、IM4084：7、IM4084：8、IM4084：78、IM4084：79、IM4084：82、IM4084：83、IM4084：86、IM4084：87、IM4084：88、IM4084：89、IM4084：94、IM4084：95、IM4084：96、IM4084：97、IM4084：100、IM4084：101、IM4084：102、IM4084：103、IM4084：109、IM4084：110、IM4084：111、IM4084：112、IM4084：116、IM4084：118、IM4084：119、IM4084：120、IM4084：123、IM4084：126、IM4084：128、IM4084：129、IM4084：130。其中，IM4084：1、IM4084：2、IM4084：3、IM4084：6、IM4084：7、IM4084：126、IM4084：127、IM4084：129、IM4084：130残碎，无法修复。

图3-26　沈应时夫妇墓（IM4084）墓室（由北向南）

图3-27　沈应时夫妇墓（IM4084）墓室（由南向北）

持长柄瓜锤仪仗俑 2件。位于壁龛1，左右并列，俑身残甚，持长柄瓜锤。编号IM4084：1、IM4084：2。

标本IM4084：1，灰陶，腰部以上残。身穿过膝长裙，腰系带结腹下，脚穿圆头长筒靴，两腿分开，站立长方形踏板之上。方形踏板之前有长柄瓜锤，锤柄残，应为持长柄瓜锤陶俑。身施红彩，白陶衣。残高20厘米。

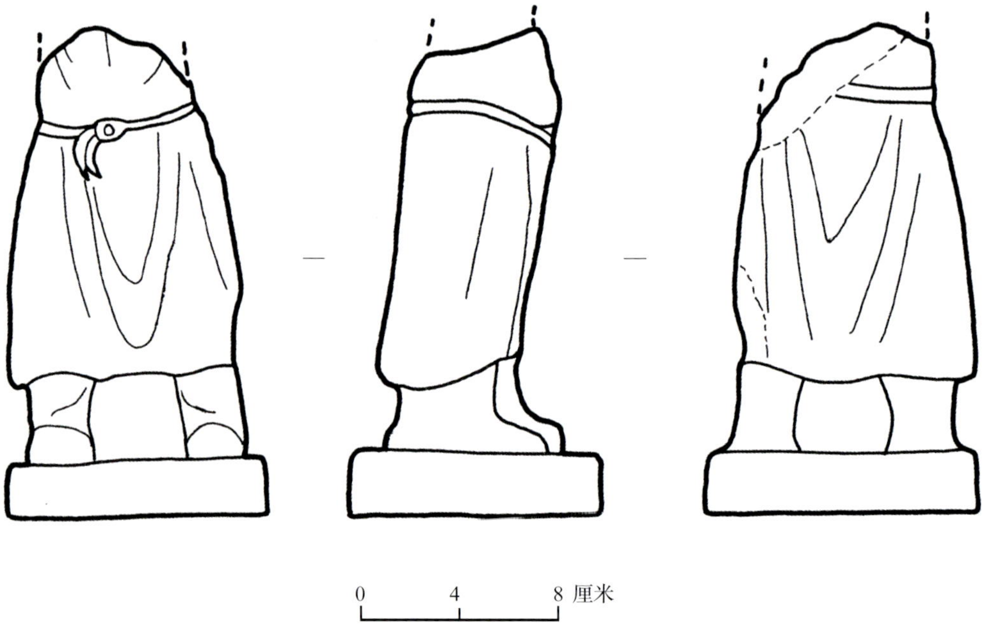

A型男持长柄瓜锤仪仗俑（IM4084：1）

标本IM4084：2，灰陶，胯部以上残。身穿过膝长裙，腰系带结腹下，脚穿圆头长筒靴，两腿分开，站立长方形踏板之上。方形踏板之前有长柄瓜锤，锤柄残，应为持长柄瓜锤陶俑。身施红彩，白陶衣。残高21厘米。

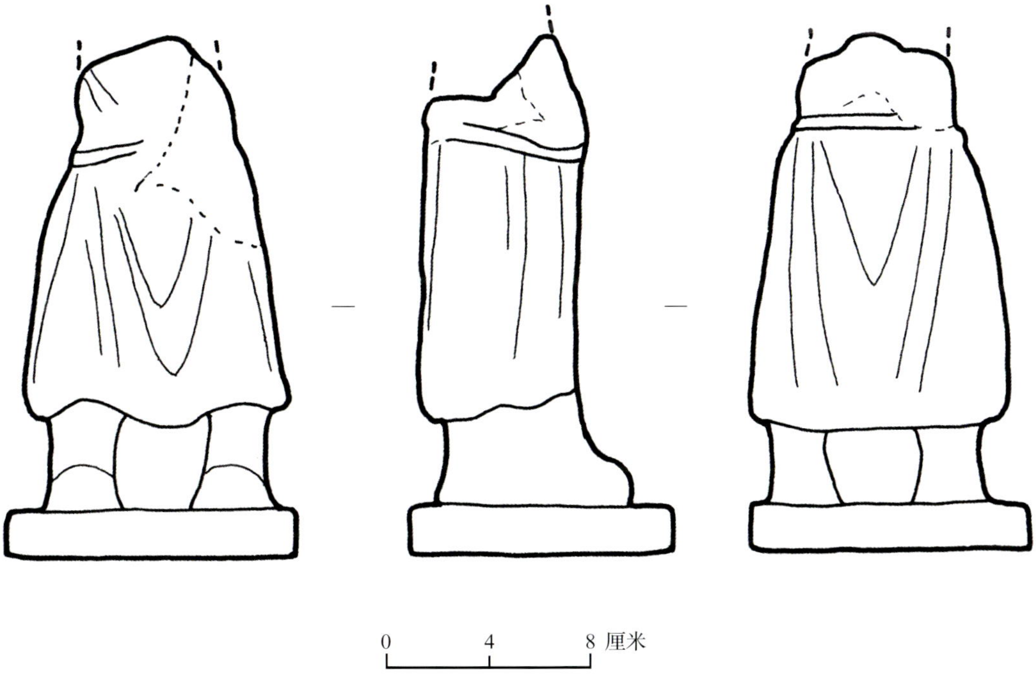

A型男持长柄瓜锤仪仗俑（IM4084：2）

牵马俑 2件。出土于壁龛1。编号IM4084：3、IM4084：4。位于持长柄瓜锤仪仗俑之后陶马两侧。

标本IM4084：3，头戴卷沿尖顶小毡帽，双眼微睁，咬下嘴唇，无须，左手微曲抬身侧，手腕以下残佚，右手缩袖，上穿交领右衽紧袖皂袍，束带腹部，脚穿圆头长筒靴，两腿分开，站立长方形踏板之上。身施白陶衣，局部脱落。通高33厘米。

A型男牵马仪仗俑（IM4084：3）

A型男牵马仪仗俑（IM4084∶3）

A型男牵马仪仗俑（IM4084：4）

标本IM4084：4，残。头戴卷沿尖顶小毡帽，眼、鼻突出，张嘴露上齿，络腮胡，上穿交领右衽紧袖皂袍，左手缩袖中，右手臂以下残佚，束腰腹下，脚穿圆头长筒靴，两腿分开，站立长方形踏板之上。位于陶马左前侧，应为牵马俑。身施白陶衣。通高31.6厘米。

A型男牵马仪仗俑（IM4084：4）

侍俑　3件。编号IM4084：6、IM4084：126、IM4084：128。其中，IM4084：128残碎。1件位于壁龛1陶马右后侧，2件位于壁龛3前部。

标本IM4084：6，残。头戴卷沿尖顶小毡帽，眼、鼻突出，无须，张嘴露上齿，上穿交领右衽紧袖过膝袍，左手缩袖中，右手屈肘抬胸前，腕部以下残佚，束腰腹下，脚穿圆头长筒靴，两腿分开，站立长方形踏板之上。身施白陶衣。通高31.6厘米。

A型男侍俑（IM4084：6）

A型男侍俑（IM4084：6）

A型男侍俑（IM4084：126）

标本IM4084：126，残。头戴卷沿尖顶小毡帽，张口呲牙，络腮胡。左手屈肘抬胸前，若持物之状，右手缩袖中。上穿交领右衽紧袖皂袍，束带腹下，脚穿圆头长筒靴，两腿分开，站立长方形踏板之上。身施白陶衣，局部脱落。通高33.3厘米。

A型男侍俑（IM4084：126）

扈从俑　4件。壁龛1、3各2件。编号IM4084：7、IM4084：8、IM4084：129、IM4084：130。壁龛1中立于马俑和骑马俑之间，壁龛3中立于鸣锣开道俑和骑马俑之间。其中，IM4084：7和IM4984：129已残。

标本IM4084：7，残甚，仅存腹部以下。腰部右前侧有圭形牌，牌面饰荷包图案，上部残缺。残高19厘米。

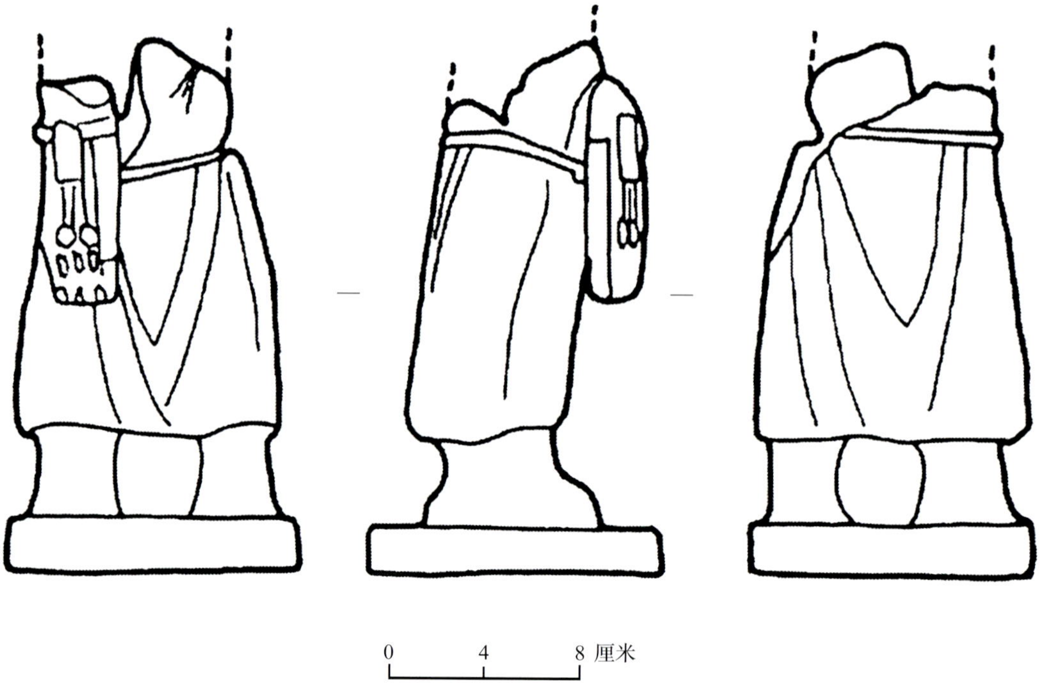

A型男扈从俑（IM4084：7）

标本IM4084：129，残，头、左臂佚失。上穿交领右衽紧袖过膝袍，右手屈肘抬胸前，腕部以下残佚，束腰腹下，腰悬圭形牌，牌面饰荷包图案，脚穿圆头长筒靴，两腿分开，站立长方形踏板之上。身施红彩，白陶衣。残高25厘米。

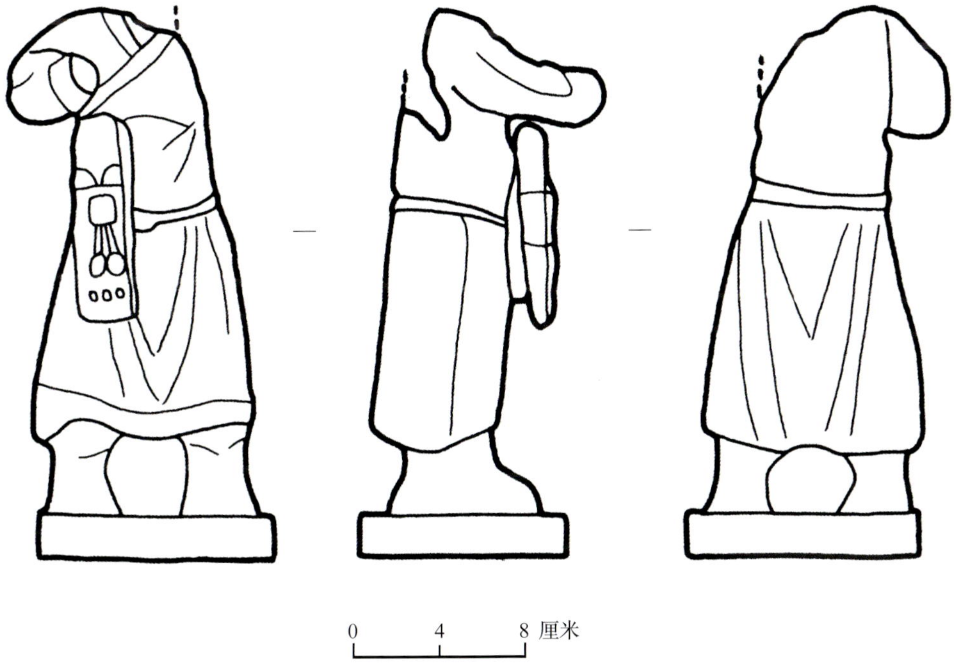

A型男扈从俑（IM4084：129）

标本IM4084：8，残。头戴卷沿尖顶帽，双眉紧锁，呲牙，无须。左手屈肘上抬，若持物之状，右手缩袖中。上穿交领右衽紧袖皂袍，束带腹下，腹侧腰悬圭形牌，牌面饰荷包图案，脚穿圆头长筒靴，两腿分开，站立长方形踏板之上。身施白陶衣，局部脱落。通高32.5厘米。

A型男扈从俑（IM4084：8）

A型男扈从俑（IM4084：8）

标本IM4084：130，头戴卷沿尖顶小毡帽，面向右侧，眯眼，张嘴露上齿，络腮胡，左手屈肘上抬，若持物之状，右手缩袖中，上穿交领右衽紧袖皂袍，束带腹下，腰悬圭形牌，牌面饰荷包图案，脚穿圆头长筒靴，两腿分开，站立长方形踏板之上。身施白陶衣，局部脱落。通高33.4厘米。

A型男扈从俑（IM4084：130）

A型男巪从俑（IM4084∶130）

A型男抬轿（箱）俑（IM4084：94）

抬轿（箱）俑　10件。抬轿俑8件，立于壁龛3八抬大轿前后，出土时与轿厢用铁杆、铁丝相连接。抬箱俑2件，出土壁龛3箱架前后。造型基本相同。编号IM4084：94、IM4084：95、IM4084：96、IM4084：97、IM4084：100、IM4084：101、IM4084：102、IM4084：103、IM4084：116、IM4084：118。

标本IM4084：94，神态恭敬，无须，锁眉，嘴角内凹，唇部涂朱，头戴卷沿尖顶小毡帽，身穿右衽紧袖过膝长袄，束带挽结腹部，足穿圆头长筒靴。右手缩袖中，左手屈肘上抬，半蜷手掌，手指残，应持有物，物佚失。两腿分开，站立长方形托板之上，施红彩，白陶衣，有脱落。通高34厘米。

A型男抬轿（箱）俑（IM4084∶94）

标本IM4084：95，神态恭敬，无须，锁眉，嘴角内凹，唇部涂朱，头戴卷沿尖顶小毡帽，身穿右衽紧袖过膝长袄，束带挽结腹部，足穿圆头长筒靴。左手缩袖中，右手屈肘上抬，半蜷手掌，应持有物，物佚失。两腿分开，站立长方形托板之上。施红彩，白陶衣，有脱落。通高33.6厘米。

A型男抬轿（箱）俑（IM4084：95）

A型男抬轿（箱）俑（IM4084：95）

A型男抬轿（箱）俑（IM4084：96）

标本IM4084：96，神态恭敬，无须，锁眉，嘴角内凹，唇部涂朱，头戴卷沿尖顶小毡帽，身穿右衽紧袖过膝长袄，束带挽结腹部，足穿圆头长筒靴。右手缩袖中，左手屈肘上抬，半蜷手掌，手指残，应持有物，物佚失。两腿分开，站立长方形托板之上。施红彩，白陶衣，有脱落。通高33.7厘米。

A型男抬轿（箱）俑（IM4084：96）

标本IM4084：97，神态恭敬，络腮胡，锁眉，嘴角内凹，唇部涂朱，头戴卷沿尖顶小毡帽，身穿右衽紧袖过膝长袄，束带挽结腹部，足穿圆头长筒靴。左手缩袖中，右手屈肘抬胸前，半蜷手掌，持有物状，物佚失。两腿分开，站立长方形托板之上。施红彩，白陶衣，有脱落。通高33.6厘米。

A型男抬轿（箱）俑（IM4084：97）

A型男抬轿（箱）俑（IM4084：97）

标本IM4084：100，神态恭敬，面目瘦削，头微抬，无须，头戴卷沿尖顶小毡帽，身穿右衽紧袖过膝长袄，束带挽结腹部，足穿圆头长筒靴。右手缩袖中，左手屈肘上抬与肩平，半蜷手掌持物状，物佚失。两腿分开，站立长方形托板之上。施红彩，白陶衣，有脱落。通高34.1厘米。

A型男抬轿（箱）俑（IM4084：100）

A型男抬轿（箱）俑（IM4084：100）

标本IM4084：101，神态恭敬，络腮胡，嘴角内凹，唇部涂朱，头戴卷沿尖顶小毡帽，身穿右衽紧袖过膝长袄，束带挽结腹部，足穿圆头长筒靴。左手缩袖中，右手屈肘上抬齐颈部，半蜷手掌，掌心向左，持物状，物佚失。两腿分开，站立长方形托板之上。施红彩，黑陶衣，有脱落。通高34.3厘米。

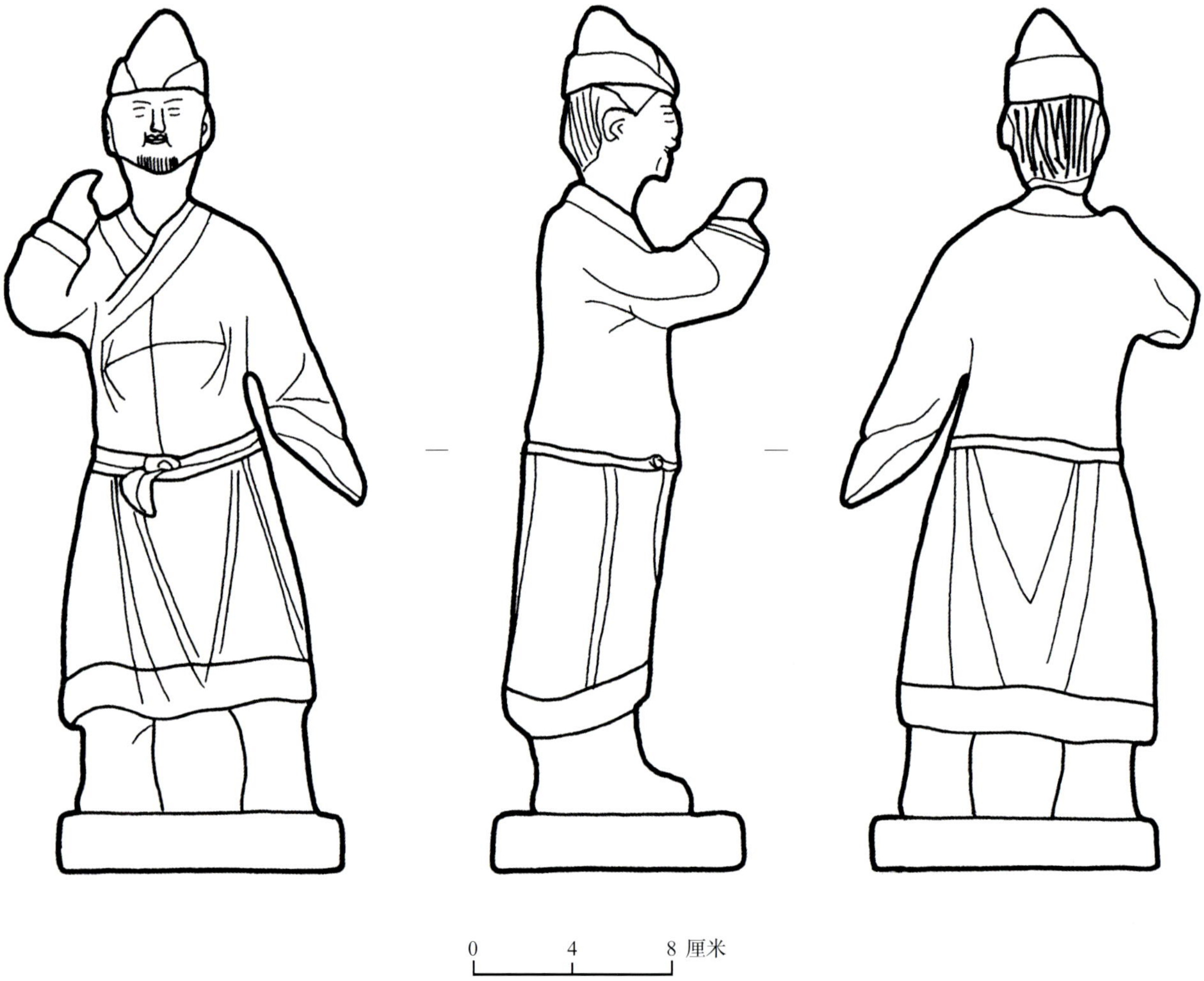

A型男抬轿（箱）俑（IM4084：101）

A型男抬轿（箱）俑（IM4084：101）

A型男抬轿（箱）俑（IM4084：102）

标本IM4084：102，神态恭敬，络腮胡，嘴角内凹，唇部涂朱，头戴卷沿尖顶小毡帽，身穿右衽紧袖过膝长袄，束带挽结腹部，足穿圆头长筒靴。右手缩袖中，左手屈肘平抬齐肩，半蜷手掌，掌心向右，持物状，物佚失。两腿分开，站立长方形托板之上。施红彩，黑陶衣，有脱落。通高33.1厘米。

A型男抬轿（箱）俑（IM4084：102）

A型男抬轿（箱）俑（IM4084:103）

标本IM4084：103，神态恭敬，无须，锁眉，嘴角内凹，唇部涂朱，头戴卷沿尖顶小毡帽，身穿右衽紧袖过膝长袄，束带挽结腹部，足穿圆头长筒靴。左手缩袖中，右手屈肘上抬，半蜷手掌，掌心向左，应持有物，物佚失。两腿分开，站立长方形托板之上。施红彩，白陶衣，有脱落。通高33.7厘米。

A型男抬轿（箱）俑（IM4084：103）

标本IM4084：116，神态恭敬，无须，锁眉，嘴角内凹，唇部涂朱，头戴卷沿尖顶小毡帽，身穿右衽紧袖过膝长袄，束带挽结腹部，足穿圆头长筒靴。右手缩袖中，左手屈肘上抬，半蜷手掌，应持有物，物佚失。两腿分开，站立长方形托板之上。施红彩，白陶衣，有脱落。通高33.1厘米。

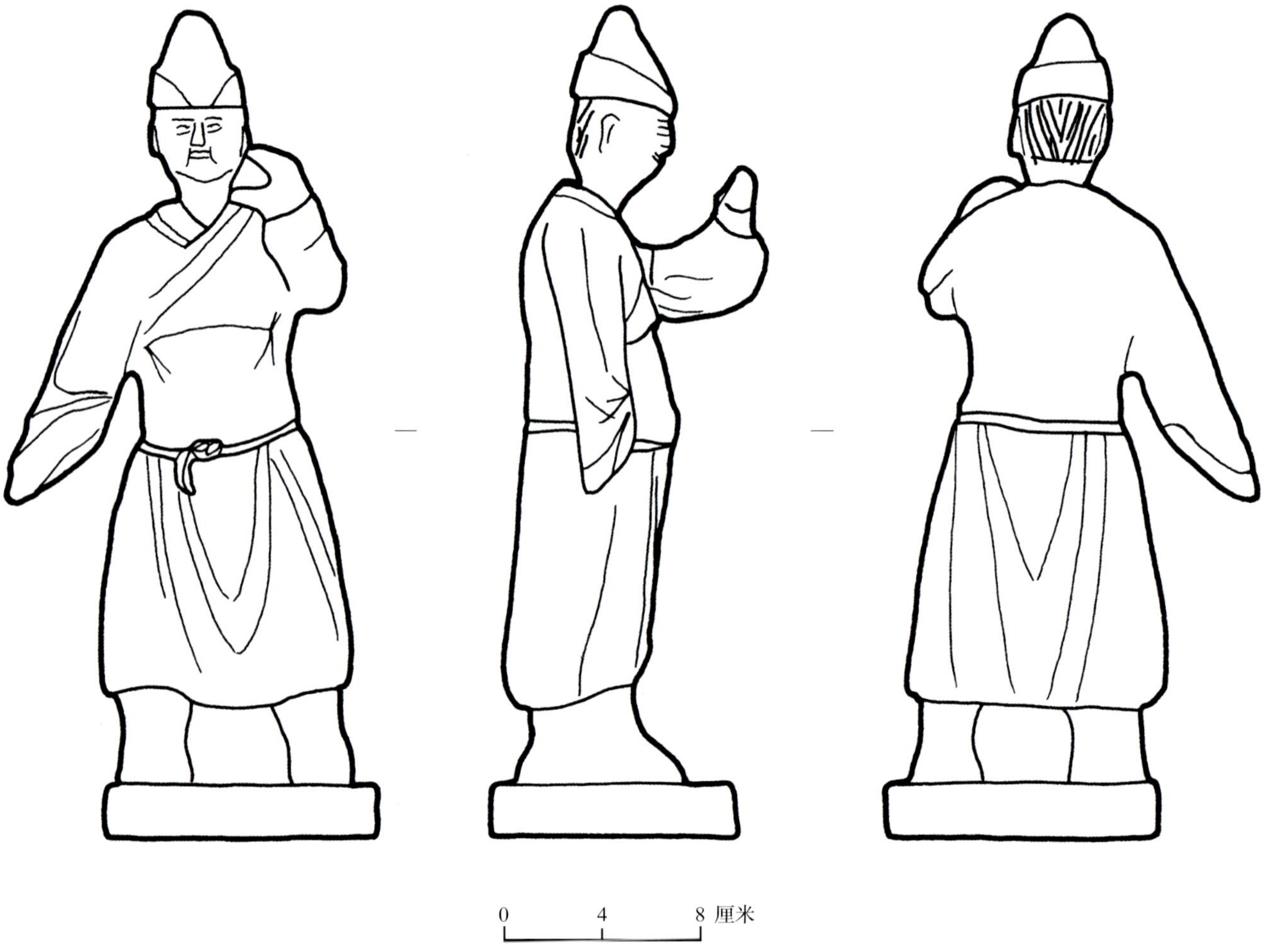

A型男抬轿（箱）俑（IM4084：116）

A型男抬轿（箱）俑（IM4084：116）

标本IM4084：118，神态恭敬，无须，锁眉，嘴角内凹，唇部涂朱，头戴卷沿尖顶小毡帽，身穿右衽紧袖过膝长袄，束带挽结腹部，足穿圆头长筒靴。右手缩袖中，左手屈肘上抬，半蜷手掌，大拇指残佚，应持有物，物佚失。两腿分开，站立长方形托板之上。施红彩，白陶衣，有脱落。通高33.1厘米。

A型男抬轿（箱）俑（IM4084：118）

A型男抬轿（箱）俑（IM4084∶118）

持长柄鬼脸长锤仪仗俑 1件。出土于壁龛3。标本IM4084：109，神态恭敬，络腮胡，锁眉，嘴角内凹，唇部涂朱，头戴卷沿尖顶小毡帽，身穿右衽紧袖过膝长袄，束带挽结腹部，足穿圆头长筒靴。右手缩袖中斜垂身侧，左手屈肘持长柄鬼脸锤，一端握手中，一端搭左肩上。两腿分开，站立长方形托板之上。施红彩，白陶衣，有脱落。通高33.7厘米。

A型男持长柄鬼脸长锤仪仗俑（IM4084：109）

A型男持长柄鬼脸长锤仪仗俑（IM4084：109）

持伞仪仗俑 1件。出土于壁龛3。标本IM4084：110，神态恭敬，无须，锁眉，嘴角内凹，唇部涂朱，头戴卷沿尖顶小毡帽，身穿右衽紧袖过膝长袄，束带挽结腹部，足穿圆头长筒靴。左手缩袖中斜垂身侧，右手屈肘持伞状物，伞掉落。两腿分开，站立长方形托板之上。施红彩，黑、白陶衣。通高32.8厘米。

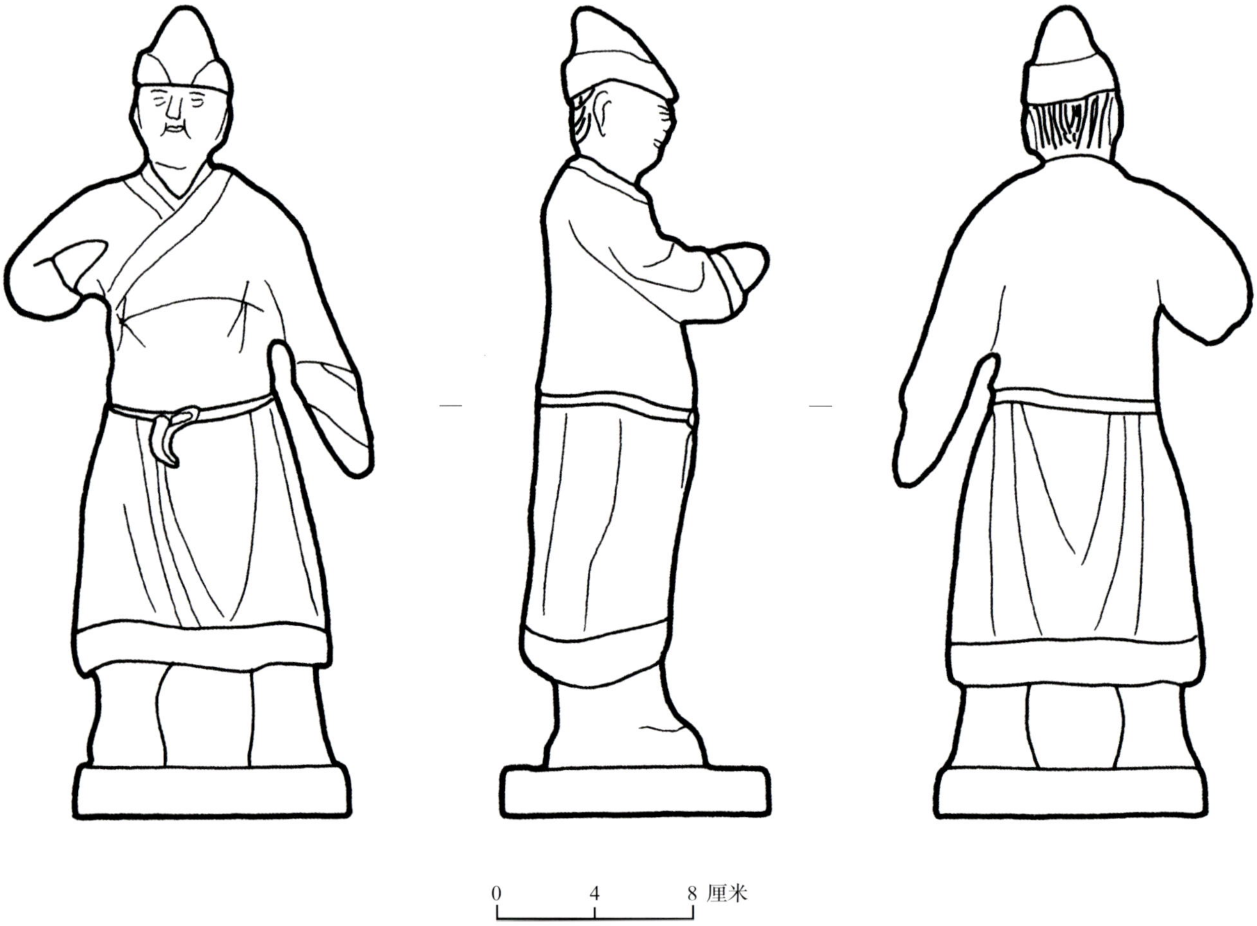

A型男持伞仪仗俑（IM4084：110）

A型男持伞仪仗俑（IM4084：110）

持竹节状扁长板仪仗俑 2件。出土于壁龛4。编号IM4084：78、IM4084：79。

标本IM4084：78，头戴卷沿尖顶帽，身穿右衽紧袖过膝长袄，腰系红带，足穿圆头长筒靴。右手缩袖中，左手持竹节状扁长板，一端搭左肩上。两腿分开，站立长方形托板之上。施红彩，白陶衣，火炬施黄彩，均有脱落。通高34.2厘米。

0 4 8 厘米

A型男持竹节状扁长板仪仗俑（IM4084：78）

A型男持竹节状扁长板仪仗俑（IM4084：78）

标本IM4084：79，头戴卷沿尖顶帽，身穿右衽紧袖过膝长袄，束带，挽结腹前，足穿圆头长筒靴。右手缩袖中，左手持竹节状扁杖，一端搭左肩。两腿分开，站立长方形托板之上。施红彩，黑、白陶衣，均有脱落。通高33.4厘米。

A型男持竹节状扁长板仪仗俑（IM4084：79）

A型男持竹节状扁长板仪仗俑（IM4084：79）

抱物仪仗俑 4件。出土于壁龛4。编号IM4084：86、IM4084：87、IM4084：88、IM4084：89。

标本IM4084：86，神态恭敬，眉目清秀，无须，头戴卷沿小毡帽，身穿右衽紧袖过膝长袄，束带挽结腹前，足穿圆头长筒靴。双手捧盘于胸前。两腿分开，站立长方形托板之上。施红彩，白陶衣，有脱落。通高33.4厘米。

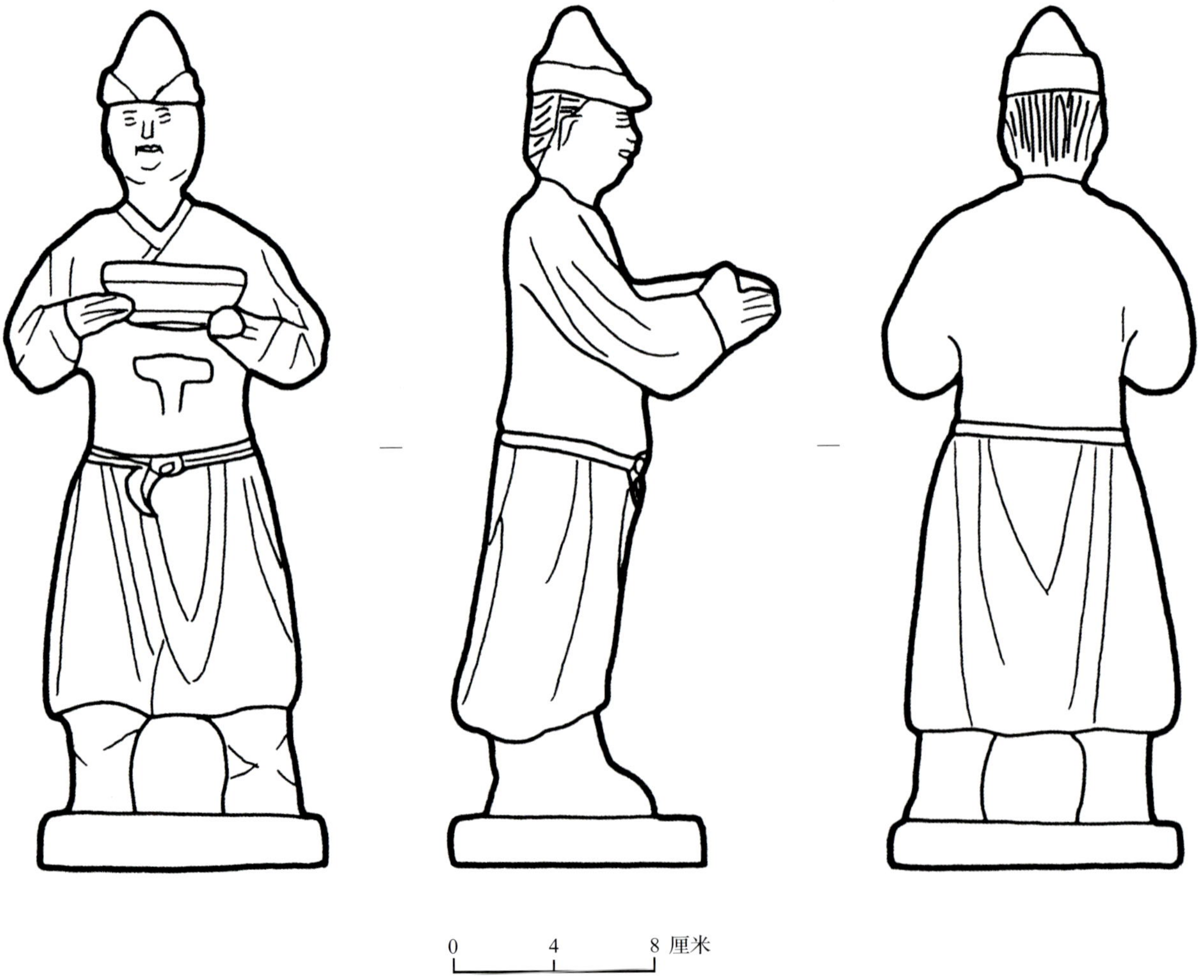

A型男抱物仪仗俑（IM4084：86）

A型男抱物仪仗俑（IM4084：86）

标本IM4084：87，神态恭敬，眉目清秀，络腮胡，头戴卷沿小毡帽，身穿右衽紧袖过膝长袄，束带，挽结腹前，足穿圆头长筒靴。双手捧冠于胸前。两腿分开，站立长方形托板之上。施红彩，黑陶衣，有脱落。通高33.8厘米。

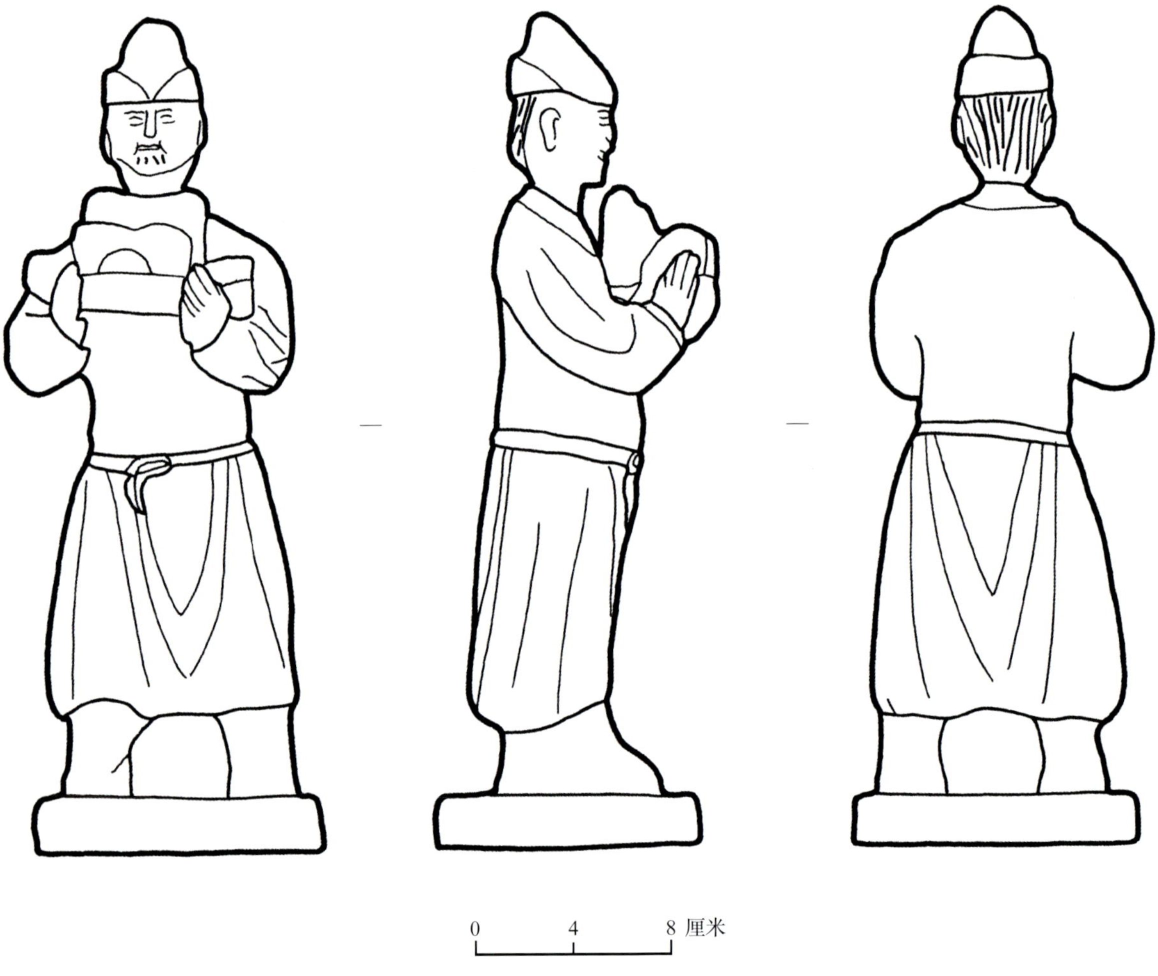

A型男抱物仪仗俑（IM4084：87）

A型男抱物仪仗俑（IM4084：87）

A型男抱物仪仗俑（IM4084：88）

标本IM4084：88，神态恭敬，眉目清秀，络腮胡，头戴卷沿小毡帽，身穿右衽紧袖过膝长袄，束带，挽结腹前，足穿圆头长筒靴。左手缩袖中，右手持书屈肘抬右胸前。两腿分开，站立长方形托板之上。施红彩，白陶衣，有脱落。通高33.3厘米。

A型男抱物仪仗俑（IM4084：88）

标本IM4084：89，神态恭敬，眉目清秀，络腮胡，头戴卷沿小毡帽，身穿右衽紧袖过膝长袄，束带，挽结腹前，足穿圆头长筒靴。右手缩袖中，左手抱蒲团贴左胸前。两腿分开，站立长方形托板之上。施红彩，白陶衣，有脱落。通高33.5厘米。

A型男抱物仪仗俑（IM4084：89）

A型男抱物仪仗俑（IM4084:89）

持物仪仗俑 3件。出土于壁龛3、4。编号IM4084：82、IM4084：83、IM4084：123。

标本IM4084：82，眉目清晰，面带微笑，络腮胡，头戴卷边尖顶帽，身穿右衽紧袖及踝长袍，束带，挽结腹前，足穿圆头长筒靴。左手屈肘上抬，手腕以下残，似持物，一端搭肩上，持物佚失，右手缩袖中。两腿分开，站立长方形托板之上。施红彩，白陶衣，有脱落。通高33.5厘米。

局部

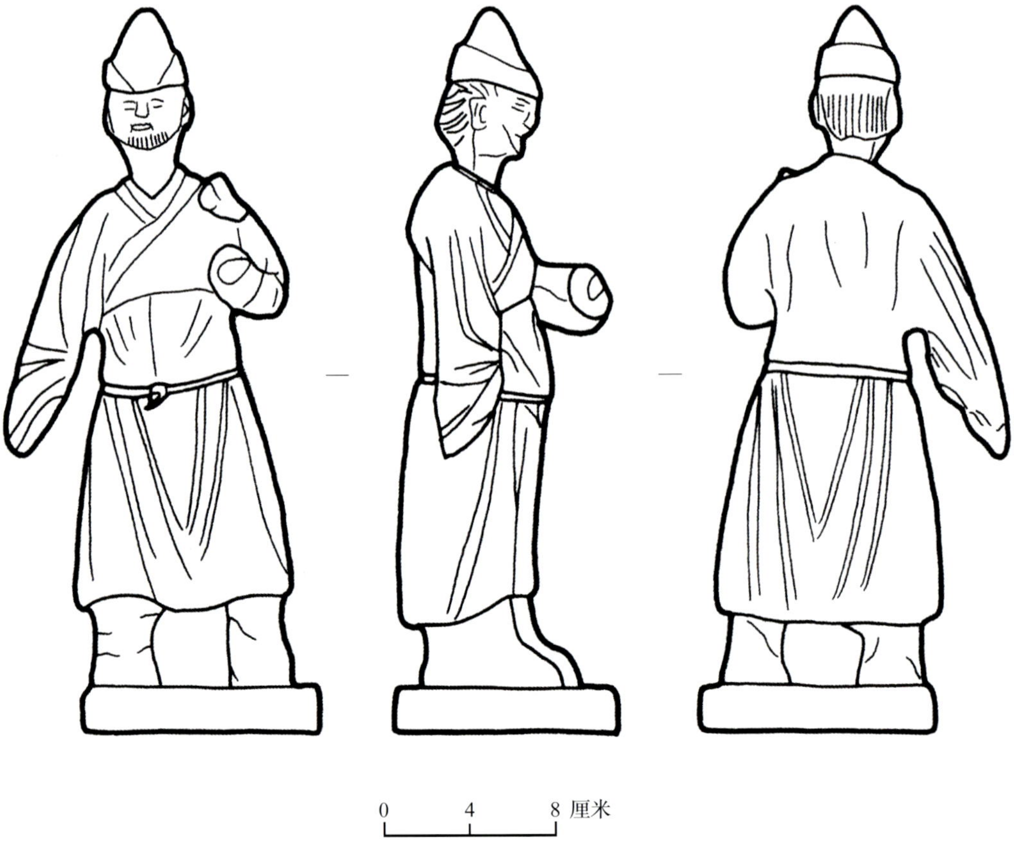

A型男持物仪仗俑（IM4084：82）

A型男持物仪仗俑（IM4084：82）

标本IM4084：83，眉目清晰，无须，头戴卷边尖顶帽，身穿右衽紧袖及踝长袍，束带挽结腹前，足穿圆头长筒靴。右手屈肘上抬，手腕以下残，似持物，一端搭肩上，持物佚失，左手缩袖中。两腿分开，站立长方形托板之上。施红彩，白陶衣，有脱落。通高33.4厘米。

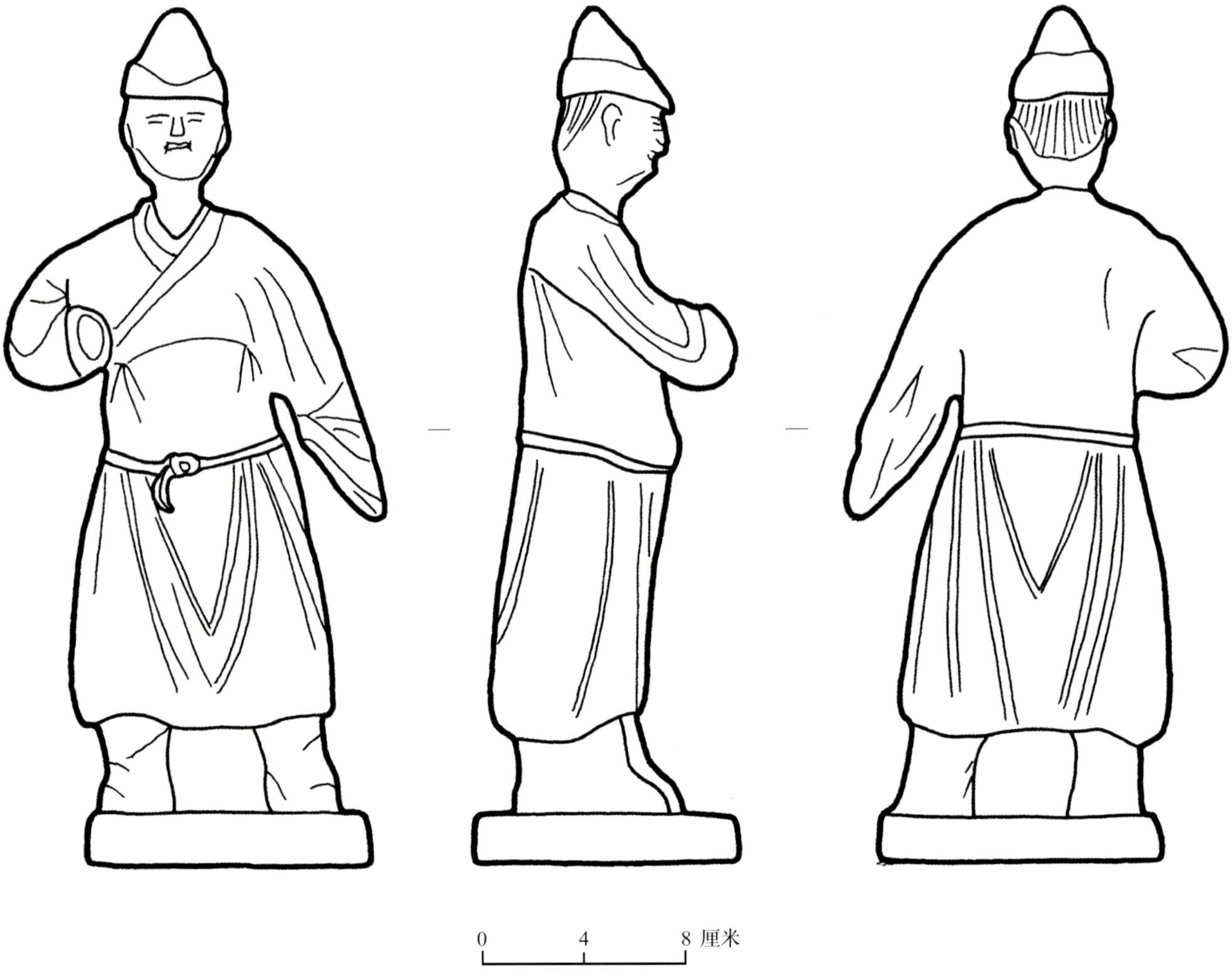

A型男持物仪仗俑（IM4084：83）

A型男持物仪仗俑（IM4084：83）

标本IM4084：123，络腮胡，锁眉，嘴角内凹，唇部涂朱，头戴卷沿尖顶小毡帽，身穿右衽紧袖过膝长袄，束带，挽结腹部，足穿圆头长筒靴。左手缩袖中，右手屈肘抬胸前，半蜷手掌，持有物状，物佚失。两腿分开，站立长方形托板之上。施红彩，白陶衣，有脱落。通高33.6厘米。

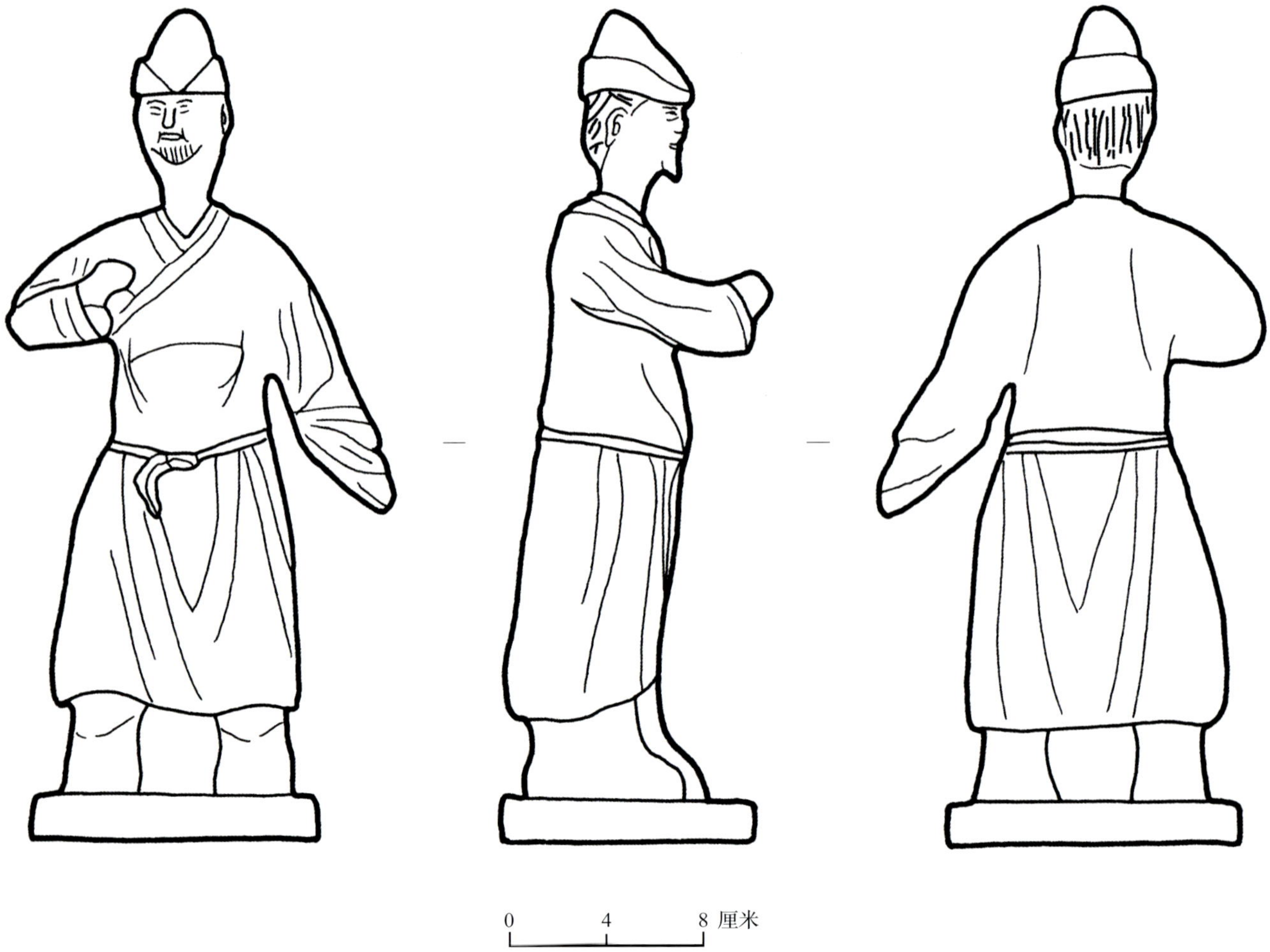

A型男持物仪仗俑（IM4084：123）

A型男持物仪仗俑（IM4084：123）

A型男肩、手挎拉铁链仪仗俑（IM4084：111）

肩、手挎拉铁链仪仗俑　4件。出土于壁龛3。编号IM4084：111、IM4084：112、IM4084：119、IM4084：120。

标本IM4084：111，无须，嘴角内凹，唇部涂朱，颈细长。头戴卷沿尖顶小毡帽，内穿紧袖过膝长袄，外穿无袖对扣短马甲，足穿圆头长筒靴。右手缩袖中垂身侧，左手前臂微曲腹部，手挽铁链，部分残。两腿分开，站立长方形托板之上。施红彩、绿彩，白陶衣。通高33.9厘米。

A型男肩、手挎拉铁链仪仗俑（IM4084：111）

标本IM4084：112，无须，嘴角内凹，唇部涂朱，颈细长。头戴卷沿尖顶小毡帽，内穿紧袖过膝长袄，外穿无袖对扣短马甲，足穿圆头长筒靴。右手缩袖中垂身侧，左手挽铁链曲臂抬胸，部分残，铁链搭肩上。两腿分开，站立长方形托板之上。施红彩、绿彩，白陶衣。通高33.7厘米。

A型男肩、手挎拉铁链仪仗俑（IM4084：112）

A型男肩、手挎拉铁链仪仗俑（IM4084：112）

标本IM4084：119，无须，张嘴咬舌，颈细长。头戴卷沿尖顶小毡帽，内穿紧袖过膝长袄，外穿无袖对扣短马甲，髋部两侧有护挡，足穿圆头长筒靴。左手缩袖中垂身侧，右手挽铁链，铁链挎肩部，部分残。两腿分开，站立长方形托板之上。施红彩、绿彩，白陶衣。通高33.5厘米。

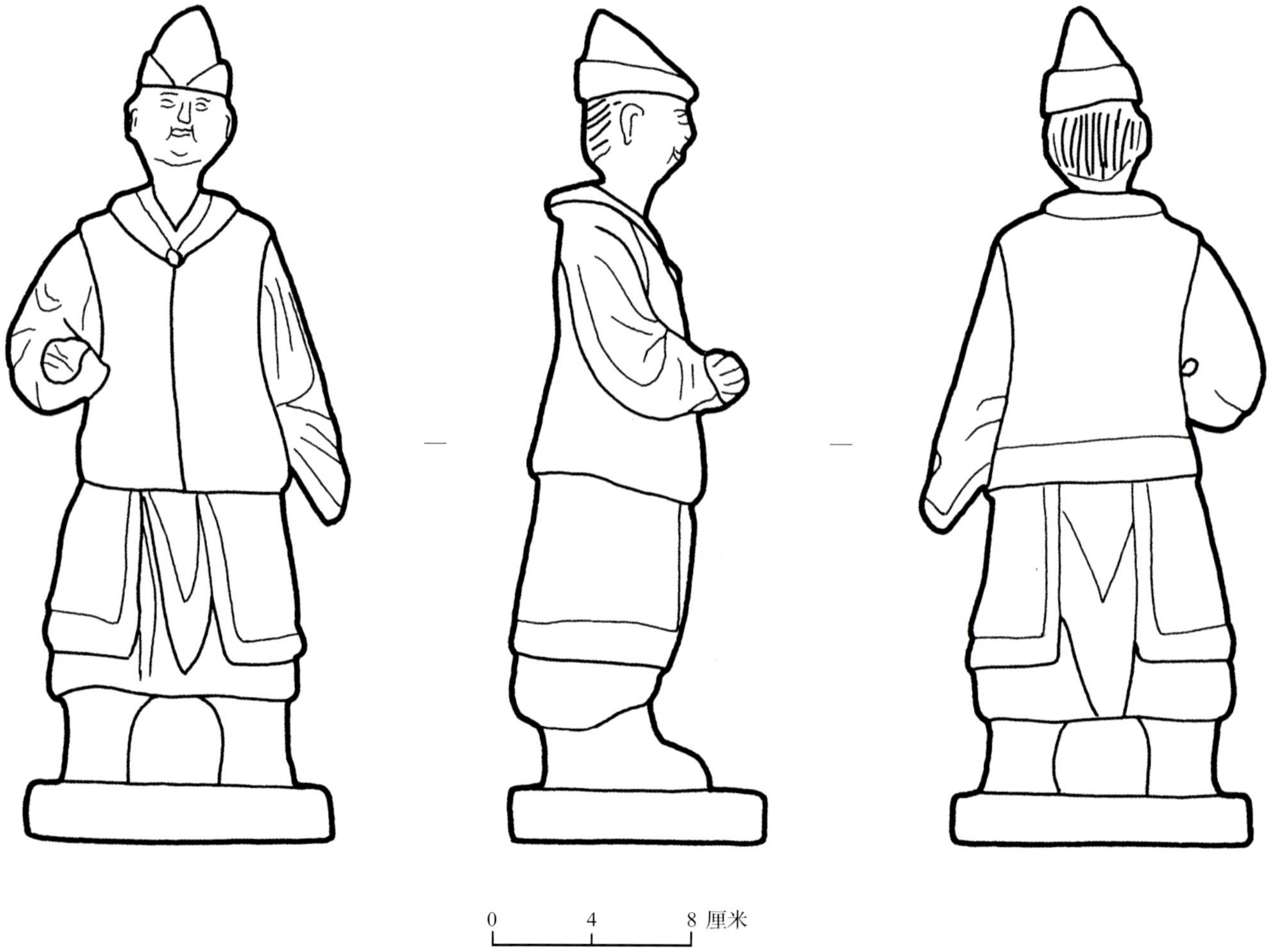

A型男肩、手挎拉铁链仪仗俑（IM4084：119）

A型男肩、手挎拉铁链仪仗俑（IM4084：119）

A型男肩、手挎拉铁链仪仗俑（IM4084∶120）

标本IM4084：120，无须，张嘴咬舌，颈细长。头戴卷沿尖顶小毡帽，内穿紧袖过膝长袄，外穿无袖对扣短马甲，髋部两侧有护挡，腰系红带，足穿圆头长筒靴。左手缩袖中垂身侧，背挎粗绳，右手挽铁链，铁链跨手臂。两腿分开，站立长方形托板之上。施红彩、绿彩，白陶衣。通高33.5厘米。

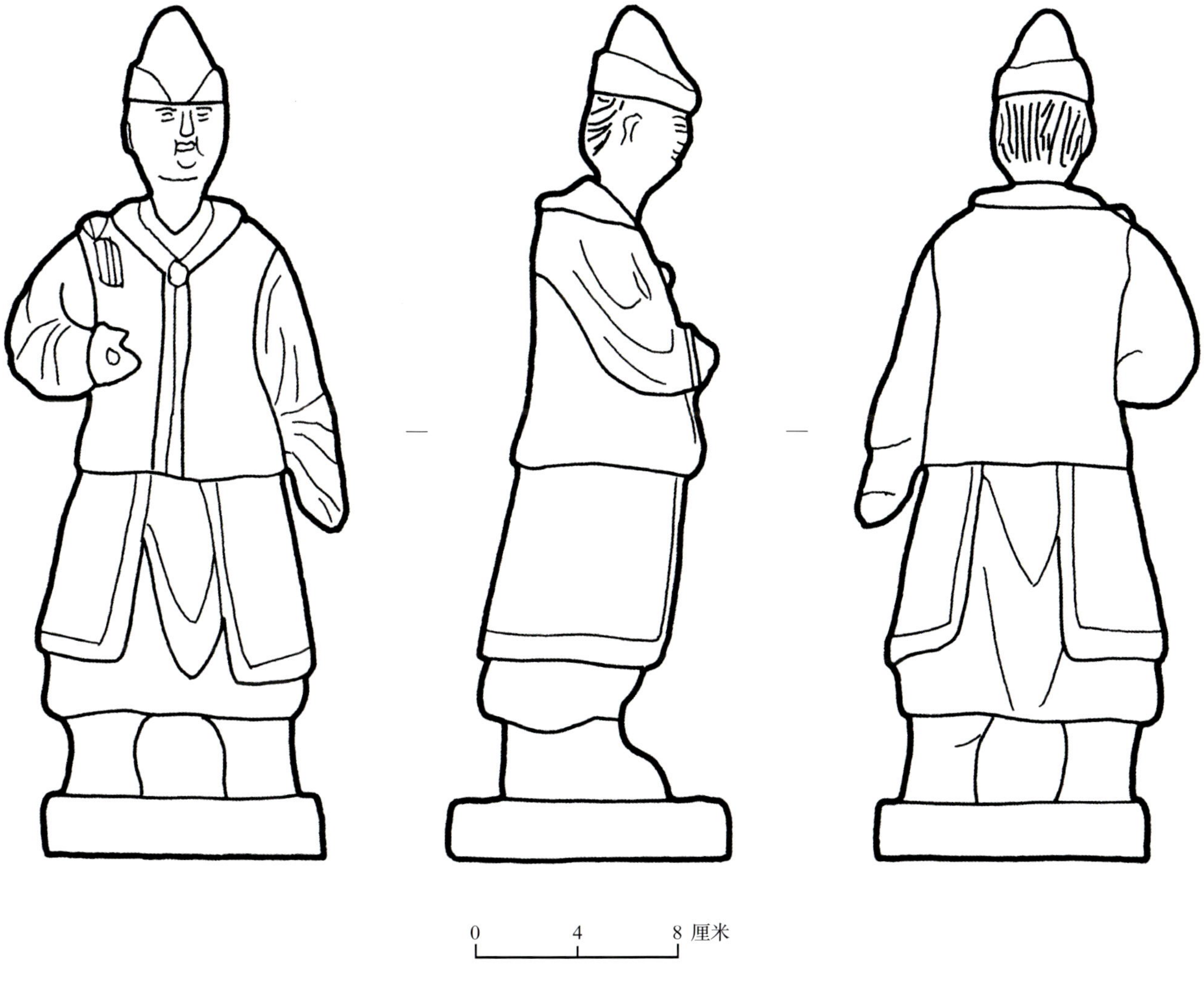

A型男肩、手挎拉铁链仪仗俑（IM4084：120）

B型　6件。头戴双耳帽。编号IM4084：90、IM4084：91、IM4084：92、IM4084：93、IM4084：98、IM4084：99。

挑灯仪仗俑　4件。出土于壁龛4。编号IM4084：90、IM4084：91、IM4084：92、IM4084：93。

标本IM4084：90，神态恭敬，眉目清秀，头戴双耳高冠帽，身穿右衽紧袖过膝长袄，束带，挽结腹前，足穿圆头长筒靴。左手缩袖中，右手似持物屈肘抬右胸前，挑灯状。挑杆一端直，一端有勾，灯碗敛口。出土时挑杆及灯碗均掉于足前。两腿分开，站立长方形托板之上。施红彩，白陶衣，有脱落。通高34厘米。

B型男挑灯仪仗俑（IM4084：90）

B型男挑灯仪仗俑（IM4084：90）

标本IM4084：91，神态恭敬，眉目清秀，络腮胡，头戴双耳高冠帽，身穿右衽紧袖过膝长袄，腹部束带，足穿圆头长筒靴。右手缩袖中，左手屈肘上提，挑灯状。挑杆一端直，一端有勾，灯碗敛口，鼓腹，平底，沿外有孔，穿提线。出土时挑杆及灯碗均掉于足前。陶俑两腿分开，站立长方形托板之上。施白陶衣，有脱落。通高33.9厘米。

B型男挑灯仪仗俑（IM4084：91）

B型男挑灯仪仗俑（IM4084：91）

B型男挑灯仪仗俑（IM4084：92）

标本IM4084：92，神态恭敬，无须，头戴双耳高冠帽，身穿右衽紧袖过膝长袄，腹部束带，足穿圆头长筒靴。左手缩袖中，右手屈肘上提，挑灯状。挑杆残，一端直，一端有勾；灯碗敛口，鼓腹，平底，沿外有孔，穿提线。出土时挑杆及灯碗均掉于足前。陶俑两腿分开，站立长方形托板之上。施白陶衣，有脱落。通高33厘米。

B型男挑灯仪仗俑（IM4084：92）

标本IM4084：93，神态恭敬，络腮胡，头戴双耳高冠帽，身穿右衽紧袖过膝长袄，束带挽结腹部，足穿圆头长筒靴。右手缩袖中，左手屈肘上提，挑灯状。挑杆一端直，一端有勾，灯碗敛口。出土时挑杆及灯碗均掉于足前。两腿分开，站立长方形托板之上。施白陶衣，有脱落。通高33.6厘米。

B型男挑灯仪仗俑（IM4084：93）

B型男挑灯仪仗俑（IM4084：93）

扶轿仪仗俑 2件。出土于壁龛4。编号IM4084：98、IM4084：99。

标本IM4084：98，面似中老年，无须，锁眉，嘴角内凹，唇部涂朱，头戴双耳圆顶冠帽，身穿右衽紧袖过膝长袄，束带挽结腹部，足穿圆头长筒靴。右手缩袖中，左手屈肘，手腕以下残。两腿分开，站立长方形托板之上。施红彩，白陶衣，有脱落。通高32.5厘米。

B型男扶轿仪仗俑（IM4084：98）

B型男扶轿仪仗俑（IM4084：98）

标本IM4084：99，面似中老年，络腮胡，锁眉，嘴角内凹，唇部涂朱，头戴双耳圆顶冠帽，帽一耳残，身穿右衽紧袖过膝长袄，束带，挽结腹部，足穿圆头长筒靴。左手缩袖中，右手屈肘朝斜前方抬起，掌心向下。两腿分开，站立长方形托板之上。施红彩，白陶衣，有脱落。通高32.6厘米。

B型男扶轿仪仗俑（IM4084：99）

B型男扶轿仪仗俑（IM4084：99）

C型　4件。头戴圆沿尖顶帽。编号IM4084：80、IM4084：81、IM4084：125、IM4084：127。

持长柄拳形锤仪仗俑　2件。出土于壁龛4。编号IM4084：80、IM4084：81。

标本IM4084：80，眉目清晰，络腮胡，头戴圆沿尖顶帽，身穿右衽紧袖及膝短皂袍，束带，挽结腹前，足穿圆头长筒靴。右手伸掌贴腹上，左手屈肘持长柄拳形锤，持物脱落。两腿分开，站立长方形托板之上。施红彩，黑陶衣，均有脱落。通高31.9厘米。

C型男持长柄拳形锤仪仗俑（IM4084：80）

C型男持长柄拳形锤仪仗俑（IM4084：80）

C型男持长柄拳形锤仪仗俑（IM4084：81）

标本IM4084：81，眉目清晰，无须，头戴圆沿尖顶帽，身穿右衽紧袖及膝短皂袍，束带，挽结腹前，足穿圆头长筒靴。左手伸掌贴腹上，右手屈肘持长柄拳头状锤，持物脱落。两腿分开，站立长方形托板之上。施白陶衣，有脱落。通高31.1厘米。

C型男持长柄拳形锤仪仗俑（IM4084：81）

鸣锣仪仗俑 1件。出土于壁龛2。标本IM4084：125，陶鼓乐俑。络腮胡，头戴圆沿弧顶帽，内穿紧袖过膝长袄，外穿无袖短马甲，髋部两侧有护挡，束腰，足穿圆头长筒靴。右手持圆锣，左手做敲击之状，手腕以下均残。两腿分开，站立长方形托板之上。施红彩，白陶衣，有脱落。通高32.3厘米。

C型男鸣锣仪仗俑（IM4084：125）

C型男鸣锣仪仗俑（IM4084：125）

C型男肩挎褡链仪仗俑（IM4084：127）

肩挎褡裢仪仗俑 1件。标本IM4084：127，头戴圆沿尖圆顶帽，双眼微睁，面部清秀，无须，左手缩袖中，右臂残，斜背褡裢，上穿交领右衽紧袖皂袍，腹部束带，脚穿圆头长筒靴，两腿分开，站立长方形踏板之上。身施红彩，白陶衣，局部有脱落。通高33.5厘米。

C型男肩挎褡裢仪仗俑（IM4084：127）

女俑　15件。编号IM4084：42、IM4084：44、IM4084：45、IM4084：46、IM4084：49、IM4084：57、IM4084：58、IM4084：59、IM4084：60、IM4084：64、IM4084：65、IM4084：74、IM4084：75、IM4084：76、IM4084：124。除IM4084：124出土于壁龛仪仗队伍之外，其余均出土于墓室，均为侍俑，多扰乱，位置不明确，部分残碎。有的挽发于头顶，有的束发，极少披发。部分因头部佚失，发饰不明确。有的挑灯状，有的怀抱物品状。依服饰造型可分为三型。

A型　2件。均为挑灯俑。编号IM4084：42、IM4084：46。头梳山形高髻，身穿圆领对开筒袖紧身衣，做挑灯之状。

标本IM4084：42，面似中年妇女，发丝黝黑，清晰可辨，头梳山形高髻，头饰上嵌有圆形珠饰，身穿圆领对开筒袖紧身衣，外施绿彩，腰束短裙，腰带施红彩，双手缩袖，右手隔袖挑灯笼，挑杆已残，灯笼掉在底座之上。下穿及地长裙，站立方形托板之上。通高31.3厘米。

头部背面

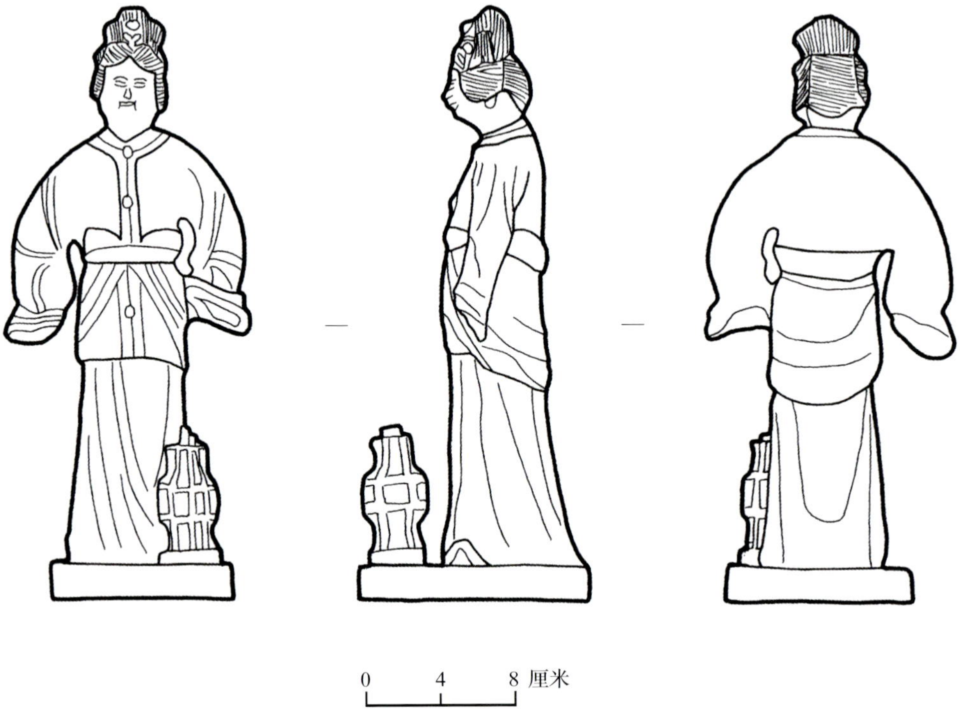

A型女挑灯侍俑（IM4084：42）

A型女挑灯侍俑（IM4084：42）

A型女挑灯侍俑（IM4084：46）

标本IM4084：46，头佚失，身穿圆领对开筒袖紧身衣，腰束短裙，下穿长裙，鞋尖外露，左手拢袖中，右手持挑杆于腰部，挑杆已残，灯笼掉在底座之上，站立方形托板之上。身施绿彩、红彩，有脱落。残高25.5厘米。

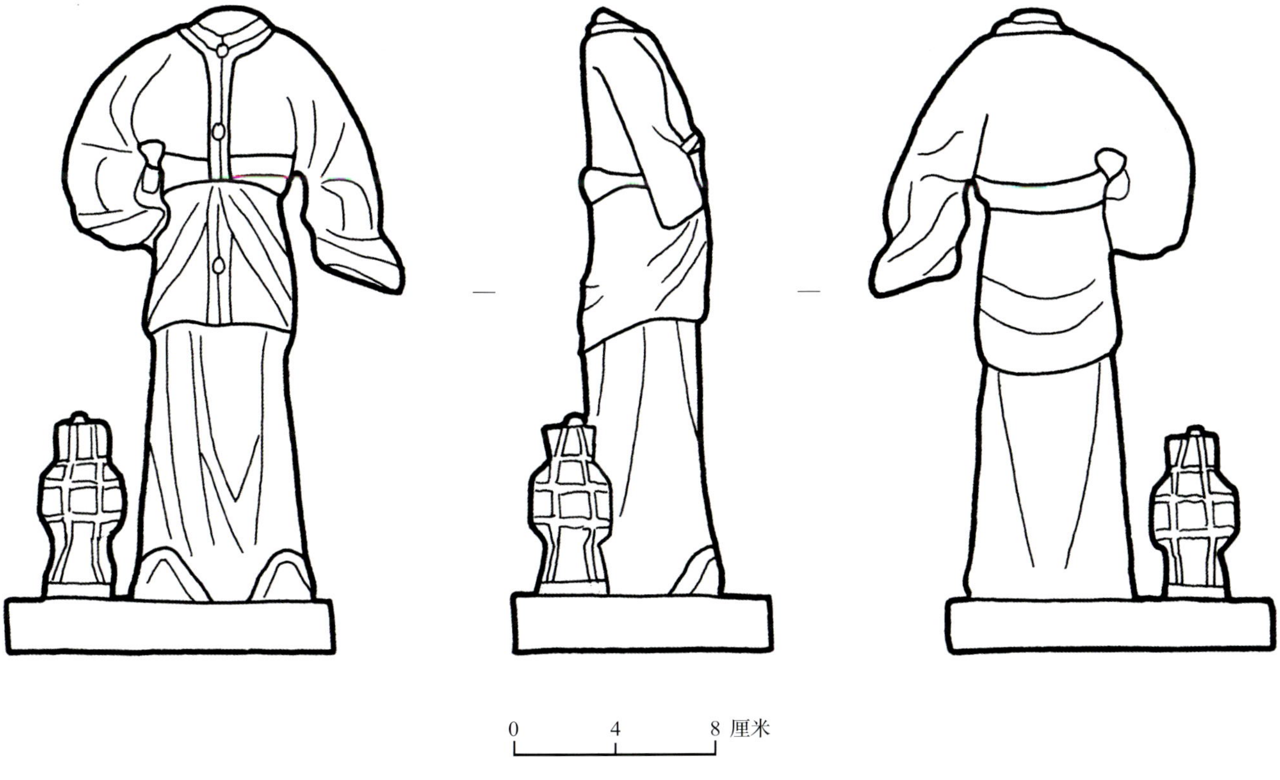

A型女挑灯侍俑（IM4084：46）

B型　12件。编号IM4084：44、IM4084：45、IM4084：49、IM4084：57、IM4084：58、IM4084：59、IM4084：60、IM4084：64、IM4084：65、IM4084：74、IM4084：75、IM4084：76。其中IM4084：58残碎。头挽小髻，身穿圆领对开通袖紧身衣，腰束短裙，下穿及地长裙，做抱物状。

标本IM4084：44，发际中分，发丝清晰可辨，顶挽小髻，身穿圆领对开通袖紧身衣，腰束短裙，下穿及地长裙，双手屈肘抬胸前，双手手腕以下残，站立方形托板之上。上衣施绿彩，裙、座施红彩，皆有脱落。通高31.8厘米。

B型女侍俑（IM4084：44）

B型女侍俑（IM4084：44）

标本IM4084：45，发丝清晰可辨，束发挽高髻，身穿圆领对开通袖紧身衣，腰束短裙，下穿长裙，鞋尖外露，双手怀抱圆蒲团，蒲团面饰莲瓣，站立方形托板之上。局部施红彩，白陶衣，皆有脱落。通高34.6厘米。

B型女侍俑（IM4084：45）

B型女侍俑（IM4084：45）

标本IM4084：49，发丝清晰可辨，束发挽高髻，身穿圆领对开通袖紧身衣，腰束短裙，下穿长裙，鞋尖外露，双手屈肘怀抱物，物佚失，站立方形托板之上。局部施绿彩、红彩，白陶衣，皆有脱落。通高34.1厘米。

B型女侍俑（IM4084：49）

B型女侍俑（IM4084∶49）

标本IM4084：57，头残佚，身穿圆领对开通袖紧身衣，腰束短裙，下穿长裙，鞋尖外露，双手缠宽扁围巾，站立方形托板之上。局部施绿彩、红彩，白陶衣，局部有脱落。残高25.3厘米。

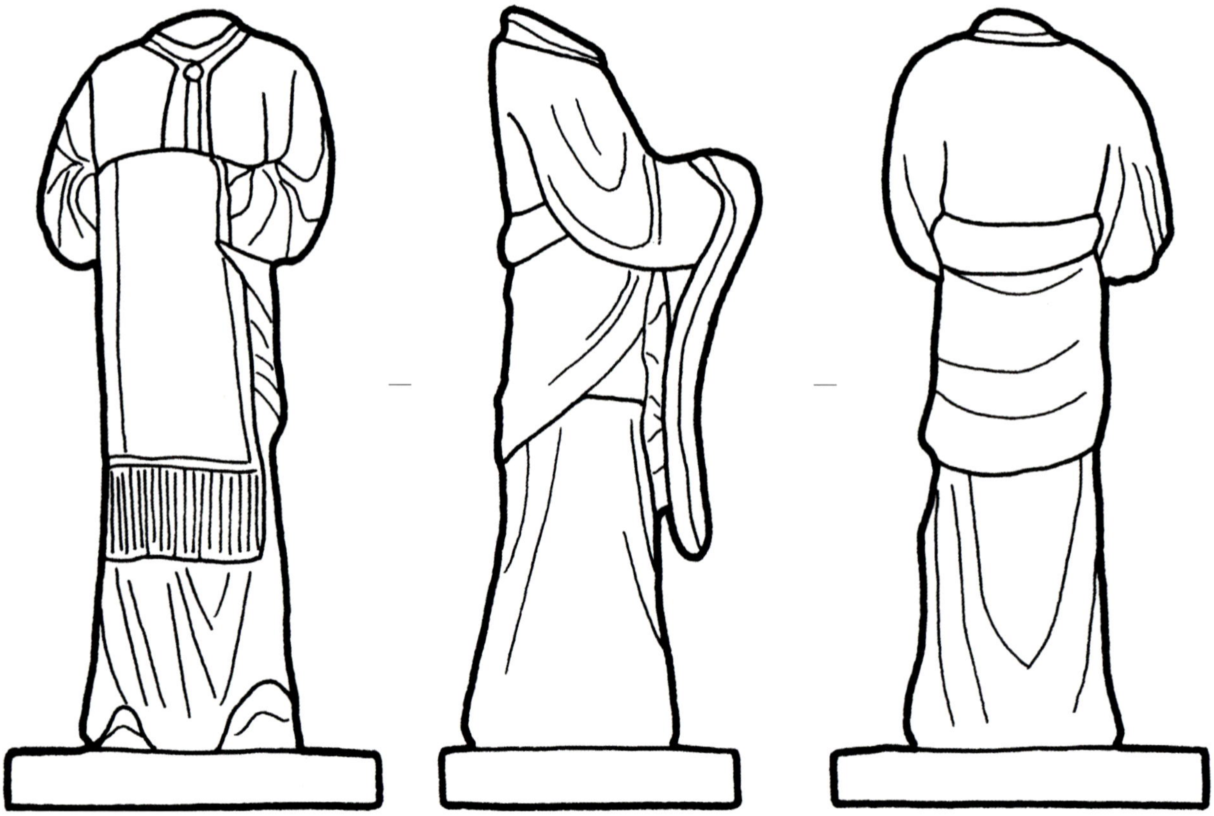

B型女侍俑（IM4084：57）

B型女侍俑（IM4084：57）

B型女侍俑（IM4084：59）

标本IM4084：59，头残佚，身穿圆领对开通袖紧身衣，腰束短裙，下穿长裙，鞋尖外露，右手屈肘抬胸前，手腕以下残佚，左手残佚，站立方形托板之上。施绿彩、红彩。残高25厘米。

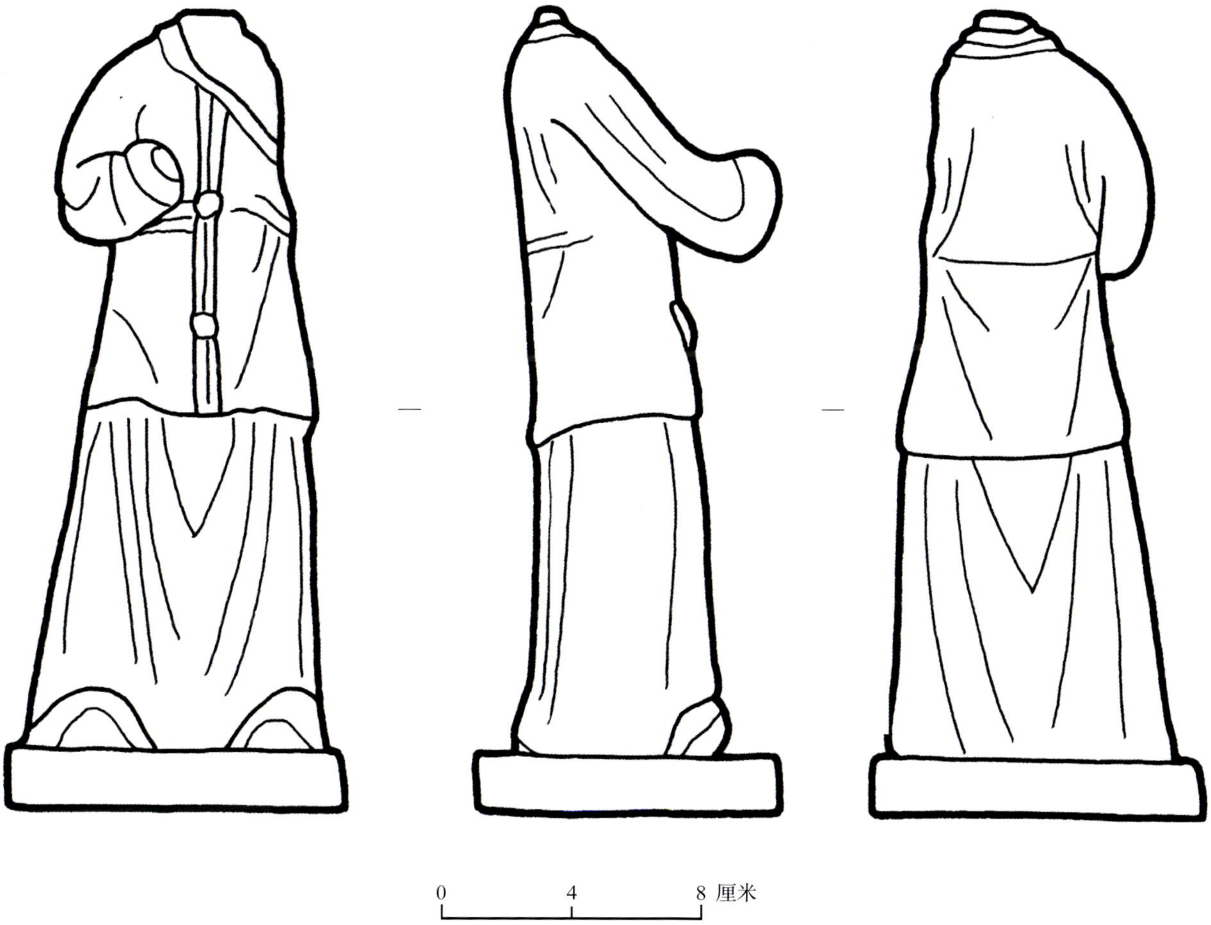

B型女侍俑（IM4084：59）

标本IM4084：60，头残佚，身穿圆领对开筒袖紧身衣，腰束短裙，下穿长裙，鞋尖外露，左手屈肘抬胸前，右手屈肘开掌略高于肩，怀中应持有物，物佚失。站立方形托板之上。施绿彩、红彩。残高25.6厘米。

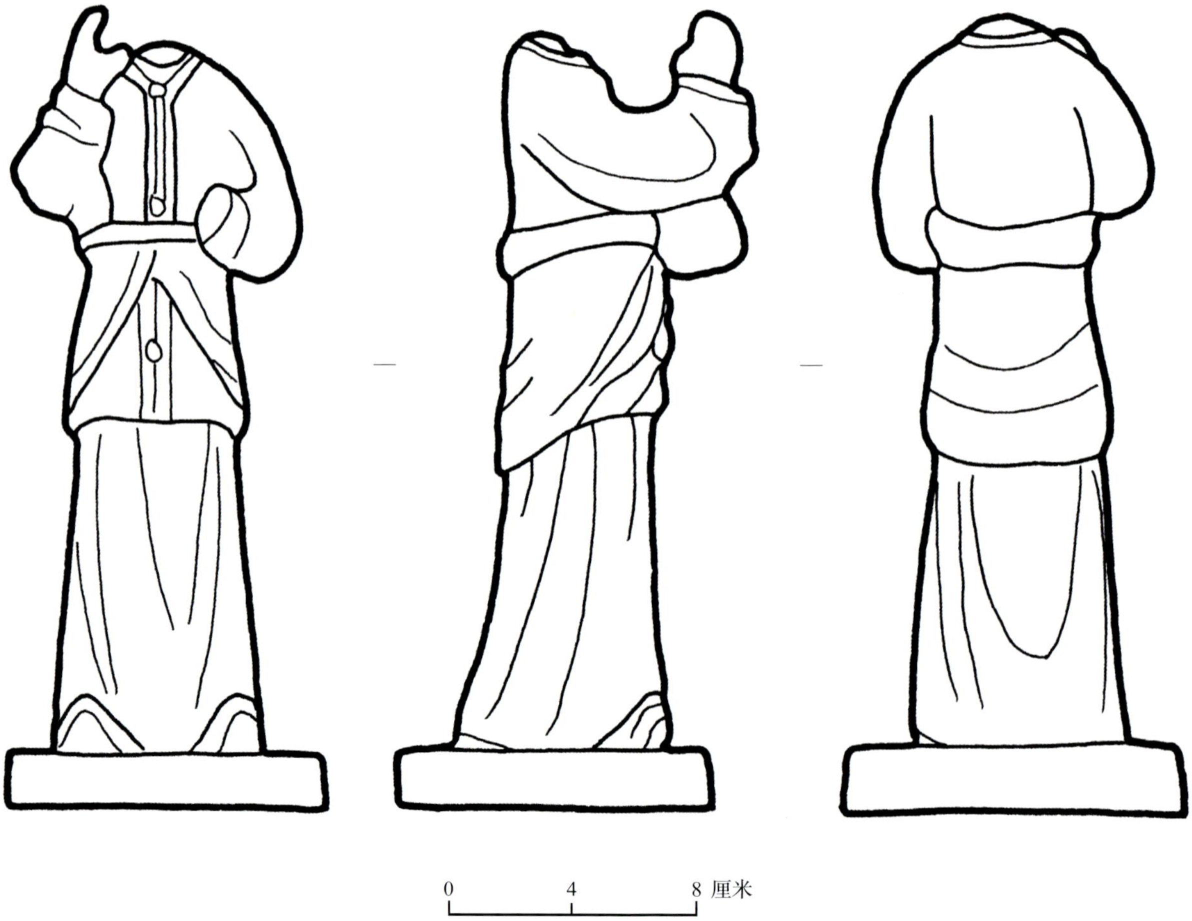

B型女侍俑（IM4084：60）

B型女侍俑（IM4084：60）

标本IM4084：64，女俑，头残佚，身穿圆领对开筒袖紧身衣，腰束短裙，下着及地长裙，鞋尖外露，左臂残，右臂弯曲，腕部以下残，站立方形托板之上。施红彩、绿彩。残高26厘米。

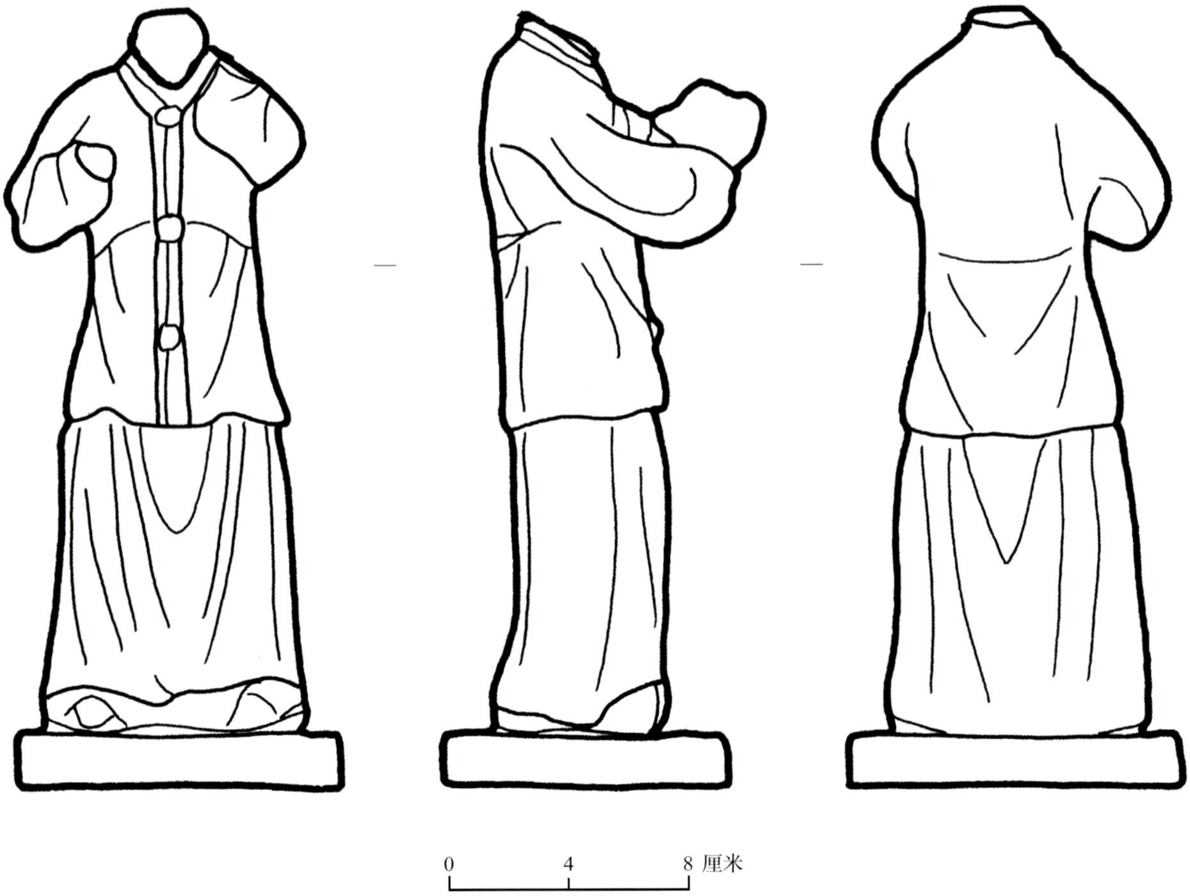

B型女侍俑（IM4084：64）

B型女侍俑（IM4084：64）

标本IM4084：65，面似中年妇女，发丝黝黑，清晰可辨，头梳高髻，唇涂朱，头饰上嵌有圆形珠饰，身穿圆领对开筒袖紧身衣，腰束短裙，下穿及地长裙，鞋尖外露，站立方形托板之上。上衣施红彩，裙施绿彩，双手屈肘抬胸前，若抱物之状，物佚。通高31.4厘米。

头部背面

B型女侍俑（IM4084：65）

B型女侍俑（IM4084：65）

标本IM4084：74，陶女俑。头残佚，身穿圆领对开通袖紧身衣，腰束短裙，下穿长裙，鞋尖外露，左手抱蒲团鼓状物，手腕以下残，右手残佚，站立方形托板之上。施绿彩、红彩。残高25.3厘米。

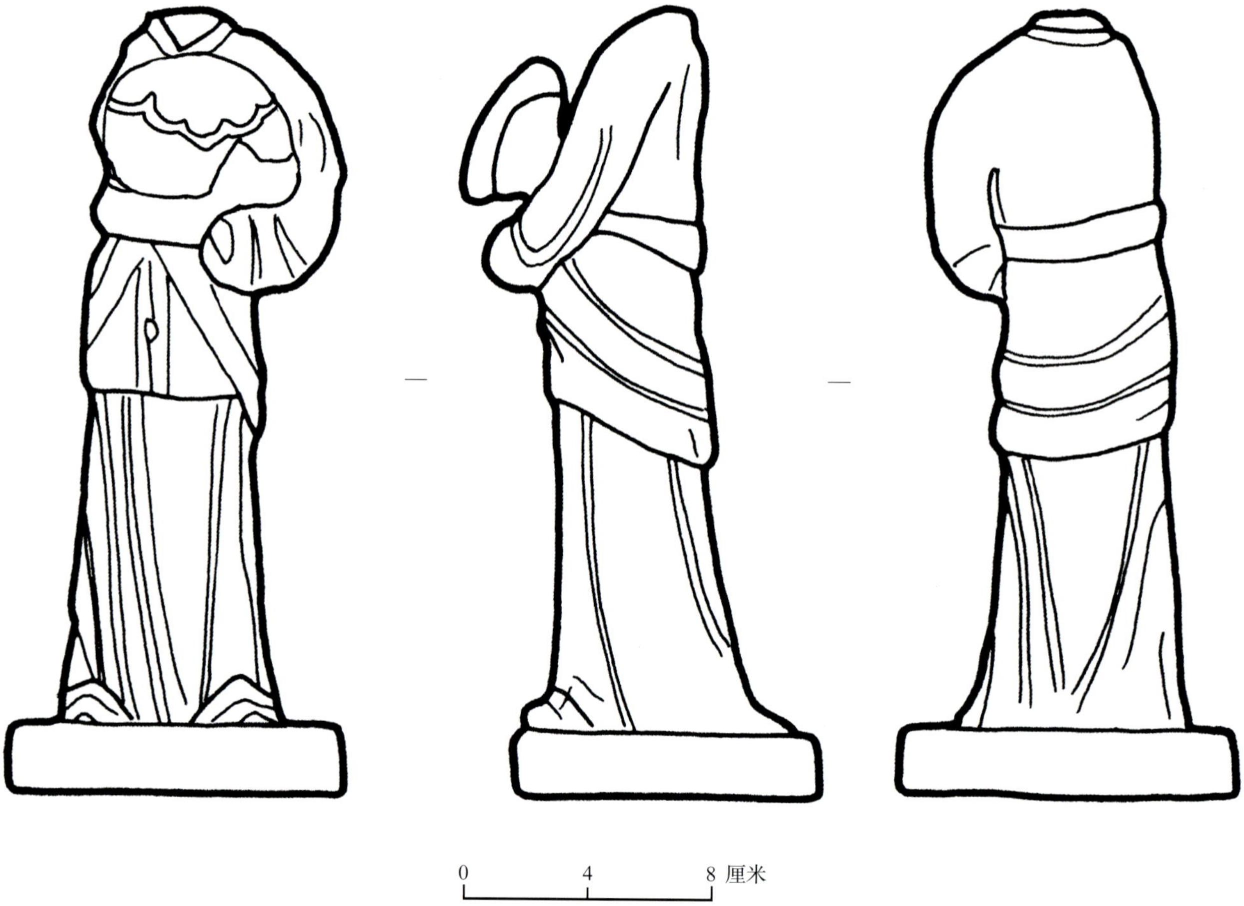

B型女侍俑（IM4084：74）

B型女侍俑（IM4084：74）

B型女侍俑（IM4084：75）

标本IM4084：75，头残佚，身穿圆领对开通袖紧身衣，腰束短裙，下穿长裙，鞋尖外露，双手抱陶盒于胸前，站立方形托板之上。施绿彩、红彩。残高25.4厘米。

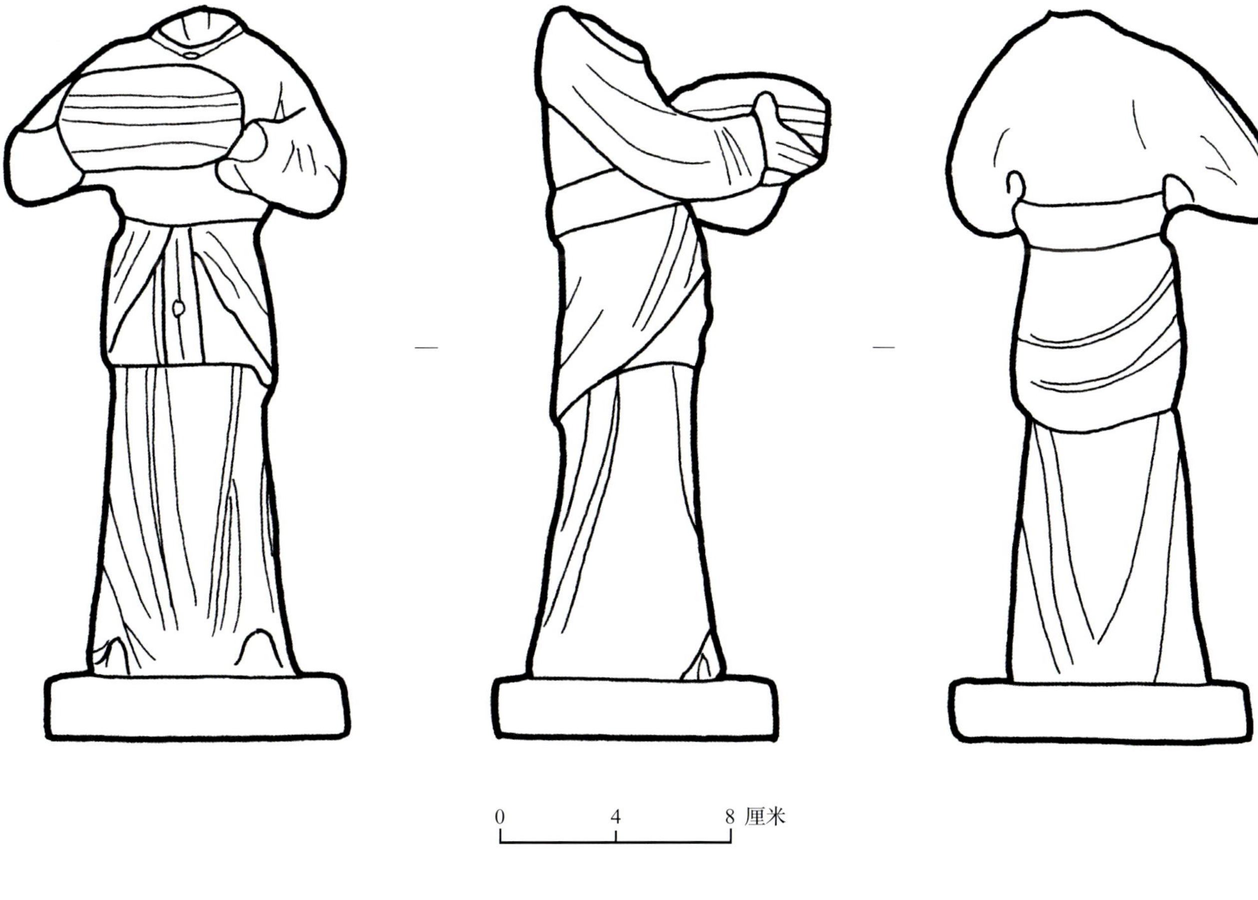

B型女侍俑（IM4084：75）

标本IM4084：76，面似中年妇女，发丝黝黑，清晰可辨，头梳高髻，身穿圆领对开筒袖紧身衣，腰束短裙，下穿及地长裙，鞋尖外露，站立方形托板之上。上衣施绿彩，裙、托板施红彩。左手抬胸前，右手屈肘略与肩齐，手腕以下均残。通高31.5厘米。

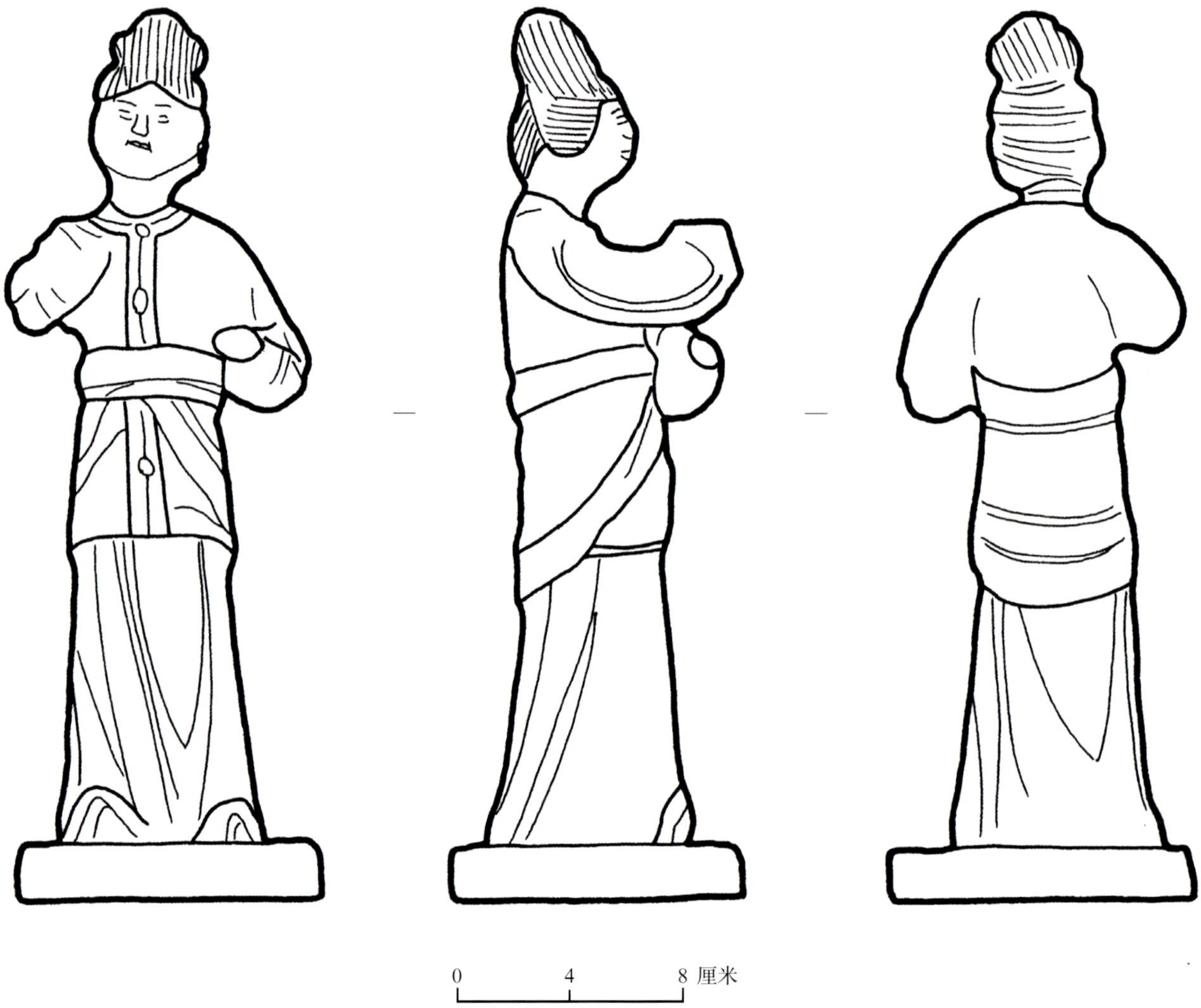

B型女侍俑（IM4084：76）

B型女侍俑（IM4084：76）

C型　1件。头挽桥形小圆髻，披发脑后，身穿右衽紧袖过膝长袄。标本IM4084：124，眉目清晰，唇涂朱，披发，顶部做桥形小圆髻，发丝清晰可辨，身穿右衽紧袖过膝长袄，束腹，足穿高底鞋。双手抱盆于胸前。两腿分开，站立长方形托板之上。施绿彩。通高31厘米。

头部背面

C型女侍俑（IM4084：124）

C型女侍俑（IM4084：124）

骑马仪仗俑

30件。部分残碎，无法修复。编号IM4084：9、IM4084：10、IM4084：11、IM4084：12、IM4084：13、IM4084：14、IM4084：15、IM4084：18、IM4084：77、IM4084：84、IM4084：85、IM4084：105、IM4084：106、IM4084：107、IM4084：108、IM4084：113、IM4084：114、IM4084：115、IM4084：121、IM4084：122、IM4084：131、IM4084：132、IM4084：133、IM4084：134、IM4084：135、IM4084：136、IM4084：137、IM4084：138、IM4084：139、IM4084：140。其中，IM4084：9、IM4084：11、IM4084：13、IM4084：14、IM4084：15、IM4084：18、IM4084：138、IM4084：139、IM4084：140残碎，部分局部修复。依着装造型可分为四型。

A型　4件。骑马俑为头戴兜鍪，身披铠甲的武士。出土于壁龛3。编号IM4084：113、IM4084：114、IM4084：121、IM4084：122。

标本IM4084：113，骑俑头戴兜鍪，顶残。无须，眉目清秀，丹凤眼，高鼻，抿嘴涂朱。左手屈肘上抬挽缰，右手缩袖斜垂身侧，内穿紧袖长袍，外穿披肩，披肩上有镂空，脚蹬马镫，护膝镂空，圆头鞋尖外露，两腿分开，端坐马背之上。马俑体型较矮小，头歪向右侧，神态温顺，双耳竖立，鬃毛中分，鞍鞯俱备，四足浑圆有力，站立长方形托板之上。局部施红彩，白陶衣，大部分脱落。长28.6厘米，通高37.3厘米。

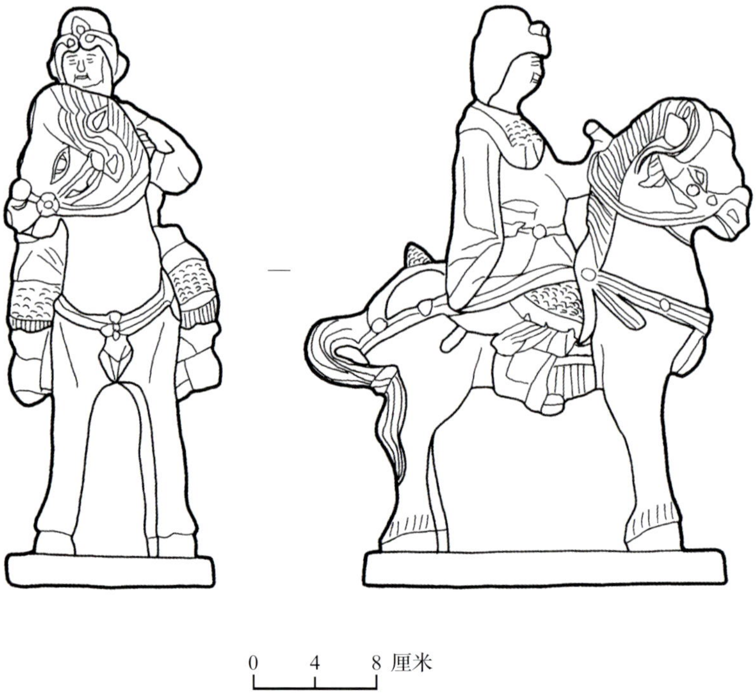

A型骑马仪仗俑（IM4084：113）

A型骑马仪仗俑（IM4084：113）

A型骑马仪仗俑（IM4084：113）

标本IM4084：114，骑俑头戴兜鍪。络腮胡，嘴角内凹，抿嘴涂朱。右手屈肘上抬挽缰，左手缩袖斜垂身侧，内穿紧袖长袍，外穿无袖短马甲，脚穿圆头长筒靴，两腿分开，端坐马背之上。马俑体型较矮小，神态温顺，鬃毛中分，鞍鞯俱备，四足浑圆有力，站立长方形托板之上。局部施红彩，白陶衣，大部分脱落。长32厘米，通高40.5厘米。

A型骑马仪仗俑（IM4084：114）

A型骑马仪仗俑（IM4084：114）

标本IM4084：121，骑俑头戴兜鍪，顶残。高鼻，络腮胡，抿嘴涂朱。左手挽缰，右手缩袖斜垂身侧，内穿紧袖长袍，外穿披肩，披肩上有镂空，脚蹬马镫，护膝镂空，圆头鞋尖外露，两腿分开，端坐马背之上。马俑体型较矮小，头歪向左侧，神态温顺，双耳竖立，鬃毛中分，鞍鞯俱备，四足浑圆有力，站立长方形托板之上。局部施红彩，白陶衣，大部分脱落。长30.5厘米，通高36.9厘米。

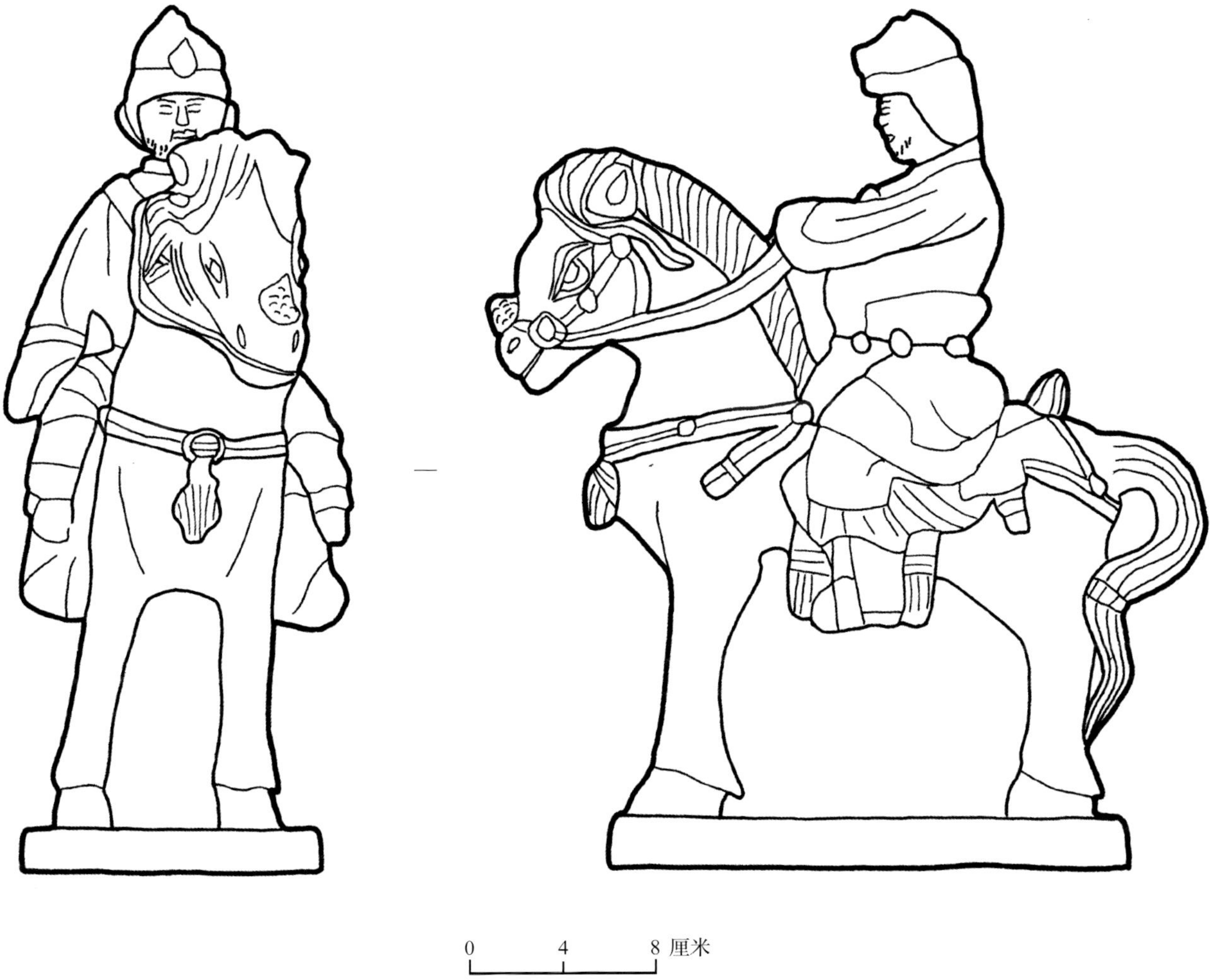

A型骑马仪仗俑（IM4084：121）

A型骑马仪仗俑（IM4084：121）

A型骑马仪仗俑（IM4084∶121）

标本IM4084：122，骑俑头戴兜鍪，眉目清秀，丹凤眼，高鼻，无须，抿嘴涂朱。右手挽缰，左手缩袖斜垂身侧，内穿紧袖长袍，外穿无袖对扣长马甲，马甲胸部，臀部两侧有镂空，脚蹬马镫，护膝镂空，圆头鞋尖外露，两腿分开，端坐马背之上。马俑体型健硕，头歪向左侧，神态温顺，双耳竖立，鬃毛外翻，鞍鞯俱备，四足浑圆有力，站立长方形托板之上。局部施红彩，白陶衣，大部分脱落。长31厘米，通高35.9厘米。

A型骑马仪仗俑（IM4084：122）

A型骑马仪仗俑（IM4084：122）

B型骑马仪仗俑（IM4084∶12）

B型 11件。骑马俑头戴圆沿尖顶帽，身穿右衽长袍。编号IM4084：12、IM4084：84、IM4084：85、IM4084：105、IM4084：106、IM4084：107、IM4084：108、IM4084：131、IM4084：132、IM4084：133、IM4084：135。

标本IM4084：12，残。骑俑头戴圆沿尖顶帽，顶部残，睁眼，抿嘴，无须，双手屈肘抬胸前，若挽马之状，手心中空，持物已掉落，上穿交领右衽紧袖皂袍，束带腰间，脚穿圆头长筒靴，两腿分开，端坐马背之上。马俑头部残佚，鞍鞯俱备，四足浑圆有力，站立长方形托板之上。局部施红彩，白陶衣，大部分脱落。残长25.3厘米，通高38.8厘米。

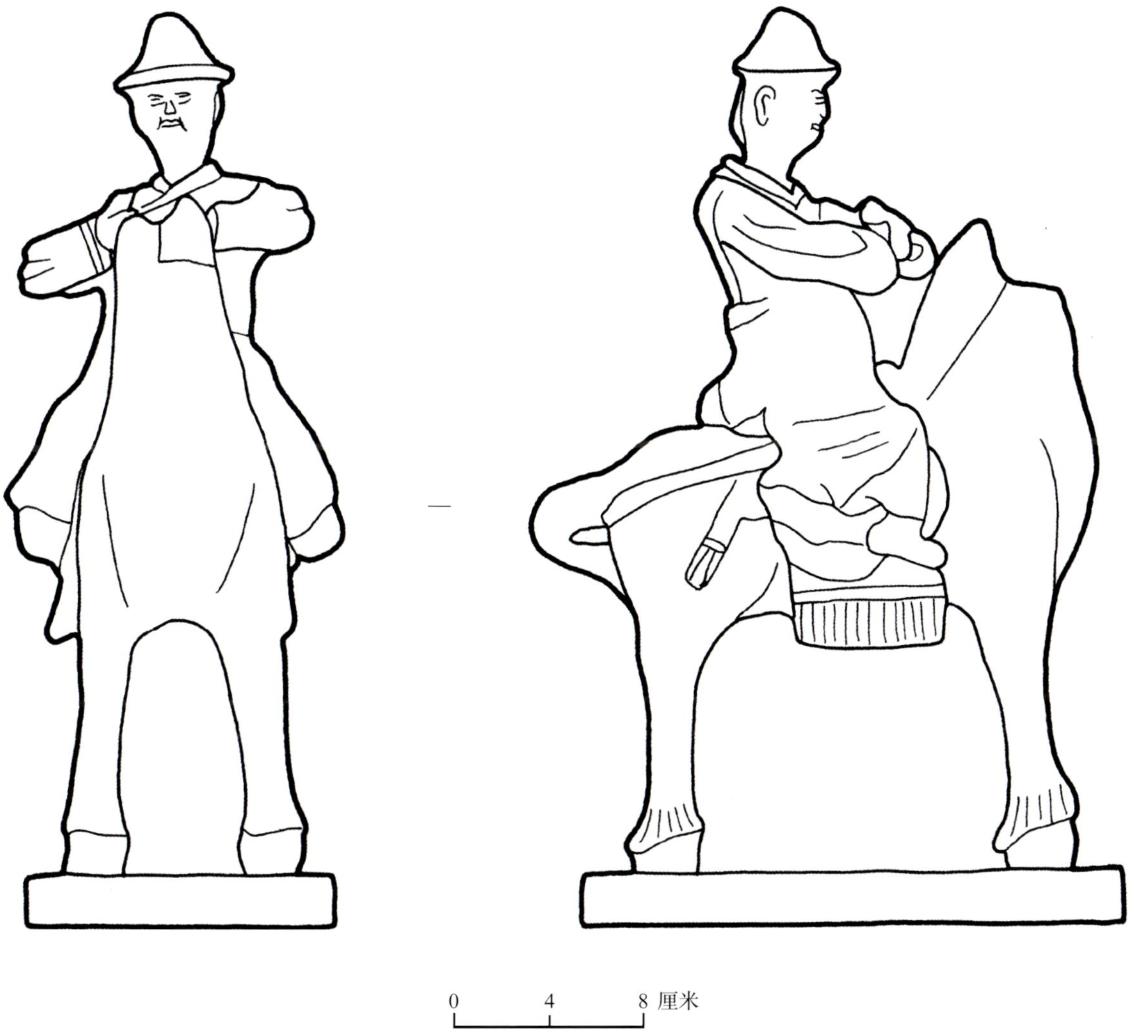

B型骑马仪仗俑（IM4084：12）

标本IM4084：84，骑俑眉目清秀，面带微笑，无须，头戴圆沿圆顶帽，身穿右衽长袍，左手挽马缰，脚穿长筒靴，端坐马背之上。坐下马体型健硕，鞍鞯俱备，鬃毛双分，四足浑圆，站立长方形踏板之上。身施白陶衣，局部脱落。长29.1厘米，通高37.7厘米。

B型骑马仪仗俑（IM4084：84）

B型骑马仪仗俑(IM4084:84)

B型骑马仪仗俑（IM4084：84）

标本IM4084：85，骑俑眉目清秀，面带微笑，头戴圆沿圆顶帽，身穿右衽长袍，右手挽马缰，左手缩袖中，脚穿长筒靴，端坐马背之上。坐下马体型健硕，鞍鞯俱备，鬃毛双分，四足浑圆，站立长方形踏板之上。马浑身施红彩，骑俑施白陶衣。长29厘米，通高36.8厘米。

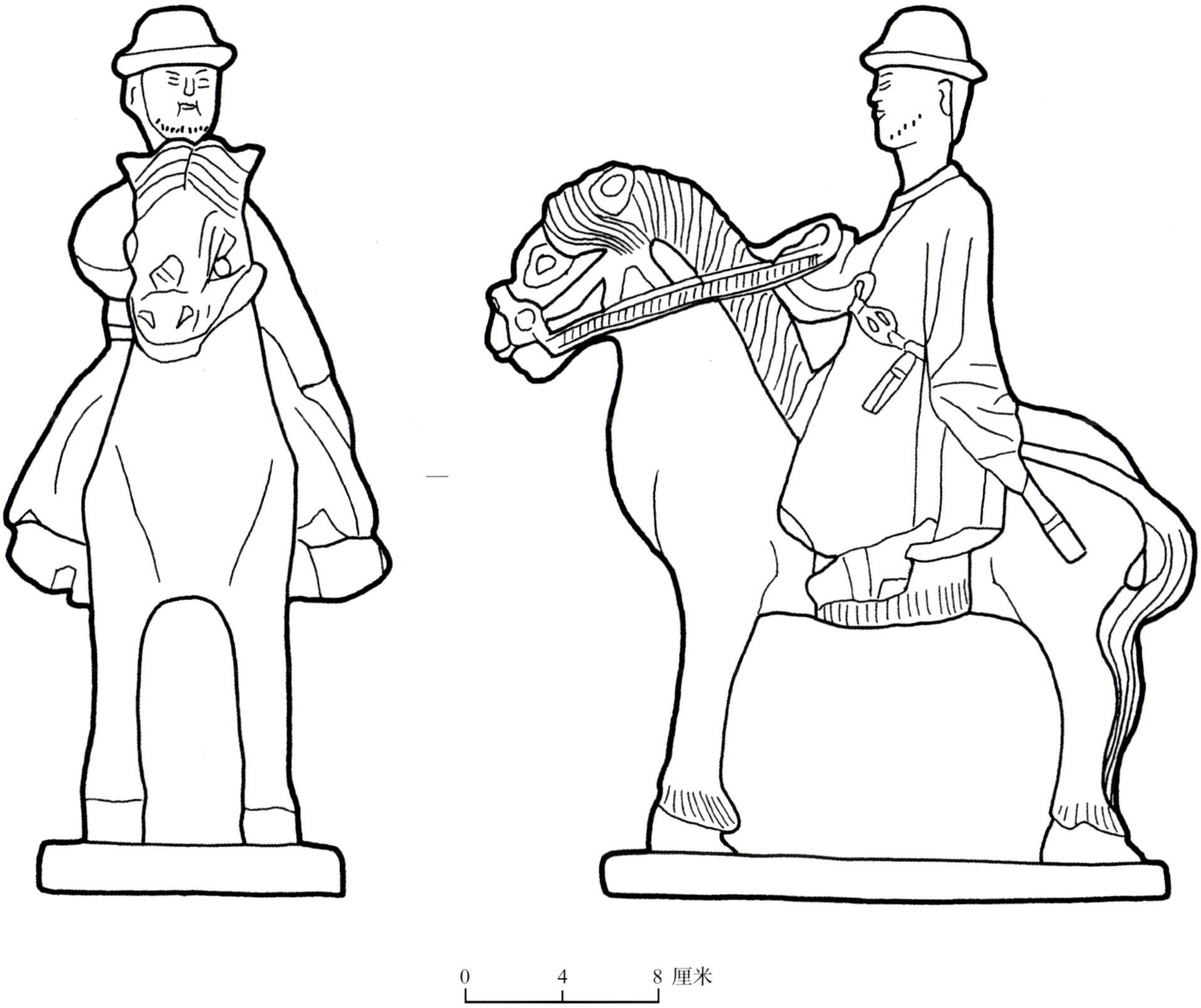

B型骑马仪仗俑（IM4084：85）

B型骑马仪仗俑（IM4084：85）

B型骑马仪仗俑（IM4084：105）

标本IM4084：105，骑俑头戴圆沿尖顶帽，双眉紧锁，嘴角内凹，无须。左手挽缰持旗，右手缩袖斜垂身侧，上穿交领右衽紧袖皂袍，胸前护心镜，脚穿圆头长筒靴，两腿分开，端坐马背之上。马俑鞍鞯俱备，四足浑圆有力，站立长方形托板之上。局部施红彩、绿彩，白陶衣，大部分脱落。长29.1厘米，通高37.9厘米。

B型骑马仪仗俑（IM4084：105）

B型骑马仪仗俑（IM4084：105）

局部

标本IM4084：106，骑俑头戴圆沿尖顶帽，眉目清秀，无须。左手挽缰持旗，右手缩袖斜垂身侧，上穿交领右衽紧袖皂袍，胸前护心镜，脚穿圆头长筒靴，两腿分开，端坐马背之上。马俑鞍鞯俱备，四足浑圆有力，站立长方形托板之上。局部施红彩，白陶衣，大部分脱落。长30厘米，通高37.5厘米。

B型骑马仪仗俑（IM4084：106）

B型骑马仪仗俑（IM4084：106）

标本IM4084：107，骑俑头戴圆沿尖顶帽，眉目清秀，无须。右手挽缰持旗，旗佚，左手缩袖斜垂身侧，上穿交领右衽紧袖皂袍，胸前护心镜，脚穿圆头长筒靴，两腿分开，端坐马背之上。马俑鞍鞯俱备，四足浑圆有力，站立长方形托板之上。局部施红彩、绿彩，白陶衣，大部分脱落。长30.8厘米，通高38.5厘米。

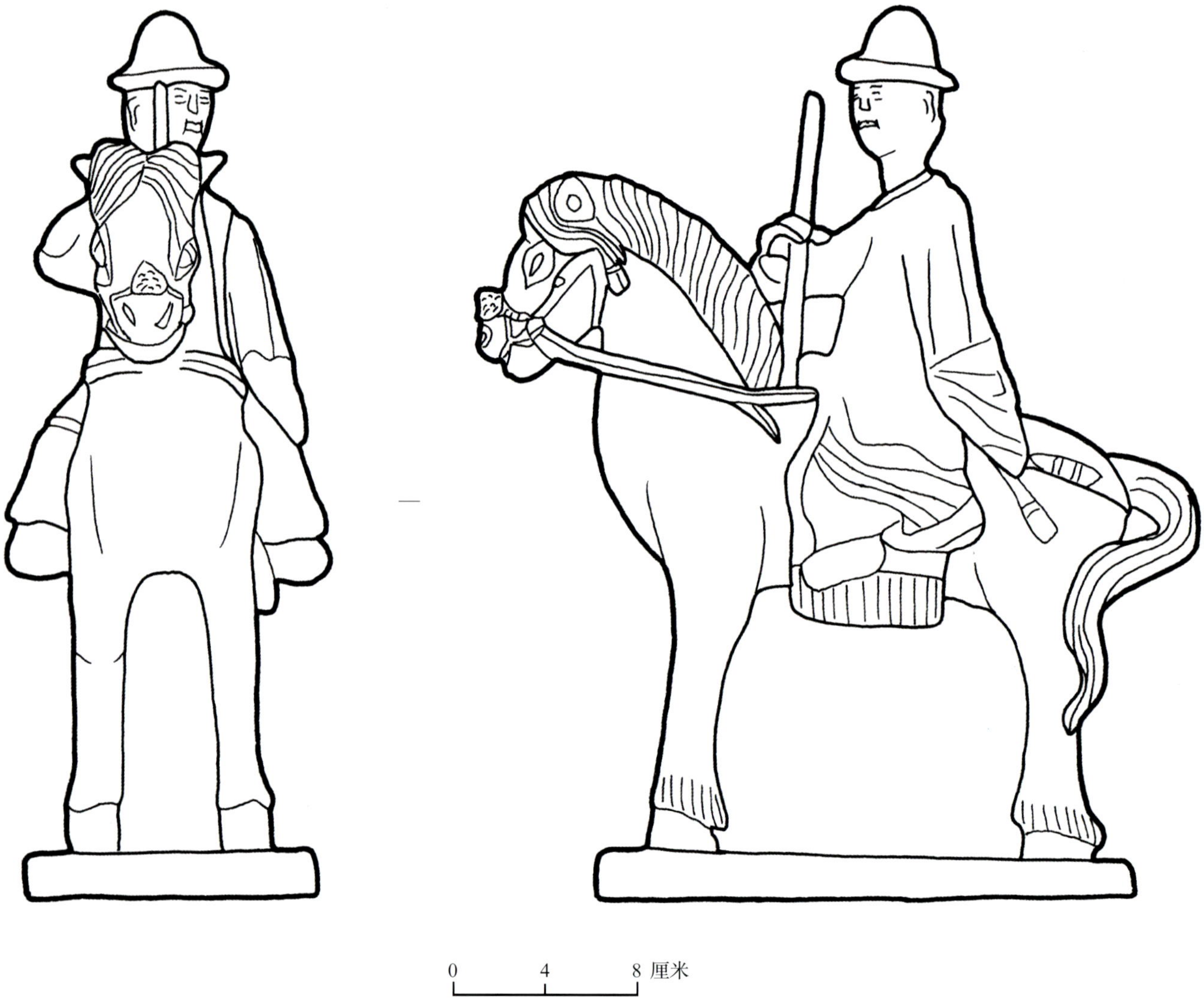

B型骑马仪仗俑（IM4084：107）

B型骑马仪仗俑（IM4084：107）

标本IM4084：108，骑俑头戴圆沿圆顶帽。络腮胡，目视前方，抿嘴涂朱。右手屈肘上抬，半蜷手掌，持彩旗状，旗佚，左手缩袖斜垂身侧，内穿紧袖长袍，外穿无袖短上衣，胸前护心镜，圆头鞋尖外露，两腿分开，端坐马背之上。马俑体型较矮小，神态温顺，鬃毛中分，鞍鞯俱备，四足浑圆有力，站立长方形托板之上。局部施红彩，白陶衣，大部分脱落。长29.5厘米，通高41.2厘米。

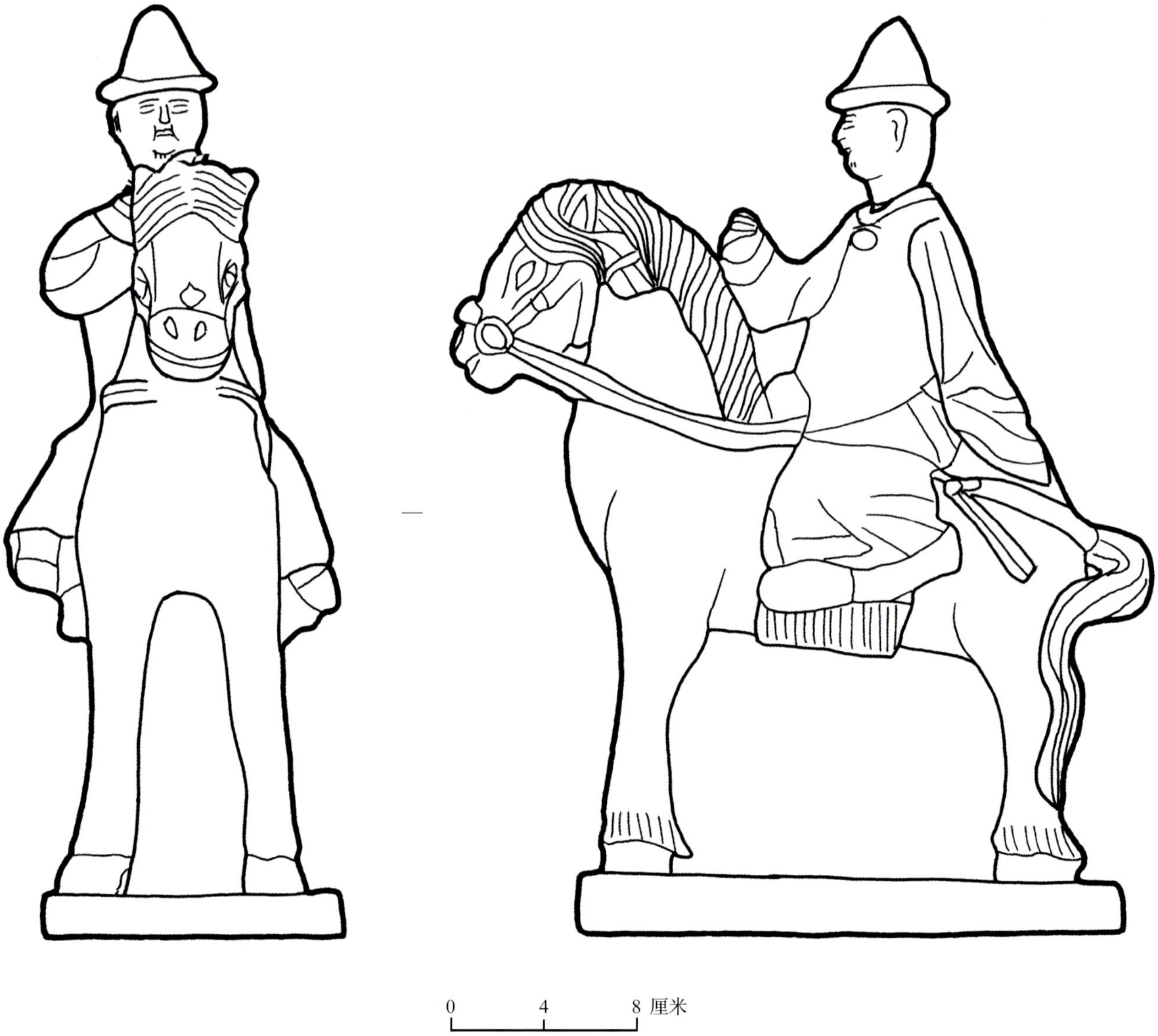

B型骑马仪仗俑（IM4084：108）

B型骑马仪仗俑（IM4084：108）

标本IM4084：131，局部残。骑俑头戴圆沿尖顶帽，眉目清秀，无须，嘴角内凹，抿嘴涂朱。双手屈肘抬胸前，左手半握似持物，物佚，右手若挽缰状，手腕以下残佚。上穿交领右衽紧袖皂袍，脚穿圆头长筒靴，足蹬马镫，两腿分开，端坐马背之上。马头歪向右侧，鬃毛中分，鞍鞯俱备，四足浑圆有力，站立长方形托板之上。局部施红彩，白陶衣，大部分脱落。长29.8厘米，通高38.9厘米。

B型骑马仪仗俑（IM4084：131）

B型骑马仪仗俑（IM4084：131）

B型骑马仪仗俑（IM4084：131）

标本IM4084：132，局部残，修复。骑俑头戴圆沿尖顶帽，络腮胡，抿嘴涂朱，左手缩袖中，右手挽马缰。上穿交领右衽紧袖皂袍，脚穿圆头长筒靴，足蹬马镫，两腿分开，端坐马背之上。马头歪向右侧，左耳残，鬃毛中分，鞍鞯俱备，四足浑圆有力，站立长方形托板之上。局部施红彩，白陶衣，大部分脱落。长29.2厘米，通高37.5厘米。

B型骑马仪仗俑（IM4084：132）

B型骑马仪仗俑（IM4084：132）

标本IM4084：133，局部残，修复。骑俑头戴圆沿尖顶帽，无须，抿嘴涂朱，右手挽马缰，左手持物抬胸前。上穿交领右衽紧袖皂袍，脚穿圆头长筒靴，足蹬马镫，两腿分开，端坐马背之上。马头歪向右侧，鬃毛中分，鞍鞯俱备，四足浑圆有力，站立长方形托板之上。马身施红彩，陶俑局部施红彩，白陶衣，大部分脱落。长28.1厘米，通高37.6厘米。

B型骑马仪仗俑（IM4084：133）

B型骑马仪仗俑（IM4084∶133）

标本IM4084：135，局部残，修复。骑俑头戴圆沿尖顶帽，络腮胡，抿嘴涂朱，左手缩袖中，右手挽缰。上穿交领右衽紧袖皂袍，脚穿圆头长筒靴，足蹬马镫，两腿分开，端坐马背之上。马头歪向右侧，鬃毛中分，鞍韂俱备，四足浑圆有力，站立长方形托板之上。马周身施红彩，骑俑身施白陶衣，部分脱落。长30厘米，通高37厘米。

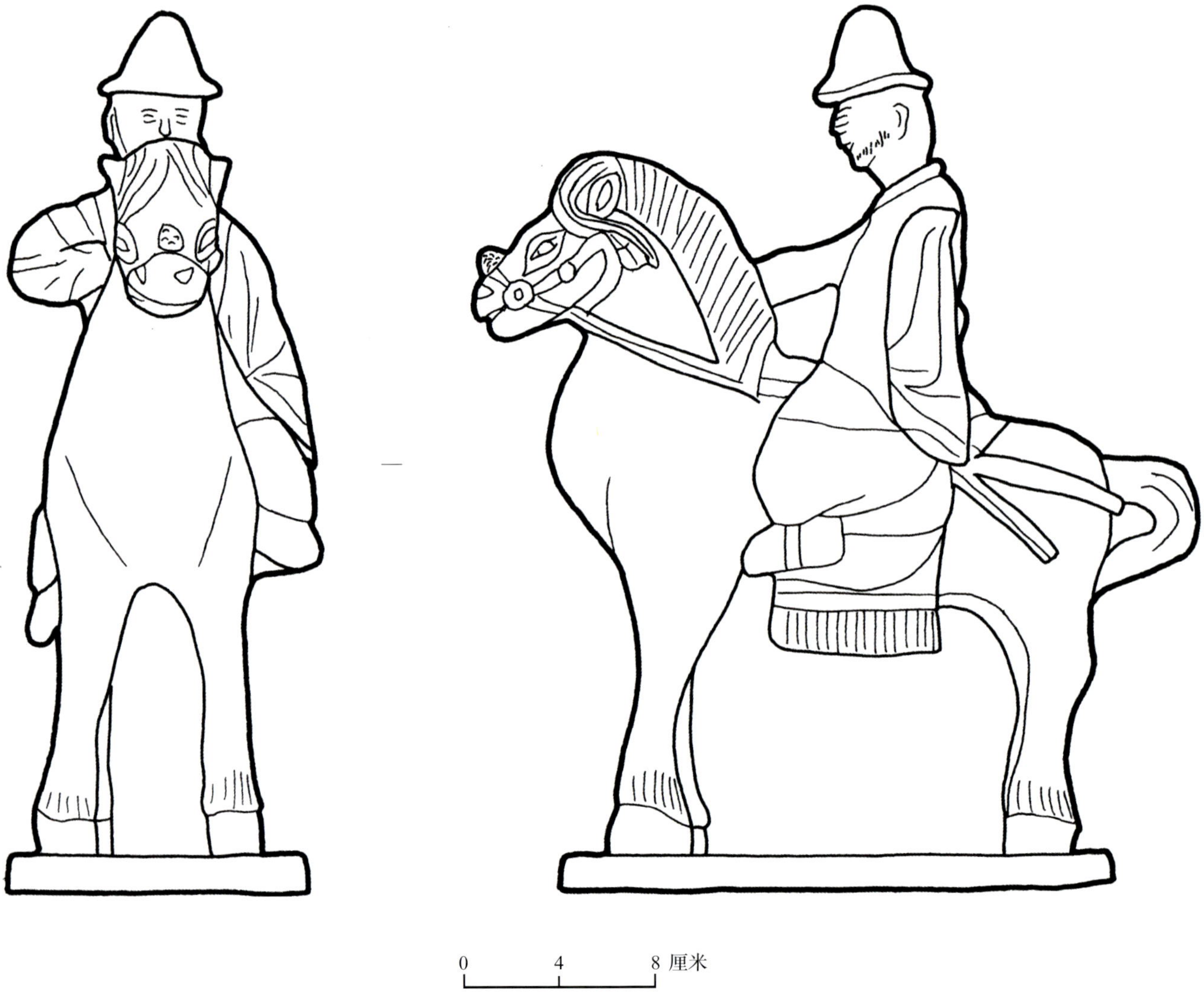

B型骑马仪仗俑（IM4084：135）

B型骑马仪仗俑（IM4084：135）

C型　4件。骑马俑头戴卷沿小毡帽，穿交领右衽紧袖皂袍。编号IM4084：10、IM4084：134、IM4084：136、IM4084：137。

标本IM4084：10，残。骑俑头戴卷沿尖顶小毡帽，帽顶施红彩，眉目清秀，无须，抿嘴。左手屈肘抬胸前，持物状，右手缩袖中，上穿交领右衽紧袖皂袍，束带腰间，脚穿圆头长筒靴，两腿分开，端坐马背之上。马俑头部残佚，鞍鞯俱备，四足浑圆有力，站立长方形托板之上。马身局部施红彩，陶俑局部施红彩，白陶衣，大部分脱落。残长24.3厘米，通高37.8厘米。

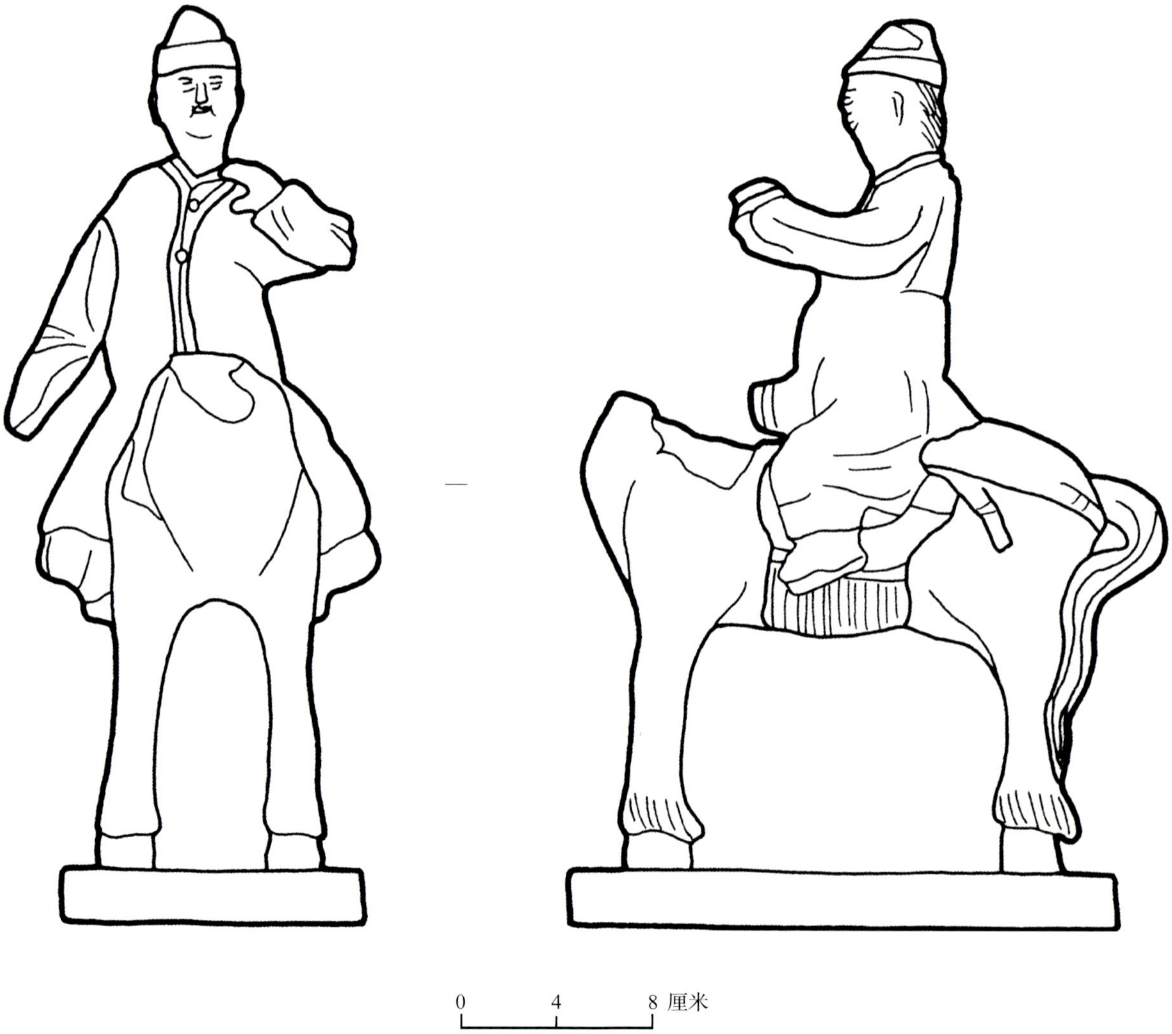

C型骑马仪仗俑（IM4084：10）

C型骑马仪仗俑（IM4084：10）

标本IM4084：134，局部残，修复。骑俑头扭向一侧，戴卷沿尖顶小毡帽，无须，抿嘴涂朱，右手缩袖中垂身侧，左手挽缰。上穿交领右衽紧袖皂袍，脚穿圆头长筒靴，足蹬马镫，两腿分开，端坐马背之上。马头歪向右侧，鬃毛中分，鞍鞯俱备，四足浑圆有力，站立长方形托板之上。局部施红彩，白陶衣，有脱落。长29.9厘米，通高38.4厘米。

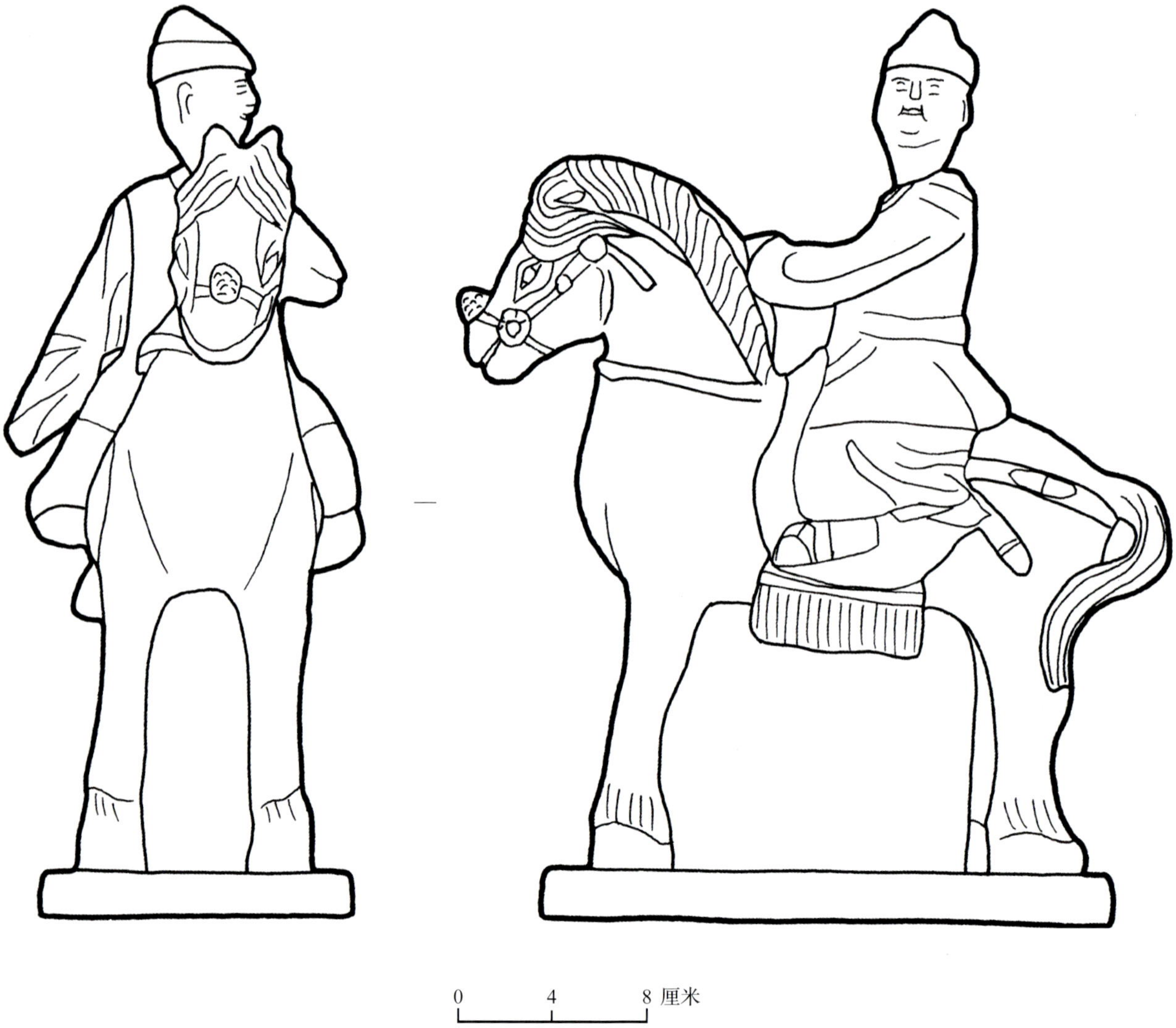

C型骑马仪仗俑（IM4084：134）

C型骑马仪仗俑（IM4084：134）

标本IM4084：136，残，修复。骑俑头戴卷沿小毡帽，无须，嘴角内凹，抿嘴涂朱，右手挽马缰，左手缩袖中。上穿交领右衽紧袖皂袍，脚穿圆头长筒靴，足蹬马镫，两腿分开，端坐马背之上。马双耳竖立，鬃毛中分，鞍鞯俱备，部分脱落，四足浑圆有力，站立长方形托板之上。施白陶衣，大部分脱落。长32.3厘米，通高37厘米。

C型骑马仪仗俑（IM4084：136）

C型骑马仪仗俑（IM4084：136）

标本IM4084：137，骑马鼓乐俑。残，修复。骑俑头戴卷沿小毡帽，垂须，嘴角内凹，抿嘴，左手挽马缰，手残，右手持乐器。上穿交领右衽紧袖皂袍，脚穿圆头长筒靴，足蹬马镫，两腿分开，端坐马背之上。骑俑右前，马脊右侧悬鼓。马双耳竖立，鬃毛中分，鞍鞯俱备，部分脱落，四足浑圆有力，站立长方形托板之上。施红彩，白陶衣，部分脱落。长31.3厘米，通高37厘米。

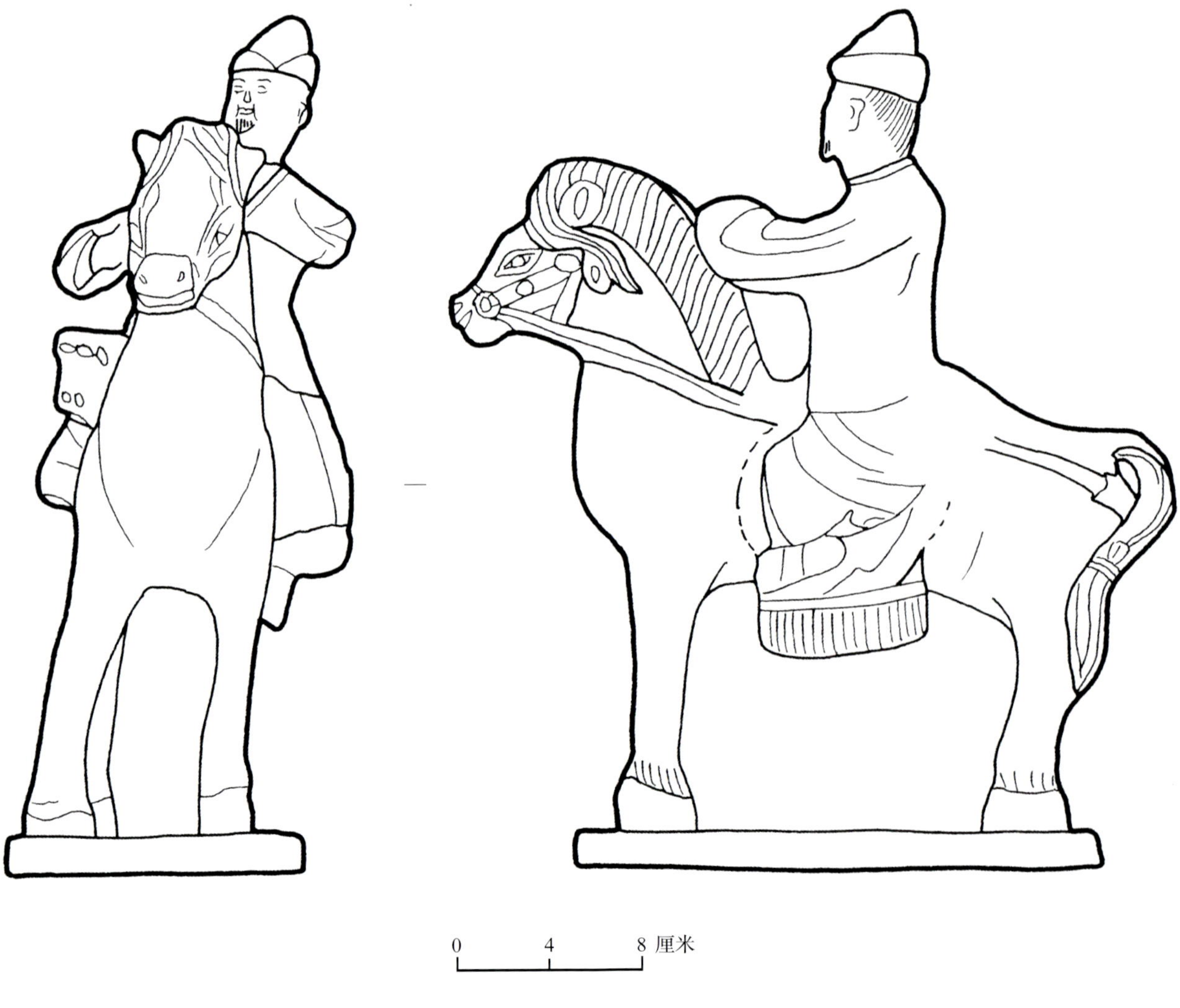

C型骑马仪仗俑（IM4084：137）

C型骑马仪仗俑（IM4084：137）

C型骑马仪仗俑（IM4084：137）

D型 2件。骑马俑头戴双耳帽，身穿右衽长袍。编号IM4084：77、IM4084：115。

标本IM4084：77，骑俑头戴冠，身穿右衽长袍，眯眼咬牙，后背褡裢，双手挽马缰。坐下马体型较小，鞍鞯俱备，鬃毛中分，四足浑圆，站立长方形踏板之上。长29.5厘米，通高38.5厘米。

局部

D型骑马仪仗俑（IM4084：77）

D型骑马仪仗俑（IM4084：77）

标本IM4084：115，骑俑头戴圆顶双耳帽。面丰满无须，嘴角内凹，抿嘴涂朱。右手挽缰，左手缩袖斜垂身侧，袖头残。身穿交领紧袖长袍，后背褡裢，脚穿圆头长筒靴，蹬马镫，两腿分开，端坐马背之上。马俑体型较矮小，神态温顺，双耳外撇，鬃毛中分，鞍鞯俱备，四足浑圆有力，站立长方形托板之上。局部施红彩，白陶衣，有脱落。长29.3厘米，通高36.7厘米。

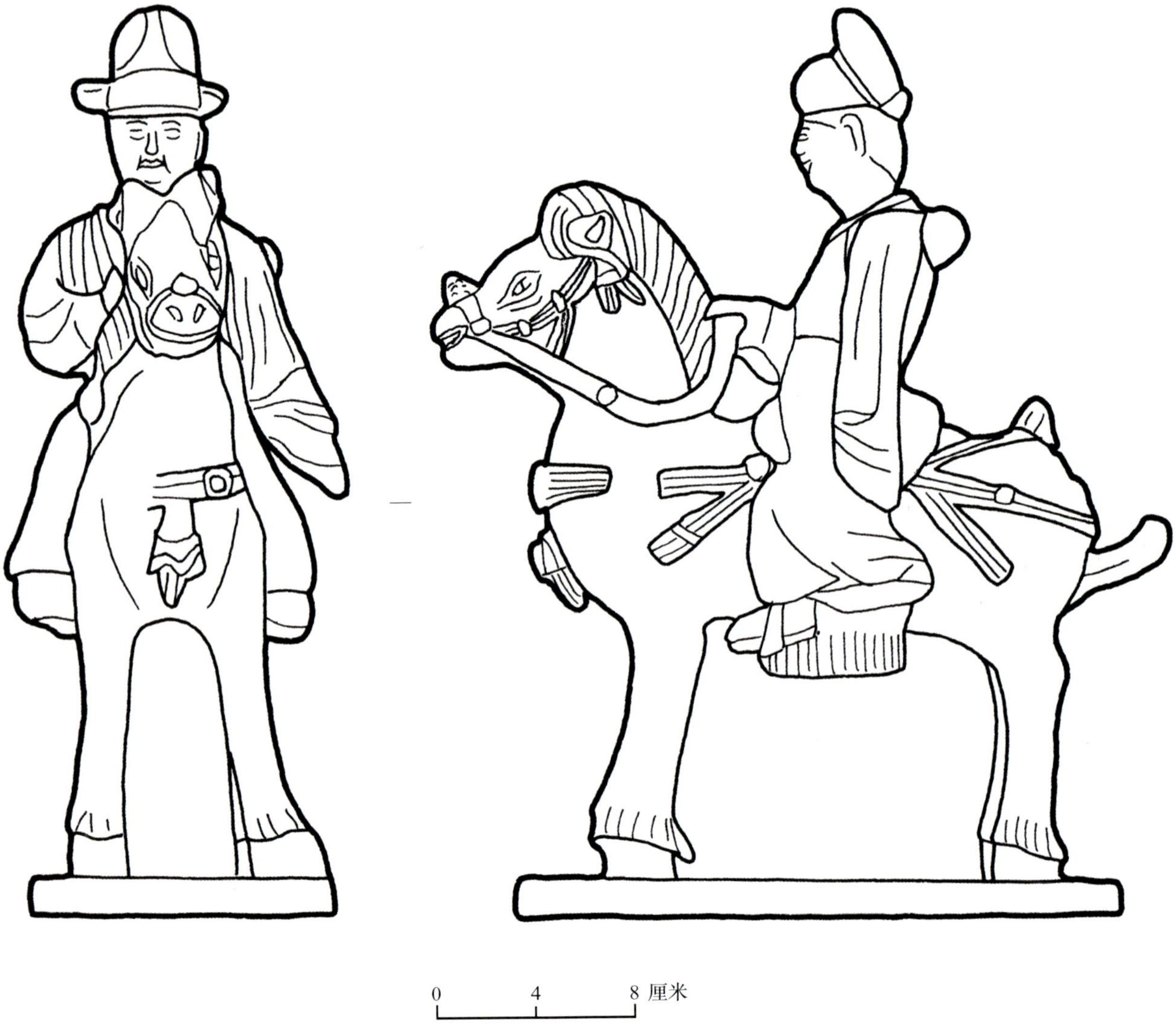

D型骑马仪仗俑（IM4084：115）

D型骑马仪仗俑（IM4084：115）

D型骑马仪仗俑（IM4084：115）

另有部分残骑马仪仗俑头部残，局部修复。编号IM4084：11、IM4084：13、IM4084：14、IM4084：138、IM4084：139、IM4084：140。

标本IM4084：11，残。骑俑胸部以上残佚。左臂屈肘抬胸前，手腕残佚，右手残佚。上穿皂袍，束带腰间，脚穿圆头长筒靴，两腿分开，端坐马背之上。马俑鞍鞯俱备，昂脖低头，双耳直竖，鬃毛中分，四足浑圆有力，站立长方形托板之上。马身局部施红彩，白陶衣，大部分脱落。长28.4厘米，残高29.2厘米。

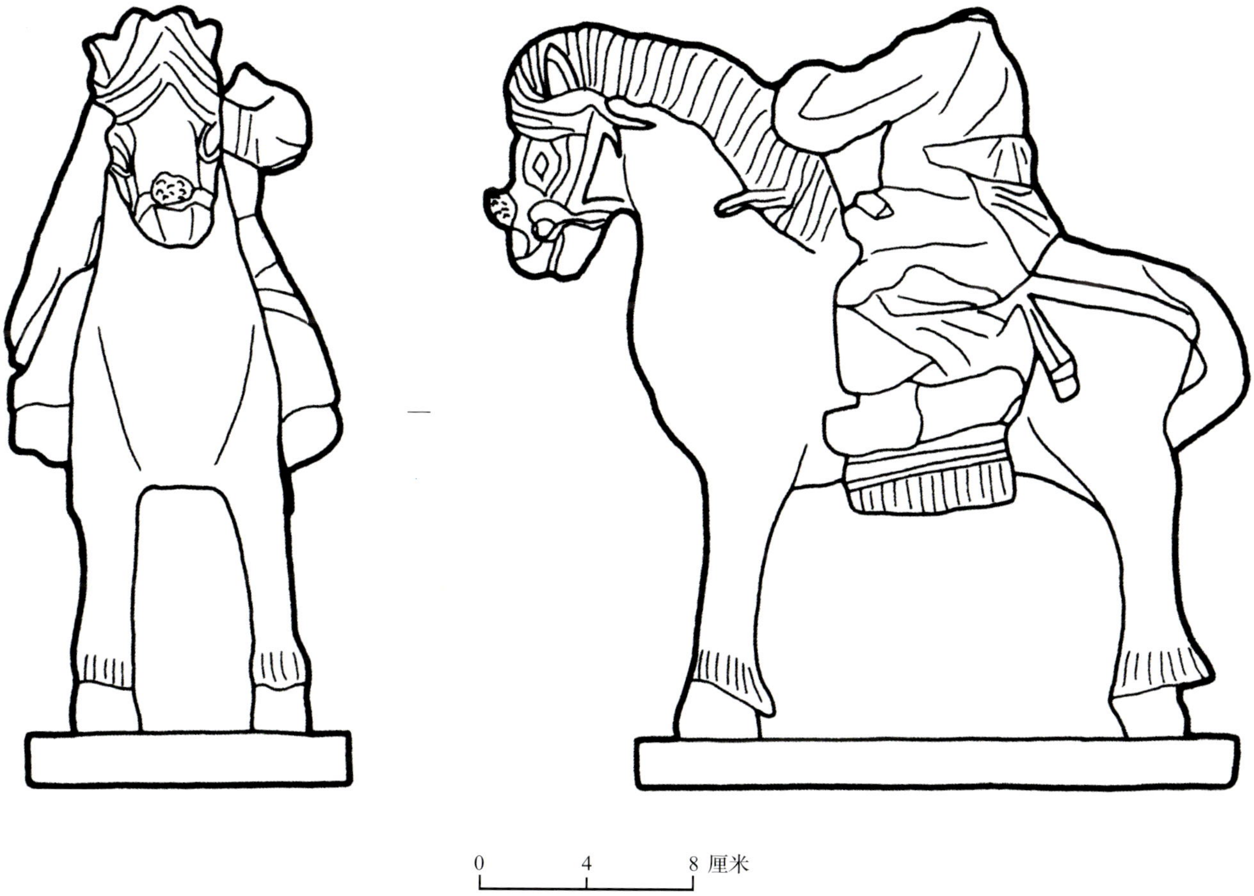

残骑马仪仗俑（IM4084：11）

残骑马仪仗俑（IM4084：11）

标本IM4084：13，残。骑俑残，圆头鞋。马俑鞍鞯俱备，昂首，双耳直竖，鬃毛中分，四足浑圆有力，站立长方形托板之上。出土时马前有陶唢呐，残。马身局部施红彩，黑陶衣，局部有脱落。长31厘米，残高31.1厘米。

残骑马仪仗俑（IM4084：13）

残骑马仪仗俑（IM4084：13）

标本IM4084：14，残甚。骑俑残佚，仅存腿部以下，着皂袍，圆头鞋。马俑头部残佚，残存部分鞍鞯，马尾甩右侧，四足浑圆有力，站立长方形托板之上。马身局部施红彩，白陶衣，局部有脱落。残长25.9厘米，残高22.7厘米。

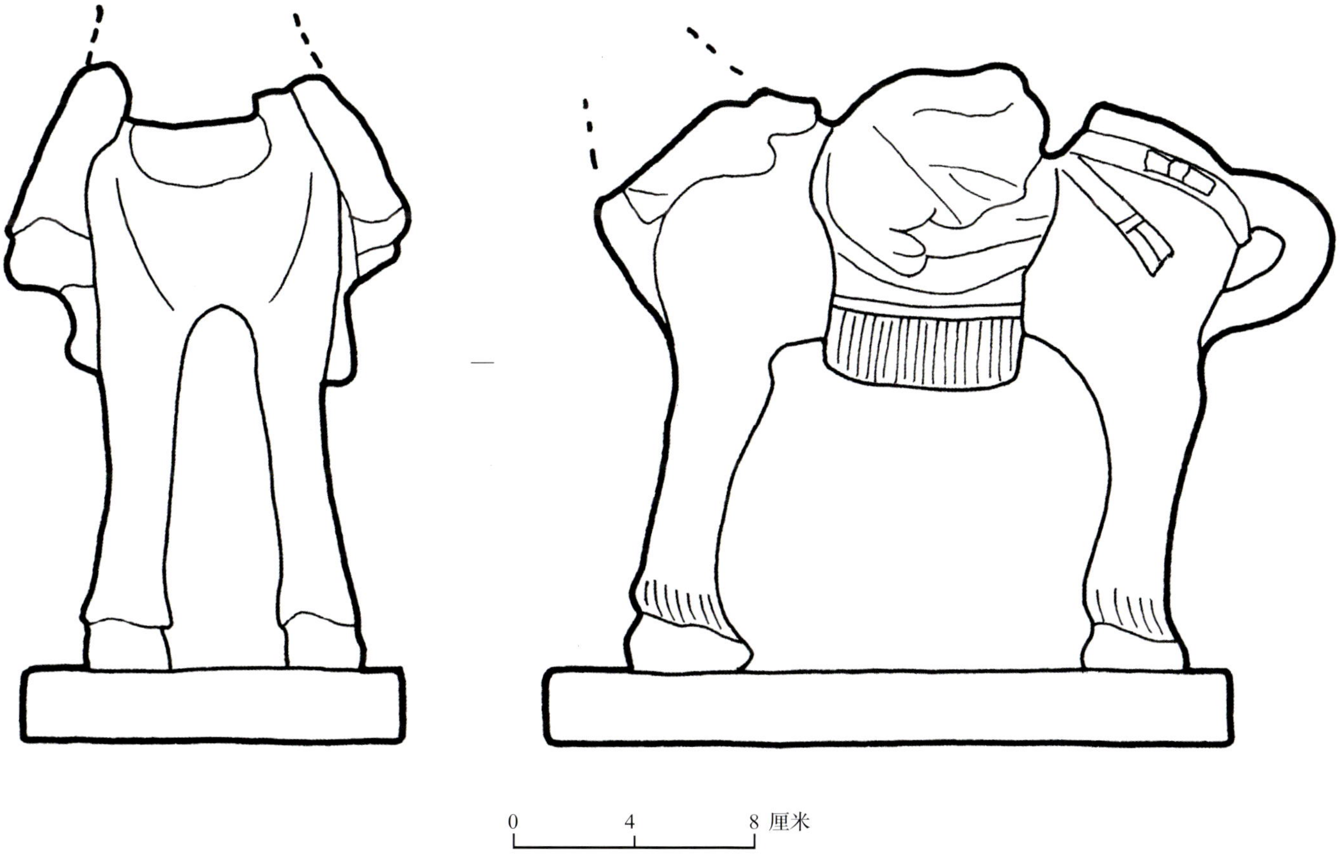

残骑马仪仗俑（IM4084：14）

标本IM4084：138，骑马鼓乐俑。残，未修复。骑俑头残佚，左手挽马缰，手残，右手抬胸前，手残。上穿交领右衽紧袖皂袍，脚穿圆头长筒靴，足蹬马镫，两腿分开，端坐马背之上。马双耳竖立，鬃毛中分，鞍鞯俱备，部分脱落，四足浑圆有力，站立长方形托板之上。施红彩、绿彩，白陶衣，部分脱落。长33厘米，残高32.1厘米。

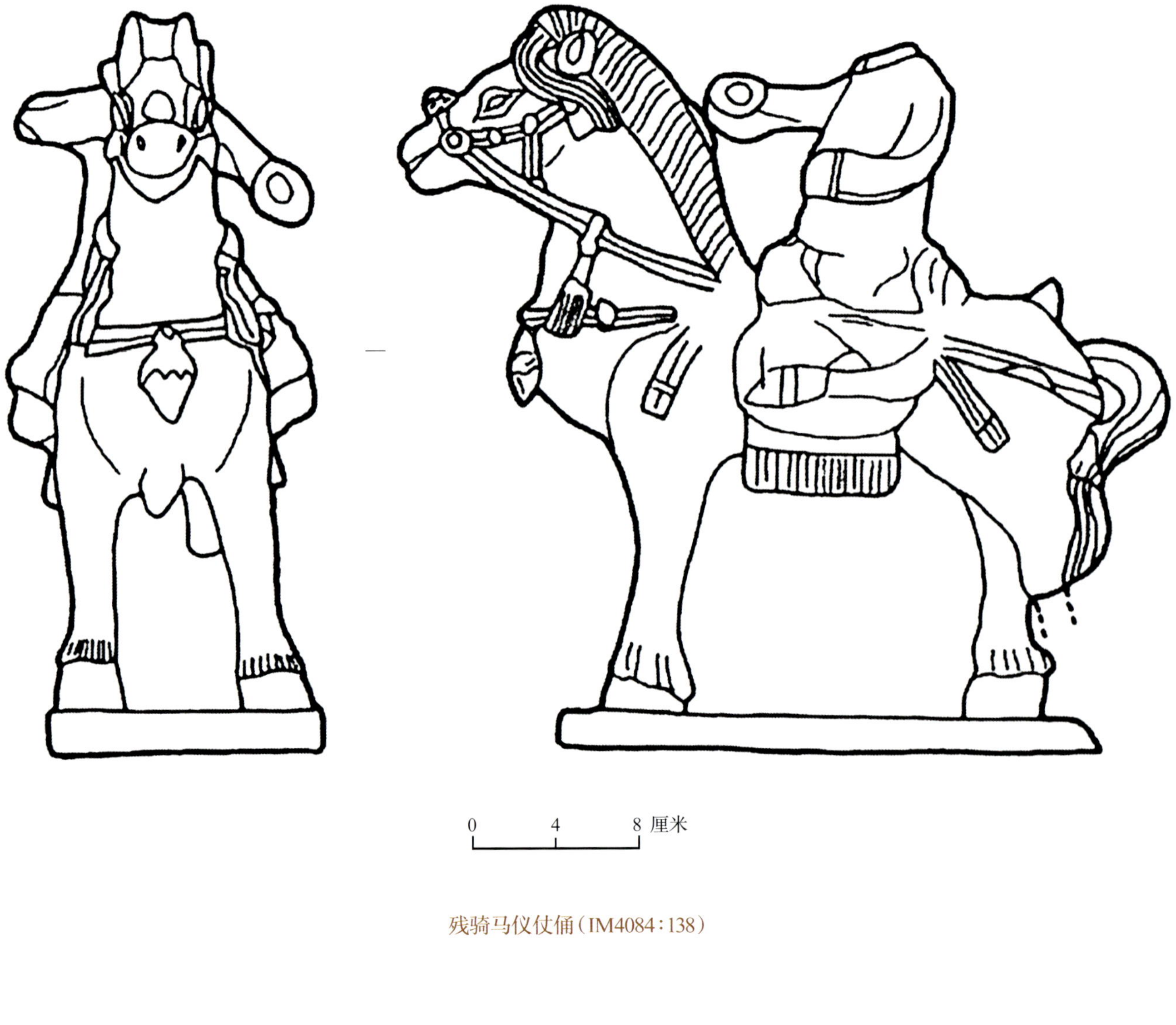

残骑马仪仗俑（IM4084：138）

残骑马仪仗俑（IM4084：138）

标本IM4084：139，残，未修复。骑俑头残佚，双手抬胸前，手残。上穿交领右衽紧袖皂袍，脚穿圆头长筒靴，足蹬马镫，两腿分开，端坐马背之上。马双耳竖立，鬃毛中分，鞍鞯俱备，部分脱落，四足浑圆有力，站立长方形托板之上。施红彩、绿彩，白陶衣，部分脱落。残长28.6厘米，残高31.7厘米。

残骑马仪仗俑（IM4084：139）

残骑马仪仗俑（IM4084：139）

标本IM4084：140，骑马俑。残，未修复。骑俑残，脚穿圆头长筒靴，足蹬马镫，两腿分开，端坐马背之上。马头残，鞍鞯俱备，部分脱落，四足浑圆有力，站立长方形托板之上。施红彩、绿彩，白陶衣，部分脱落。残长23.7厘米，残高31.2厘米。

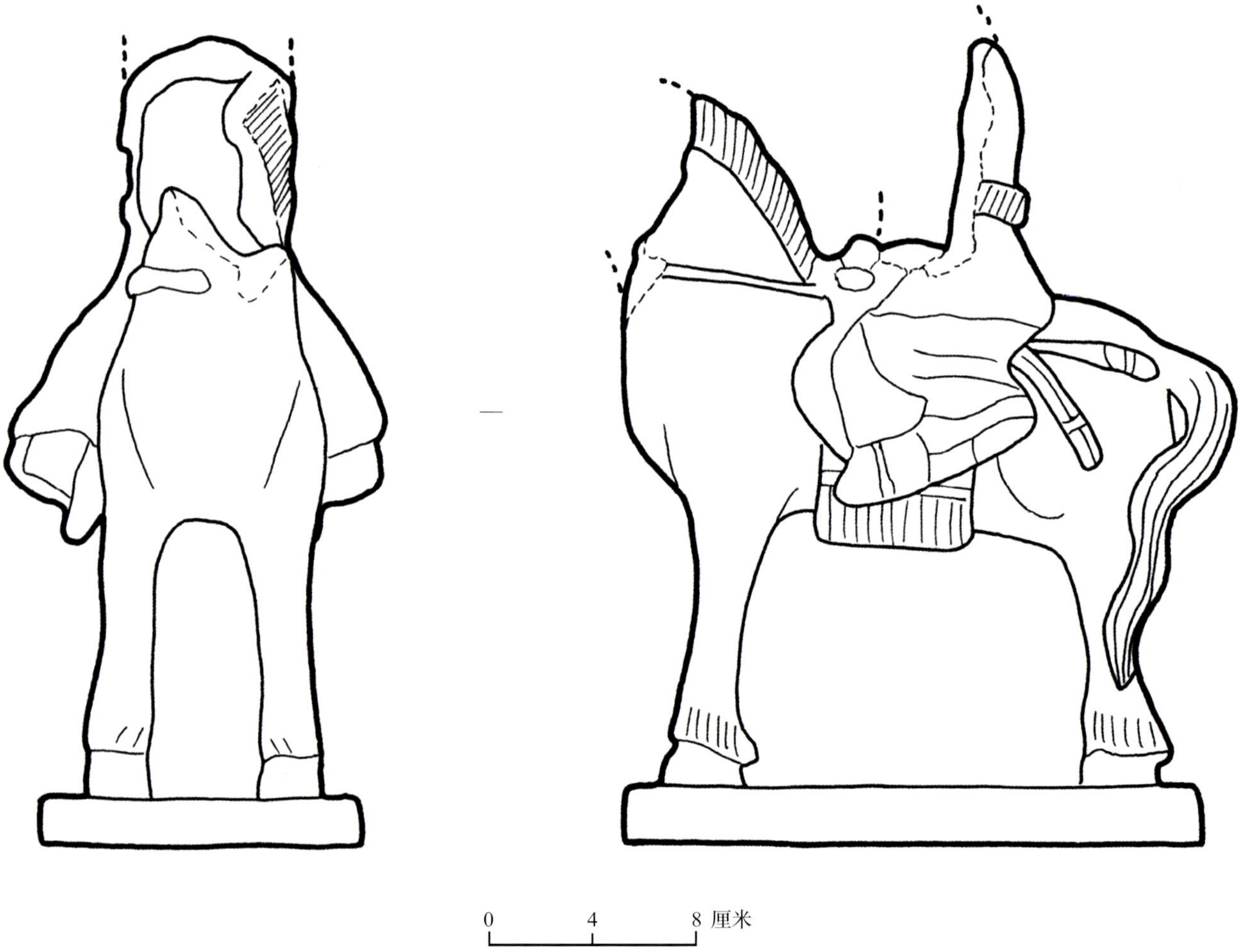

残骑马仪仗俑（IM4084：140）

陶马　1件。标本IM4084：5，陶马站立。昂首，双耳竖立，额上鬃毛绕耳边，脊上鬃毛中分外翘，马身雄健有力，蹄足浑圆，马尾弯曲附于后腿右侧。络头项带、额带、鼻带、咽带、颊带分明，衔、镳齐备，鼻上饰桃形饰，缰、胸带部分脱落，前部悬挂杏叶装饰，马鞍前后桥倾斜平坦，鞍下鞯呈椭圆形，鞍鞯上均有乳钉装饰，施红彩，鞯下腹部两侧有障泥，障泥外有花苞状装饰，鞍后鞦带分上下两条，上部两条交结马后背之上，结上饰云珠，下部鞦带分三节，两侧各有两个结点，两侧各垂二鞘。站立长方形托板之上。通高30厘米，长31厘米，宽11.5厘米。

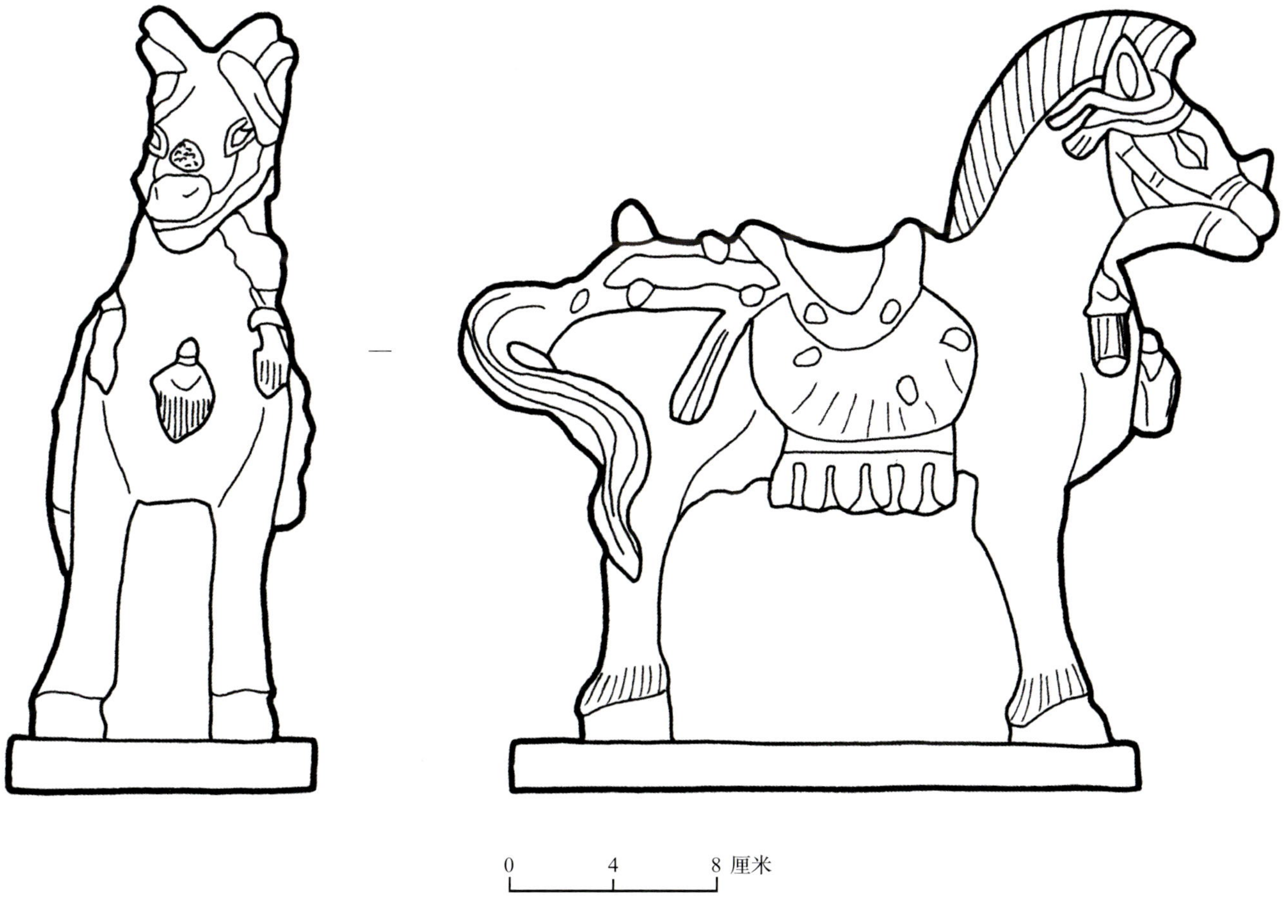

陶马（IM4084：5）

陶马（IM4084：5）

陶鸡

1件。标本IM4084：54，母鸡，卧，羽毛清晰可辨。长15厘米，高7.5厘米。

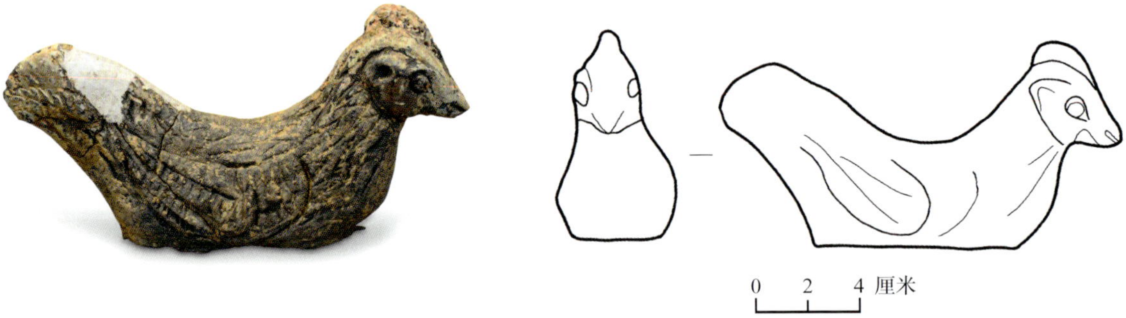

陶鸡（IM4084:54）

陶猪

1件。标本IM4084：55，残，修复。噘嘴，双耳耷两侧，俯卧长方形踏板之上。长14.5厘米，高8厘米。

陶猪（IM4084:55）

陶鸭

1件。标本IM4084：68，扁嘴，凫水状，羽毛镂刻，卧于长方形托板之上，托板残。长8.5厘米。

陶鸭（IM4084:68）

陶房

2件。编号IM4084：39、IM4084：62。

标本IM4084：39，前低后高，似为陶房的后半部分，单面坡，脊梁两端有虎头雕塑，房顶瓦楞清晰，覆瓦为筒瓦，檐口瓦当兽面纹，仰瓦为板瓦，檐口有滴水。前面有门，垂门帘，门帘镂刻横向条纹。后经墙中上部有假窗，下部用白灰勾出砖缝。宽27.5厘米，进深16厘米，前高27厘米，后高41厘米。

陶房（IM4084:39）

标本IM4084：62，前低后高，单面坡，脊梁两端有狮头雕塑，房顶瓦楞清晰，覆瓦为筒瓦，檐口瓦当兽面纹，仰瓦为板瓦，檐口有滴水。前面对开两扇门，门上锁。后经墙中上部有假窗。宽27.5厘米，进深17厘米，前高26厘米，后高41厘米。

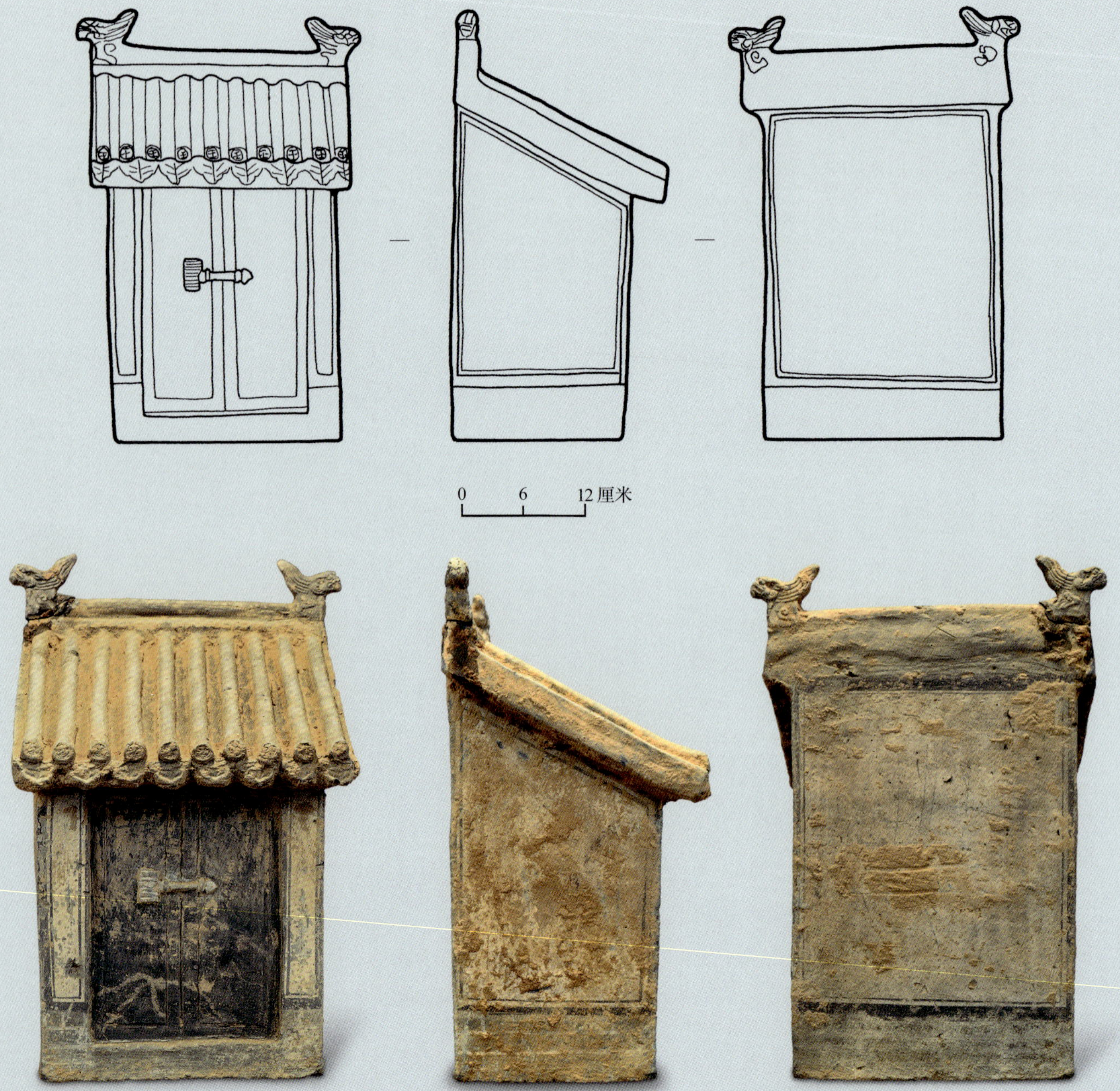

陶房（IM4084：62）

陶轿

2件。编号IM4084：67、IM4084：104。

标本IM4084：67，轿顶为弧方沿，圆顶，沿周镂刻竖条纹，轿厢呈竖长方体，中空，一侧开轿门，轿门两侧波浪形垂帘，轿厢后壁镂刻垂帘纹。长16厘米，宽16厘米，高33厘米。

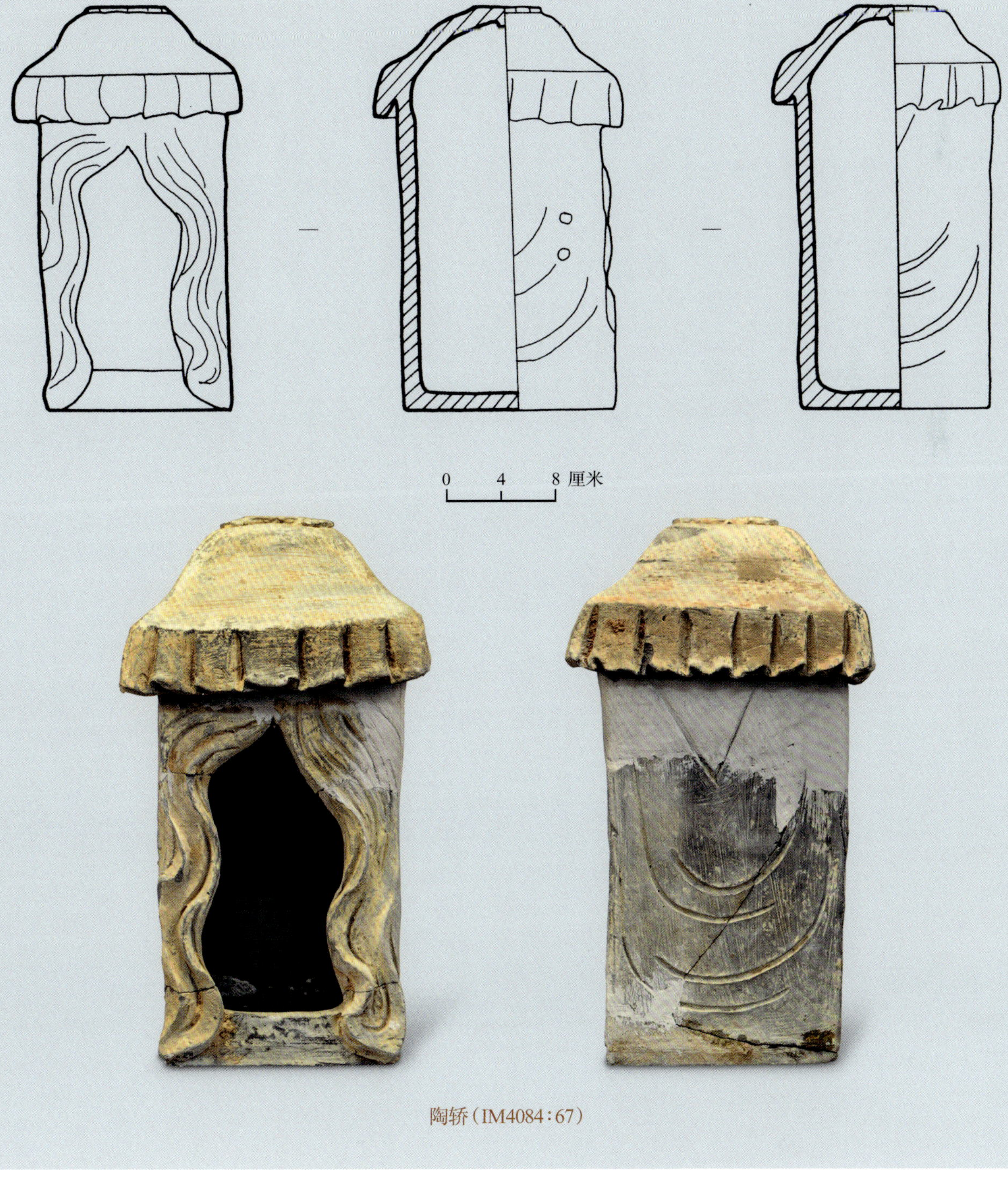

陶轿（IM4084：67）

标本IM4084：104，轿顶为弧方沿，弧圆顶中部有圆柱形娇尖，沿周镂刻竖条纹，轿厢呈竖长方体，中空，一侧开轿门，轿门中部有横档，轿门两侧波浪形垂帘。两侧各有四个圆形小孔，用于穿轿杆。长19.7厘米，宽17.8厘米，高35.7厘米。

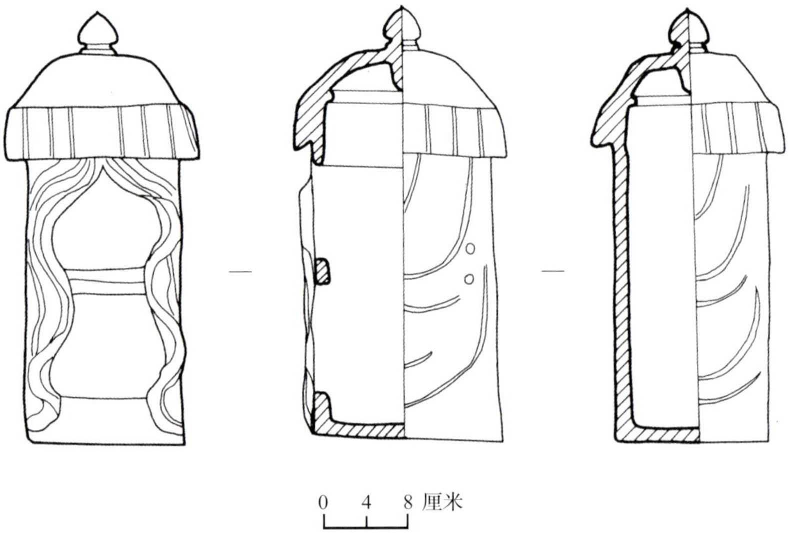

陶轿（IM4084：104）

陶椅

1件。标本IM4084：31，靠背呈弧形，圆形扶手，底部有风挡，下饰垂帘纹，台面及前风挡施红彩，其余部分施白陶衣。高18厘米。

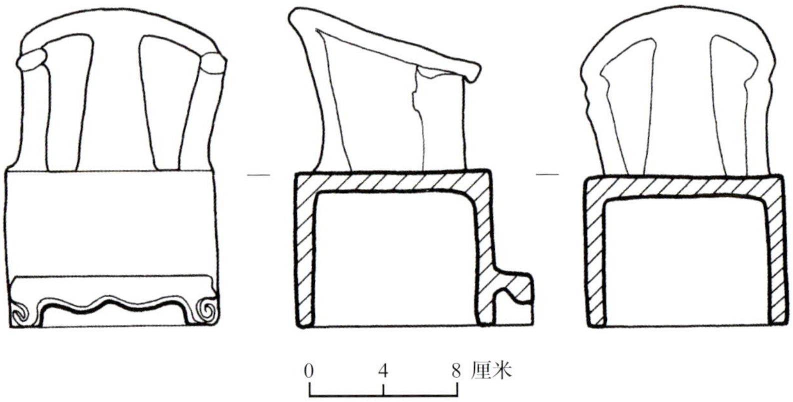

陶椅（IM4084：31）

陶晾衣架

1件。标本IM4084：51。长方形底座，两端有立柱，立柱底部有护挡，立柱之间有四根横档连接，中间两个横档之间镂刻卷草纹，立柱顶部为鸟首饰。施红彩、绿彩。宽17.7厘米，高21.5厘米。

陶晾衣架（IM4084:51）

陶笔架

2件。编号IM4084:117、IM4084:147。其中一件仅存两侧立柱，立柱底部有鼓形护挡。

标本IM4084：117，底部长方形底座，底座中部为长方形空框，两端立柱，立柱底部有护挡，立柱顶部有横档连接。施红彩，白陶衣。长13厘米，宽9.1厘米，高17.5厘米。

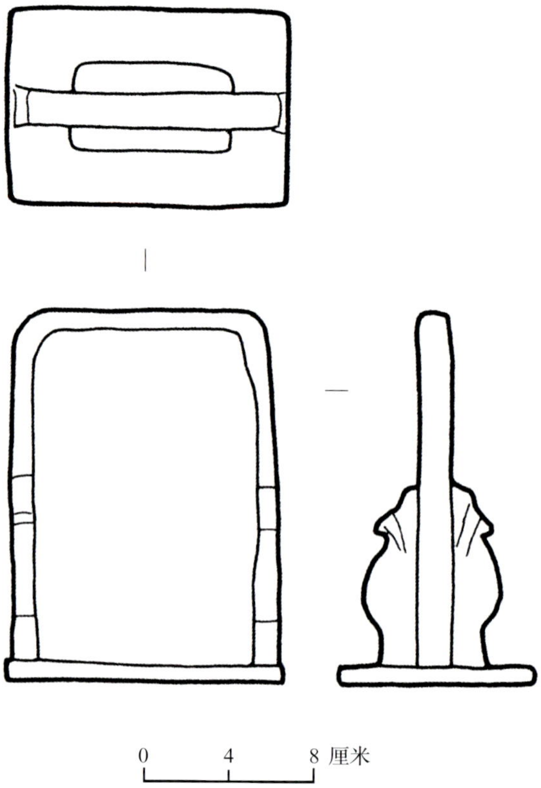

陶笔架（IM4084:117）

陶箱

1件。标本IM4084：66，呈长方体形状，中空，箱体四周施红彩，镂刻垂帘纹，箱盖镂刻竖条纹，箱盖和箱体之间有拉扣连接。长19厘米，宽14.8厘米，高11.5厘米。

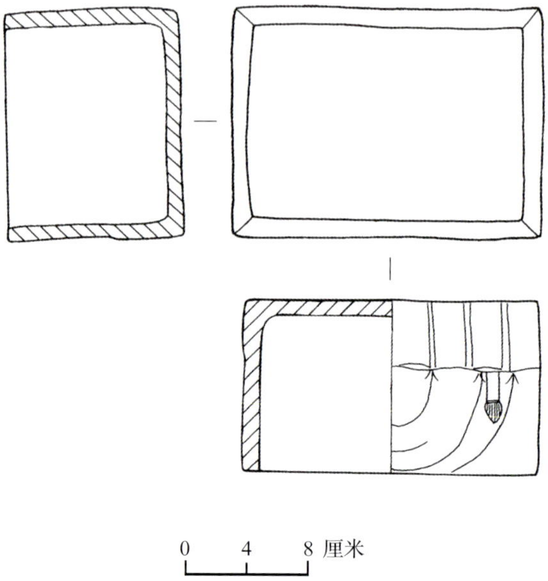

陶箱（IM4084:66）

陶戏楼

1件。标本IM4084：70，呈阁式，底部虚空，门前有踏步，残。踏步两侧各立一根门柱，门柱残。与戏楼顶部出檐相衔接。戏台位于室内，门洞开，两侧门帘卷曲，戏楼内部中空，后壁为分栏式镂刻屏风，镂刻团花、蔓草、同心结等纹饰。戏楼门帘及内部施红彩，顶部及出檐部分施绿彩。长29.5厘米，宽23厘米，高33厘米。

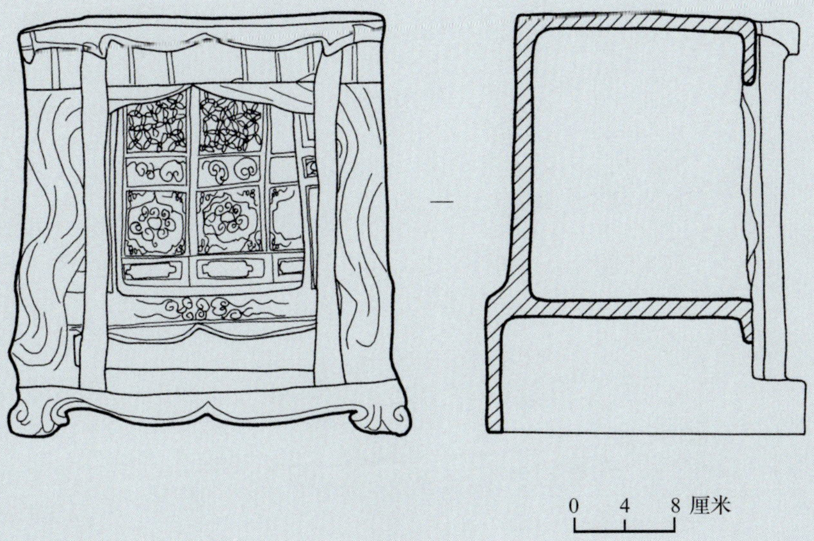

陶戏楼（IM4084：70）

陶香炉

1件。标本IM4084：73，四乳足，炉身呈圆方形，炉口方形，颈部饰蔓草纹，两耳外撇。口长12厘米，宽10厘米，高14厘米。

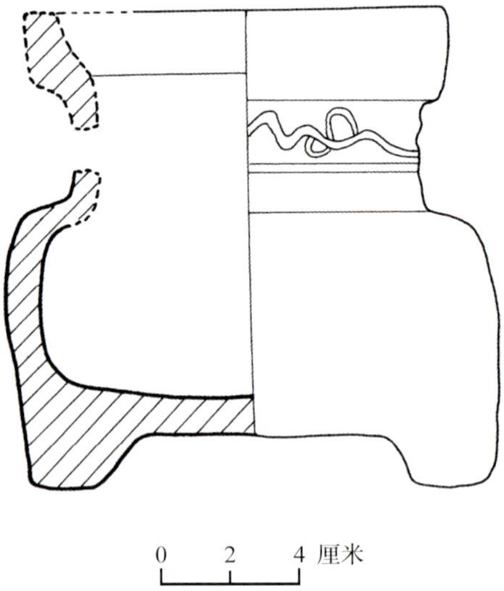

陶香炉（IM4084：73）

陶研墨器

1件。标本IM4084：23，一端钝圆柱形体。直径3厘米，高4.5厘米。

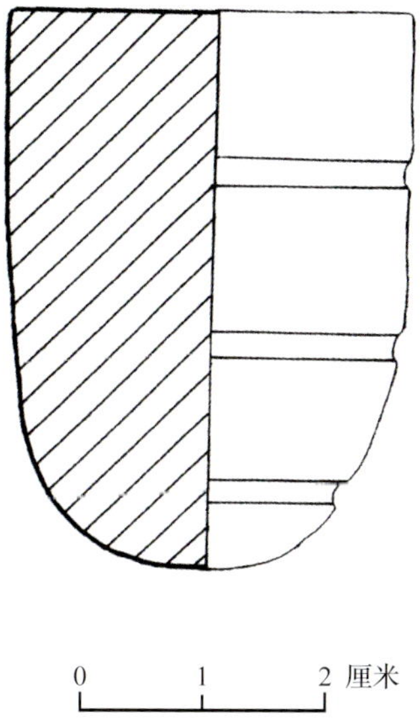

陶研墨器（IM4084：23）

陶镜

1件。标本IM4084： 25，圆形，一面素面，背面中部有圆钮中空，周围有镂空蔓草纹，直径4厘米，厚1.3厘米。

陶镜（IM4084：25）

陶烛台

2件。编号IM4084：16、IM4084：72。

标本IM4084：16，陶烛台，变形莲瓣口，中有圆孔，长颈两侧有系耳，内穿圆孔，耸圆肩，肩上饰莲瓣，肩下急收，与两层须弥底座连接。高24厘米。

陶烛台（IM4084：16）

标本IM4084：72，陶烛台，变形莲瓣口，中有圆孔，长颈两侧有系耳，内穿圆孔，耸圆肩，肩上是倒垂滴水，肩下急收，与两层须弥底座连接。高24厘米。

陶烛台（IM4084：72）

陶灯

2件。编号IM4084：17、IM4084：29。

标本IM4084：17，塔式底座，灯碗残，灯柱，中空。高15厘米。

标本IM4084：29，陶灯，塔式底座，碗状灯盘，平沿，斜直腹，中部有灯柱，中空。高15厘米。

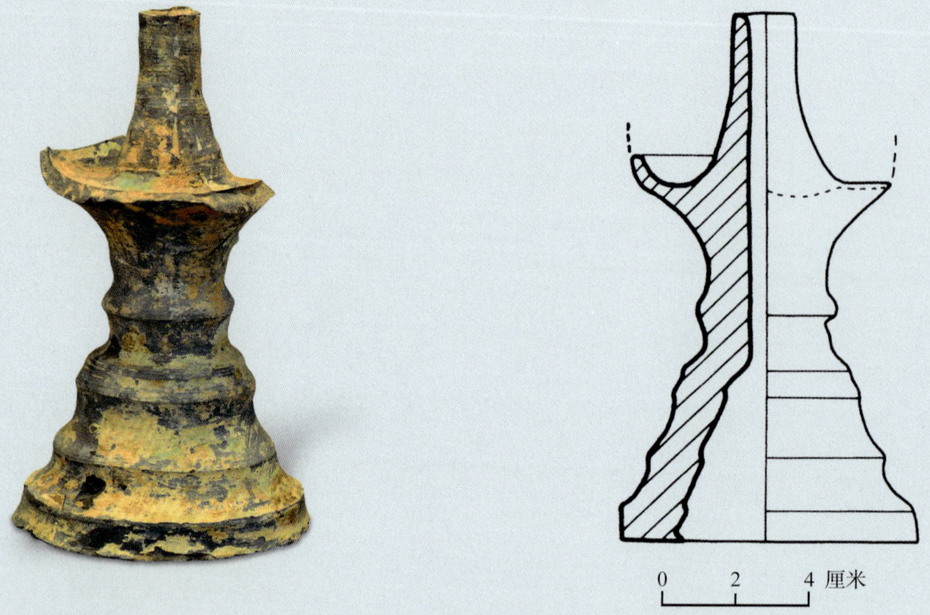

陶灯（IM4084:17）

陶灯（IM4084:29）

陶斟酒壶

1件。标本IM4084：47，圆钮子母盖，壶身长颈，扁腹，腹部镂刻莲瓣纹，平底，一侧有把，一侧为长壶嘴。高7厘米。

陶斟酒壶（IM4084：47）

陶杯

4件。残。可分三型。

A型　1件。标本IM4084：22，残。斜沿，斜弧腹，饼足。口径3.7厘米，底径1.5厘米，高2厘米。

B型　2件。编号IM4084：34、IM4084：35，形制相同。斜沿，深斜腹，饼足。

标本IM4084：34，口径4.8厘米，底径2厘米，高3厘米。

标本IM4084：35，口径4.9厘米，底径2厘米，高3厘米。

C型　1件。标本IM4084：56，陶杯。敞口，口沿残，尖唇，斜弧腹，圈足。口径4.8厘米，底径2厘米，高3厘米。

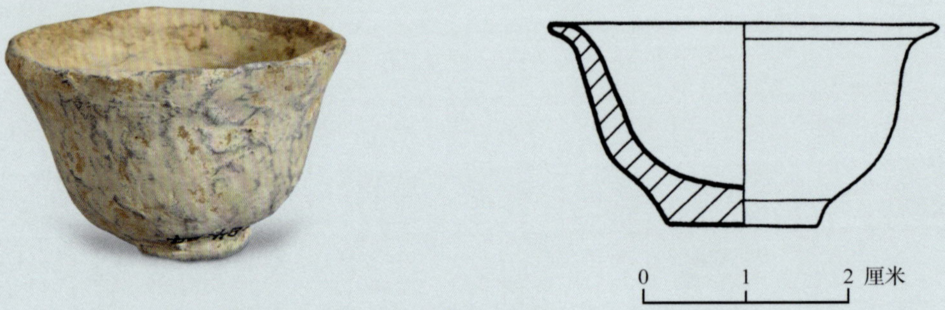

A型陶杯（IM4084:22）

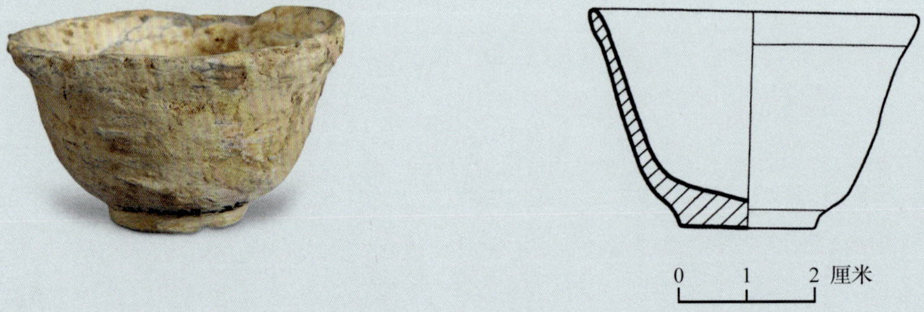

B型陶杯（IM4084:34）

C型陶杯（IM4084:56）

陶爵

3件。编号IM4084：26、IM4084：27、IM4084：28。形制相同。

标本IM4084：28，一侧伞状柱残。长13.5厘米，高7.5厘米。

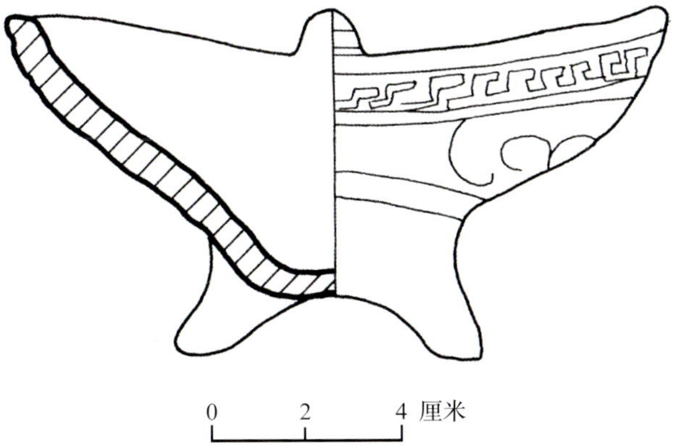

陶爵（IM4084∶28）

陶温酒壶

1件。标本IM4084：61，残，盖、壶嘴佚。腹部有弧形把。敛口，平沿，圆肩，斜腹，平底。口径4厘米，底径4.5厘米，残高8厘米。

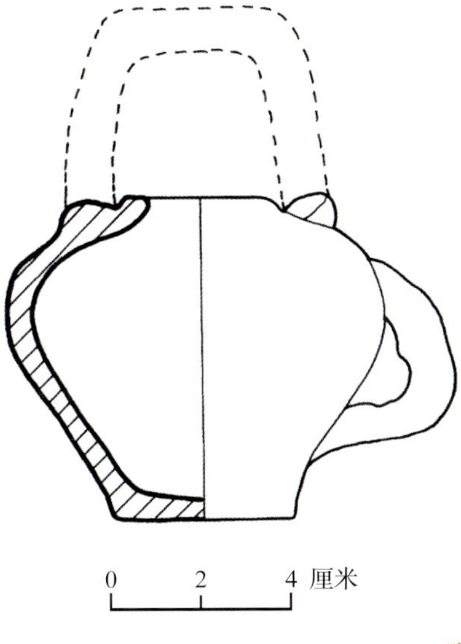

陶温酒壶（IM4084∶61）

陶灶

1件。标本IM4084：69。呈长方体形状，灶面有一大一小两个圆形锅洞，中后部有烟囱，一侧有拱形灶门，灶门与灶台之间有镂刻纹。灶台上放有圜底锅。长21.5厘米，宽18.5厘米，高10厘米。

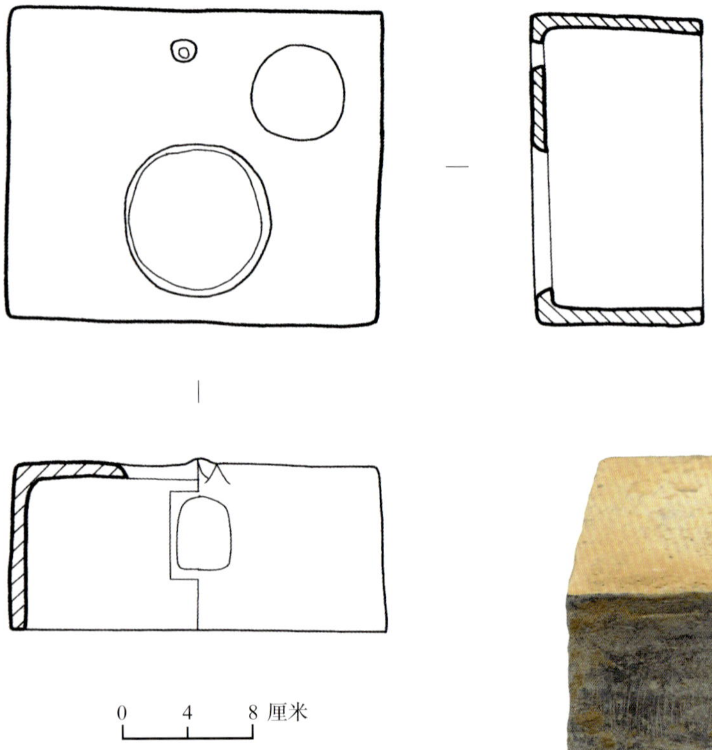

陶灶（IM4084：69）

陶锅

1件。标本IM4084：52，敞口，斜沿，弧腹，圜底，锅盖山形钮，中部有穿孔。口径5.5厘米，通高4.5厘米。

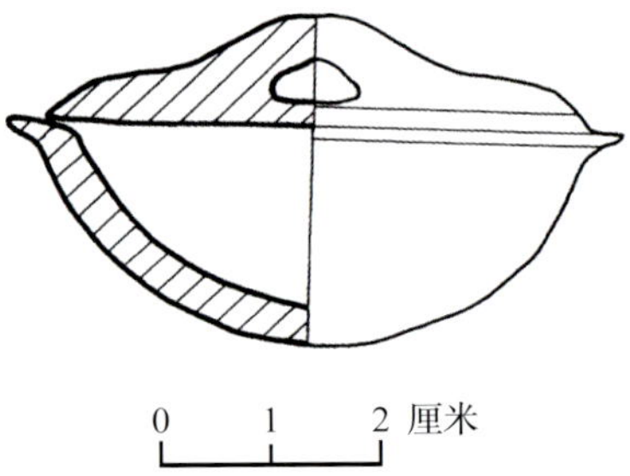

陶锅（IM4084：52）

陶碗

4件。可分二型。

A型　1件。标本IM4084：20，平沿，斜弧腹，圜底。口径9.5厘米，底径3.5厘米，高5厘米。

B型　3件。编号IM4084：21、IM4084：53、IM4084：145。

标本IM4084：53，敞口，平沿，弧腹，饼足。口径9.3厘米，底径3.8厘米，高3厘米。

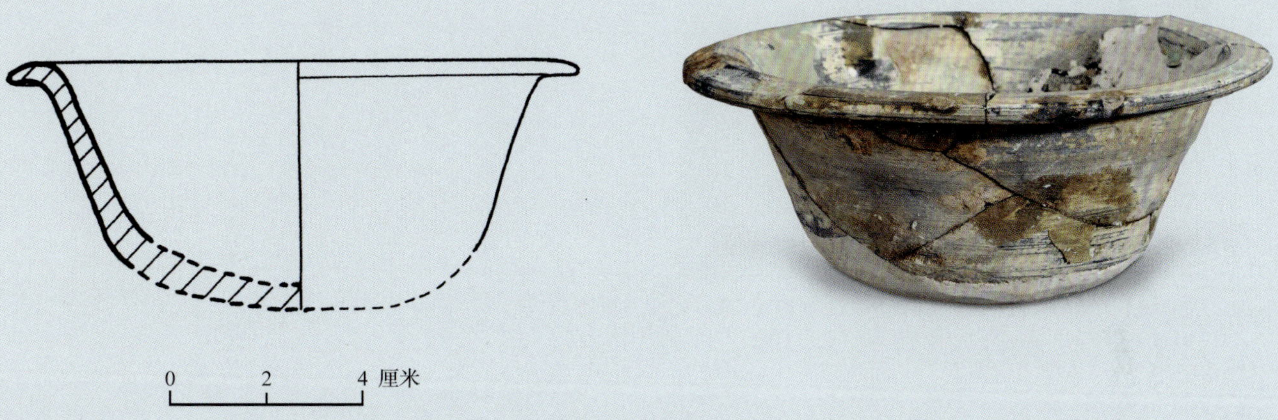

A型陶碗（IM4084：20）

B型陶碗（IM4084：53）

陶瓢

1件。标本IM4084：71，呈盒状，一侧无边框，口部有突出的把柄。长8.8厘米，宽5.7厘米，高4.2厘米。

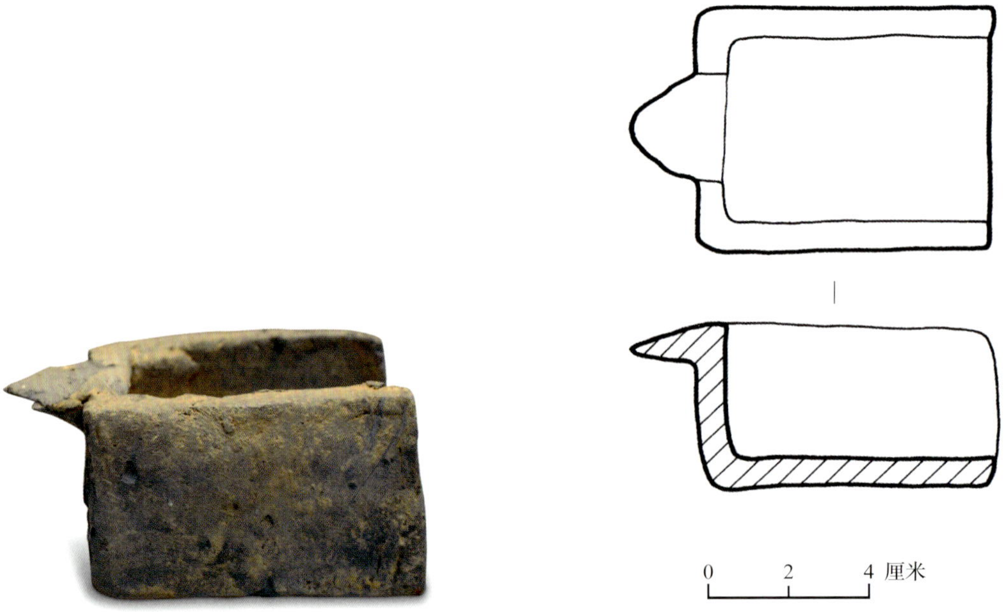

陶瓢（IM4084:71）

陶盆

1件。标本IM4084：63，敞口，平沿，斜腹，平底，腹部有对称般耳。口径8.5厘米，底径4厘米，高3.5厘米。

陶盆（IM4084:63）

陶壶

1件。标本IM4084：50，圆钮子母盖，盖残。壶身敞口，束颈，鼓腹，平底。底径5.4厘米，口径3.5厘米，高9.5厘米。

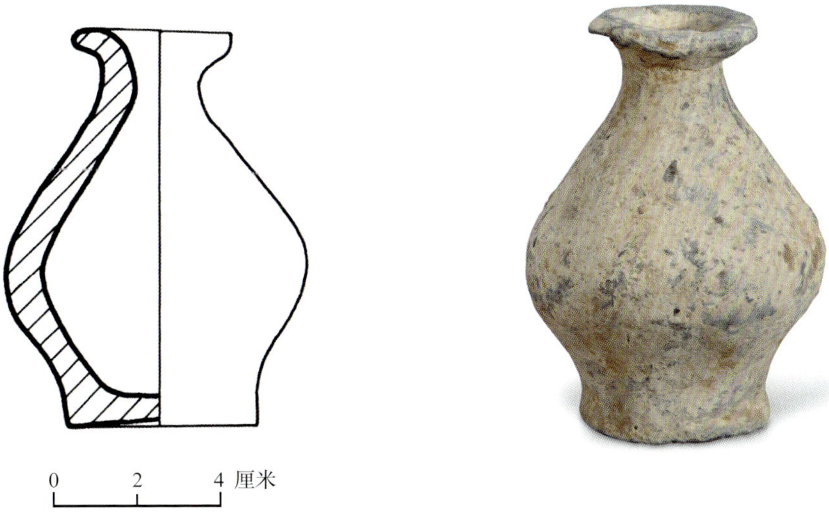

陶壶（IM4084:50）

陶提壶

1件。标本IM4084：43，圆鼓腹，平底，圆钮子母盖，口部有提梁，残，壶嘴残佚。口径2.2厘米，腹径4.2厘米，高5.5厘米。

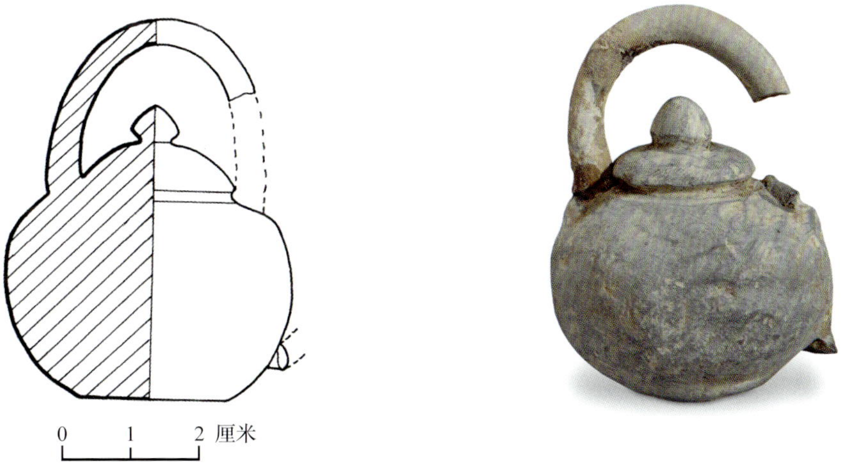

陶提壶（IM4084:43）

陶碟

2件。编号IM4084：30、IM4084：33。

标本IM4084：30，圆唇，浅腹内凹，平底。直径5.5厘米，高1厘米。

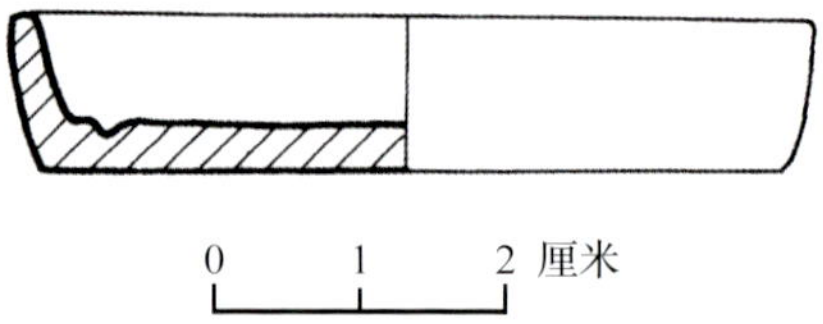

陶碟（IM4084:30）

陶粉盏

2件。编号IM4084：37、IM4084：144。形制相同。

标本IM4084：37，口沿花边形，浅腹，内施铜绿釉，饼足。口径5.7厘米，底径3厘米，高1.5厘米。

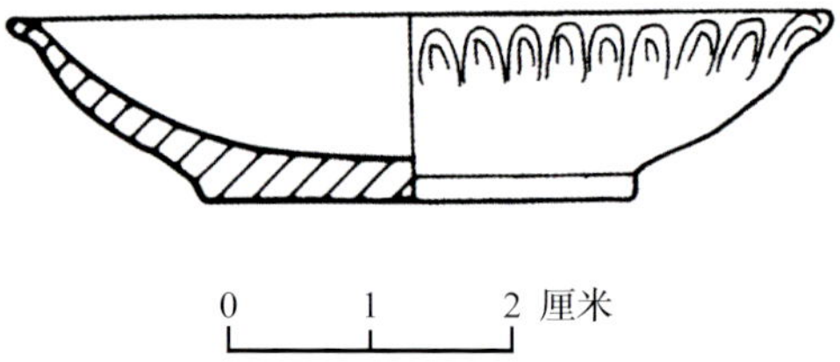

陶粉盏（IM4084:37）

小陶盘

1件。标本IM4084：24，平沿，浅斜腹，平底。口径7.5厘米，底径5厘米，高2厘米。

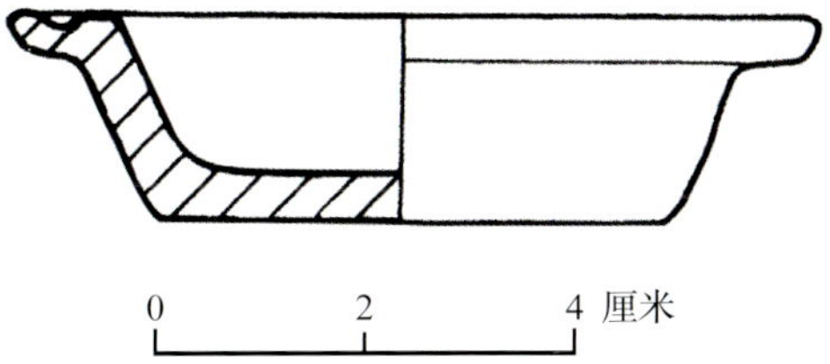

小陶盘（IM4084：24）

陶磨

1件。标本IM4084：40，底部圆柱状，圆柱上部为圆形磨盘台面，台面正中放置陶磨一副，分上下两扇，上扇中部有两个圆孔，下部有磨齿。直径16.5厘米，高11.5厘米。

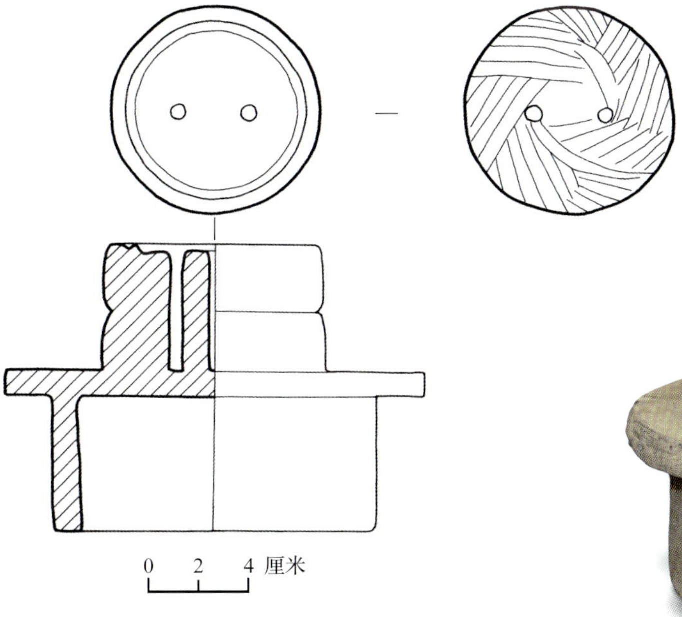

陶磨（IM4084：40）

陶碾

1件。标本IM4084：41，圈足，磨盘圆形。磨盘中部有立柱，陶碾附着在立柱一侧。直径18厘米，高14.5厘米。

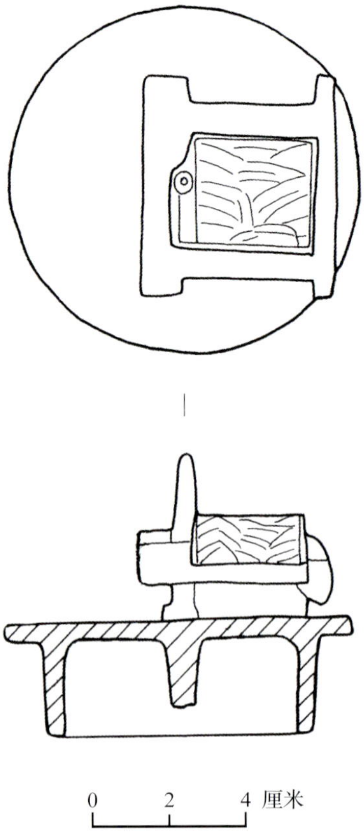

陶碾（IM4084：41）

陶臼

1件。标本IM4084：38，外形似陶缸，上部略粗，臼窝内部光滑，内部放置陶质臼锤。高10厘米。

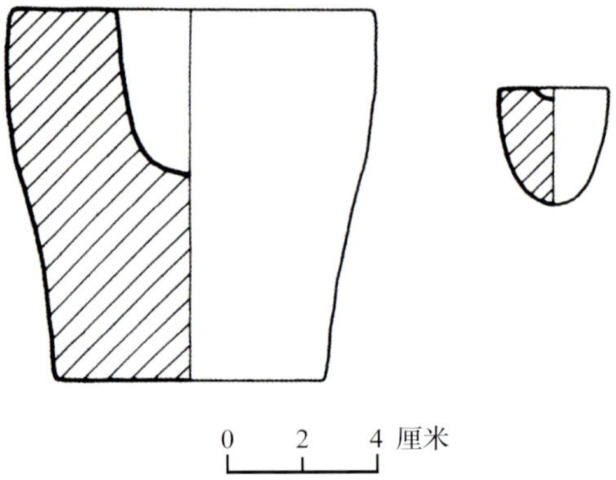

陶臼（IM4084：38）

买地券

2件。编号IM4084：36、IM4084：48。

标本IM4084：36，背面朱书符箓文和咒语，符箓文居中，左侧纵书“故□邪精”，右侧纵书“不得干悕”。长33厘米，宽14～19厘米。

标本IM4084：48，买地券。板瓦，残，符箓文不清晰。残长20.3米，宽19.2厘米。

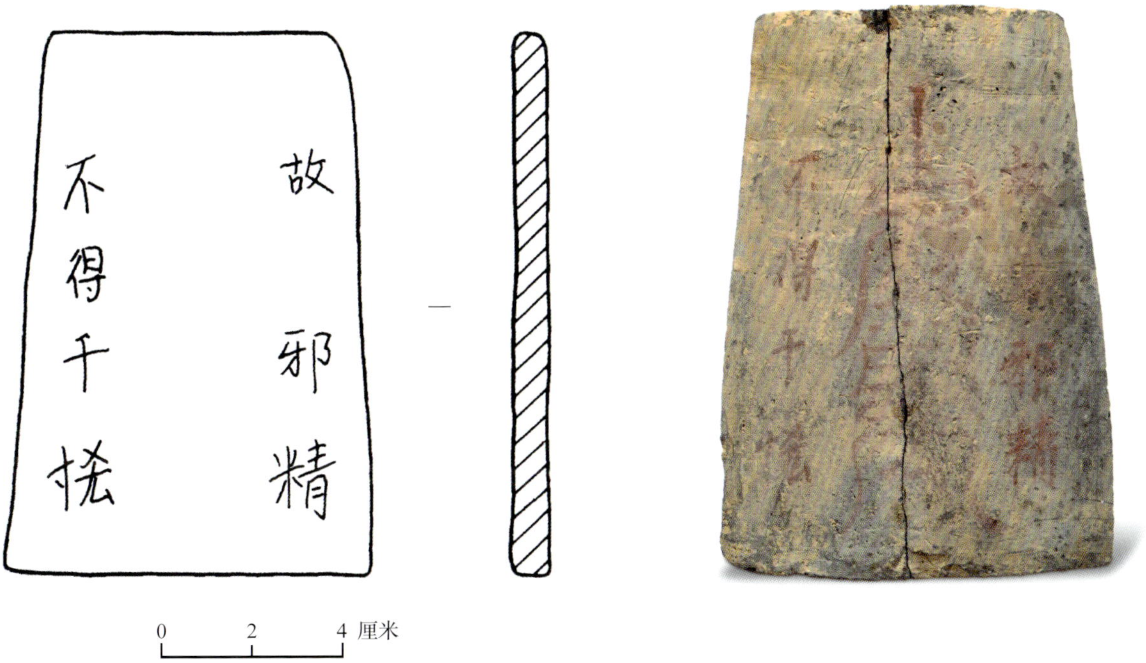

买地券（IM4084∶36）

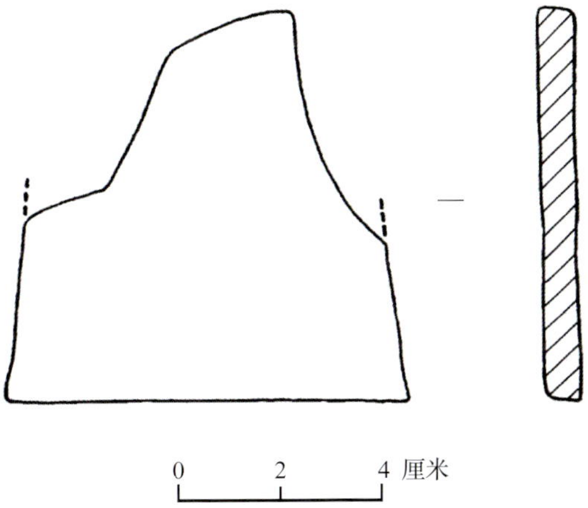

买地券（IM4084∶48）

铜钱

15枚。编号IM4084：32，有熙宁重宝、熙宁元宝、万历通宝、大定通宝四种。

熙宁重宝 1枚。残。外圆内方。直径3.4厘米，孔边长0.9厘米，厚0.2厘米。

熙宁元宝 2枚。外圆内方。直径2.3厘米，孔边长0.6厘米，厚0.1厘米。

万历通宝 2枚。外圆内方。直径2.6厘米，孔边长0.6厘米，厚0.1厘米。

大定通宝 10枚。外圆内方。直径2.5厘米，孔边长0.6厘米，厚0.1厘米。

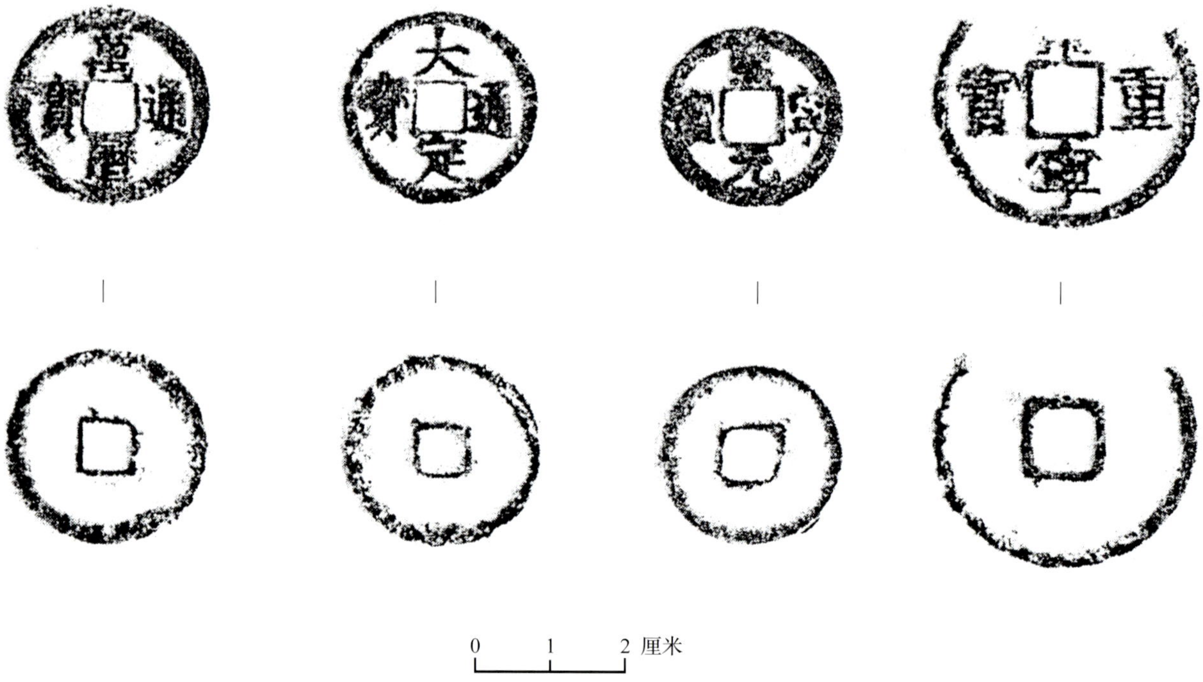

铜钱（IM4084：32）

墓志

2盒。编号IM4084：142、IM4084：143。

标本IM4084：142，志盖青石质，盝顶，四边素面磨光。盖顶边长58厘米，底边长77.5厘米，厚12.5厘米。顶部阴刻篆书，竖排3行，每行3字，共9字，“明诰封淑人李氏墓志”。

墓志方形，青石质。边长77.5厘米，厚15厘米。志面四周刻仙鹤云纹，志文楷书，阴刻，竖21行，满行25字，计412字。首行题“明诰封淑人李氏墓志”。

明诰封淑人李氏墓志盖（IM4084：142-1）拓片

盖铭：

明诰封/淑人李/氏墓志/

志铭：

明诰封淑人李氏墓志/淑人李氏予妻也考儒官讳天秩别号恒菴洛阳西侯里人母/张氏淑人冲稚时岳翁爱重越诸女十年择配无谐嘉靖丙申/淑人十四岁矣翁许予聘庚子毕奠雁之礼壬寅生子侨甲辰/长女生丁未次女生淑人由予所历官阶初封宜人再封恭人/又再封淑人万历六年/今上大婚礼成淑人以三品/命妇具服入/贺得览/宫阙朝仪与宴赏此亦宦室者一幸矣侨以予户部侍郎考绩蒙/恩荫官生娶黄州府同知吴君三聘女卒继娶礼科都给事中谢/君江女长女适举人刘衎畴次女卒孙男三人吴氏出者曰延/庆卒曰余庆聘参将孙君绍先女卒继聘县庠生刘君崇业女/侧室陈氏出者曰集庆聘府庠廪生刘君持是女淑人生於嘉/靖癸未四月初十日卒於万历九年辛巳六月二十八日享年/五十有九呜呼痛哉淑人与予共微贱养二亲克终大事综理/内政助予登科名相从诸省两京宦游始终凡四十二年今一/旦已矣遗予垂老茕茕无依赖痛与伤心哉卜本年冬十月初/四日即先考妣茔兆之次启土以葬生平行谊不能悉惟撮其/家世姓氏生卒年月志之俾后有所考焉/南京工部尚书哀夫沈应时志哀子侨泣血稽颡谨书/

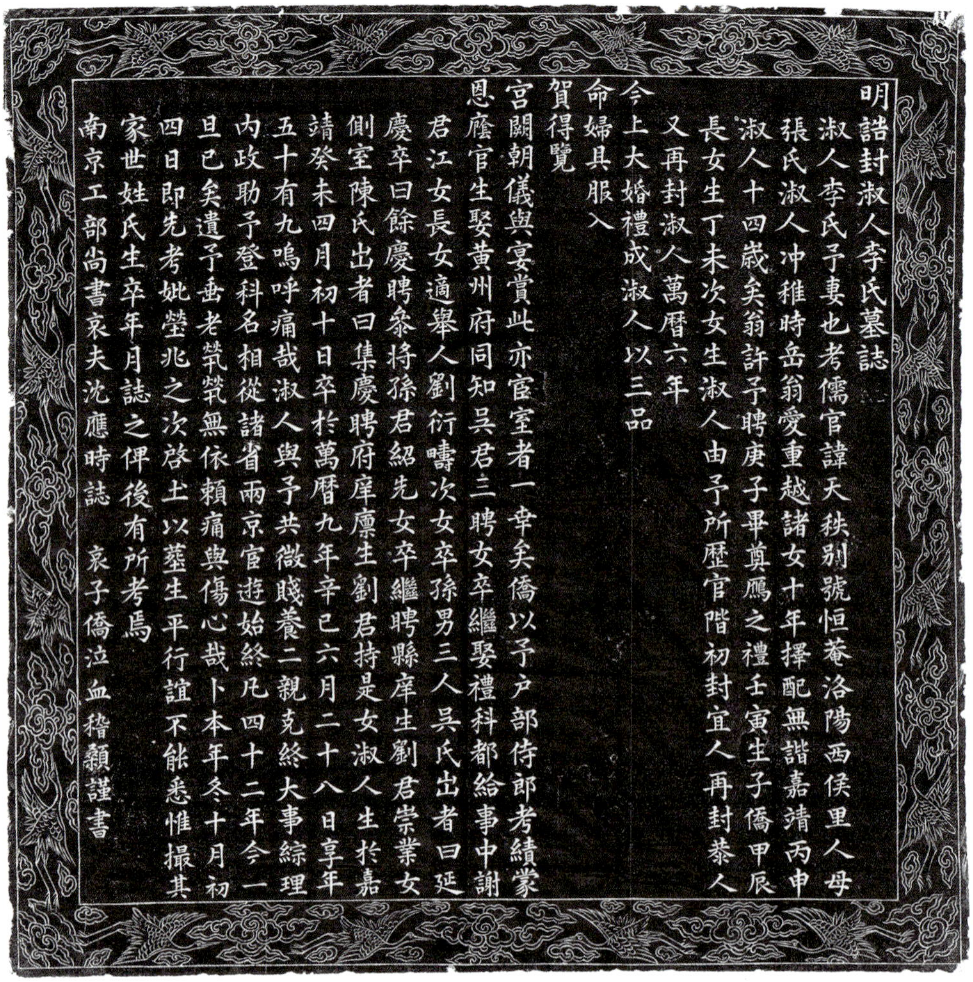

0 5 10 厘米

明诰封淑人李氏墓志（IM4084：142-2）拓片

标本IM4084：143，志盖青石质，盝顶磨光，四侧素面。盖顶边长58厘米，底边长84.5厘米，厚20厘米。顶部阴刻篆书，竖排4行，每行4字，共16字，“明资善大夫南京工部尚书沈公墓志铭”。

墓志方形，青石质，侧面打磨光滑。边长84.5厘米，厚20厘米。志文楷书，阴刻，竖40行，满行45字，计1487字。首行题“明资善大夫南京工部尚书封对泉沈公墓志铭”。

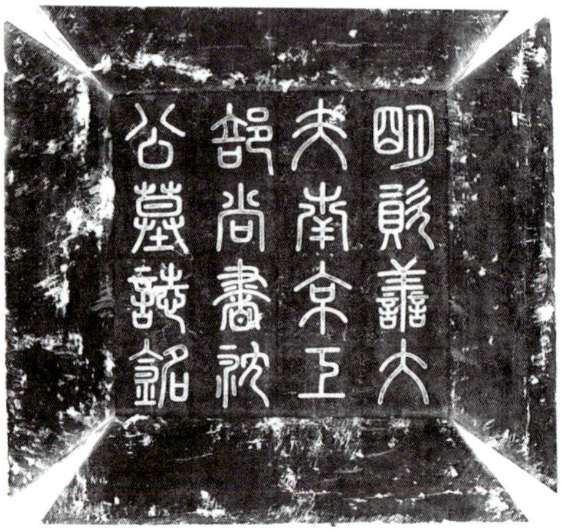

0 5 10 厘米

明资善大夫南京工部尚书沈公墓志铭盖（IM4084：143-1）拓片

盖铭：

明资善大/夫南京工/部尚书沈/公墓志铭

志铭：

明资善大夫南京工部尚书对泉沈公墓志铭/赐进士中宪大夫前山东按察司副使刘贽撰/赐进士大中大夫浙江布政司左参政刘衍祚书/赐进士通议大夫前南京刑部右侍郎王正国篆/万历壬午八月十三日南京工部尚书对泉沈公卒於洛守臣疏略/上闻下所司议恤典祀葬悉从优例云先是公以清望孤立朝著间值少宰员缺时江陵相以葬假初还欲借公望以/要众心且欲公附己遂以司农卿改吏部右侍郎逾年升南京工部尚书公正色自树竟不附居岁余稍稍露风旨/公遂上书蒙允致仕还洛庚辰秋八月也逾二年江陵相故事且败/庙廊正瞩目在公而公遽不起公不幸抑公家之不幸耶故讣闻而荐绅共为恻然恤典特从厚议焉遂卜葬先期家/君侪持状来以贽知公自束发之交又同年进者宜为之铭贽曷能辞按状公讳应时字子易对泉别号也贯直隶/苏州人高祖道坚/明兴从征入洛占籍河南卫家焉曾祖鋐祖澜澜与父机俱以公贵赠都察院右副都御史祖妣朱氏母辛氏俱赠淑/人以正德辛巳十二月廿一日生公公生而秀颖佚群少贫苦力嗜学即有远大之志有相者洪姓奇之云此儿翌/日位极人臣弱冠游郡庠癸卯举於乡庚戌登第授翼城令未任即居赠君忧服阕补令长子仅二年丙辰应/内征以王亲例勘明部少一覆出贰西安郡公出而公议未平以贰郡非公资又失覆公不与也庚申擢守杭州甲/子备兵海道副使寻改易州丁卯分守凉州参政戊辰春拜按察使寻转山东右方伯即冬擢巡抚宁夏右佥都御/史公宦望积美故一岁三简人不谓速也辛未转右副都御史巡抚江西未行闻太淑人讣归以宁夏军功三品未/任犹荷/恩谕祭出特典也服阕乙亥起巡抚山西逾年晋大理卿户部亚卿总督仓场寻陟天曹以迨今官虽荐历膴仕实未/尝越一阶也亦自见公高品公心醇而敏於才论议顷从要实善能以片言析理遇事通方而当於世务却不诡随/於时故所至辄有惠政初令长子减供亿清徭籍兴科目雪缙绅某重辟之冤而复斥其以茶苴金之谢士民共肖/像祀之西安杭城皆海内剧郡而杭又值倭兵抢攘公莅事才有游刃当事机而戢服人心关中人以青天呼之而/杭声实卓异至形在荐牍中能敏能惠既以吏治著声有长子贵戚鲍朗挟其机诈立致钜万豪横百里间公首擒/芟之境内大治浙福总督赵伩特钺侵海上军储十余万赃既败公勘报必尽法乃军门胡党护之密出时相手/札胁公从至变色公竟不移海道某官阁辅某切戚也怙势侮法至以爱憎嘱公变置官守伻来且无状公怒杖遣/不少贷隙成将阴中公当事者预为公处其改易州因此他如清太仓之宿弊大理决赍夜杀人之疑狱皆甘心迕/贵要而执法不挠士论又服公强毅及守凉州能先机料敌虏犯威宁辄失利引去既抚西夏威怀有度经制悉除/故套敖忽洞小松山白城子诸捷方略要不出公指授以故斩获甚多蒙/钦赉白金绮币升俸从一品斯又以武略表见宜中外以全才属望在公也遽遂尔高岂明主意哉既归洛中旧游/方喜公来续旧社而公归亦甚欢也旋依第为园不时招携唱酬访乐事若可终生焉无何李淑人病且逝淑人与/公媲德交相爱者一逝伤公意遂成脾郁不自解竟不起岁前一夕公寝室上腾二火光如大星团空而散异哉数/先定已故公自恙至属纩神采迄如素定非自信不能也大都公天

性孝友常以赠君不及禄养太淑人迎养未终/为终天恨岁时及宦中萬里之望必流涕竟日爱弟随时终身无间言弟际时从弟顺时俱早殇抚其孤遗同己出/也内外族鄙赖公举火洎婚葬赒急者甚众沈淑人自少婴病曾阴以赀纳白氏为奉巾栉公知竟遣还赀不责/偿也房帷终无私畜其性尚修积之概足以祈天类然而享寿仅六十二也吾独慨夫诚合之才自古难之而世方/藉赖彼苍者天顾不慭遗若此此何心哉配即李累封淑人内行公另有志子一即侨/恩荫国学生女一适举人刘衍畴孙男三延庆殇余庆集庆将以癸未冬十一月初六日启李淑人之圹合葬焉乃为/之铭曰维崧高炳灵维哲人肇生为循为良之纲之屏出镇两邮入荐列卿文武吉甫左右阿衡来兮洛社为重去/兮国是夷明/环召方毁星晕先零东山不作嗟彼苍生青邱千祀垂此勒铭/

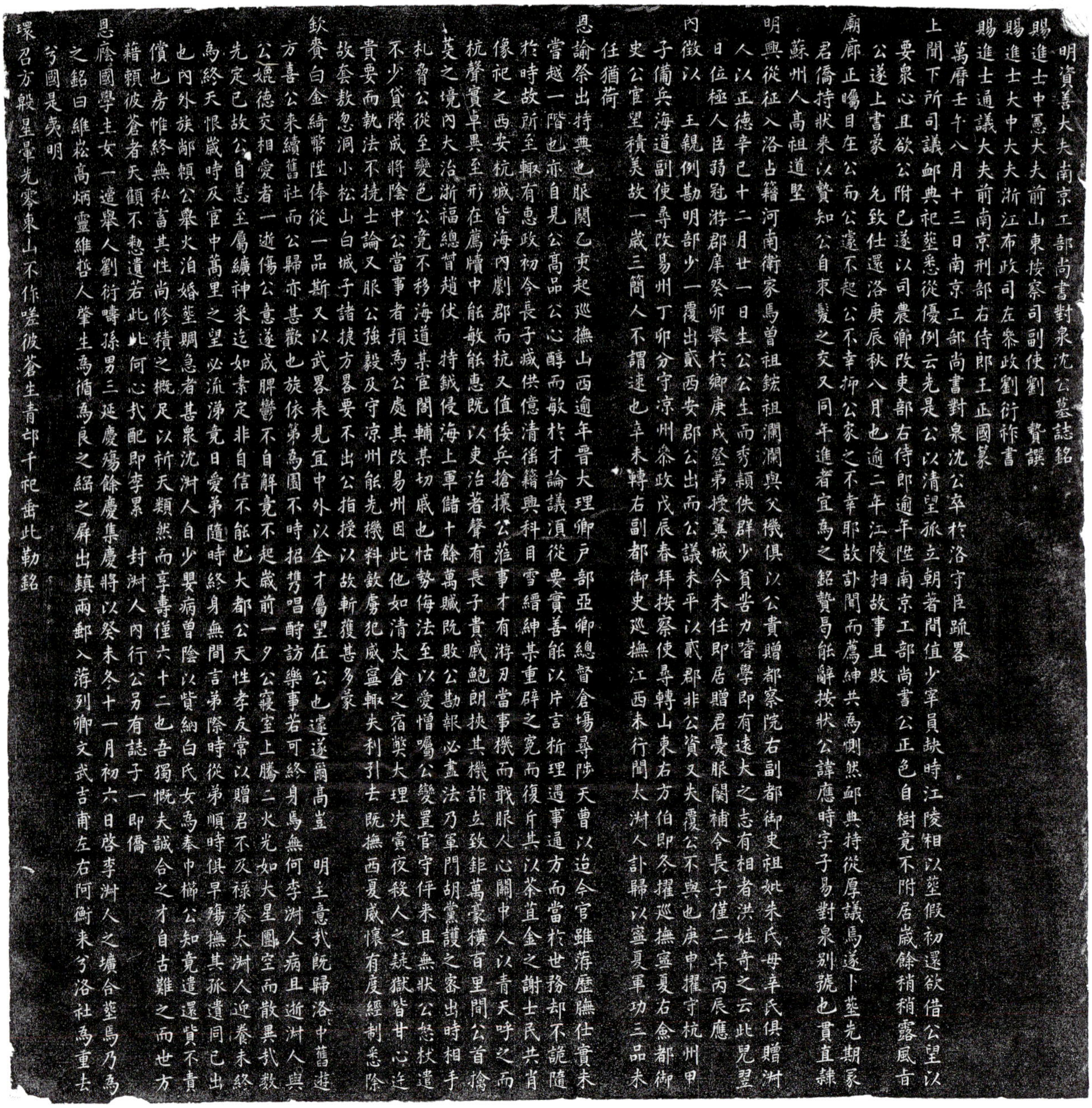

0 5 10 厘米

明资善大夫南京工部尚书对泉沈公墓志铭（IM4084：143-2）拓片

明沈应时家族墓地

（下册）

洛阳市文物考古研究院
吴业恒　史家珍　马占山　等　编著

科学出版社
北京

内 容 简 介

本书是对2012年洛阳市文物考古研究院发掘的明南京工部尚书沈应时及其家族墓地的全面报告与综合研究。全书分五章：第一章介绍地理位置、地形地貌、历史沿革等，第二章介绍墓地概况及发掘经过，第三章介绍墓葬概况、形制及出土遗物，第四章为墓志考释，第五章综述洛阳地区出土明代墓葬。沈应时家族墓地由5座墓葬组成，均为夫妇合葬墓，排列规律，年代从明嘉靖至崇祯时期，出土了大量陶俑及日常生活用具，尤其是在沈应时墓中发现的明代官员出行图是近年来洛阳地区明代考古的重要收获，丰富了人们对明代社会及埋葬习俗的认识，为研究洛阳地区明代葬俗提供了一批重要资料。

本书可供考古、历史、文物、艺术等方向研究者和爱好者，以及大专院校相关专业师生阅读、参考。

图书在版编目(CIP)数据

明沈应时家族墓地：全2册 / 吴业恒等编著. — 北京：科学出版社，2021.6
ISBN 978-7-03-069228-3

Ⅰ.①明… Ⅱ.①吴… Ⅲ.①墓葬（考古）－发掘报告－洛阳－明代
Ⅳ.①K878.85

中国版本图书馆CIP数据核字（2021）第113409号

责任编辑：张亚娜 周 赒 / 责任校对：邹慧卿
责任印制：肖 兴 / 书籍设计：北京美光设计制版有限公司

科学出版社 出版
北京东黄城根北街16号
邮政编码：100717
http://www.sciencep.com

北京华联印刷有限公司 印刷
科学出版社发行 各地新华书店经销

*

2021年6月第 一 版 开本：889×1194 1/16
2021年6月第一次印刷 印张：31 1/4 插页：4
字数：900 000

定价：498.00元（全二册）

（如有印装质量问题，我社负责调换）

目　录

第四节　沈侨夫妇墓

一、位置与地层

沈侨夫妇墓（IM4098）位于其家族墓地从北到南第三排，沈机夫妇墓和沈应时夫妇墓西南，东北距沈机夫妇、沈应时夫妇墓分别约10米、15米，东南距其子沈余庆夫妇墓约15米。垫土层下即为墓葬开口，垫土层厚0.4米。

二、墓葬形制

沈侨夫妇墓为长斜坡墓道穹隆顶土洞墓，由墓道、过洞、壁龛、封门、甬道、墓室组成。方向170°，总长19.4米（图3-28～图3-31）。

（一）墓道

墓道口部略呈梯形，底部为斜坡，坡度25°。填土花土，开口距地表0.4米。口部北宽南窄。口长10.4米，南宽1.2米，北宽1.42米。底部斜坡长11.65米，南宽1.2米，北宽1.42米，距墓口0.3～5.51米。

（二）过洞与壁龛

过洞位于墓道与甬道之间，土洞拱顶，顶部坍塌，斜坡底，坡度平缓。过洞斜坡长1.8米，宽1.42米，高1.5～1.8米。过洞东西两壁各有土洞壁龛，空心砖封门，东侧壁龛南北长2.2米，顶部有坍塌，底部北深南浅，进深0.4～0.64米，高0.6米。用两块空心砖纵向封门，壁龛内塞满陶俑、陶轿、陶房、陶磨等生活用品明器，部分陶器火候较低，质地较差，多残碎。西侧壁龛较规整，平顶，南北长1.52米，进深0.56米，高0.6米。用空心砖两纵一竖封门，空心砖长1.2米，宽0.4米，厚0.15米。壁龛内放置随葬遗物种类与东壁龛基本相同。墓志放置在过洞中部东西壁龛之间。

（三）甬道

甬道位于过洞与墓室之间，顶部高与过洞平齐，底部平，平面呈长方形，南北长1.42米，东西宽1.46米，两侧小砖纵向错缝平铺砌筑，拱顶已破坏。

图3-28　沈侨夫妇墓（IM4098）壁龛器物放置情况

（四）封门

封门自甬道南部起封，外侧小砖横向叠砌内收，形成弧形封门，砖封门北部用大型条砖错缝平铺与石封门衔接。石封门为东西两扇，紧贴南侧砖封门，门框皆为条形青石，顶部横梁有破坏，石门皆凿制作，未经打磨，有门轴与上下门框衔接。石门高1.5米，宽0.6米。

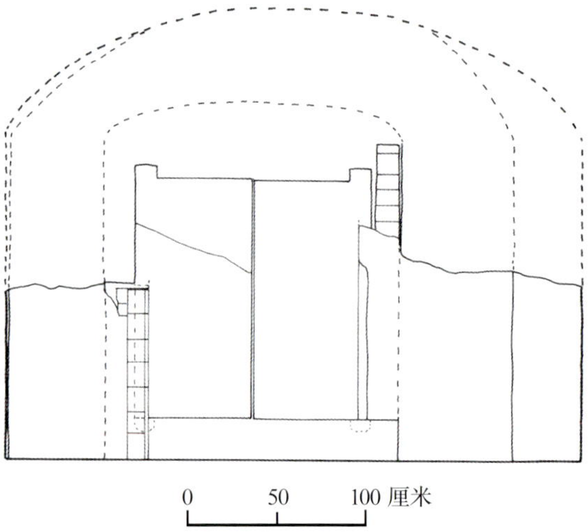

图3-29　沈侨夫妇墓（IM4098）封门正视图

图3-30　沈侨夫妇墓（IM4098）封门

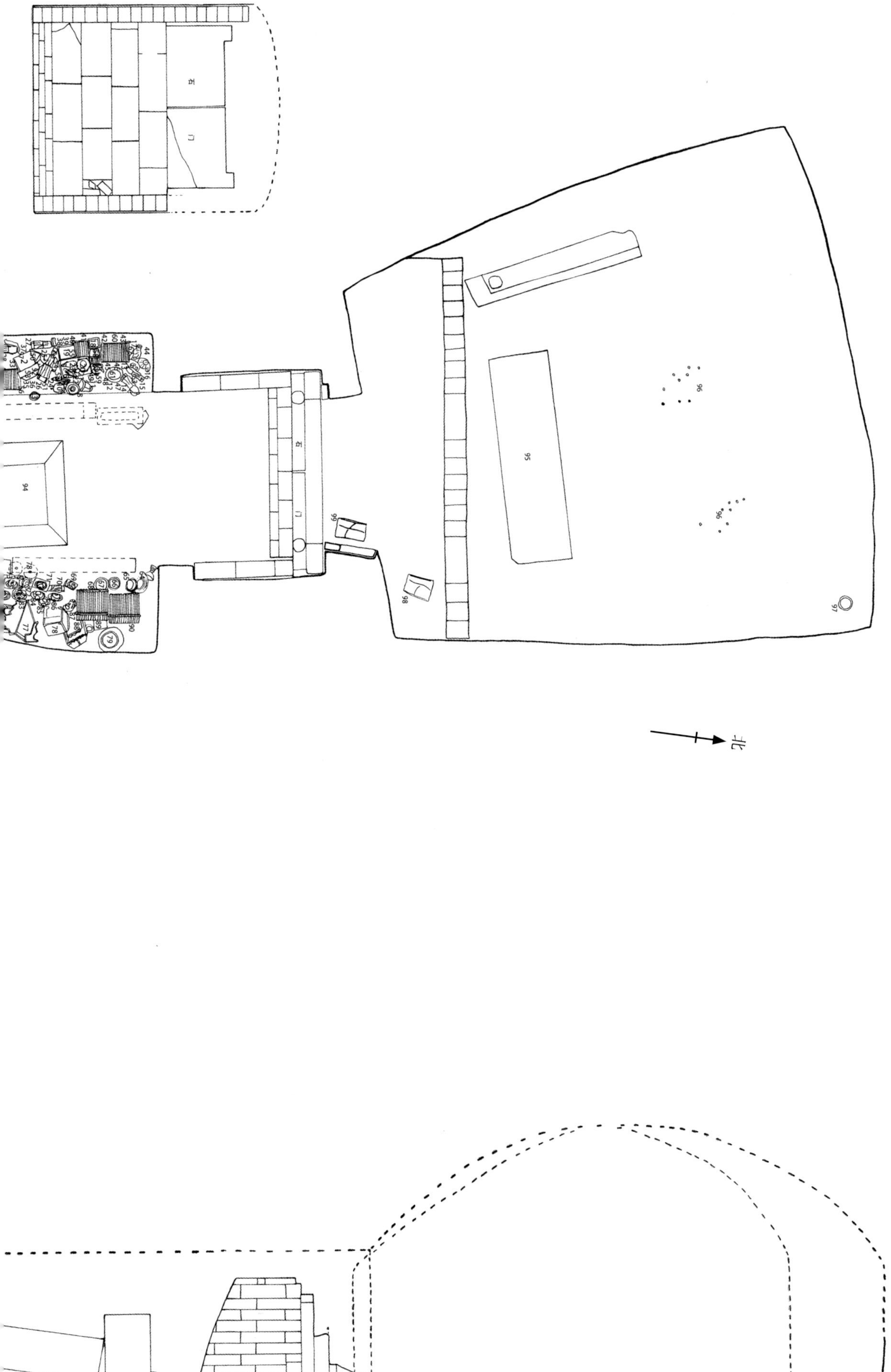
北

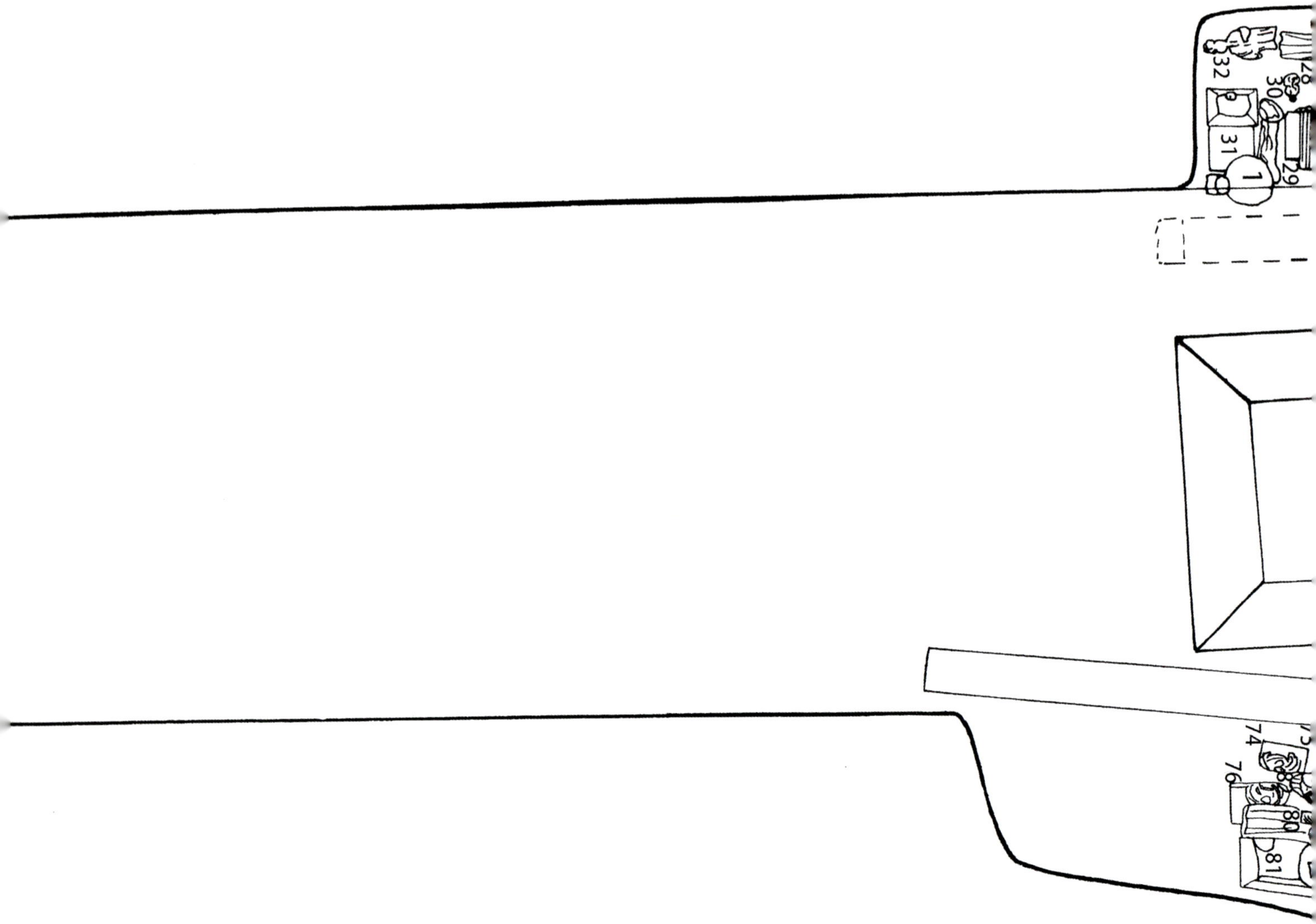

沈侨夫妇墓（IM4098）平剖图局部

图3-31　沈侨夫妇墓（IM4098）平剖图

1、78、92. 陶碾　2、31、79. 陶轿　3、57、93. 陶臼　4、11、34~38、68. 陶缸　5、6、21、45. 陶鸭　7、22、47、48. 陶杯　8、97. 陶钵　9、52. 温水壶　10、46. 陶狗　12、54、65. 陶磨　13、14、17、27、60. A型男侍俑　15、16、26、28、59、74. B型男侍俑　18、25、43. 陶椅　19. 陶桌　20、39、56. 陶粉盒　23. 陶猪　24、44、77. 陶床　29、62、63、89、90. 陶房　30、40、41. D型男侍俑　32、61、76. C型男侍俑　33. A型女侍俑　42. 陶井　49. 陶长颈花瓶　50、51. 陶鸡　53. 陶马　55. 陶灯罩　58. 陶提梁壶　64、66. 陶灯　67. 陶碗　69～73、75、80、82、84~88. C型女侍俑　81. 陶灶　83. B型女侍俑　91. 陶盘　94. 墓志　95. 祭台　96. 铜钱　98、99. 买地券

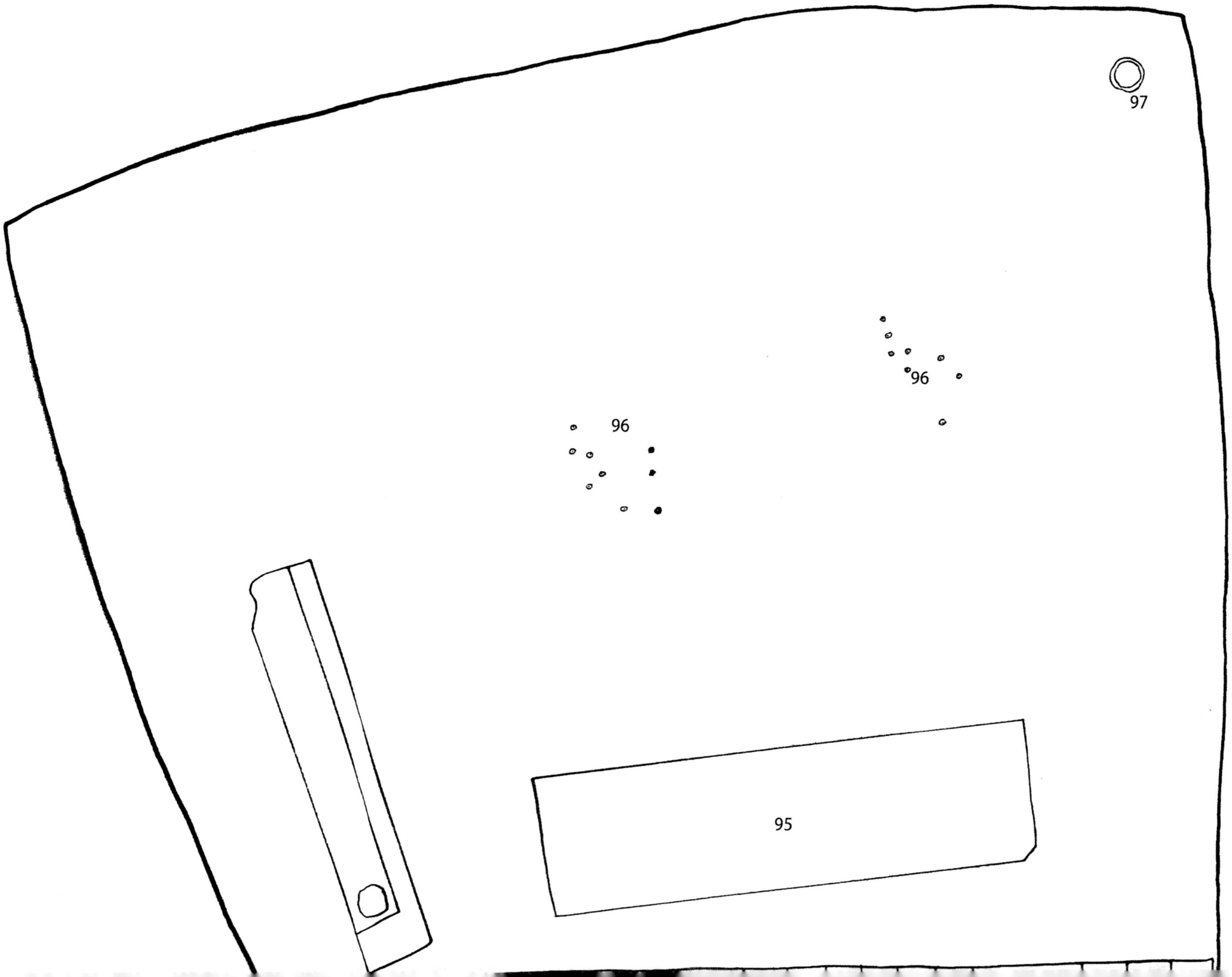

97
96
96
95

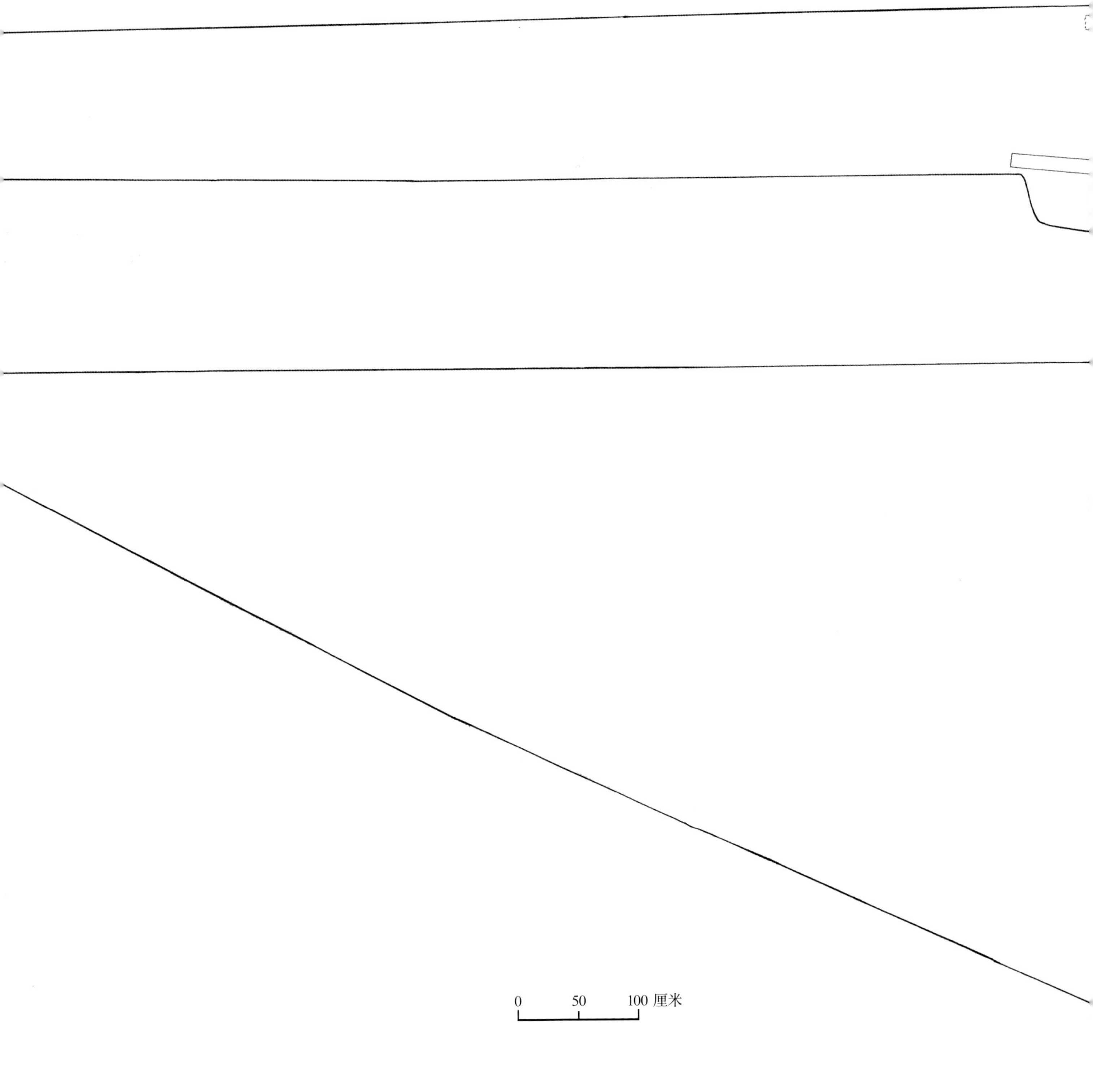
0 50 100 厘米

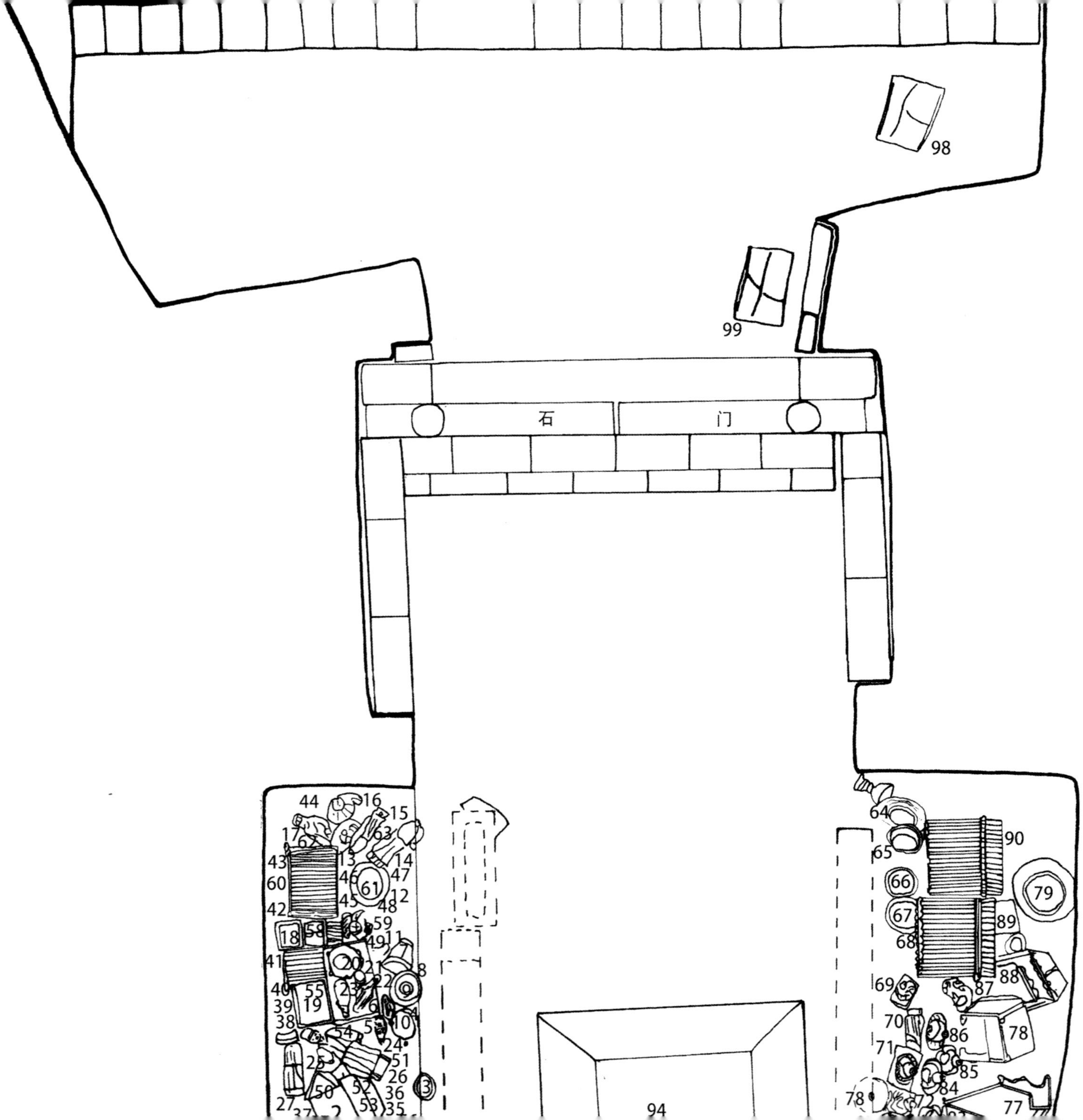
石门

图3-32　沈侨夫妇墓（IM4098）墓室（由北向南）

（五）墓室

墓室为土洞穹隆顶，顶部已坍塌，底部平面略呈梯形，北宽南窄，南部与甬道相接，棺床为土台，高于墓室底部0.25米，前部用用小砖包边，墓室内遗物被盗扰，棺床前部有石质祭台，祭案为长方形，两端有足，中间伏一对石狮。祭案长1.7米，宽0.5米，厚08米，通高0.2米。西侧为坍塌的门楣石条。墓室前部发现镇墓瓦，棺痕位置发现有少量铜钱，部分棺板尚未完全腐朽，从痕迹分析应有两棺呈南北向东西并列放置。墓室南北长3.96米，南宽2.85米，北宽4.16米，残高2.74米（图3-32）。

三、随葬遗物

沈侨夫妇墓的墓室虽然遭严重盗扰，但仍然在壁龛中发现了大量随葬遗物，以陶俑和日常生活用具为主。

陶俑

32件。均为侍俑，其中男俑17件，女俑15件。

男俑　17件。依着装造型可分为四型。

A型　5件。头戴瓜形圆顶帽，身穿右衽圆领紧袖长衣，腰束带，单手托物。编号IM4098：13、IM4098：14、IM4098：17、IM4098：27、IM4098：60。

标本IM4098：13，头戴圆顶瓜形圆帽，帽顶有“米”字形装饰，眉目清秀，阔耳，无须，身穿右衽圆领紧袖长衣，腰束带，左手缩袖下垂，右手持圆柱形盒，上下两层，中空，贴前胸，足穿圆头鞋，站立圆形圈足托板之上。通体施黑彩，托板局部红彩。通高28.1厘米。

局部

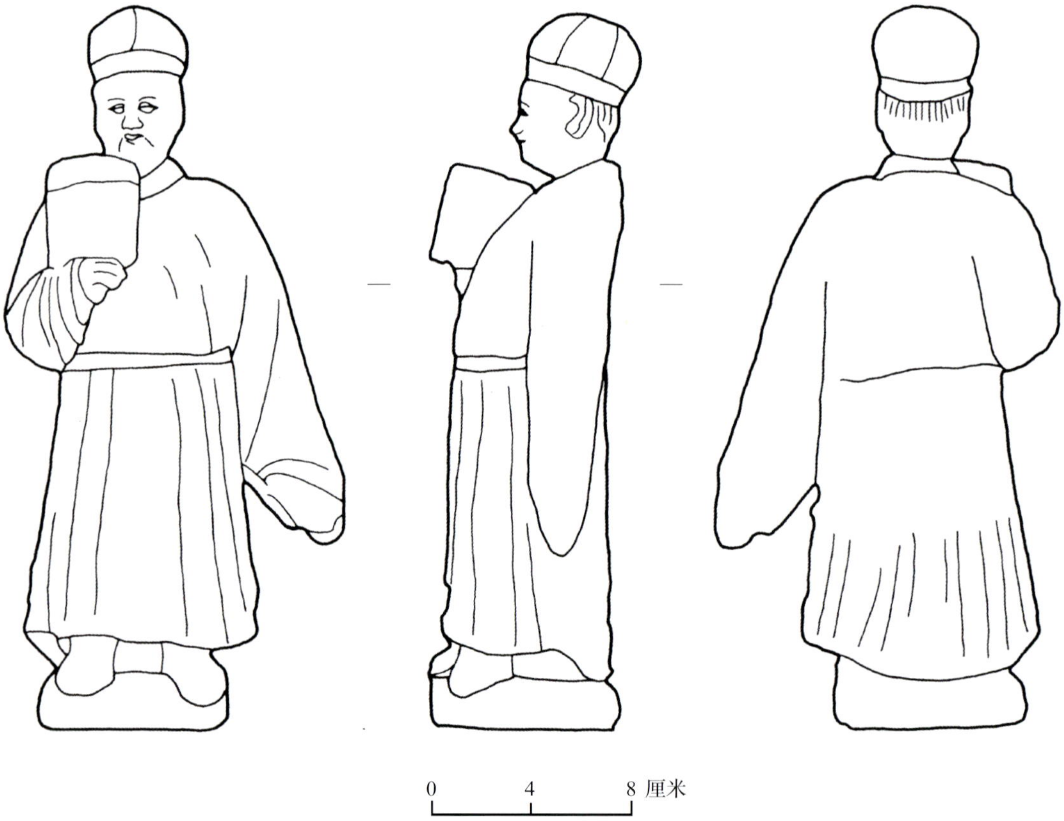

A型男侍俑（IM4098：13）

A型男侍俑（IM4098：13）

标本IM4098：14，残。头佚。身穿右衽圆领紧袖长衣，腰束带，左手缩袖下垂，右手托方盒屈肘贴胸前，足穿圆头鞋，站立圆形圈足托板之上。残高23厘米。

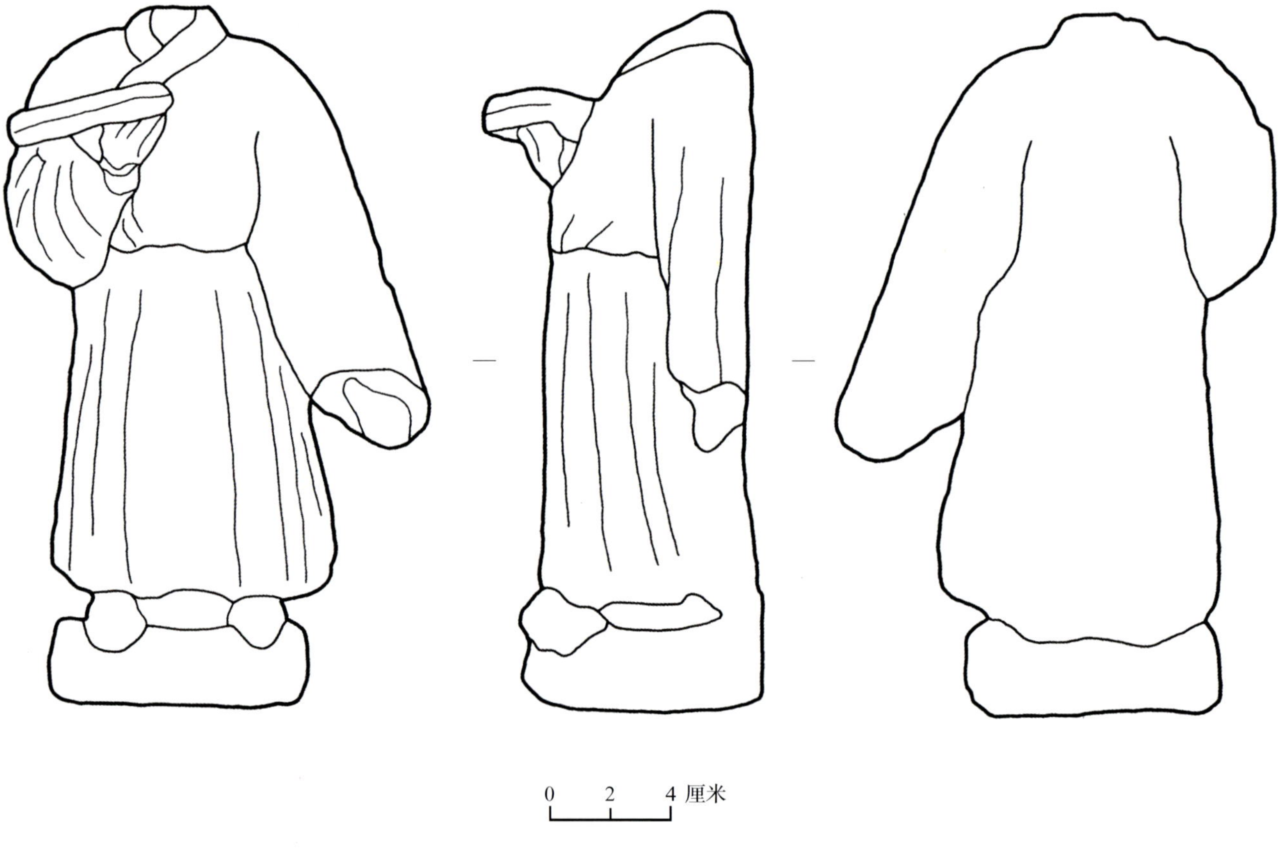

A型男侍俑（IM4098：14）

A型男侍俑（IM4098：14）

标本标本IM4098：17，头戴圆顶瓜形帽，眉目清晰，面部丰满，阔耳，无须，身穿右衽圆领紧袖长衣，腰束带，左手缩袖下垂，右手托长方形铺垫屈肘贴胸，足穿圆头鞋，站立圆形圈足托板之上。通高18.9厘米。

A型男侍俑（IM4098∶17）

A型男侍俑（IM4098：17）

标本IM4098：27，头戴圆顶瓜形帽，挺胸昂头，眉目清晰，面部丰满，阔耳，无须，身穿右衽圆领紧袖长衣，腰束带，左手缩袖下垂，右手托长方形铺垫屈肘贴胸前，足穿圆头鞋，站立圆形圈足托板之上。通高28.9厘米。

A型男侍俑（IM4098：27）

A型男侍俑（IM4098：27）

标本IM4098：60，头戴圆顶瓜形帽，挺胸昂头，眉目清晰，面部丰满，无须，身穿右衽圆领紧袖长衣，腰束带，右手缩袖下垂，左手托方盒屈肘贴胸前，足穿圆头鞋，站立圆形圈足托板之上。通身施黑彩。通高14.2厘米。

A型男侍俑（IM4098：60）

A型男侍俑（IM4098：60）

B型 6件。头戴瓜形圆顶帽，身穿右衽圆领紧袖长衣，腰束带，手做持物状。编号IM4098：15、IM4098：16、IM4098：26、IM4098：28、IM4098：59、IM4098：74。头戴瓜形圆帽，一只手缩袖中，另一只手握拳屈肘贴胸前，拳心中空，做持物状。

标本IM4098：15，残。头佚，身穿右衽圆领紧袖长衣，腰束带，左手缩袖下垂，右手屈肘胸前，拳心有孔，似持有物，物佚，足穿圆头鞋，站立不规则圈足托板之上。残高20.2厘米。

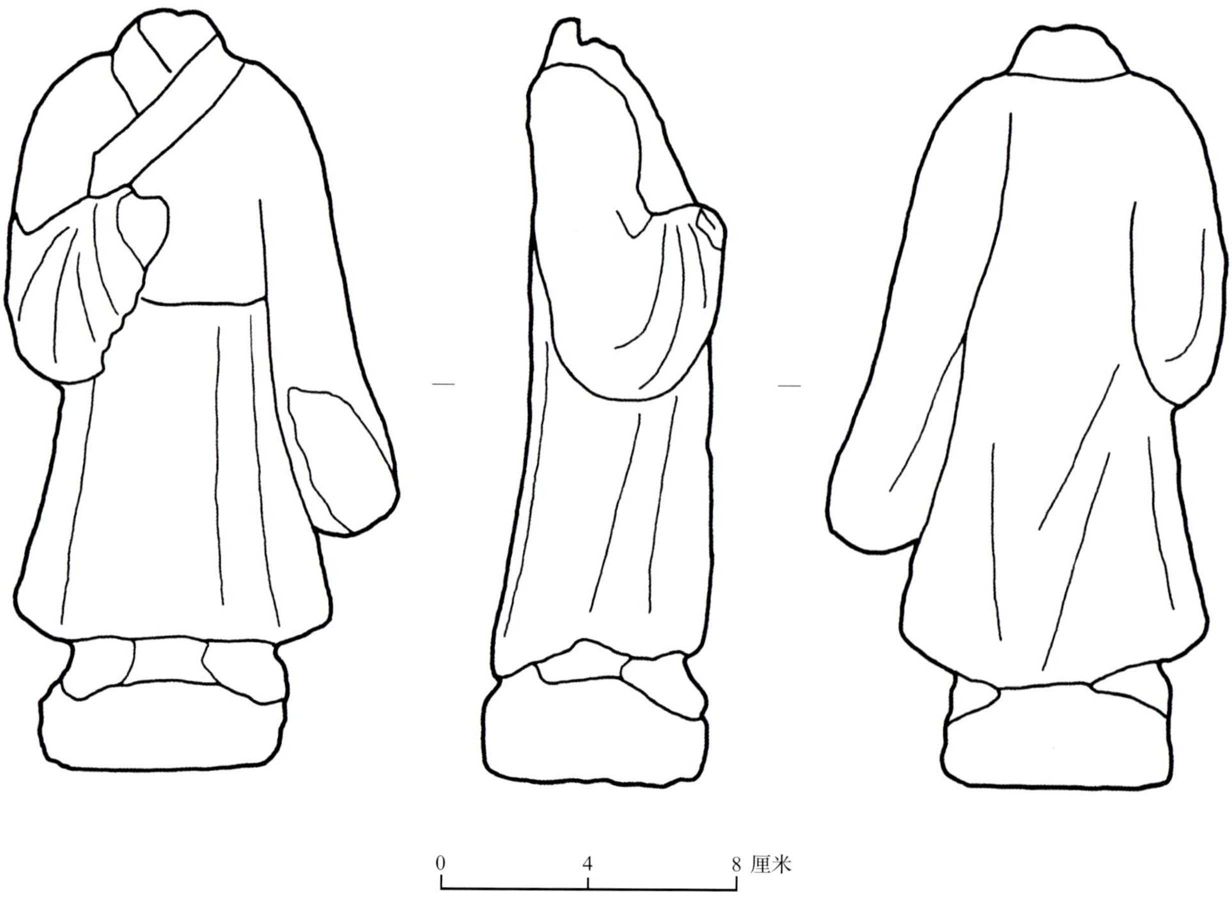

B型男侍俑（IM4098：15）

B型男侍俑（IM4098：15）

标本IM4098：16，头戴圆顶瓜形帽，眉目清晰，面部丰满，阔耳，无须，身穿右衽圆领紧袖长衣，腰束带，左手缩袖下垂，右手屈肘胸前，足穿圆头鞋，站立圆形踏板之上。通高29.1厘米。

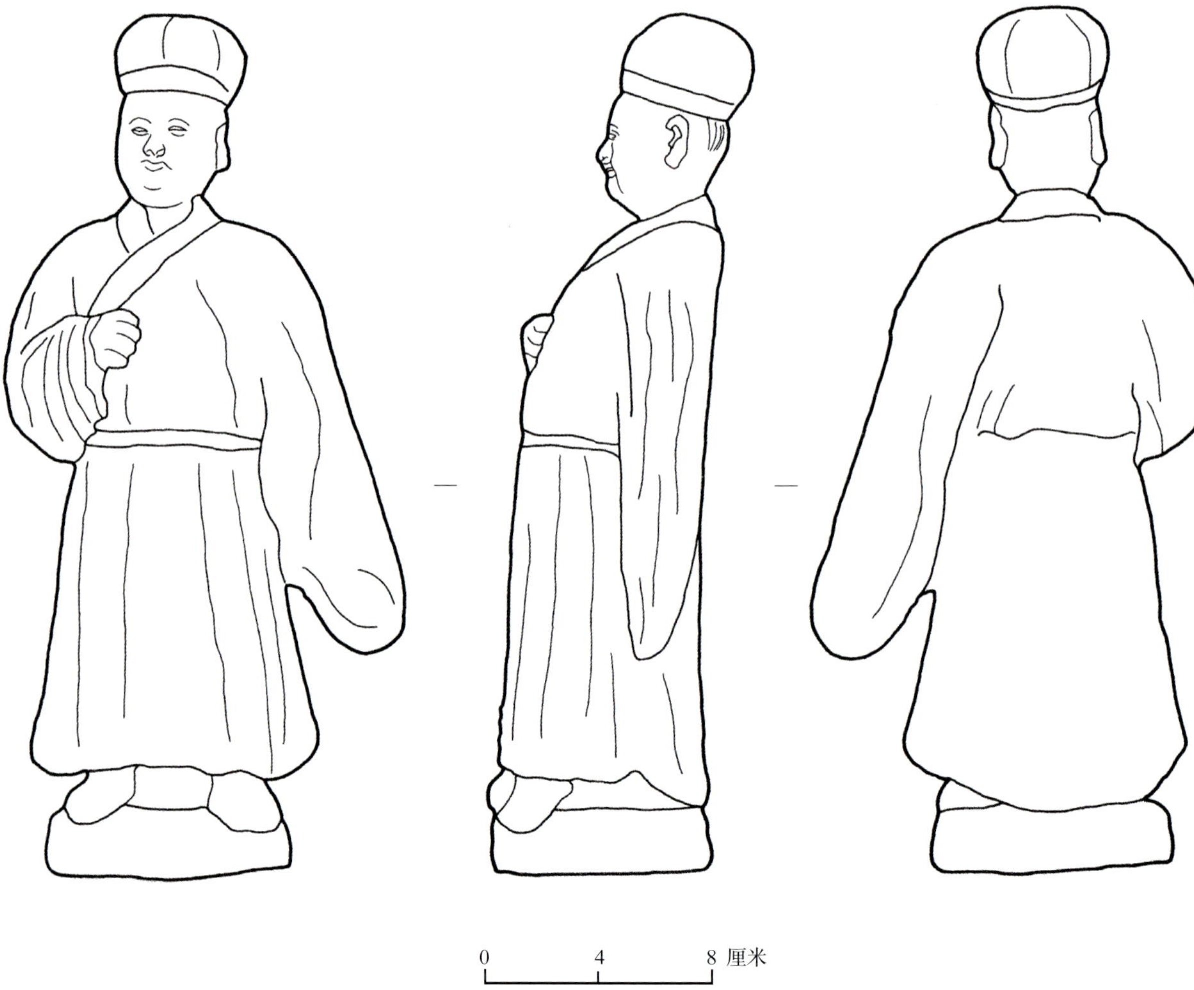

B型男侍俑（IM4098∶16）

B型男侍俑（IM4098：16）

B型男侍俑（IM4098：26）

标本IM4098：26，头戴圆顶瓜形圆帽，帽顶有“米”字形装饰，眉目清秀，阔耳，无须，身穿右衽圆领紧袖长衣，腰束带，左手缩袖下垂，右手屈肘握拳贴胸前，足穿圆头鞋，站立圆形圈足托板之上。通高28.8厘米。

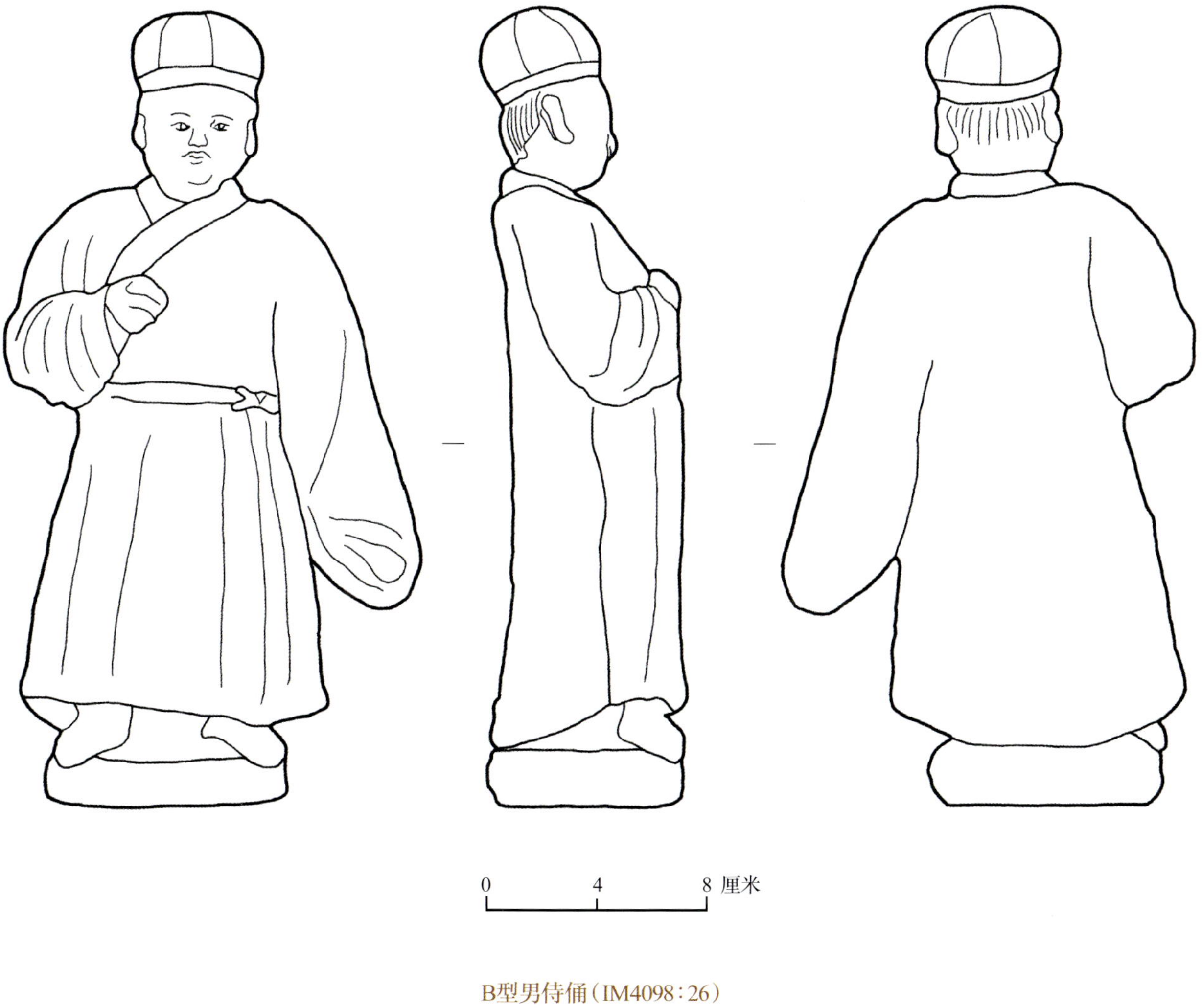

B型男侍俑（IM4098：26）

标本IM4098：28，头戴圆顶瓜形帽，身体后倾，眉目清晰，阔耳，有须，身穿右衽圆领紧袖长衣，腰束带，右手缩袖下垂，左手屈肘抬胸前，足穿圆头鞋，站立圆形圈足托板之上。通高28.9厘米。

B型男侍俑（IM4098：28）

B型男侍俑（IM4098：28）

标本IM4098：59，残，头佚，身穿右衽圆领紧袖长衣，腰束带，左手缩袖下垂，右手屈肘握拳贴胸前，足穿圆头鞋，站立圆形圈足托板之上。残高22.9厘米。

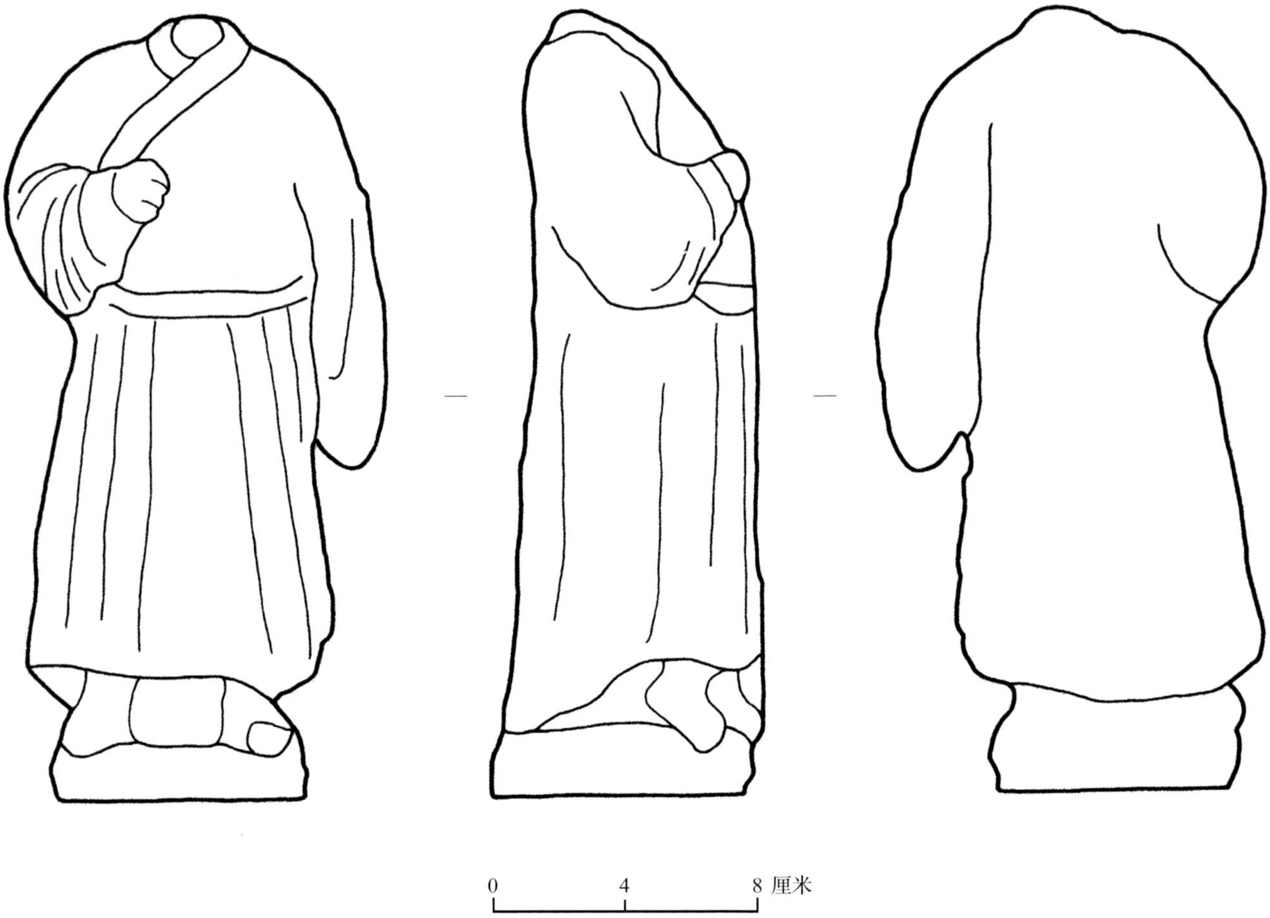

B型男侍俑（IM4098：59）

B型男侍俑（IM4098：59）

B型男侍俑（IM4098：74）

标本IM4098：74，头戴圆顶瓜形帽，挺胸昂头，眉目清晰，面目清瘦，无须，身穿右衽圆领紧袖长衣，腰束带，右手缩袖下垂，左手屈肘贴胸前，部分残佚，足穿圆头鞋，站立圆形圈足托板之上。托板长13.7厘米，宽12厘米，厚1.3厘米。通高28.4厘米。

B型男侍俑（IM4098：74）

C型　3件。头戴折沿圆顶帽，身穿右衽圆领紧袖长衣，腰束带，手做持物状。编号IM4098：32、IM4098：61、IM4098：76。

标本IM4098：32，头戴带耳扁尖折沿帽，眉目清晰，无须，体型较瘦，身穿右衽圆领紧袖长衣，束腰，右手缩袖下垂，左手屈肘抬胸前，持物状，物佚失。足穿圆头鞋，站立圆形圈足托板之上。通高27厘米。

C型男侍俑（IM4098：32）

C型男侍俑（IM4098：32）

标本IM4098：61，体型丰满，身穿右衽圆领紧袖长衣，束腰，右手缩袖下垂，左手屈肘抬胸前，足穿圆头鞋，站立圆形圈足托板之上。通身施黑彩。通高27厘米。

C型男侍俑（IM4098∶61）

C型男侍俑（IM4098：61）

标本IM4098：76，头戴折沿圆顶帽，眉目清晰，低头，无须，体型较矮，身穿右衽圆领宽袖长衣，束腰，左手缩袖下垂，右手屈肘抬胸前，站立长方形踏板之上。托板长10.3厘米，宽6.5厘米，厚1.3厘米。通高25.8厘米。

C型男侍俑（IM4098：76）

C型男侍俑（IM4098：76）

D型男侍俑（IM4098：30）

D型　3件。头戴圆鼓帽，身穿右衽圆领紧袖长衣，作牵马之状。编号IM4098：30、IM4098：40、IM4098：41。

标本IM4098：30，残，头佚，身穿右衽圆领紧袖长衣，腰束带。右手缩袖下垂，左手手腕以下残，屈肘抬左前方，作牵拽状。足穿圆头鞋，站立圆形圈足托板之上。残高22.4厘米。

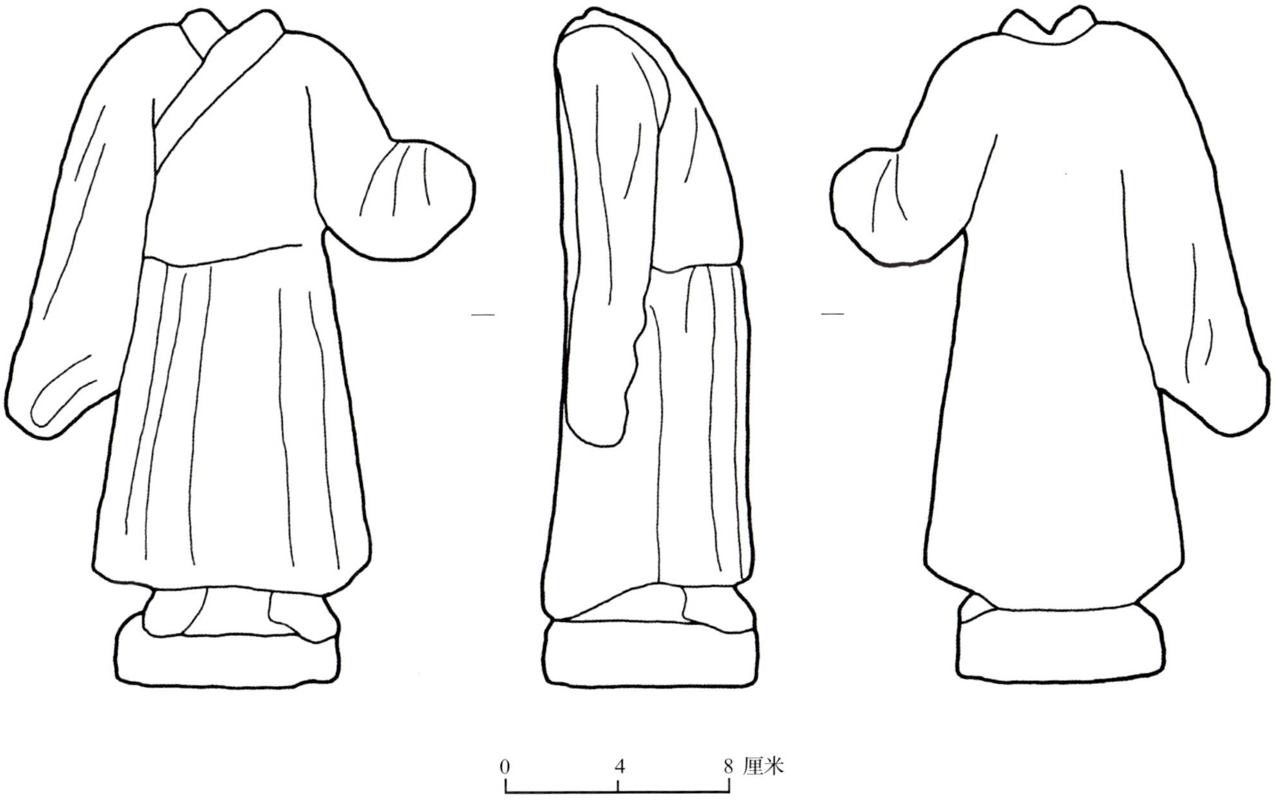

D型男侍俑（IM4098：30）

局部

标本IM4098：40，头戴圆鼓帽，帽顶有圆钮，眉目清晰，细目小脸，身穿右衽圆领紧袖长衣，束腰，左手缩袖下垂，右手屈肘抬右前方，作牵拽状。足穿圆头鞋，站立圆形圈足托板之上。通高28.9厘米。

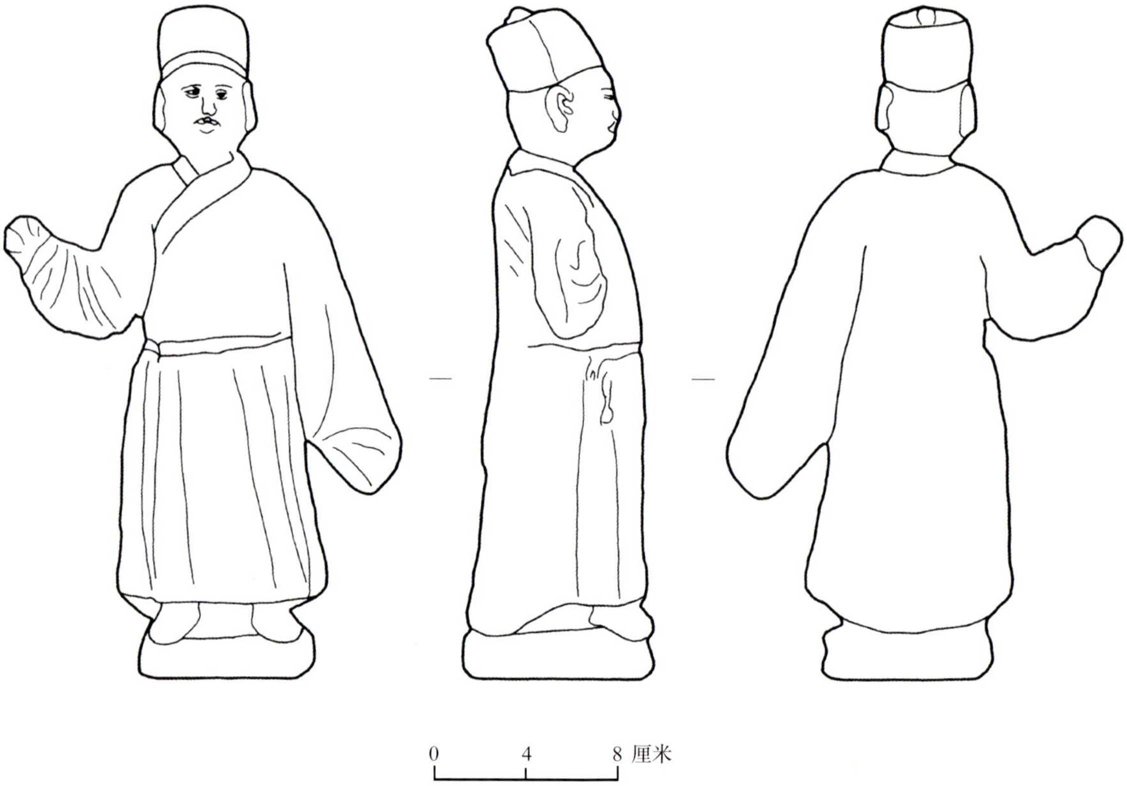

D型男侍俑（IM4098：40）

D型男侍俑（IM4098∶40）

标本IM4098：41，头戴瓜形圆帽，顶钮残，眉目清晰，抬头，身穿右衽圆领紧袖长衣，束腰。左手缩袖下垂，右手手腕以下残，屈肘抬右前方，作牵拽状。足穿圆头鞋，站立圆形圈足托板之上。残高28.2厘米。

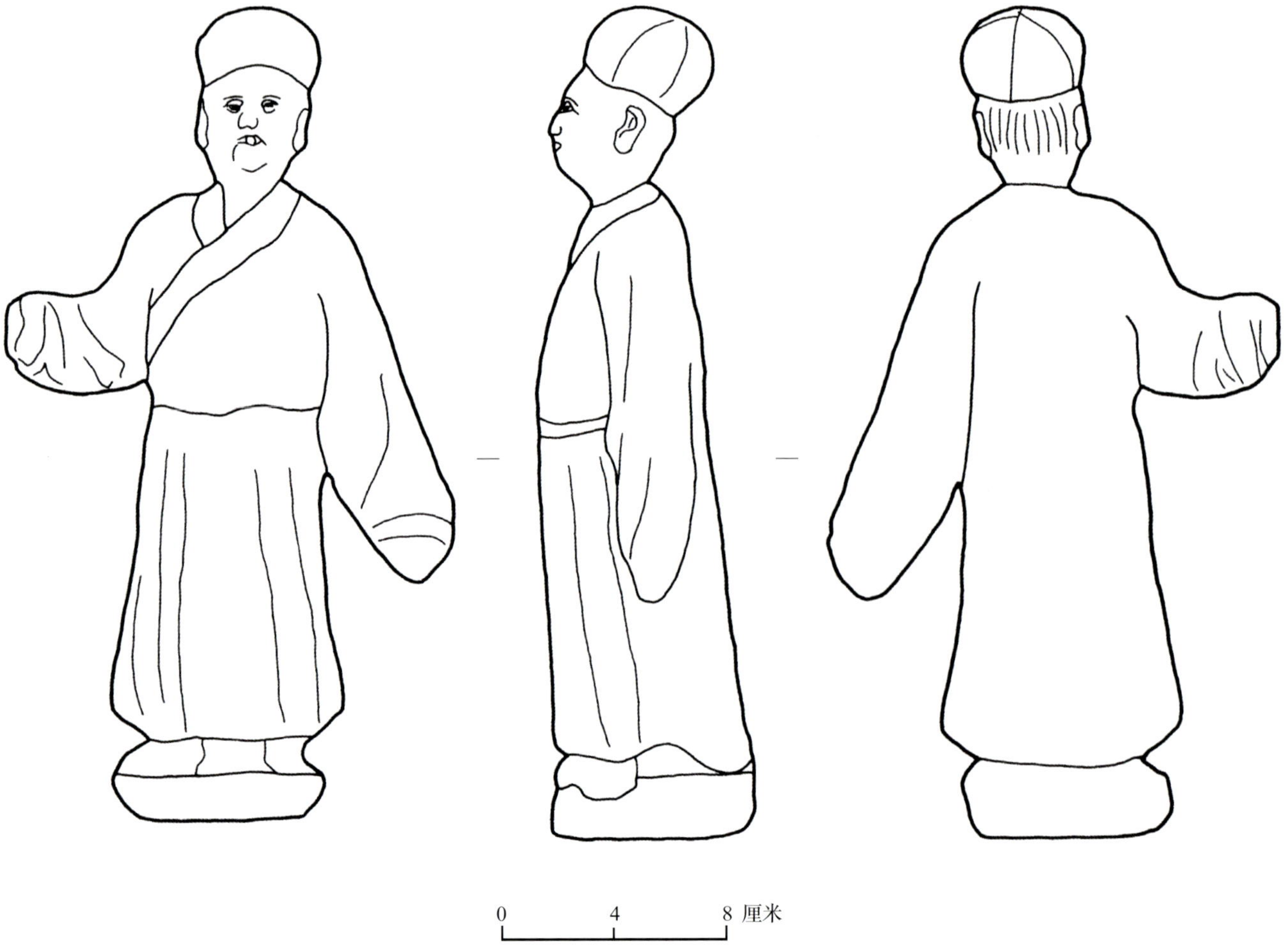

D型男侍俑（IM4098：41）

D型男侍俑（IM4098：41）

女俑　15件。依发饰着装可分为三型。

A 型　1件。中分短发，身穿右衽圆领紧袖长衣。标本IM4098：33，面似老妪，抬头，中分束发，发髻残，发丝清晰，身穿右衽圆领紧袖长衣，腰束带，右手缩袖下垂，左手屈肘抬胸前，手腕以下残，足穿圆头鞋，站立圆形圈足托板之上。残高27.5厘米。

A型女侍俑（IM4098∶33）

A型女侍俑（IM4098∶33）

B型　1件。头佚，身穿圆领紧袖上衣，下穿裤裙，做挑灯状。标本IM4098：83，头佚，身穿圆领紧袖上衣，下穿裤裙，左手拢袖屈肘胸前，右手作挑灯之状，灯杆朽，灯笼放置在右前方长方形托板之上。托板长14.5厘米，宽13厘米，厚2厘米。残高32.7厘米。

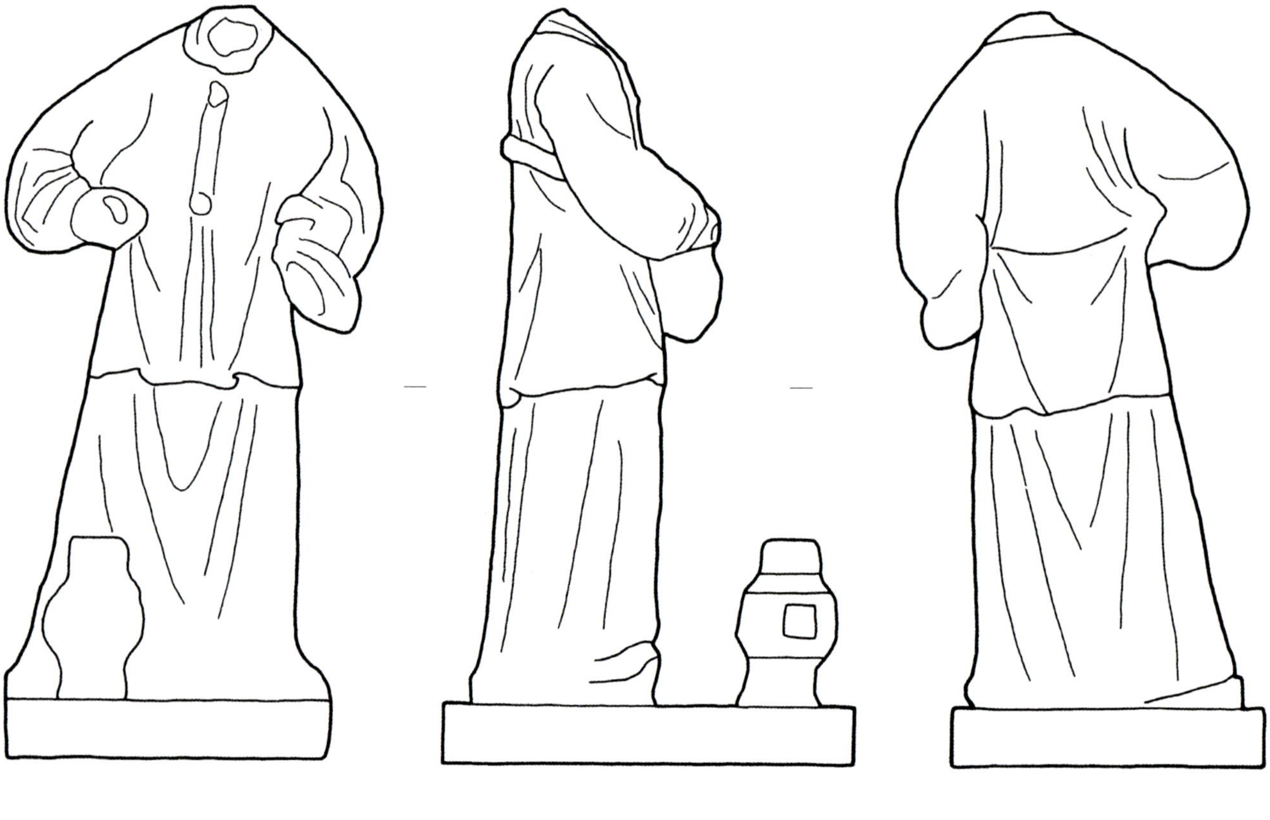

B型女侍俑（IM4098：83）

B型女侍俑（IM4098：83）

C型 13件。头戴发箍或束高髻，身穿圆领紧袖上衣，下穿裤裙，怀抱物。编号IM4098：69、IM4098：70、IM4098：71、IM4098：72、IM4098：73、IM4098：75、IM4098：80、IM4098：82、IM4098：84、IM4098：85、IM4098：86、IM4098：87、IM4098：88。

标本IM4098：69，面似中年妇女，束发高耸，发丝细密，身穿圆领紧袖上衣，下穿裤裙，双手抱一摞圆形小蒸笼，身施白陶衣，面部及蒸笼施有黑彩，脚穿圆头鞋，站立长方形托板之上，托板施红彩。托板长12.8厘米，宽13厘米，厚1.5厘米。通高34厘米。

C型女侍俑（IM4098：69）

C型女侍俑（IM4098：69）

标本IM4098：70，面部丰润，束发高耸，发丝细密，身穿圆领紧袖上衣，下穿裤裙，双手托方盒贴胸前，脚穿圆头鞋，方盒施红彩，站立长方形托板之上。托板长13厘米，宽11.6厘米，厚1.5厘米。通高34.4厘米。

C型女侍俑（IM4098：70）

C型女侍俑（IM4098：70）

局部

标本IM4098：71，面部丰润，束发高耸，发丝细密，身穿圆领紧袖上衣，下穿裤裙，双手持茶壶贴胸前，茶壶嘴部残，脚穿圆头鞋，通身施红彩，站立长方形托板之上，托板施红彩。托板长13.4厘米，宽11.6厘米，厚1.5厘米。通高34厘米。

C型女侍俑（IM4098：71）

C型女侍俑（IM4098：71）

C型女侍俑（IM4098：72）

局部

标本IM4098：72，面部丰润，束发高耸，发丝细密，身穿圆领紧袖上衣，下穿裤裙，双手抱斟酒壶贴胸前，局部残，脚穿圆头鞋，上衣施红彩，站立长方形托板之上，托板施红彩。托板长13.7厘米，宽11.6厘米，厚1.5厘米。通高34.5厘米。

C型女侍俑（IM4098：72）

标本IM4098：73，身穿圆领紧袖上衣，下穿裤裙，双手若抱物贴胸前，物佚失，脚穿圆头鞋，站立长方形托板之上，托板施红彩。托板长11.5厘米，宽10厘米，厚1.5厘米。通高33.8厘米。

C型女侍俑（IM4098：73）

C型女侍俑（IM4098：73）

标本IM4098：75，面似老妪，束发高笄，发丝细密，身穿圆领紧袖上衣，下穿裤裙，双手捧长方形托盘，盘中有一平沿深腹小碗，脚穿圆头鞋，托盘内底及裤裙施红彩，站立长方形托板之上。托板长14厘米，宽13.7厘米，厚1.5厘米。通高33.8厘米。

C型女侍俑（IM4098：75）

C型女侍俑（IM4098：75）

标本IM4098：80，头佚，身穿圆领紧袖上衣，下穿裤裙，双手卷长毯交抱胸前，脚穿圆头鞋，身施白陶衣，剥落严重，站立长方形托板之上。托板长13.5厘米，宽13厘米，厚1.5厘米。通高34.4厘米。

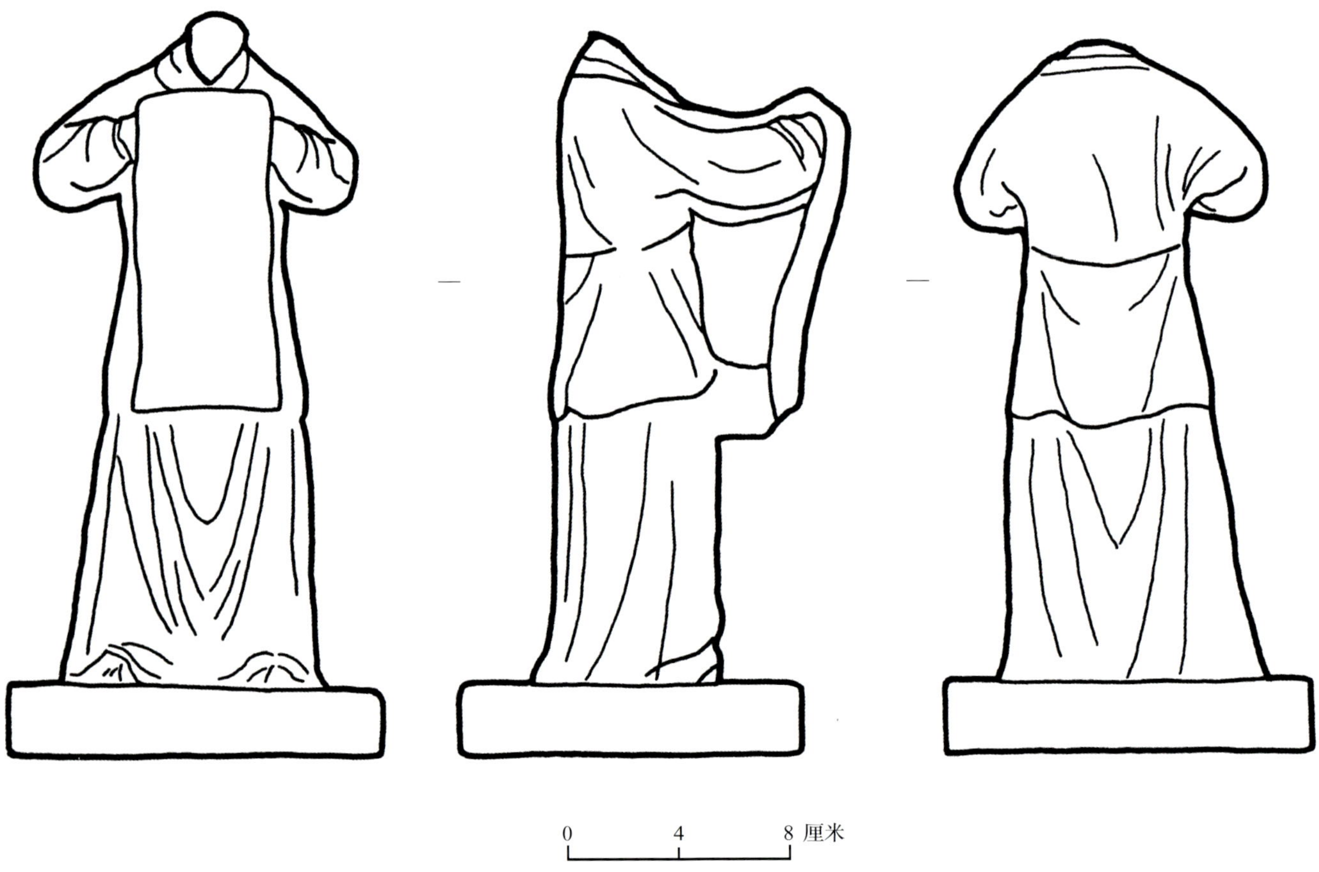

C型女侍俑（IM4098：80）

C型女侍俑（IM4098：80）

标本IM4098：82，头佚，身穿圆领紧袖上衣，下穿裤裙，双手抱盆于胸前，身穿圆领紧袖上衣，下穿裤裙，脚穿圆头鞋，站立长方形托板之上。上衣和托板施红彩。托板长14.5厘米，宽14厘米，厚2厘米。残高26.3厘米。

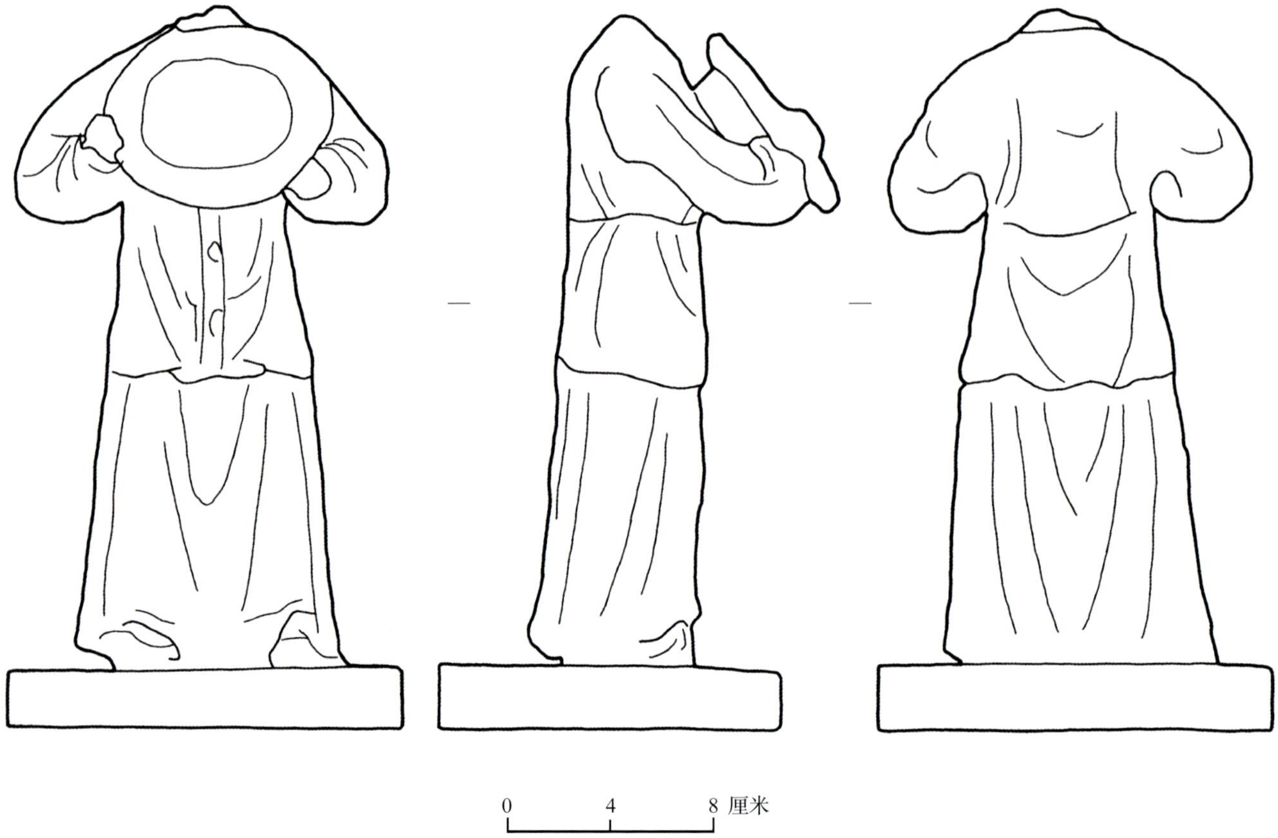

C型女侍俑（IM4098：82）

C型女侍俑（IM4098：82）

标本IM4098：84，面似中年妇女，梳高髻，发丝细密，身穿圆领紧袖上衣，束腰，下穿裤裙，双手捧莲台托盘，盘中有一圆沿鼓腹小缸，脚穿圆头鞋，站立长方形托板之上。裤裙和托板施红彩。托板长14.4厘米，宽13.4厘米，厚1.5厘米。通高32.7厘米。

C型女侍俑（IM4098：84）

C型女侍俑（IM4098：84）

标本IM4098：85，面似中年妇女，梳高髻，发丝细密，身穿圆领紧袖上衣，束腰，下穿裤裙，双手若抱物贴胸前，物佚失，脚穿圆头鞋，上衣施红彩，站立长方形托板之上。托板长13.5厘米，宽11厘米，厚1.5厘米。通高33.8厘米。

C型女侍俑（IM4098：85）

C型女侍俑（IM4098：85）

局部

标本IM4098：86，面似中年妇女，束高髻，发丝细密，身穿圆领紧袖上衣，束腰，下穿裤裙，双手抱圆形蒲团贴胸前，蒲团面上有莲瓣装饰，脚穿圆头鞋，裤裙和蒲团施红彩，站立长方形托板之上。托板长12.7厘米，宽11.7厘米，厚1.5厘米。通高34.5厘米。

C型女侍俑（IM4098：86）

C型女侍俑（IM4098：86）

局部

标本IM4098：87，面似中年妇女，梳高髻，发丝细密，身穿圆领紧袖上衣，束腰，下穿裤裙，双手抱荷叶包贴胸前，脚穿圆头鞋，通身施红彩，站立长方形托板之上。托板长13.2厘米，宽11.7厘米，厚1.5厘米。通高33.7厘米。

C型女侍俑（IM4098：87）

C型女侍俑（IM4098：87）

标本IM4098：88，面似老妪，束高髻，发丝细密，身穿圆领紧袖上衣，束腰，下穿裤裙，双手呈抱物之状，脚穿圆头鞋，通身施白陶衣，站立长方形托板之上。托板长13.2厘米，宽11.7厘米，厚1.5厘米。通高33.7厘米。

C型女侍俑（IM4098：88）

C型女侍俑（IM4098：88）

局部

陶缸

8件。编号IM4098：4、IM4098：11、IM4098：34、IM4098：35、IM4098：36、IM4098：37、IM4098：38、IM4098：68。据口、腹特征可分为三型。

A型　2件。口微敛，深腹斜直。编号IM4098：4、IM4098：11。形制相同。

标本IM4098：11，微敛口，圆唇，深腹斜直，平底略内凹，近底饰两周弦纹，缸身施酱黑彩。口径8厘米，底径4.6厘米，高11.4厘米。

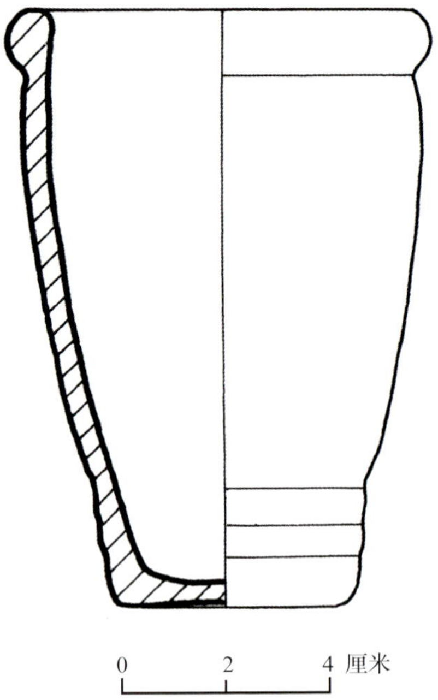

A型陶缸（IM4098：11）

A型陶缸（IM4098：4、IM4098：11）

B型　5件。敛口，深腹略弧。编号IM4098：34、IM4098：35、IM4098：36、IM4098：37、IM4098：38。形制相同。

标本IM4098：34，敛口，圆唇，颈微收，深腹上部弧度较大，近底略直，平底，缸身磨光。口径7厘米，底径3.6厘米，腹径7.4厘米，高9.8厘米。

C型　1件。敛口，圆鼓鼓。标本IM4098：68，敛口，圆唇，圆鼓腹，平底，腹部饰宽带弦纹。口径10.5厘米，底径6.4厘米，高8厘米。

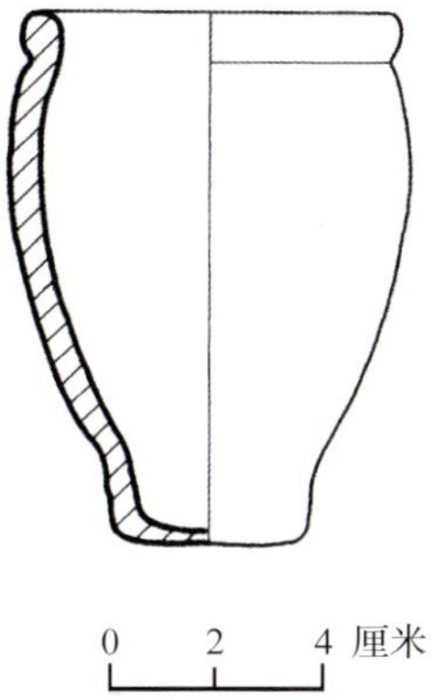

B型陶缸（IM4098∶34）

B型陶缸（IM4098∶34、IM4098∶35、IM4098∶36、IM4098∶37、IM4098∶38）

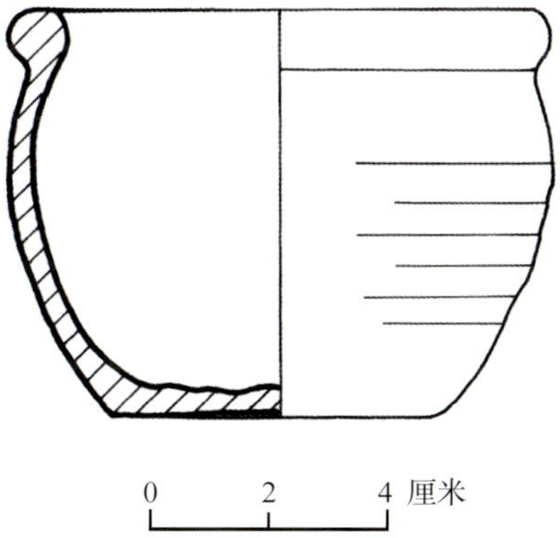

C型陶缸（IM4098∶68）

陶碗

1件。标本IM4098：67，敞口，尖唇，斜弧腹，饼足。内施红彩。口径9.6厘米，底径3.6厘米，高4.4厘米。

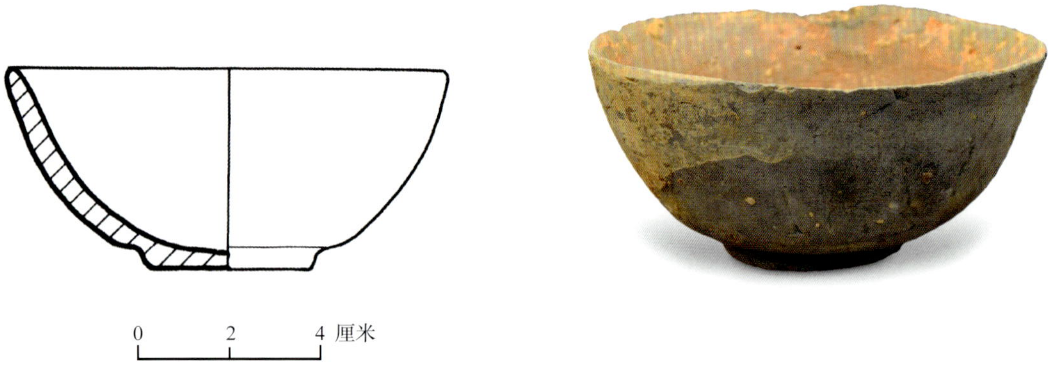

陶碗（IM4098：67）

陶钵

2件。编号IM4098：8、IM4098：97。据形制可分二型。

A型　1件。平唇，平底略圜。标本IM4098：8，敞口，平唇，斜弧腹，平底略圜。口径10厘米，高4.4厘米。

A型陶钵（IM4098：8）

B型　1件。斜沿，圜底。标本IM4098：97，敞口，斜沿外翻，斜弧腹，圜底。口径10.3厘米，高4.4厘米。

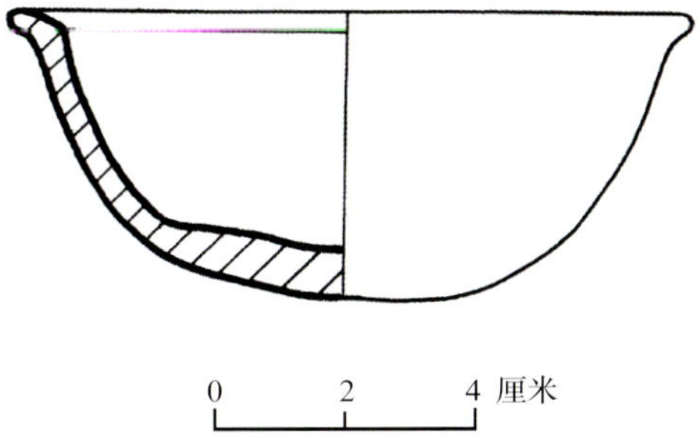

B型陶钵（IM4098:97）

陶盘

1件。标本IM4098：91，敞口，平沿，圆唇，浅弧腹，饼足底。内饰红彩。口径11.5厘米，底径5厘米，高2.8厘米。

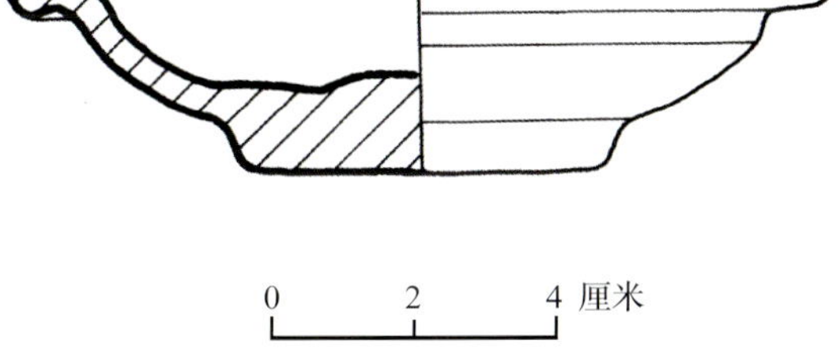

陶盘（IM4098:91）

陶温茶壶

2件。编号IM4098：9、IM4098：52。

标本IM4098：52，敛口，弧腹，平底，三足，带流，把手残。口径10.5厘米，底径6.4厘米，高8.1厘米。

标本IM4098：9，敛口，弧腹，平底，三足，带流，把手残。口径10.2厘米，底径9厘米，高10.5厘米。

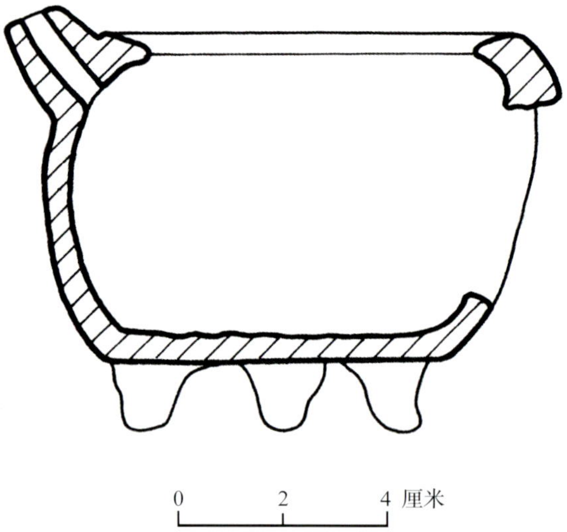

陶温茶壶（IM4098：52）

陶温茶壶（IM4098：9）

陶温茶壶（IM4098：52）

陶提梁壶

1件。标本IM4098：58，敛口，溜肩，平底，口部有提梁，提梁为铁制，已残。口径2.1厘米，底径1.8厘米，最大腹径4厘米，壶体高3.9厘米，通高7.9厘米。

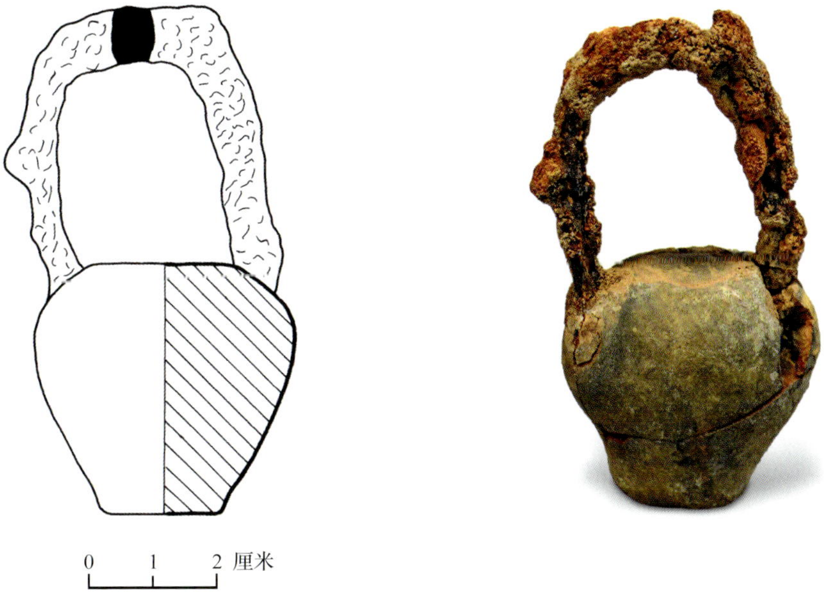

陶提梁壶（IM4098：58）

陶长颈瓶

1件。标本IM4098：49，敞口，长颈，鼓腹，壁厚，柱状饼足底。口径2厘米，底径2.1厘米，最大腹径3.5厘米，高7.1厘米。

陶长颈瓶（IM4098：49）

陶臼

3件。编号IM4098：3、IM4098：57、IM4098：93，形制相同。

标本IM4098：3，陶臼直口，平沿，直腹，平底，壁底厚，内部圜底。口外径7.5厘米，内径4.8厘米，底径6.2厘米，高6.4厘米。内置陶杵头，钝圆头形，上平，中有圆孔用于穿插木杆。上部直径3厘米，高2.8厘米。

标本IM4098：57，口外径7.4厘米，内径5.8厘米，高6.6厘米。杵上部直径3.1厘米，底径6厘米，高3.1厘米。

标本IM4098：93，圆柱状，口大底小，口部平沿，外腹斜下收。舂窝为圜底。舂窝直径6厘米，深5厘米，上口直径12.4厘米，底径9厘米，高12厘米。

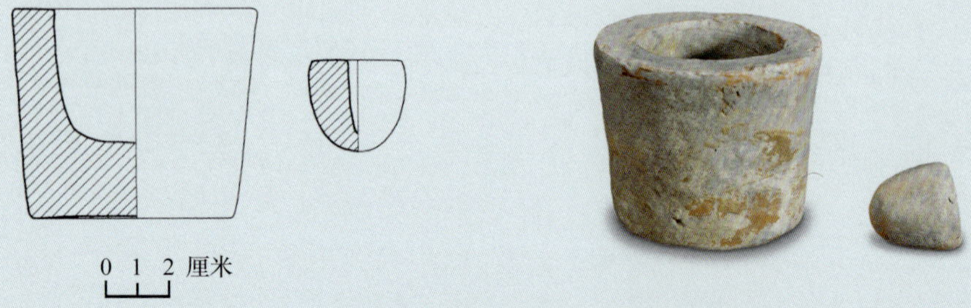

陶臼（IM4098:3）

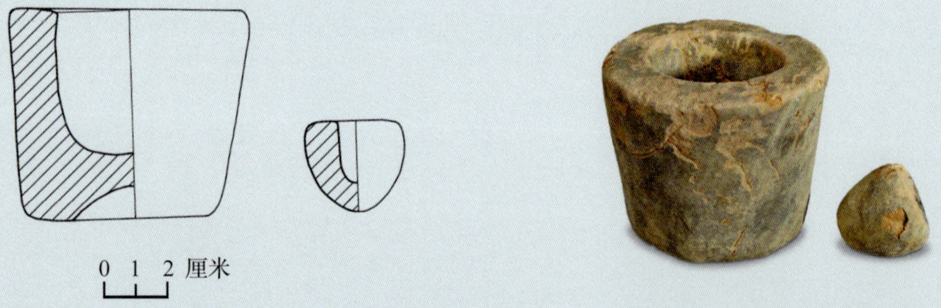

陶臼（IM4098:57）

陶舂（IM4098:93）

陶碾

3件。编号IM4098：1、IM4098：92、IM4098：78，形制基本相同，其中，IM4098：78残碎。

标本IM4098：1，残。碾盘圆形，盘中有圆孔，应插有圆柱杆，残佚。盘底高圈足。碾为圆柱形，两端中心有圆孔。碾盘直径14.9厘米，高10.2厘米。碾子直径6厘米，高5厘米。

标本IM4098：92，碾盘圆形，高圈足，中间实心圆柱贯穿碾盘上下。碾为圆柱体，两端有圆孔，用碾架固定在中心圆柱之上。碾盘直径20.5厘米，高9厘米。碾子两端直径6厘米，长5.2厘米，中间立柱高9.6厘米，通高18.6厘米。

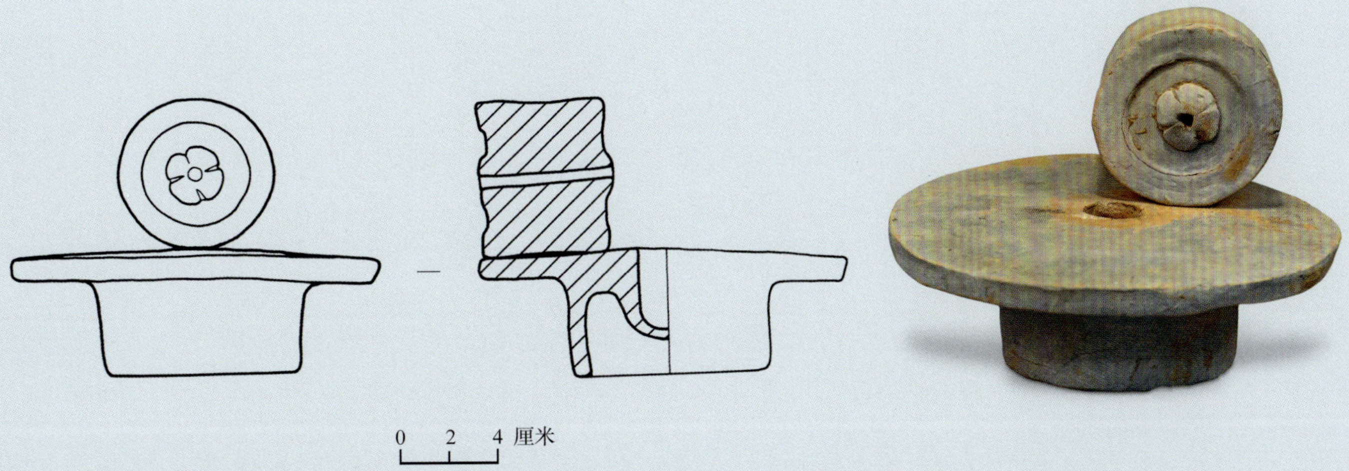

陶碾（IM4098：1）

陶碾（IM4098：92）

陶磨

3件。编号IM4098：12、IM4098：54、IM4098：65。形制基本相同。

标本IM4098：12，磨盘圆台状，台面上有两扇圆磨，上下两扇未分开，仅用一圈凹弦纹分开，磨顶部中央有两个圆孔，边缘对称两小圆孔，斜穿磨沿。磨盘直径14.2厘米，通高9厘米。磨直径9.8厘米，高4.2厘米。

标本IM4098：54，磨盘圆台状，残。台面上有两扇圆磨，上下两扇未分开，仅用一圈凹弦纹分开，磨顶部中央有两个圆孔，边缘对称两小圆孔，斜穿磨沿。磨盘直径14.6厘米，通高9.2厘米。磨直径9.8厘米，高4.2厘米。

标本IM4098：65，磨盘圆台状，台面上有两扇圆磨。磨上下两扇分开，磨顶部中央有两个圆孔，边缘对称两小圆孔，斜穿磨沿。磨盘直径16.2厘米，高14.2厘米。磨直径9.86厘米，高5.2厘米。

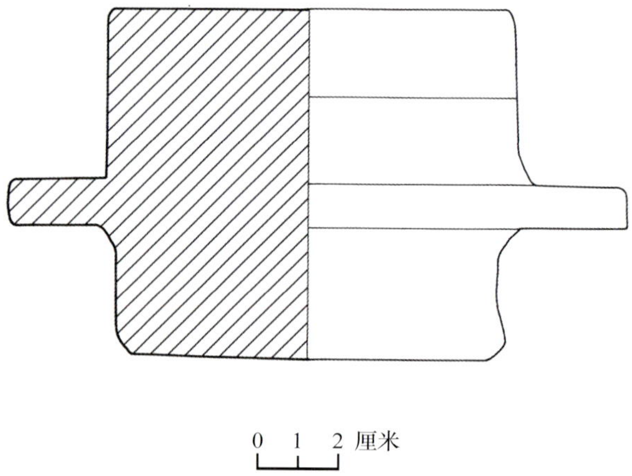

陶磨（IM4098：12）

陶磨（IM4098∶54）

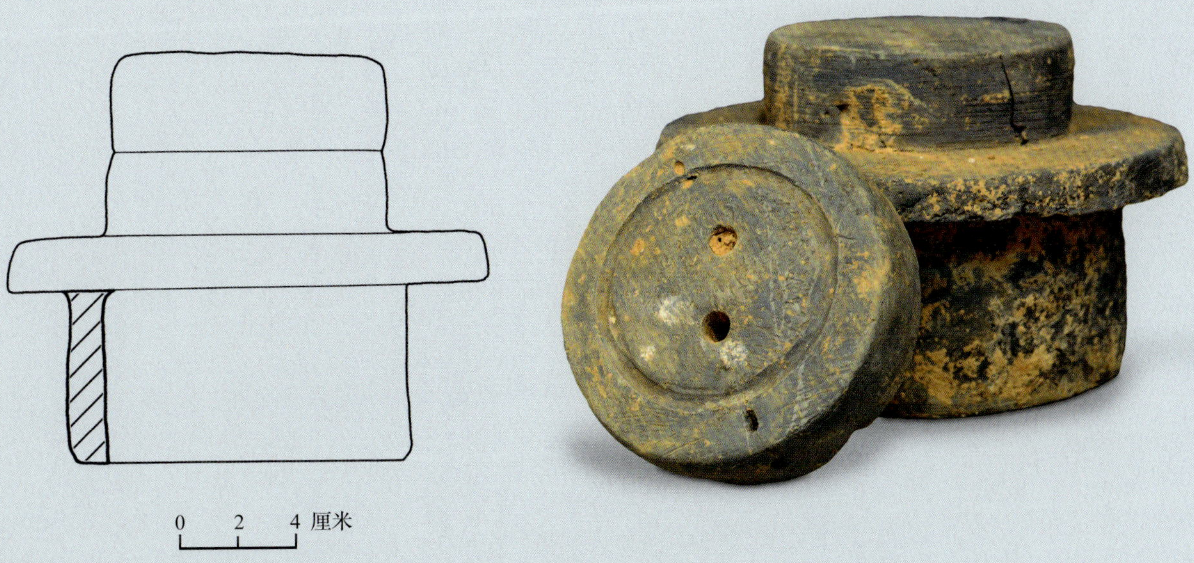

陶磨（IM4098∶65）

陶轿

3件。编号IM4098：2、IM4098：31、IM4098：79。

标本IM4098：2，由轿顶、轿体轴组成。轿顶为攒尖式，尖顶呈塔刹形，四檐有凸棱装饰，局部残。轿体中空，底部有圆形穿孔，轿身两侧中上部前后各有两圆孔，用铁丝扣成圆孔，用于穿插轿杆，轿杆佚失。长17.7厘米，宽14厘米，高26.6厘米。

陶轿（IM4098：2）

标本IM4098：31，由轿顶、轿体轴组成。轿顶为攒尖式，塔刹形尖顶残佚，四檐有凸棱装饰，局部残。轿体中空，底部有圆形穿孔，后有小推窗，轿身两侧中上部前后各有两圆孔，用铁丝扣成圆孔，用于穿插轿杆，轿杆佚失。长12厘米，宽11.4厘米，高26厘米。

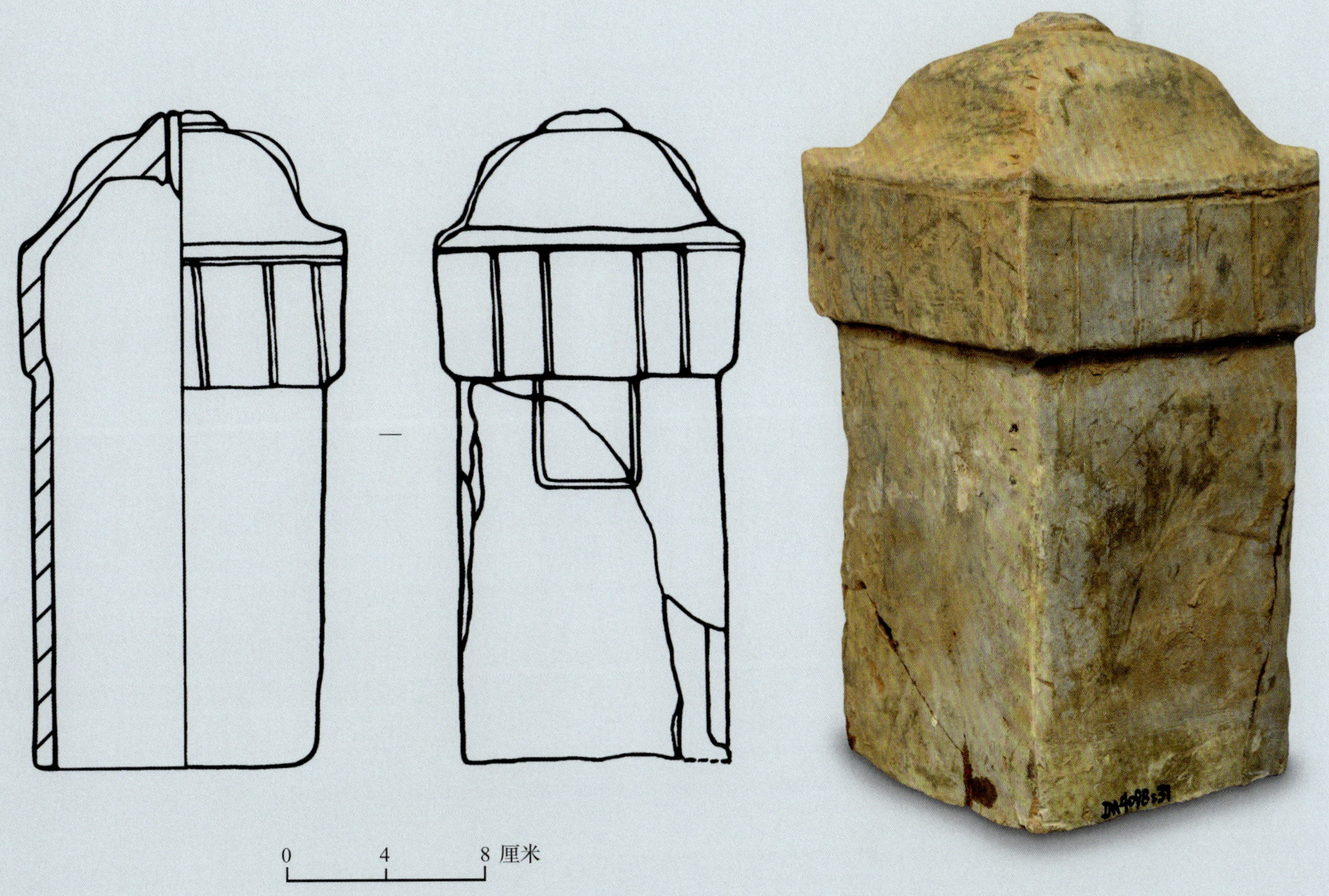

陶轿（IM4098∶31）

标本IM4098：79，由轿顶、轿体轴组成。轿顶有“米”字形凸龙骨，尖顶呈塔刹形，四檐有卷云纹装饰。轿身开帘状，两侧下部有轮，轮径12.6厘米。轿身前后有龙头形轿杆。两侧有莲瓣形窗户，轿门大开，上有卷帘，收于门框之上，轿内后放置轿床，以供乘轿之人休息，轿床前有踏步，轿门上沿及卷帘施红彩。长37厘米，宽22.5厘米，高39厘米。

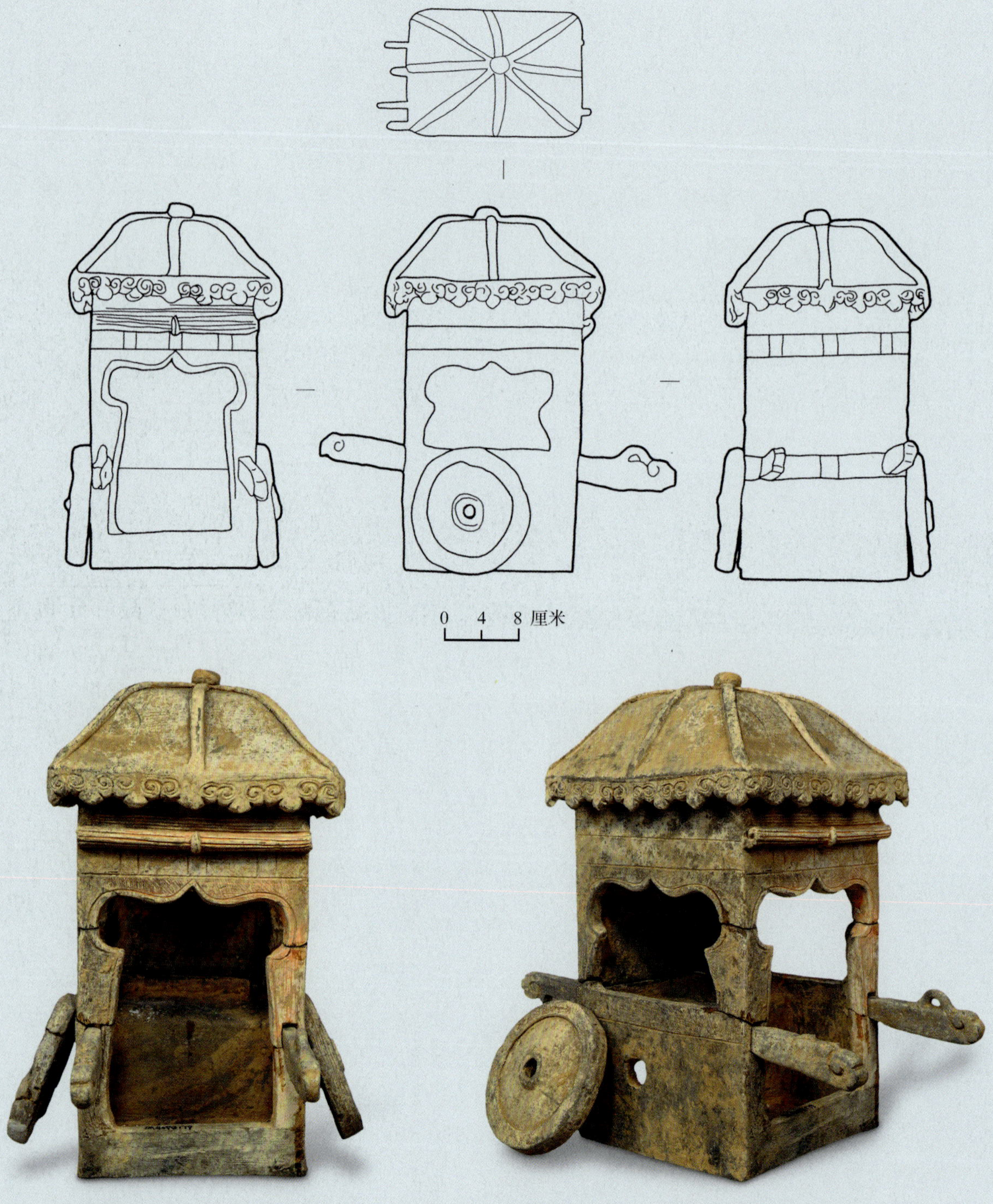

陶轿（IM4098：79）

陶鸭

4件。编号IM4098：5、IM4098：6、IM4098：21、IM4098：45。其中，成年鸭1件，雏鸭3件。雏鸭形制基本相同。

标本IM4098：5，成年鸭，扁嘴，眼外突，羽片清晰可见，昂首凫水之状身施白陶衣，嘴和眼仁施黑彩。长11.5厘米，高7.2厘米。

标本IM4098：6，雏鸭，双眼突出，羽毛刻画简单，伸颈凫水觅食之状，周身施青绿彩。长11.7厘米，高6厘米。

陶鸭（IM4098：5）

陶鸭（IM4098：6）

标本IM4098：21，雏鸭，双眼突出，羽毛镂刻纤细，伸颈凫水觅食之状身施白陶衣，羽、嘴和眼仁施黑彩。长12.8厘米，高7厘米。

标本IM4098：45，雏鸭，双眼突出，羽毛镂刻简陋，伸颈抬头凫水觅食之状，周身施青绿彩。长11.2厘米，高7厘米。

陶鸭（IM4098：21）

陶鸭（IM4098：45）

陶鸡

2件。编号IM4098：50、IM4098：51。一公一母。

标本IM4098：50，公鸡，高冠，俯卧，抬头，双眼突出，颈羽外张，翘尾，尾羽镂刻清晰，栩栩如生，外施白陶衣。长12厘米，宽8.2厘米。

标本IM4098：51，母鸡，小嘴。俯卧，抬头，翘尾，羽毛镂刻清晰。长12厘米，宽8.2厘米。

陶鸡（IM4098:50）

陶鸡（IM4098:51）

陶马

1件。标本IM4098：53，抬头，无缰，鬃毛突出，右耳残，卷尾下垂，背披鞍鞯，腹下两侧有障泥，站立长方形踏板之上。长30厘米，高29.5厘米。

陶马（IM4098：53）

陶狗

2件。编号IM4098：10、IM4098：46。形制略有差异。

标本IM4098：10，俯卧，曲首后望，宽嘴，耳竖立，身体肥硕，头望后侧，尾残，施白陶衣。长8.2厘米，宽4.4厘米。

标本IM4098：46，俯卧，回首仰望，身体细长，右耳残，施黑彩。长8.3厘米，宽5.2厘米。

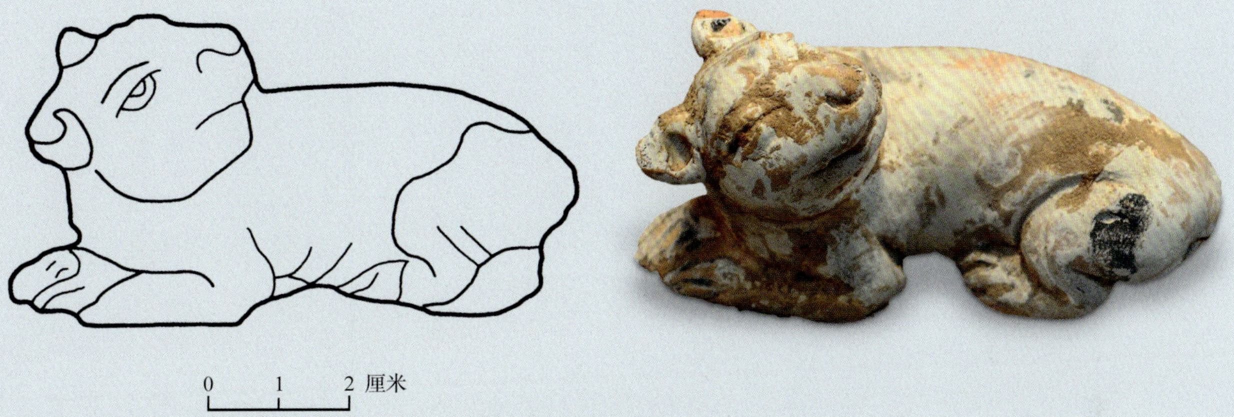

陶狗（IM4098:10）

陶狗（IM4098:46）

陶灯

2件。编号IM4098：64、IM4098：66。

标本IM4098：64，灯座喇叭状，外饰宽带弦纹，灯碗中间灯芯柱。最大直径9.7厘米，高12.3厘米。

标本IM4098：66，灯座喇叭状，外饰宽带弦纹，灯碗中间灯芯柱。最大直径9.9厘米，高12.2厘米。

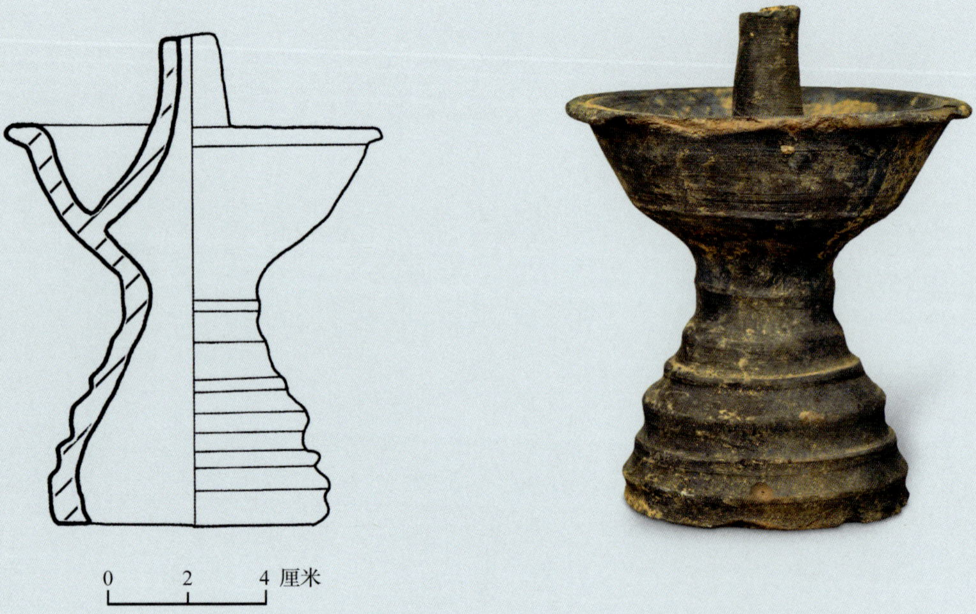

陶灯（IM4098:64）

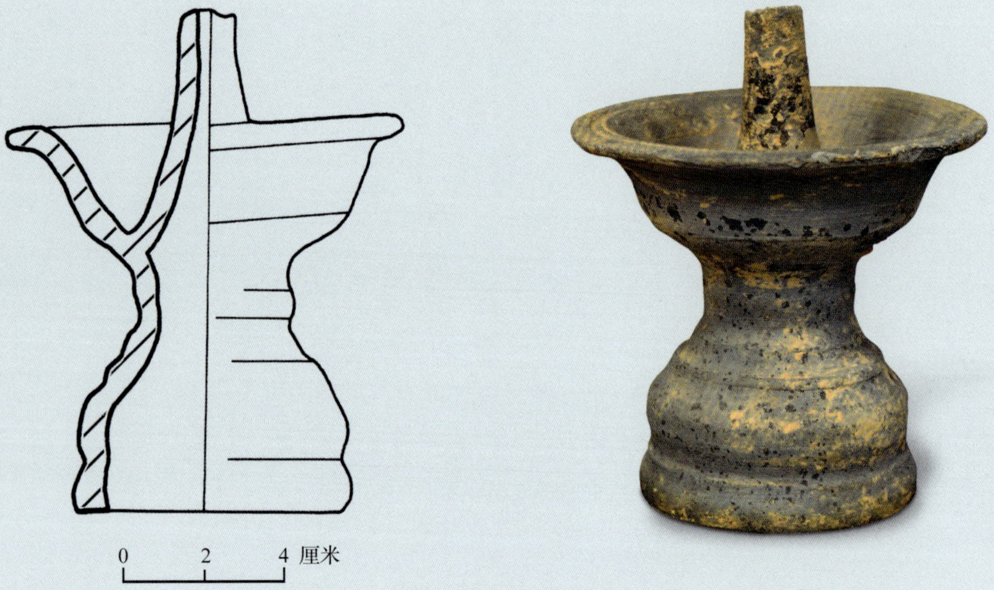

陶灯（IM4098:66）

陶椅

3件。编号IM4098：18、IM4098：25、IM4098：43。

标本IM4098：18，后有靠背，两侧有扶手，下部虚空，椅子前后围挡及地面，两侧围挡离地较高，施黑、红彩。面宽9.5厘米，进深8.4厘米，高14.5厘米。

标本IM4098：25，后有靠背，两侧有扶手，右侧残，下部虚空，椅子前后围挡及地面，两侧围挡离地较高，施黑、红彩。面宽9.4厘米，进深4.3厘米，高7.1厘米。

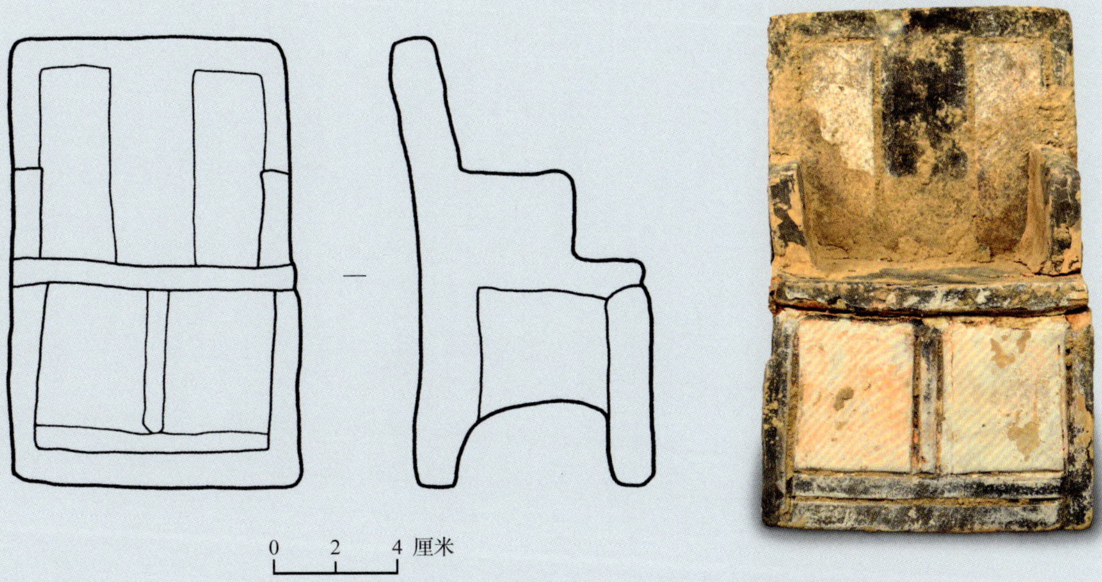

陶椅（IM4098:18）

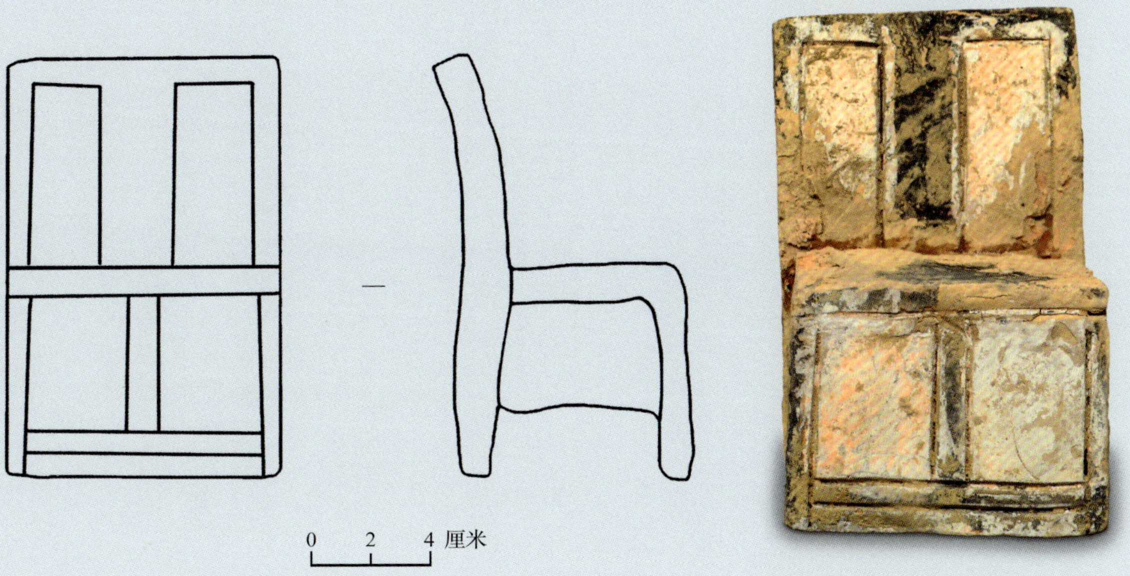

陶椅（IM4098:25）

标本IM4098：43，后有靠背，两侧有扶手，左侧残，下部虚空，椅子前后围挡及地面，两侧围挡离地较高，施黑彩、红彩。面宽9.2厘米，进深7.2厘米，高14.4厘米。

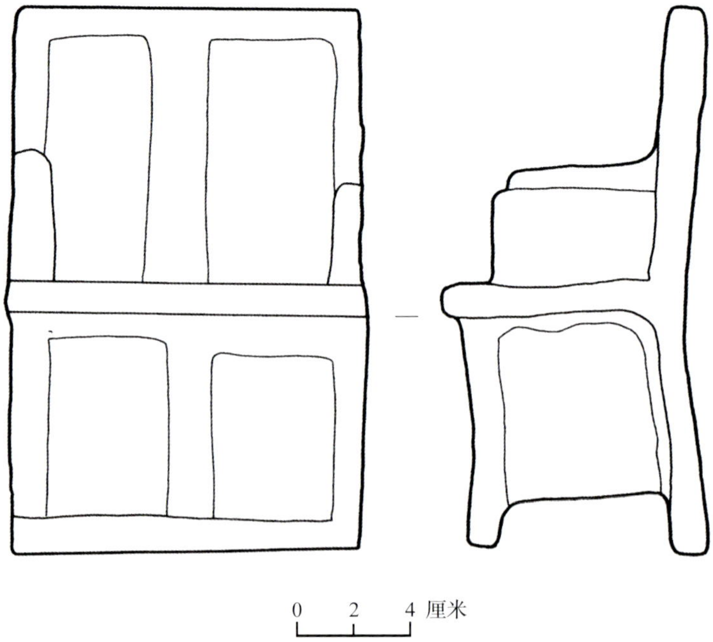

陶椅（IM4098：43）

陶桌

1件。标本IM4098：19，面平，三面侧挡及地，前面无挡，两侧有格棱，桌后饰垂帘纹，施红彩。长15.5厘米，宽8.7厘米，高10.3厘米。

陶桌（IM4098：19）

陶粉盒

3件。编号IM4098：20、IM4098：39、IM4098：56。分为二型。

A型　2件。编号IM4098：20、IM4098：39。

标本IM4098：20，敞口，莲瓣沿，浅腹，平底。内施红彩。直径11.5厘米，高2厘米。

标本IM4098：39，敞口，莲瓣沿，浅腹，平底。内施红彩。直径11.3厘米，高1.6厘米。

A型陶粉盒（IM4098:20）

A型陶粉盒（IM4098:39）

B型　1件。标本IM4098：56，敞口，葵瓣沿，浅腹，平底。内施红彩。直径7厘米，高1.3厘米。

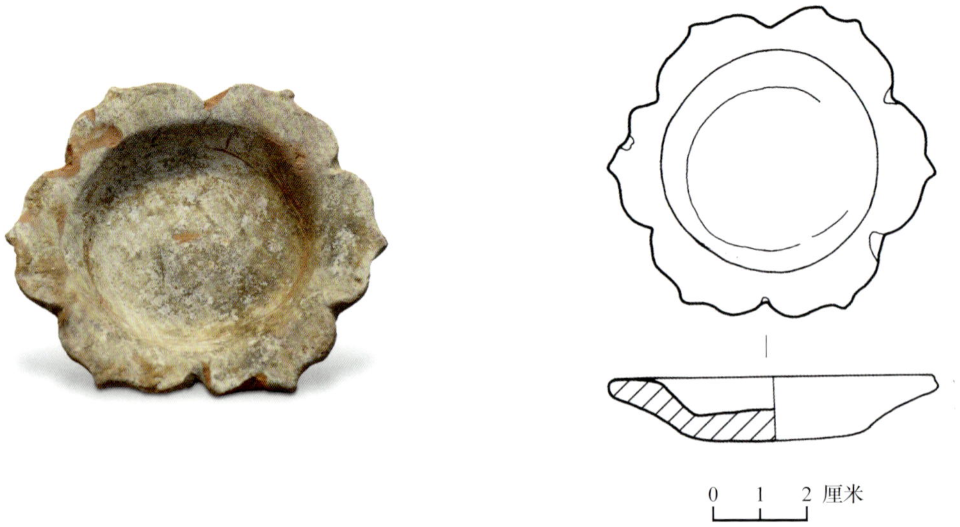

B型陶粉盒（IM4098:56）

陶猪

1件。标本IM4098：23，黑猪，俯卧，嘴微噘。长13厘米，宽5.5厘米。

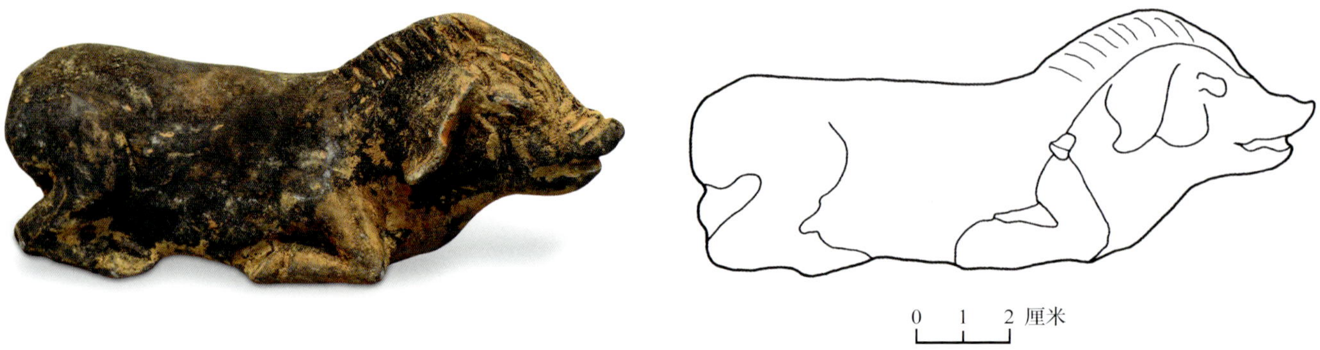

陶猪（IM4098:23）

陶床

3件。编号IM4098：24、IM4098：44、IM4098：77。

标本IM4098：24，两头和一侧有挡板，侧挡呈拱状，床下一周挡板，挡板上饰窗棂和卷帘纹，施红彩。长26.6厘米，宽13.8厘米，高12.4厘米。

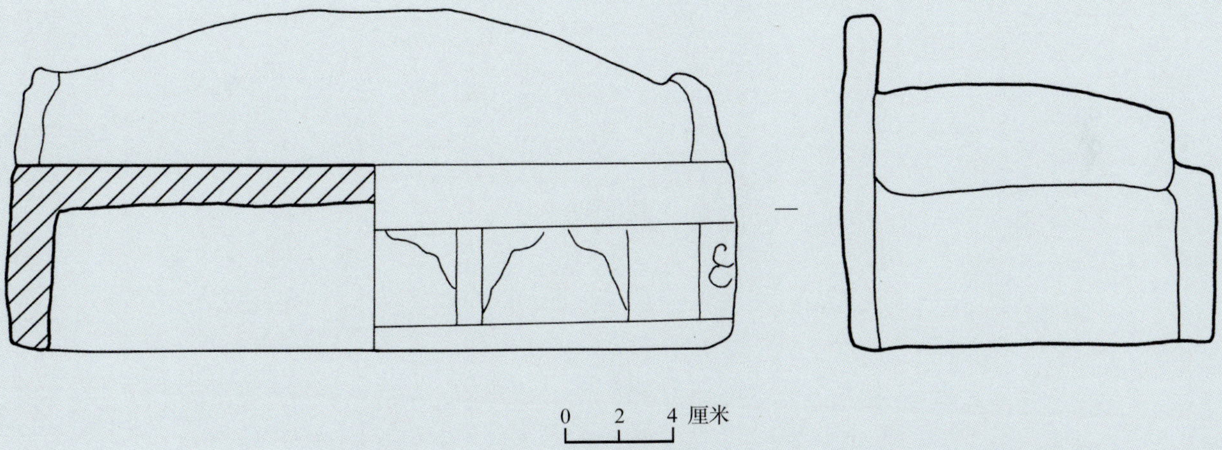

陶床（IM4098∶24）

标本IM4098：44，两头和一侧有挡板，侧挡呈拱状，床下一周挡板，挡板上饰窗棂和卷帘纹。长12.9厘米，宽11.7厘米，高16.5厘米。

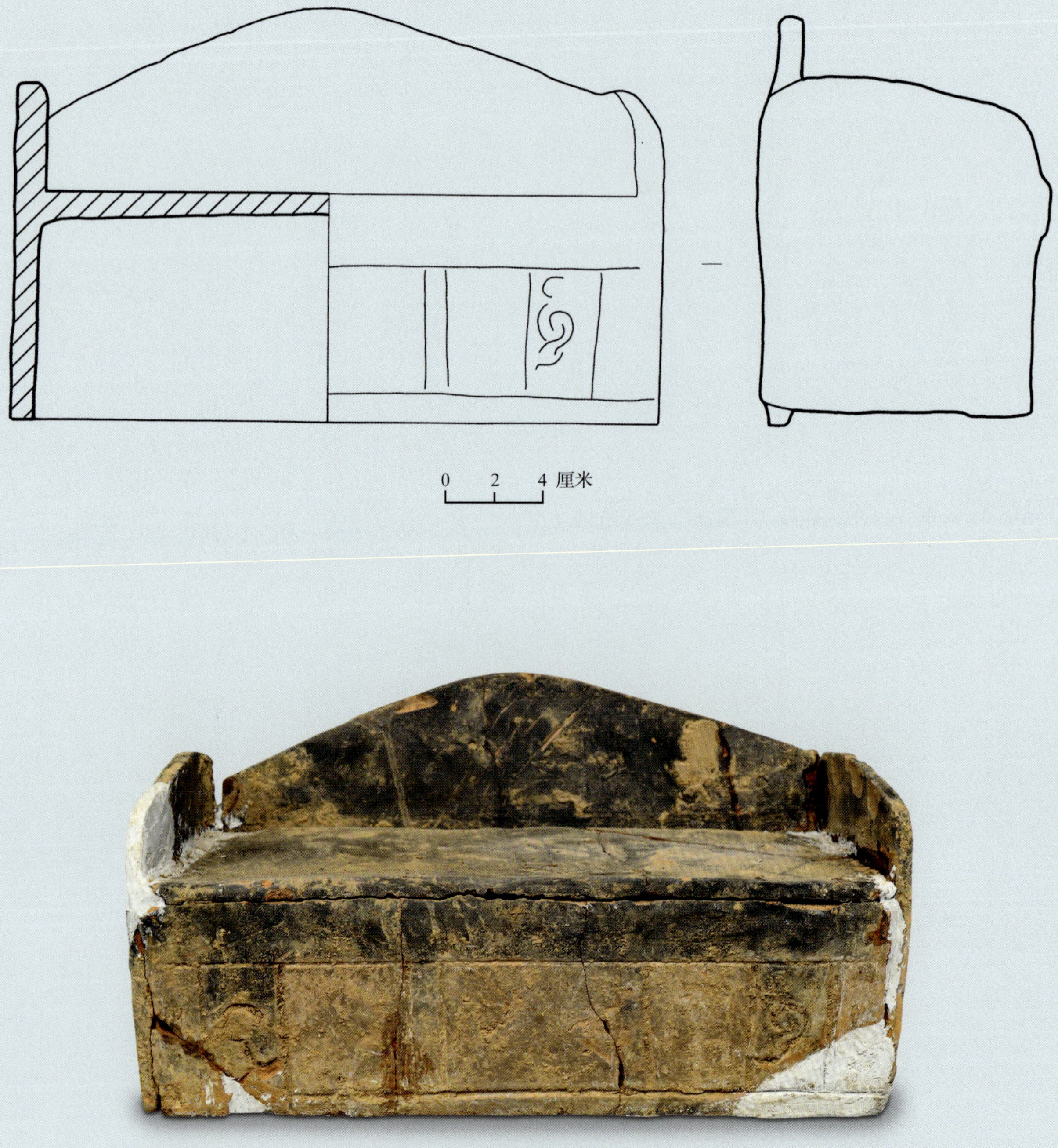

陶床（IM4098：44）

标本IM4098：77，一侧有凸塔形挡板，前沿若开帘状，其余三面侧挡垂地，形成支框。可能为火炕或为双人床。局部施红彩。长32厘米，宽18.8厘米，高32厘米。

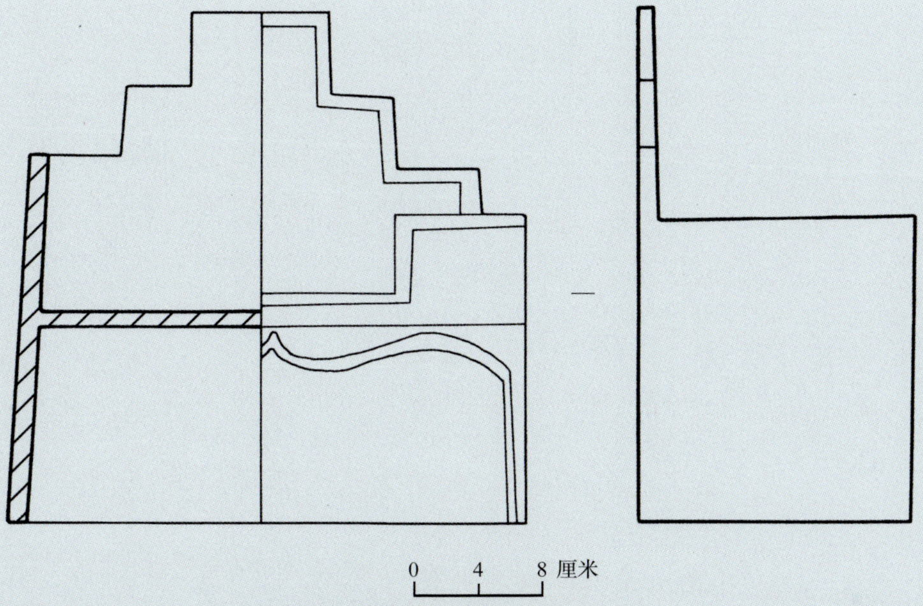

陶床（IM4098：77）

陶房

5件。编号IM4098：29、IM4098：62、IM4098：63、IM4098：89、IM4098：90。

标本IM4098：29，一坡水，两扇门，屋顶瓦楞清晰，屋脊和山墙一侧浮雕兽首，一角残。长21厘米，宽13.4厘米，高29厘米。

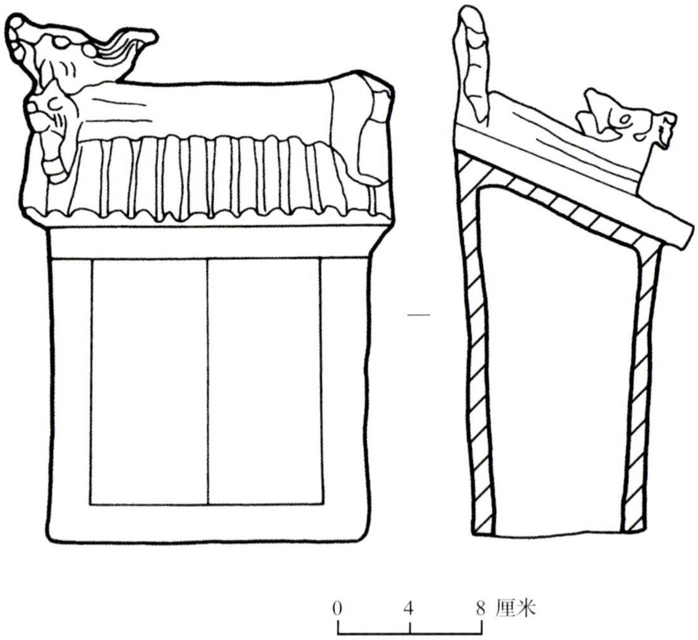

陶房（IM4098：29）

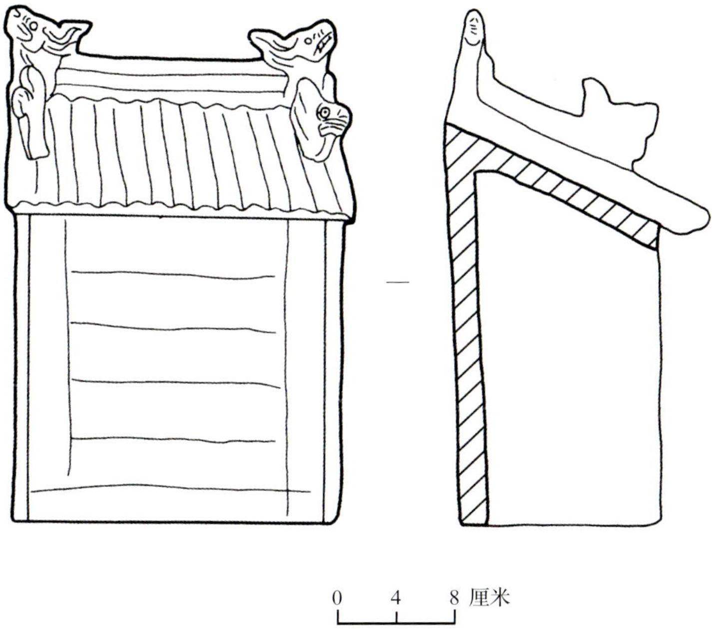

标本IM4098：62，一坡水，门用横板封闭，屋顶瓦楞清晰，屋脊和山墙两侧浮雕兽首。长23.5厘米，宽17.6厘米，高35厘米。

陶房（IM4098：62）

标本IM4098：63，一坡水，两扇门，门上有拉手，屋顶瓦楞清晰，屋脊和山墙两侧浮雕兽首。长24.5厘米，宽17.5厘米，高35.2厘米。

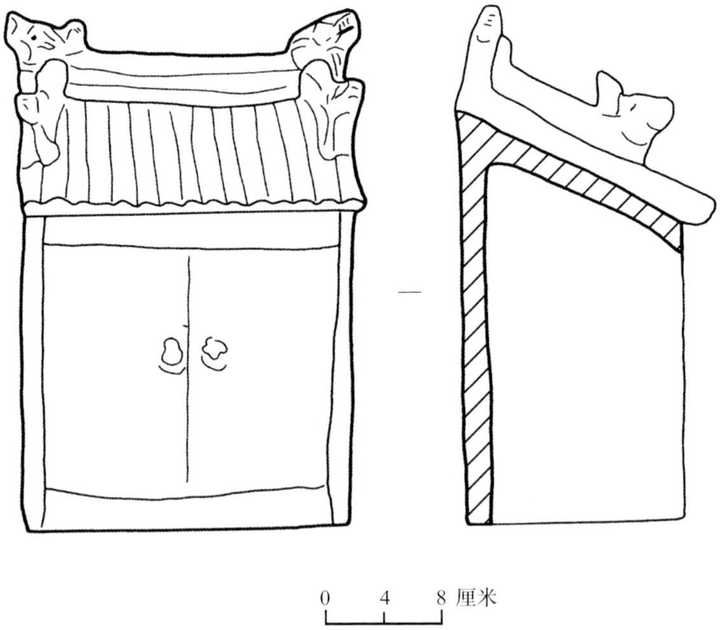

陶房（IM4098∶63）

标本IM4098：89，两坡水，前长后短。门用横板封闭，屋顶瓦楞清晰，屋脊和山墙两侧浮雕兽首。长26厘米，宽22.5厘米，高44厘米。

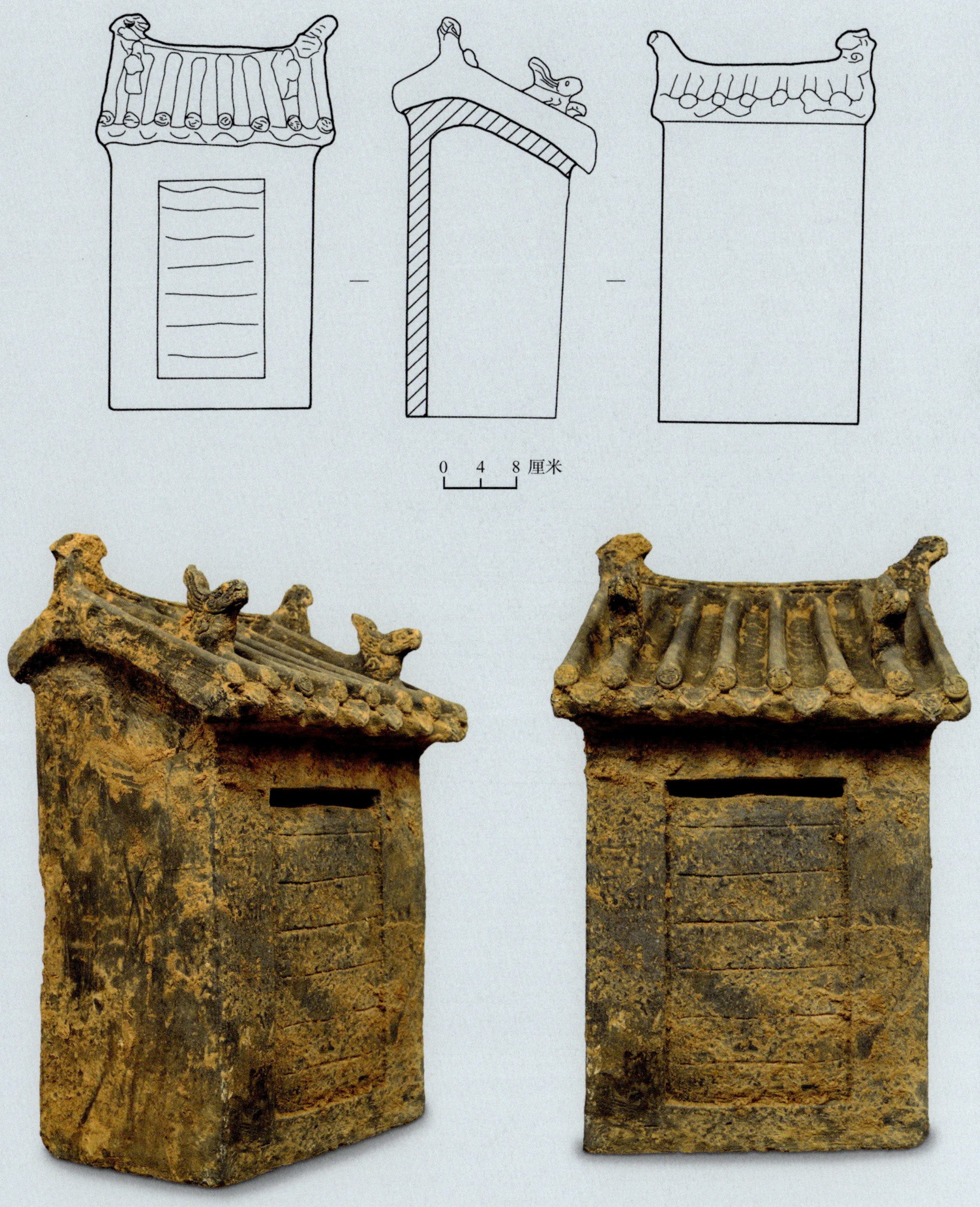

陶房（IM4098：89）

标本IM4098：90，两面破，前坡长，后坡短，对开两扇门，门前有门把手，屋顶瓦楞清晰，屋脊和山墙两侧浮雕兽首。长28.2厘米，宽23.4厘米，高45厘米。

陶房（IM4098：90）

陶井

1件。标本IM4098：42，一侧有双柱井架两侧，有横空穿轴，水桶置井口之中。长15厘米，宽6.5厘米，高12.2厘米。

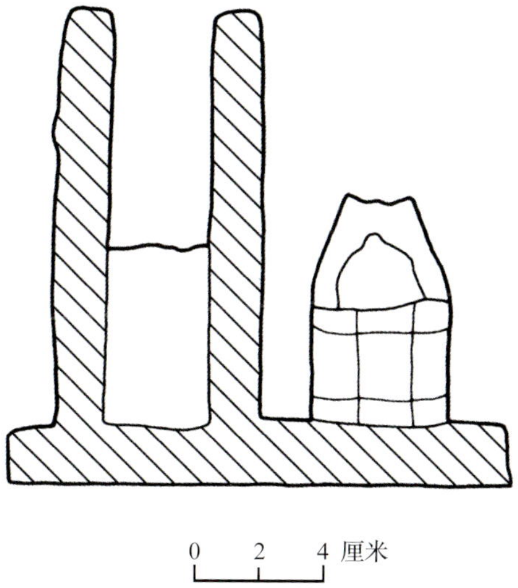

陶井（IM4098:42）

陶灶

1件。标本IM4098：81，灶台长方形，台面上放置圜底圆口锅2个，灶门拱形，台后有圆筒形烟囱。长25.5厘米，宽16.5厘米，高14厘米。

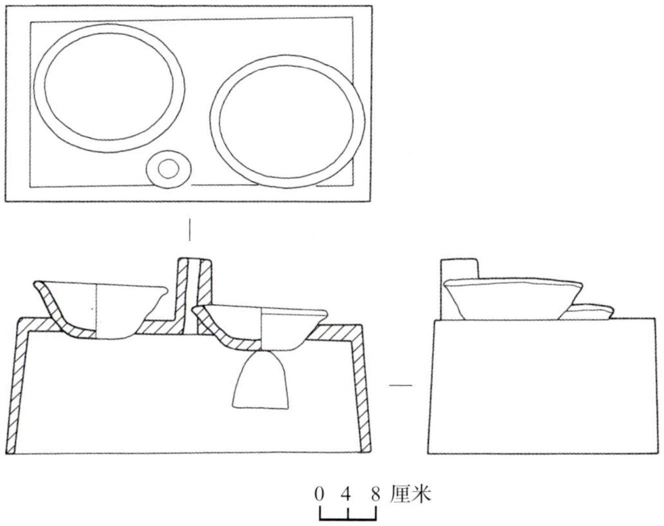

陶灶（IM4098:81）

陶杯

4件。编号IM4098：7、IM4098：22、IM4098：47、IM4098：48。据口部特征可分三型。

A型　1件。标本IM4098：47，敞口，平底，弧腹略鼓，施白衣。口径5厘米，高2.7厘米。

B型　1件。标本IM4098：48，敞口，圆沿，腹略弧，饼足底，施白衣。口径4.1厘米，底径1.5厘米，高2.5厘米。

C型　2件。编号IM4098：7、IM4098：22。

标本IM4098：7，平沿，微侈，直腹微斜，平底略弧。口径5.4厘米，底径4厘米，高3.1厘米。

标本IM4098：22，平沿，微侈，直腹微斜，平底，一圈凹弦纹。口径5.4厘米，底径4厘米，高3厘米。

A型陶杯（IM4098：47）

B型陶杯（IM4098：48）

C型陶杯（IM4098：7）

C型陶杯（IM4098：22）

买地券

2件。编号IM4098：98、IM4098：99，均为残片。

标本IM4098：98，板瓦。背面墨书，左为“安宁”，右为“亡者”，上为“敕令”，下为“镇徙”。中间朱书符文“奉敕斩鬼”。长22.4厘米，宽19厘米。

标本IM4098：99，残，板瓦，墨书可见“墓穴”两字，中间朱书符文。长22.4厘米，宽19厘米。

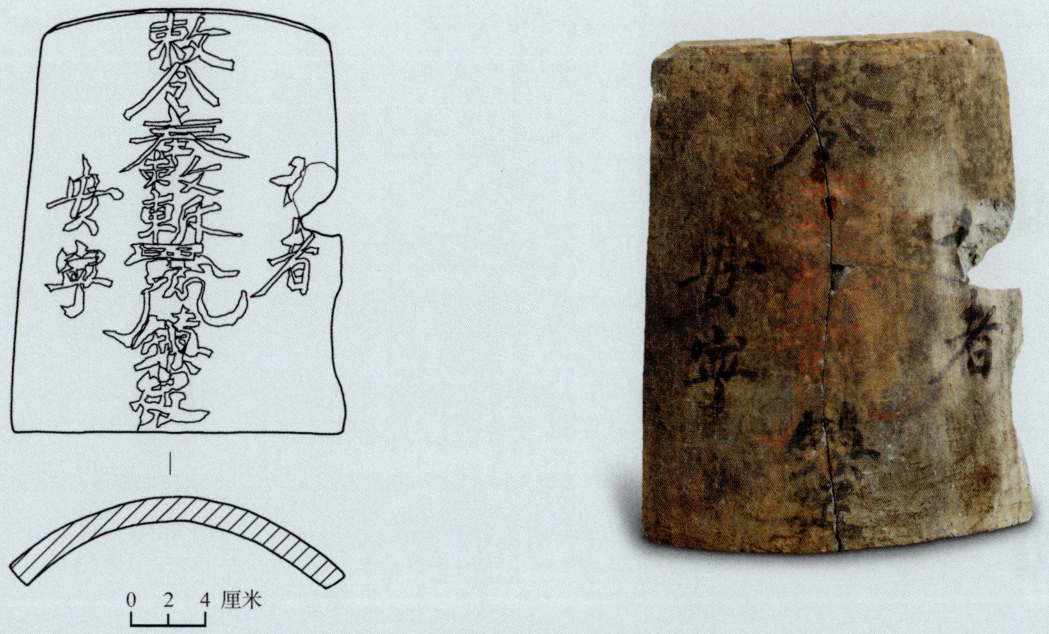

买地券（IM4098:98）

买地券（IM4098:99）

铜钱

50枚。编号IM4098：96，有大观通宝5、正隆元宝3、元丰通宝8、皇宋元宝3、景德元宝4、元祐通宝3、天圣元宝4、无字铜钱20枚。

大观通宝 5枚。外圆内方。直径2.4厘米，孔边长0.6厘米，厚0.1厘米。

正隆元宝 3枚。外圆内方。直径2.3厘米，孔边长0.6厘米，厚0.1厘米。

元丰通宝 8枚。外圆内方。直径2.5厘米，孔边长0.7厘米，厚0.1厘米。

皇宋元宝 3枚。外圆内方。直径2.4厘米，孔边长0.6厘米，厚0.1厘米。

景德元宝 4枚。外圆内方。直径2.4厘米，孔边长0.6厘米，厚0.1厘米。

元祐通宝 3枚。外圆内方。直径2.4厘米，孔边长0.7厘米，厚0.1厘米。

天圣元宝 4枚。外圆内方。直径2.5厘米，孔边长0.7厘米，厚0.1厘米。

无字铜钱 20枚。外圆内方。直径2.5厘米，孔边长0.7厘米，厚0.1厘米。

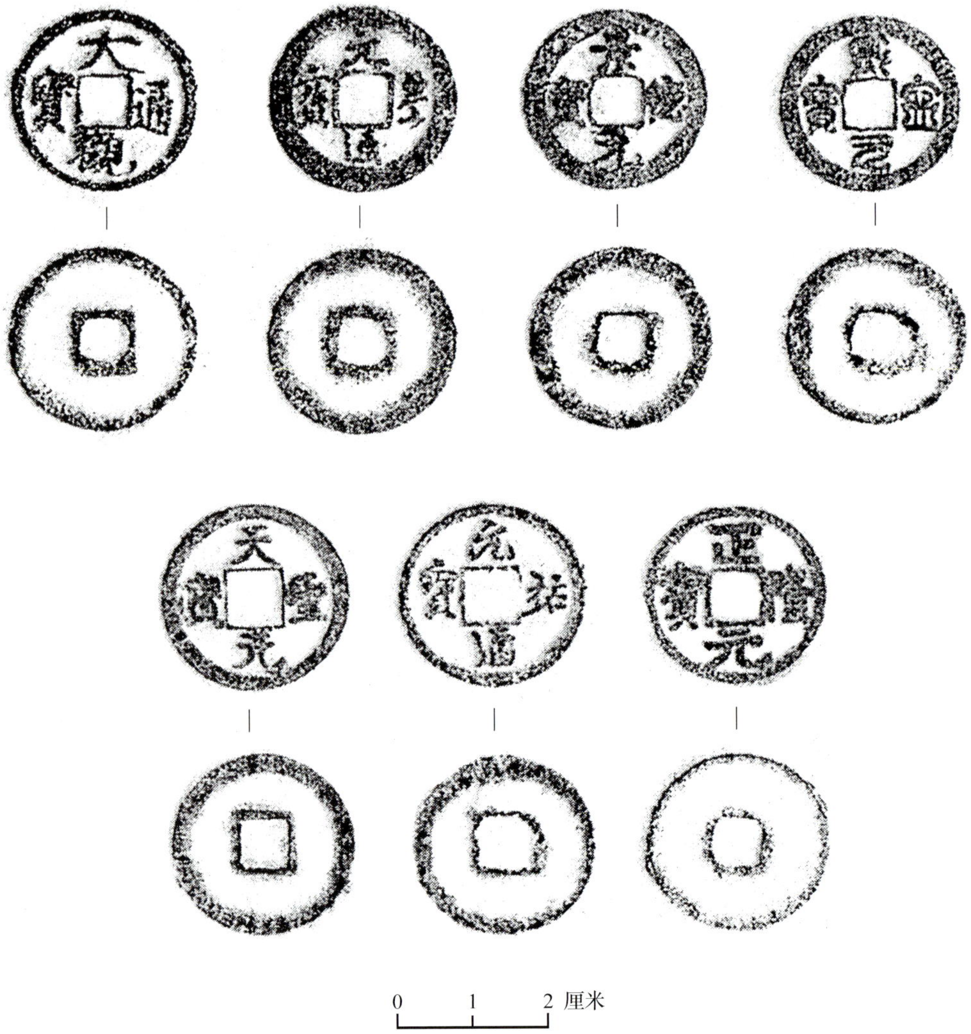

铜钱（IM4098：96）拓片

墓志

1合（IM4098：94）。志盖，青石质，盝顶，四边素面磨光。盖顶边长50厘米，底边长84厘米，厚20厘米。顶部阴刻篆书，竖排5行，每行4字，共20字，“明显考官生府君沈公暨配显妣吴孺人合葬墓志”。

墓志方形，青石质，四周磨光，无纹。边长84厘米，厚27厘米。志文楷书，阴刻，竖27行，满行34字，计794字。首行题“明显考官生府君沈公暨配显妣吴孺人合葬墓志”。

沈侨夫妇合葬墓志盖（IM4098：94-1）拓片

盖铭：

明显考官/生府君沈/公暨配显/妣吴孺人/合葬墓志/

志铭：

明故显考官生府君沈公暨配显妣吴孺人合葬墓志/府君讳侨字惟高别号中野上世直隶苏州人始祖道坚从我/明入洛占籍河南卫家焉我高祖澜曾祖机俱以我大/父贵赠都察院右副都御史我大父讳应时累仕至工部尚书我大母李氏累封为淑人生我府君於嘉靖壬寅二月廿九/日也府君生而凝重不妄訾笑随我大父官游四方所至辄焚膏继晷学制举业学钟/王书间亦游戏丹青焉郡弟子员会我大父以侍郎奏绩蒙/恩荫府君为官生大父寻晋少宰时亦贵倨矣府君淡素自若食不兼馔衣多澣濯出入/驱一疑叚绝不以车骑仆从相高以故里中长老称醇谨笃行君子者必首吾府君焉/谓府君处名乡阀阅之地而勘公子习循循蹈矩而退若不胜衣遇六亲必执分而善/娴恤与人交惠而有信干之能容而给之亦不逆诈得宁人负我之意耶府君自少至/壮至老脾脏为祟无日不病无日不药也即养生家所称善调摄者无逾我府君矣府/君以体羸不胜尘氛陈情叩/天子阙请移荫不孝余庆府君自此得以脱屣相羊也宪副刘公与先大父同举进士/者忘年拉府君与二三知己结淡然社府君亦自于迟事旁构亭为圃手植花木为晚/年乐事府君把酒不能入唇客到啜苦茗谭说前辈风雅不倦府君虽不好客而亦不/禁客也暇则训我子姓勿得从俗竟奢即下至臧克获辈亦能以语言化诲之尔府君懿/行硕德里中所见记尚多不孝子岂能道其万一也迺於万历庚戌三月初五日竟以/脾病长逝弃不孝兄弟号慕无从呜呼痛哉寿仅六十有九配我母吴孺人郡丞吴外/翁女也先府君卒者三十余年矣继我母谢孺人都谏谢外翁女也吴母出者延庆殇/次即余庆官生娶文学刘公崇业女庶母陈出者集庆庠生娶文学刘公持是女孙

男/四进庠生娶上林苑署丞史君注女选娶庠生方君可荐女远聘太学生李君人珍女/俱余庆出遴聘邑学生温君廷梗女集庆出孙女二适庠生王廷献者余庆出许郡学/生刘君承眷子启孙者集庆出不孝兄弟奉母命卜以逾年辛亥二月二十日即我先大/父尚书茔兆之次启我吴氏母开土合葬焉不孝五内摧裂又当/藩封拆卸之时庐舍尽颓其何以堪谨抆泪以撮其世系年月俾世代而下我沈氏有/所考云不孝男余庆泣血谨志/集庆泣血谨书/石工魏守安刻/

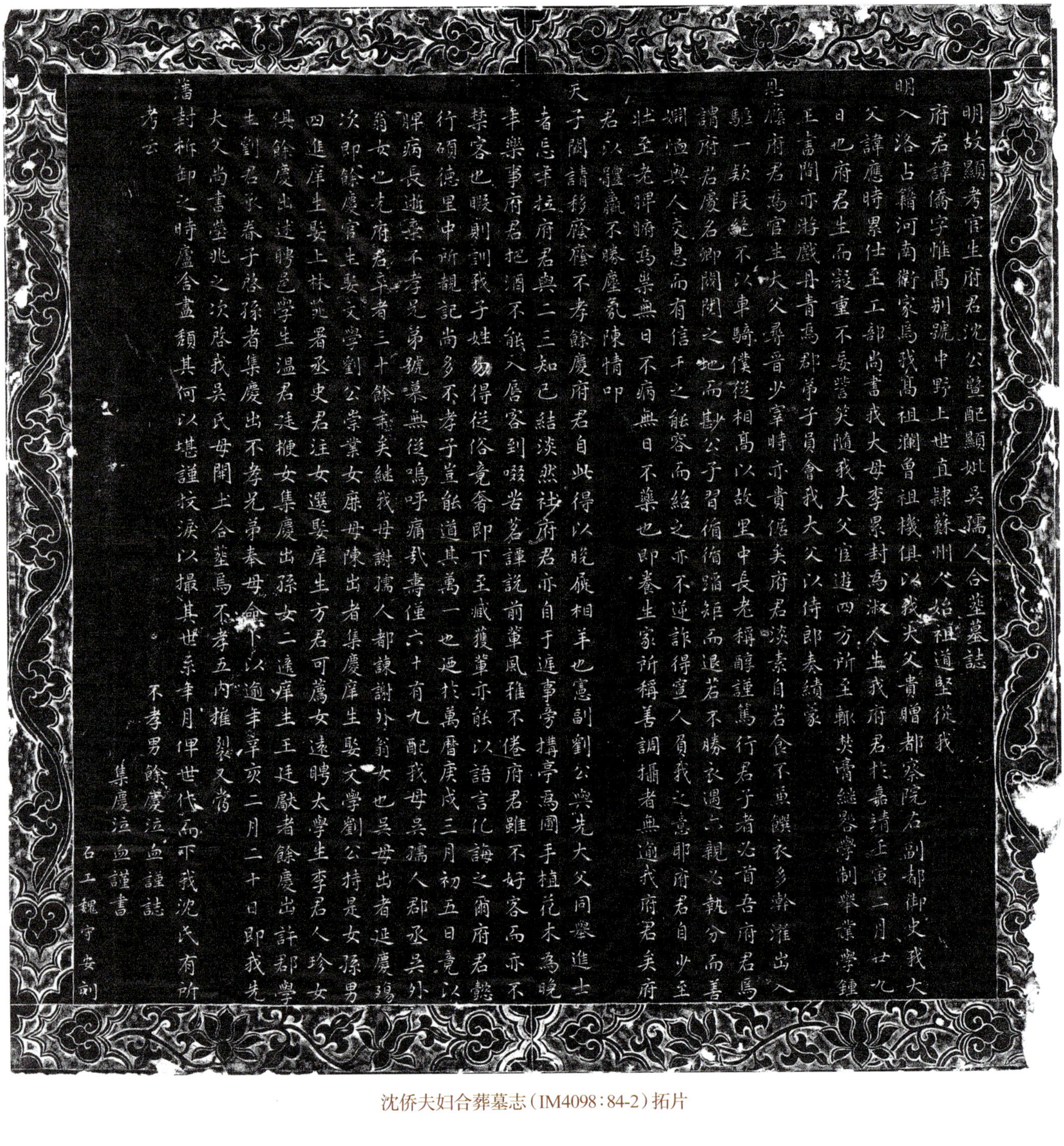

沈侨夫妇合葬墓志（IM4098：84-2）拓片

第五节 沈余庆夫妇墓

一、位置与地层

沈余庆夫妇墓（IM4110）位于其家族墓地从北到南第四排，沈机夫妇墓和沈应时夫妇墓东南，西距沈应时夫妇墓约5米，沈机夫妇墓约15米。垫土层下即为墓葬开口，垫土层厚0.4米。

二、墓葬形制

沈余庆夫妇墓为长方形竖穴墓道土洞墓，由墓道、石封门、甬道、墓室四部分组成。方向175°，总长7.18米（图3-33）。

（一）墓道

墓道为长方形竖穴，平面呈长方形。开口距地表0.5米，墓口长3.54米，宽1米。底部长3.54米，宽1米距墓口5.6米。填土为花土，包含有瓦片等遗物。

（二）封门

封门位于墓道北端与甬道之间，为青石质，两扇对开，未经打磨，底铺石条，两侧有长条形门柱，顶部为石板。两扇石门形制相同，宽0.5米，高1.2米，厚0.15米。两侧门柱通过榫卯与门楣石板连接。墓志放置在墓道北端、封门之外。封门宽0.94米，高1.35米。

（三）甬道

甬道位于封门和墓室之间，土洞拱顶，平面呈长方形。顶部被现代盗洞打破，盗洞直径0.65米。甬道长0.6米，宽0.94米，高1.4米。墓室位于甬道北端，为土洞拱顶，顶部已破坏，形制不明。

（四）墓室

墓室平面略呈“凸”形，东侧外凸，棺床高于墓室底部0.2米。随葬遗物散乱放置在墓室前部和甬道之间。主要有镇墓瓦、陶器、铁器、铅器、动物俑等。棺床上发现两具棺具朽痕，东西并列，人骨完全粉化，性别、葬式不明。棺内发现少量铜钱等。东棺长2.1米，宽0.54～0.56米；西棺长23米，宽0.58～0.62米。墓室东西宽2～2.3米，南北长34米，顶高约1.7米。

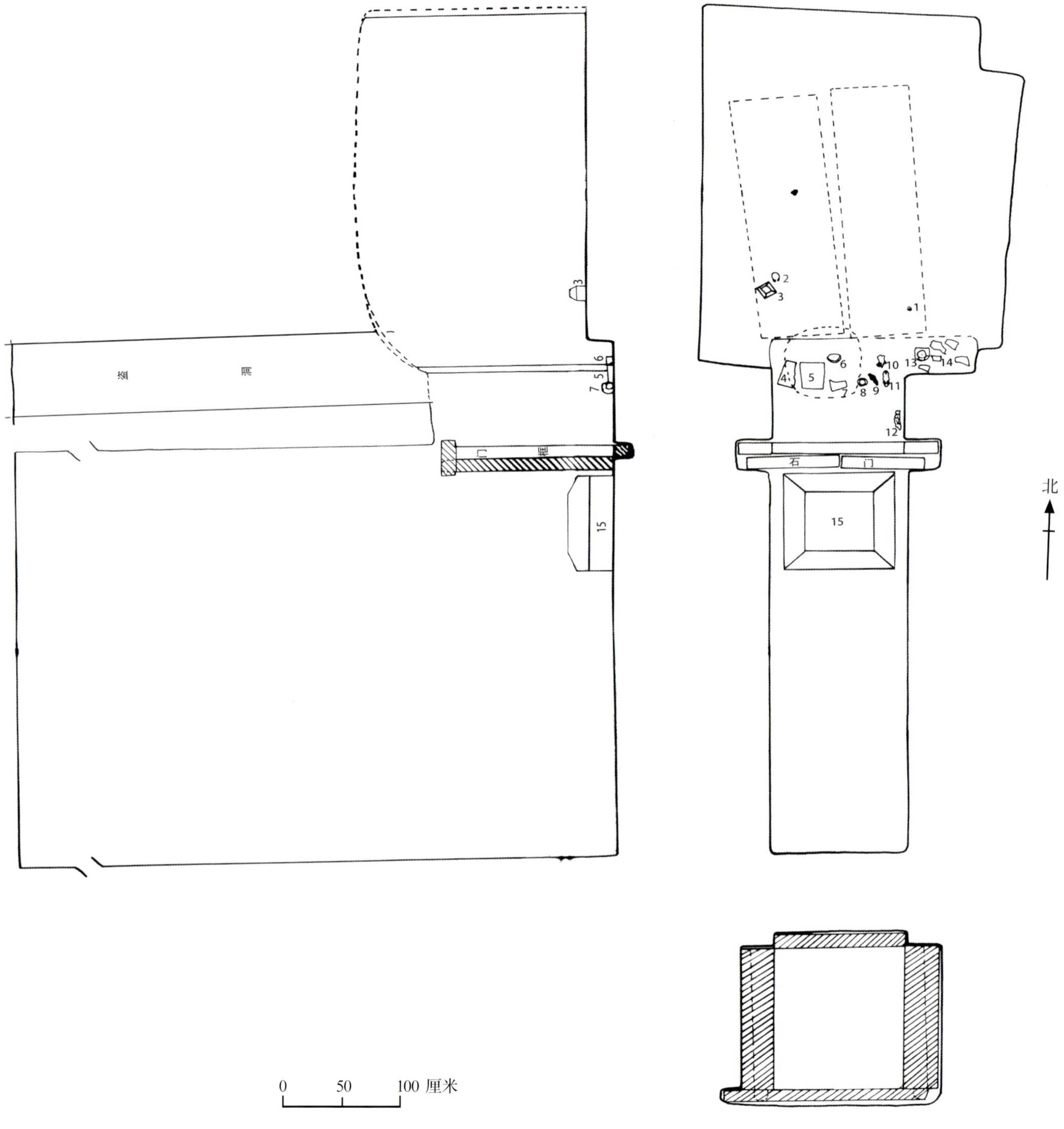

图3-33　沈余庆夫妇墓（IM4110）平剖图

1. 铜钱　2. 铅饰　3. 陶轿顶　4、5. 买地券　6. 陶碗　7. 铁器　8. 陶杯
9. 陶鸭　10. 陶狗　11. 陶猪　12. 陶滴水　13. 陶三足盏　14. 陶片　15. 墓志

三、随葬遗物

陶轿顶

1件。标本IM4110：3，灰陶轿身佚，上部缓收，平顶略弧，轿沿有凸棱。长11.8厘米，宽11.8厘米，高8.2厘米。

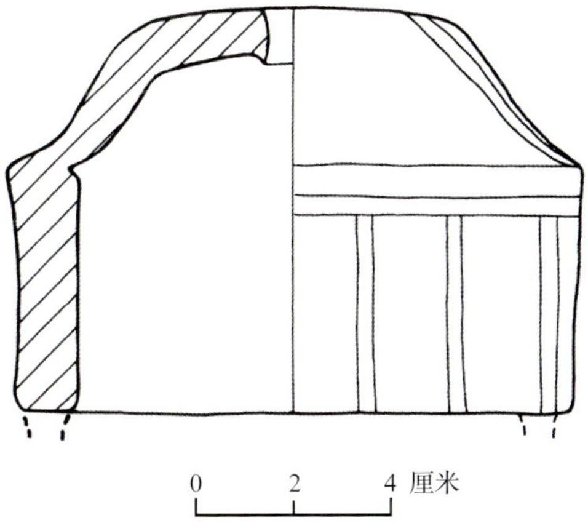

陶轿顶（IM4110：3）

陶碗

1件。标本IM4110：6，灰陶，残，敞口，斜腹、平底。口径11厘米，底径6.2厘米，高3.8厘米。

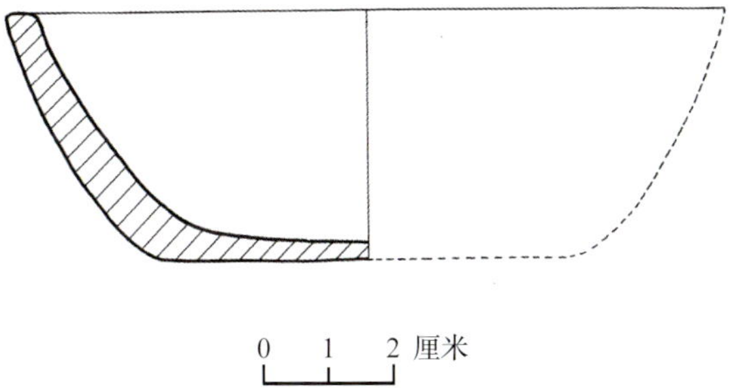

陶碗（IM4110：6）

陶杯

1件。标本IM4110∶8，灰陶。直口，直腹微内收，平底略外弧。口径5.4厘米，底径4.6厘米，高3厘米。

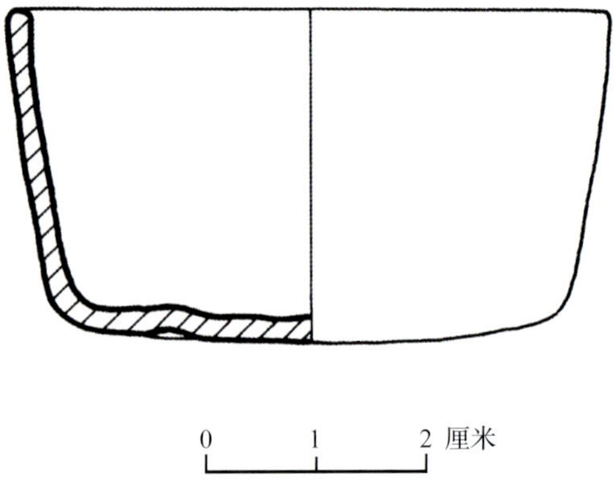

陶杯（IM4110∶8）

陶三足盏

1件。标本IM4110∶13，灰陶。敞口，平沿，浅腹，三足。口径10厘米，高3.5厘米。

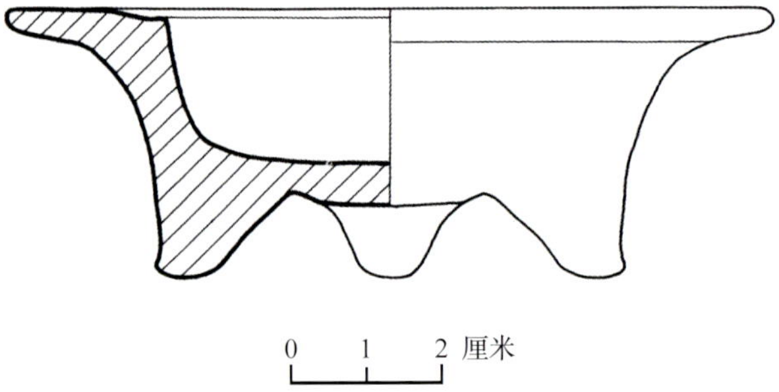

陶三足盏（IM4110∶13）

陶滴水

1件。标本IM4110：12，灰陶。残，瓦面有褶皱。长13.4厘米，宽6.8厘米，厚0.8～2.3厘米。

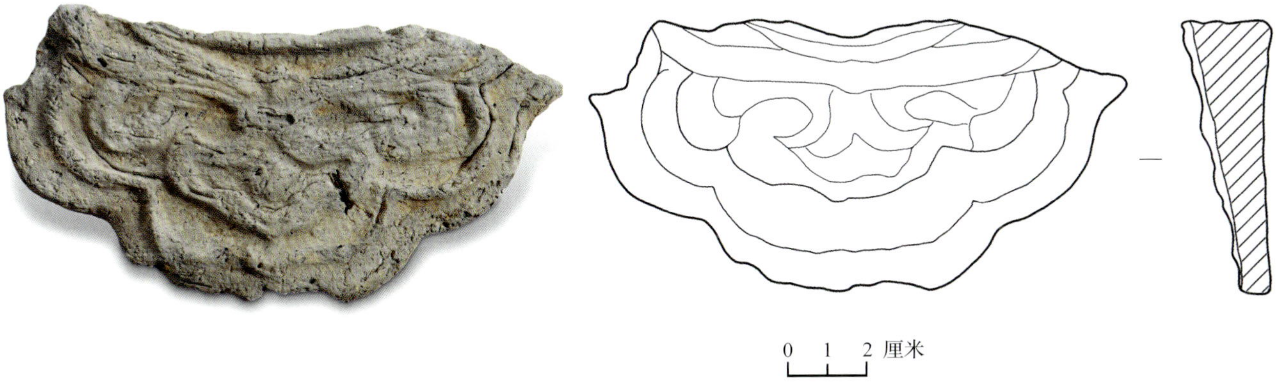

陶滴水（IM4110：12）

陶猪

1件。标本IM4110：11，泥质灰陶。俯卧。长13厘米，高5.5厘米。

陶猪（IM4110：11）

陶狗

1件。标本IM4110：10，泥质灰陶。俯卧，头斜望一侧。长9厘米，高3.9厘米。

陶狗（IM4110:10）

陶鸭

1件。标本IM4110：9，泥质灰陶。扁嘴，尾残，卧伏。长12.9厘米，高6厘米。

陶鸭（IM4110:9）

买地券

2件。编号IM4110∶4、IM4110∶5。

标本IM4110∶4，板瓦，残，仅存一半。背面两侧竖行墨书字迹模糊，中间上部有墨书“敕令”下部为朱书符篆文。残宽12厘米，长21.7厘米。

标本IM4110∶5，板瓦。背面左右两侧竖行墨书“镇墓大吉”“生安亡稳”，中间上部墨书有“敕令”，下部为朱书符篆文。宽17.7厘米，长22.1厘米。

买地券（IM4110∶4）

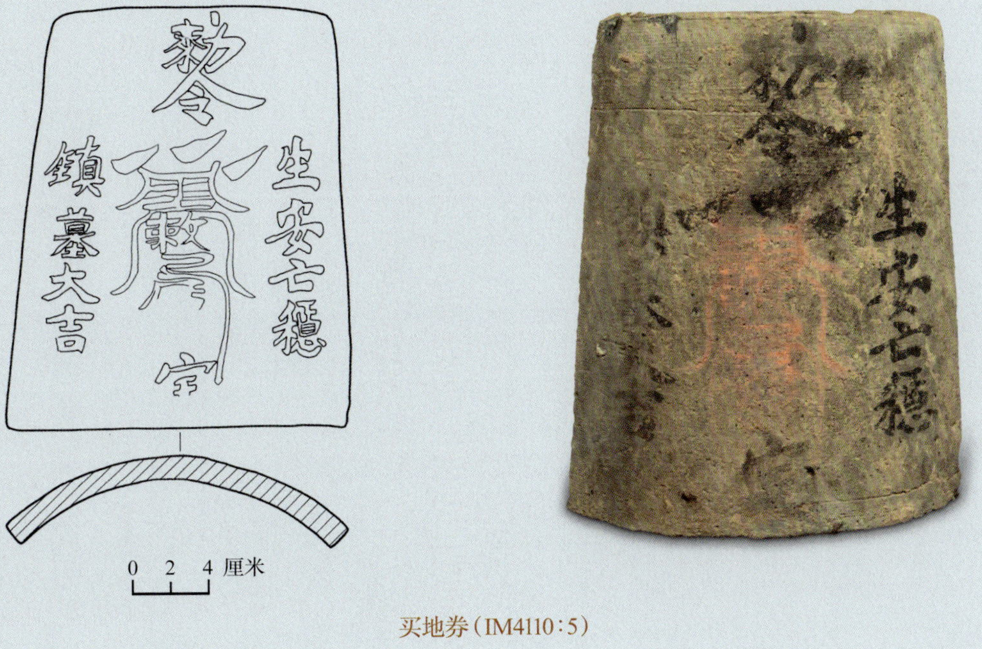

买地券（IM4110∶5）

铁器

1件。标本IM4110：7，锈甚。长11.8厘米，宽8.8厘米，高5.8厘米。

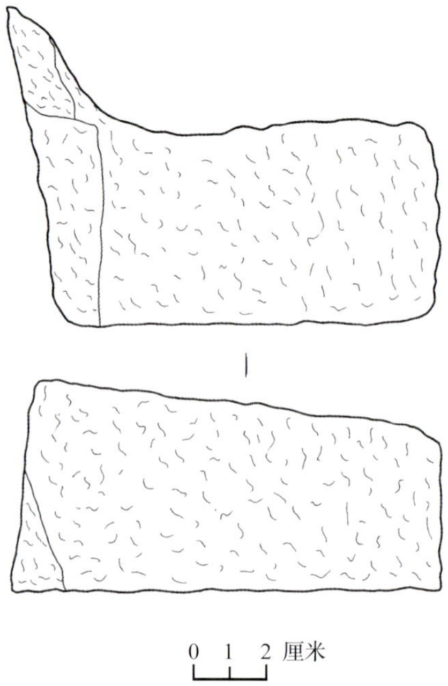

铁器（IM4110∶7）

铅饰

1件。编号IM4110：2，残。呈U形，尾端弯曲。残长10厘米，直径1.1厘米。

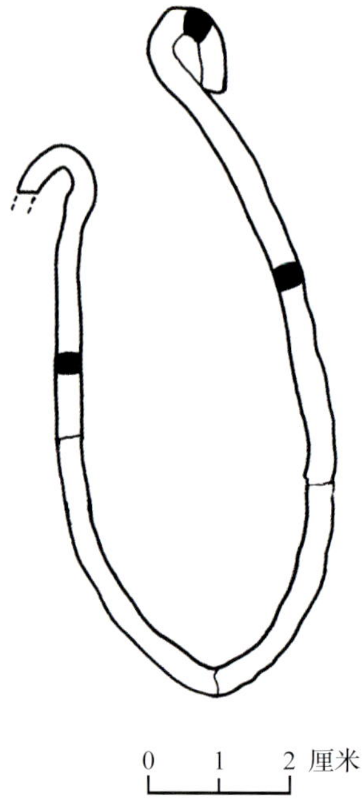

铅饰（IM4110∶2）

铜钱

5枚，编号IM4110：1。

熙宁元宝 3枚，外圆内方。直径2.4厘米，孔边长0.7厘米，厚0.1厘米。

天启通宝 2枚，外圆内方。直径2.5厘米，孔边长0.5厘米，厚0.1厘米。

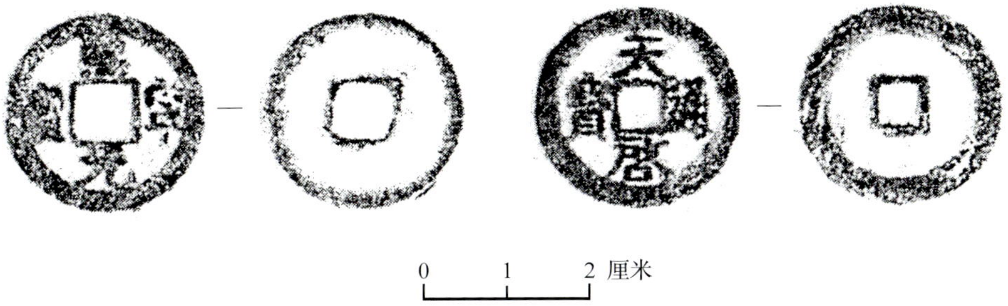

铜钱（IM4110∶1）拓片

墓志

1合，编号IM4110：15。青石质，盖盝顶，顶部磨光，四侧粗磨，背面为旧碑正面，字迹依稀可见。盖顶阴刻篆书，竖排5行，每行4字，共20字，“明恩荫官生显考沈公配显妣孺人刘氏合葬墓志”。盖顶边长48厘米，底边长79厘米，厚19厘米。

墓志方形，边长79厘米，厚20厘米。四侧粗磨，背面依稀可见旧碑文，志文楷书，阴刻，竖30行，满行41字，计1152字。首行题“明恩荫官生显考沈公配显妣孺人刘氏合葬墓志”。

盖铭：

明恩荫官/生显考沈/公配显妣/孺人刘氏/合葬墓志/

志铭：

明恩荫官生显考沈公配显妣孺人刘氏合葬墓志/孤生不辰慈亲蚤丧藐焉诸孤茕茕何恃相与吁天号泣恨不能从之地下也考君戒慰之曰有父在尔/曹毋过恸为今越年几何天复夺我考君去也呜呼骨肉凋零焉能已於恸哉敬用穆卜将以冬秒襄大/事因惟葬宜有志纪实录也谨依先大司空所遵朱考亭志式述其世系年月抆泪而志之考君姓沈氏/讳余庆字世积承泉别号也祖贯直隶长洲县人始祖讳道坚明兴从戎入雒占籍河南卫家焉三传/而为五世祖讳澜/诰赠右副都御使从孙贵也澜生高祖讳机累受/诰赠右副都御使从子贵也高祖生曾祖讳应时登嘉靖庚戌进士历任南京工部尚书曾祖生我王父讳/侨由郡庠生恩荫官生承父荫也配王母吴氏都御使吴公瀚孙黄州府丞吴公三聘女实生考君蚤/逝继配王母谢氏都谏谢公江女考君行二与伯父讳延庆叔父讳集庆者同铅椠习举子业攻苦刻励/佥为先达所许可且也友于之化宛若埙篪彬彬然质有其文已居无何伯父蚤殇考君与叔父先后游/胶序永念贻谋志

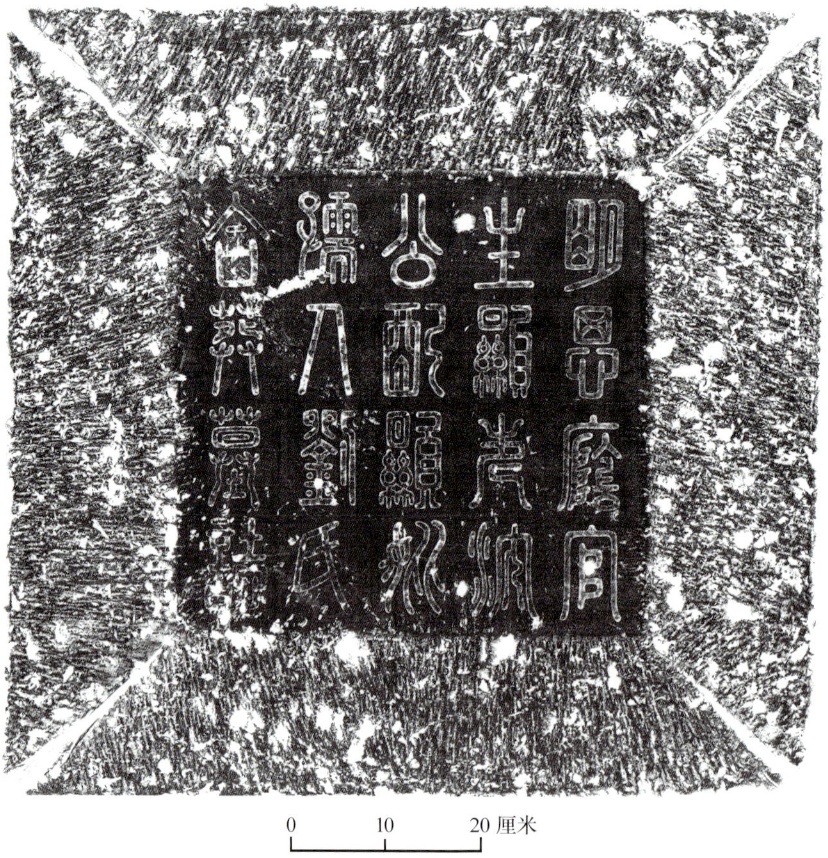

沈余庆夫妇墓志盖（IM4110：15-1）拓片

切绳武适值王父婴疾上疏改荫/帝命曰俞考君以伦序承任读书成均恂恂雅饬无纤毫贵介气刁期许远大求无负朝廷作养至意讵/欲以任子终耶不意王父告变时势倥匆虽当藩封肇建居第拆卸之时考君天性孝敬丧葬一如礼/制既而身总家政力崇节俭不以棼呶遗诸孤脱略世故远谢尘嚣自命曰痴隐卜筑西园亭榭掩映山/水潆峙梅桂芳馥松竹交翠檐雀翔鸣渊鱼踊跃额其室曰松石山房日徜羊其间呼吸精和偃仰自如/课儿弄孙绘画鸣琴观图史考方技时与一二知己促膝啜茗话旧论心恬养清澹优游卒岁此即可以/永寿命享期颐也奈何彼苍不吊仲子夭折悲哀忧郁脾气受症孤躬侍汤药几及半载庶几平复寻遭/谢王母之艰考君力疾治丧如葬王父礼哀毁过恸夙恙顿增春初痰饮夏秋泻痢药饵罔功渐至不起/弥留之际犹复眷恋诸孤属以后事少选昏愦奄忽而逝痛哉痛哉考君生於隆庆戊辰四月二十六日/卒於崇祯戊辰八月初七日享寿六十有一先妣刘孺人考之元配也祖衍祚与曾祖同年举进士任参/政父讳崇业郡庠生母董氏妣少端敏通内则精女红及笄以年谊谐婚既归能执妇道内政修整凡奉/养祭祀无不精腆内助慈教夫子成益焉以至和宗惠下闺中奉为楷式其贤有足征者妣少考君三龄/七月念一日生先考君卒一十有七载二月初二日享年四十有二痛矣先妣之亡也考君钟爱诸孤怜/念失母弦断不忍再续久之谢王母劝谕再四曰力栉箕帚之任可若何考君曲从母命姑纳秦氏为侧/室其体悉诸孤之情每传诵於宗党之口恩至渥也生男四长即进邑庠生娶史氏光禄寺署丞注女次/选郡庠生娶方氏庠生可荐女俱先卒继娶董氏庠生玉生女次远娶李氏光禄寺署丞人珍女俱刘出/

次遴未聘秦出女三长适郡丞王公佐才子庠生廷献刘出二三尚幼俱秦出孙男四长若星聘庠生董/公昌庆女次如星次南星次东星孙女五长适光禄寺署丞李公松乔子庠生即升其二未字其三字庠/生王公鹗子良楝四五尚幼未字俱进出今以崇祯元年冬十二月初四日启先妣之窆合葬於/敕建先茔之次呜呼龙剑双合玄宫永闭风木余恨昊天罔极举笔泪涌泣书而继之以血也谨志/不孝孤进泣血撰书/远泣血篆额/

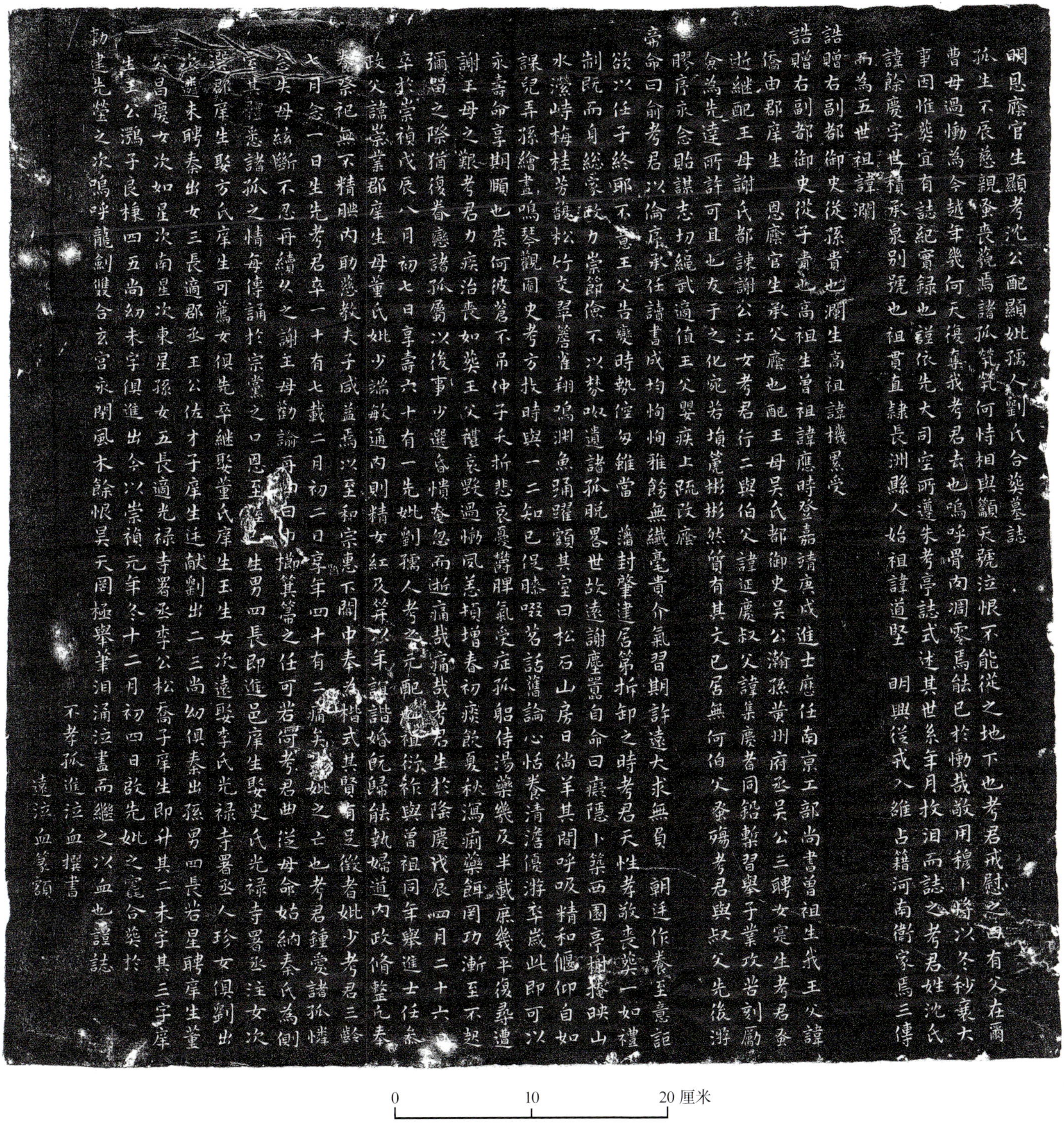

沈余庆夫妇墓志（IM4110∶15-1）拓片

第六节 IM4180

一、位置与地层

IM4180位于其家族墓地从北到南第五排，沈侨夫妇墓西南，距该墓约10米。垫土层下即为墓葬开口，垫土层厚0.4米。

二、墓葬形制

IM4180为长斜坡墓道穹隆顶土洞墓，由墓道、过洞、封门、甬道、墓室组成。通长19.4米，方向175°（图3-34、图3-35）。

图3-34 IM4180全景（由北向南）

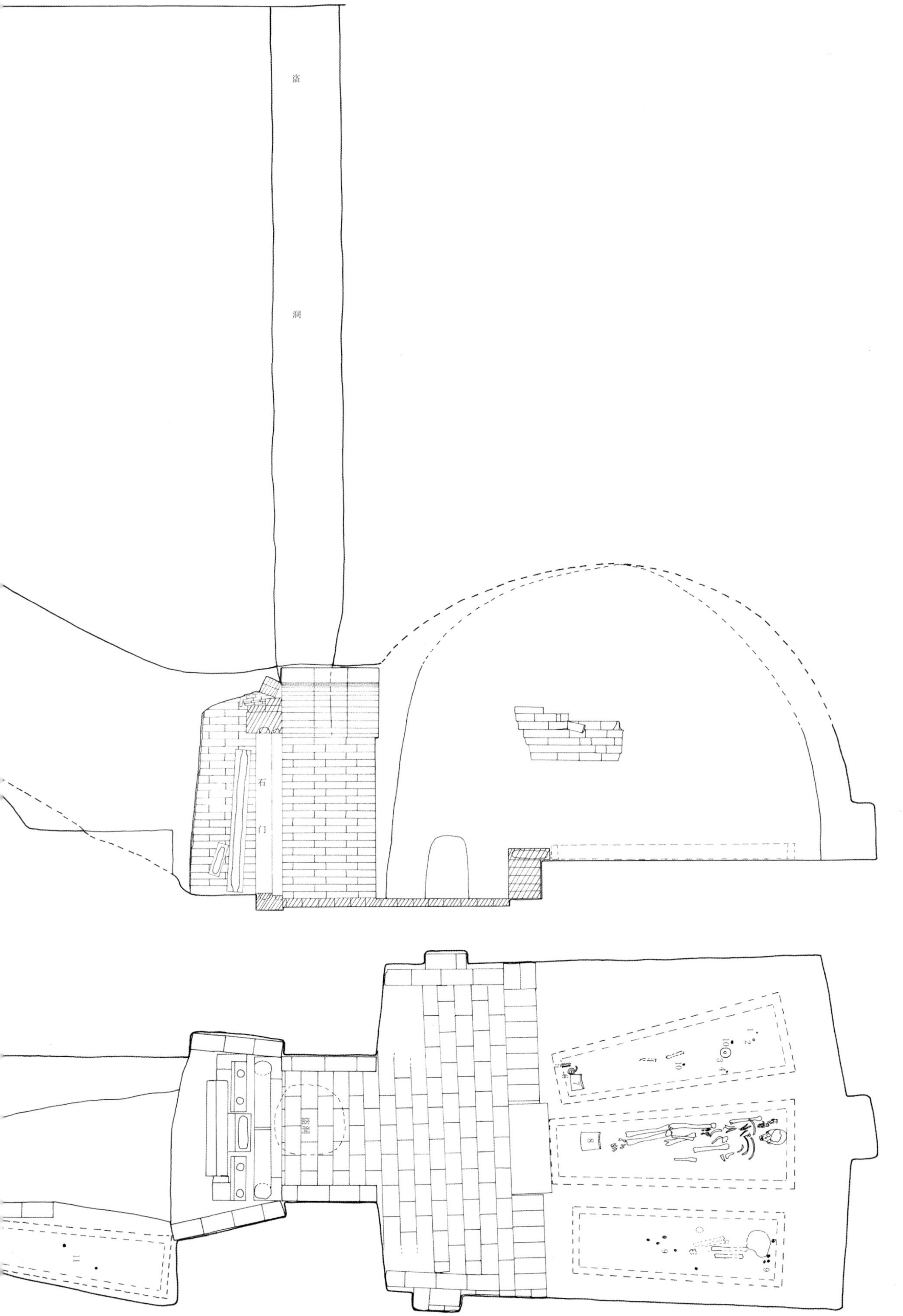

盗洞
石门
北

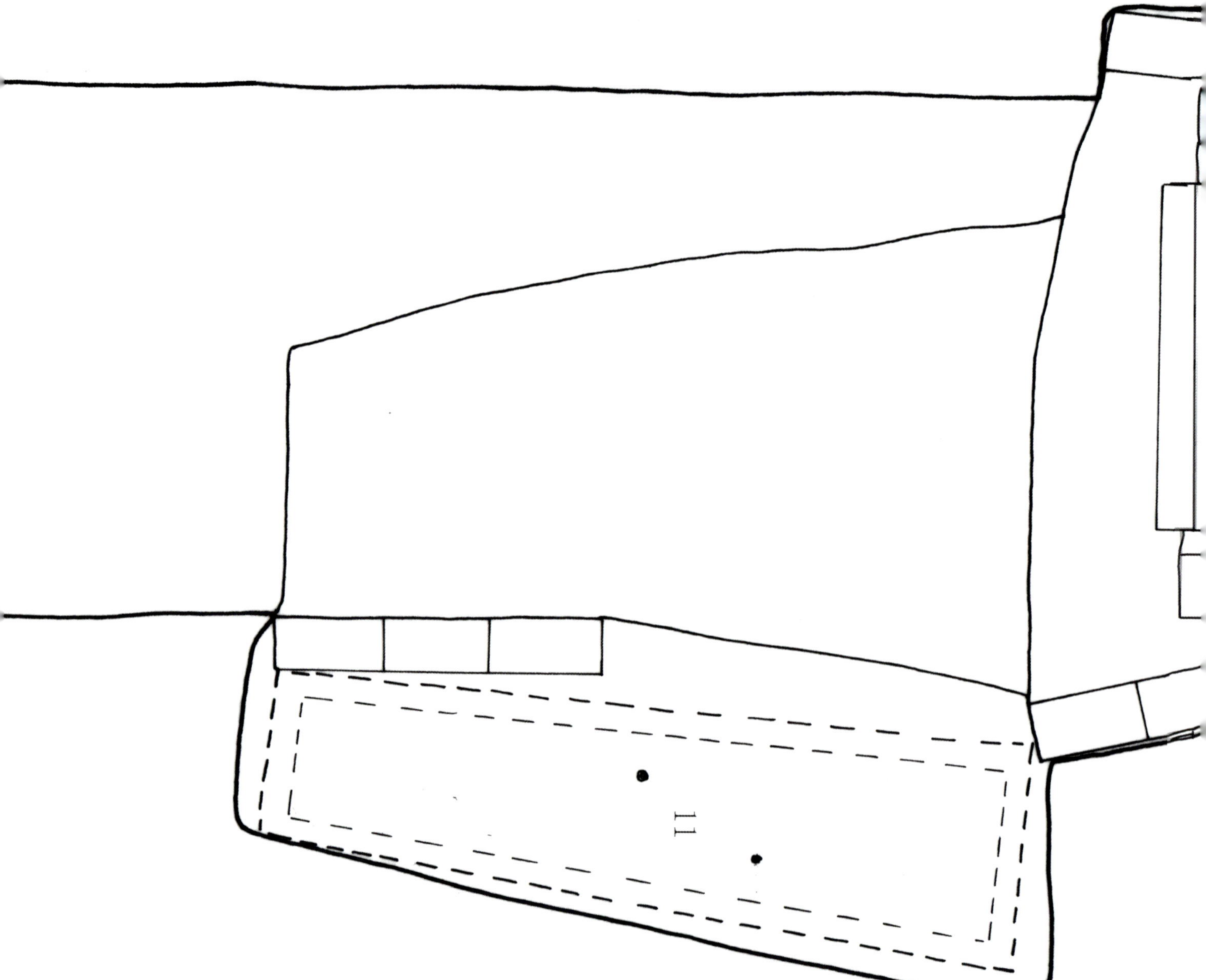

IM4180平剖图局部

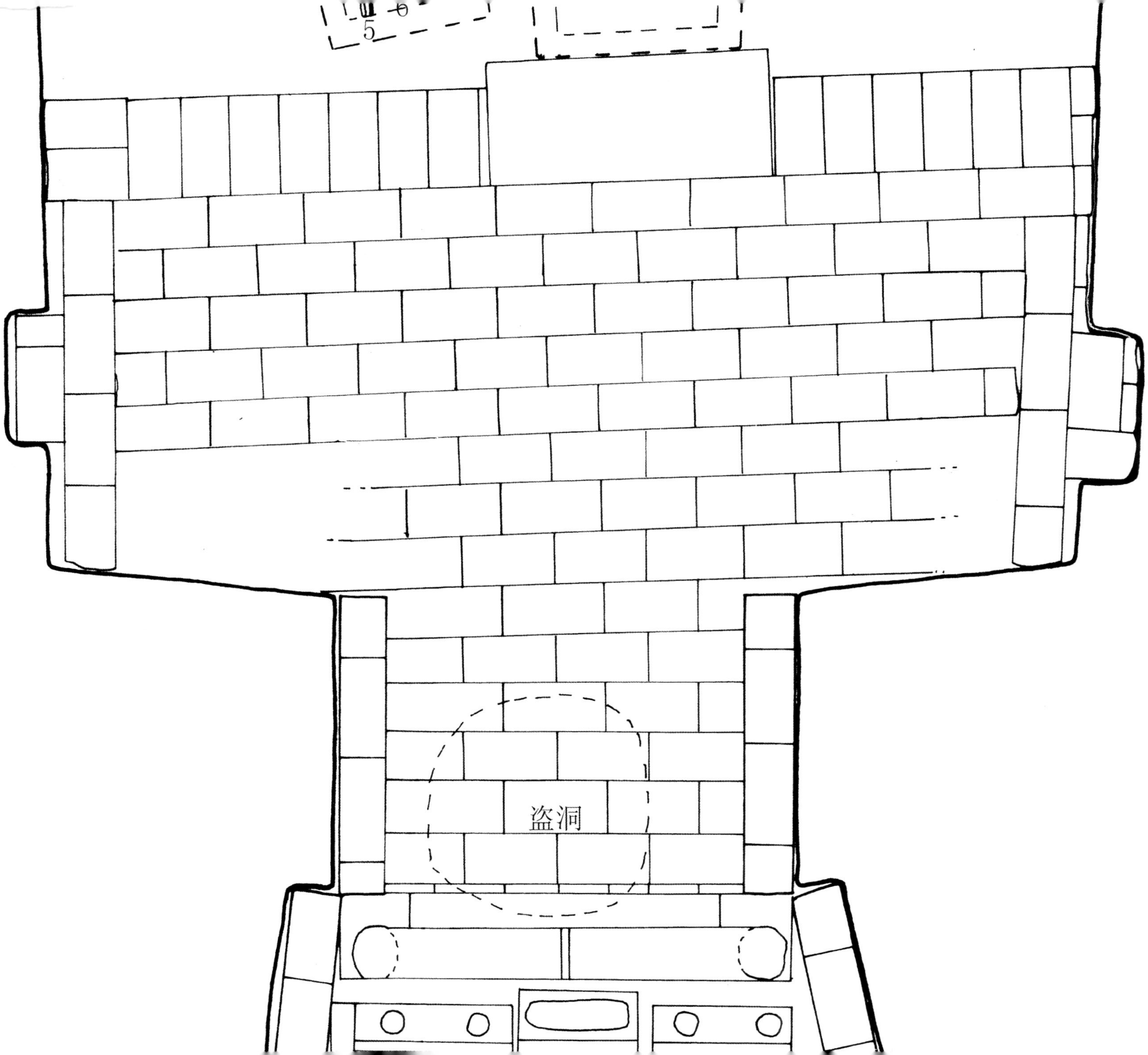

盗洞

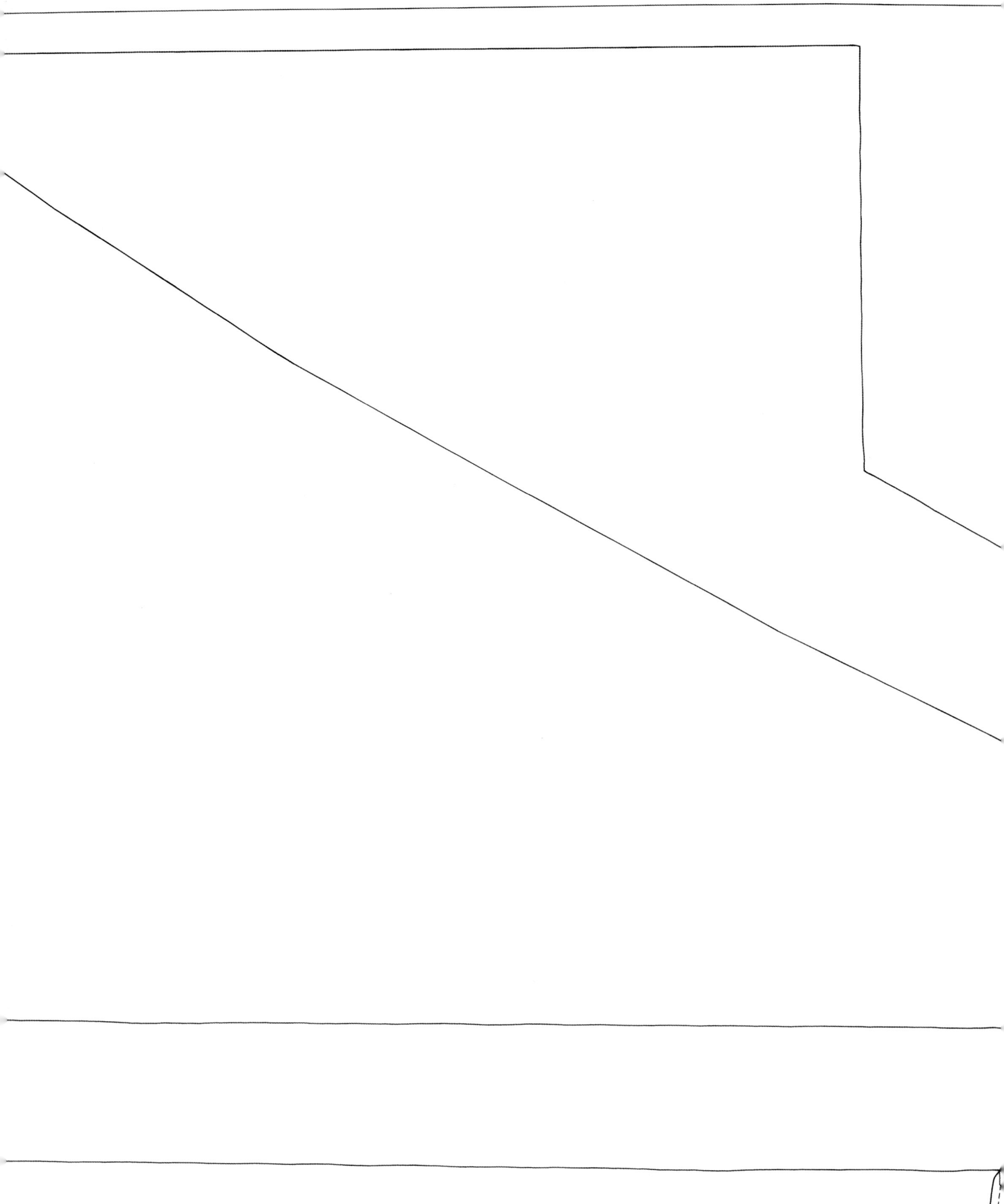

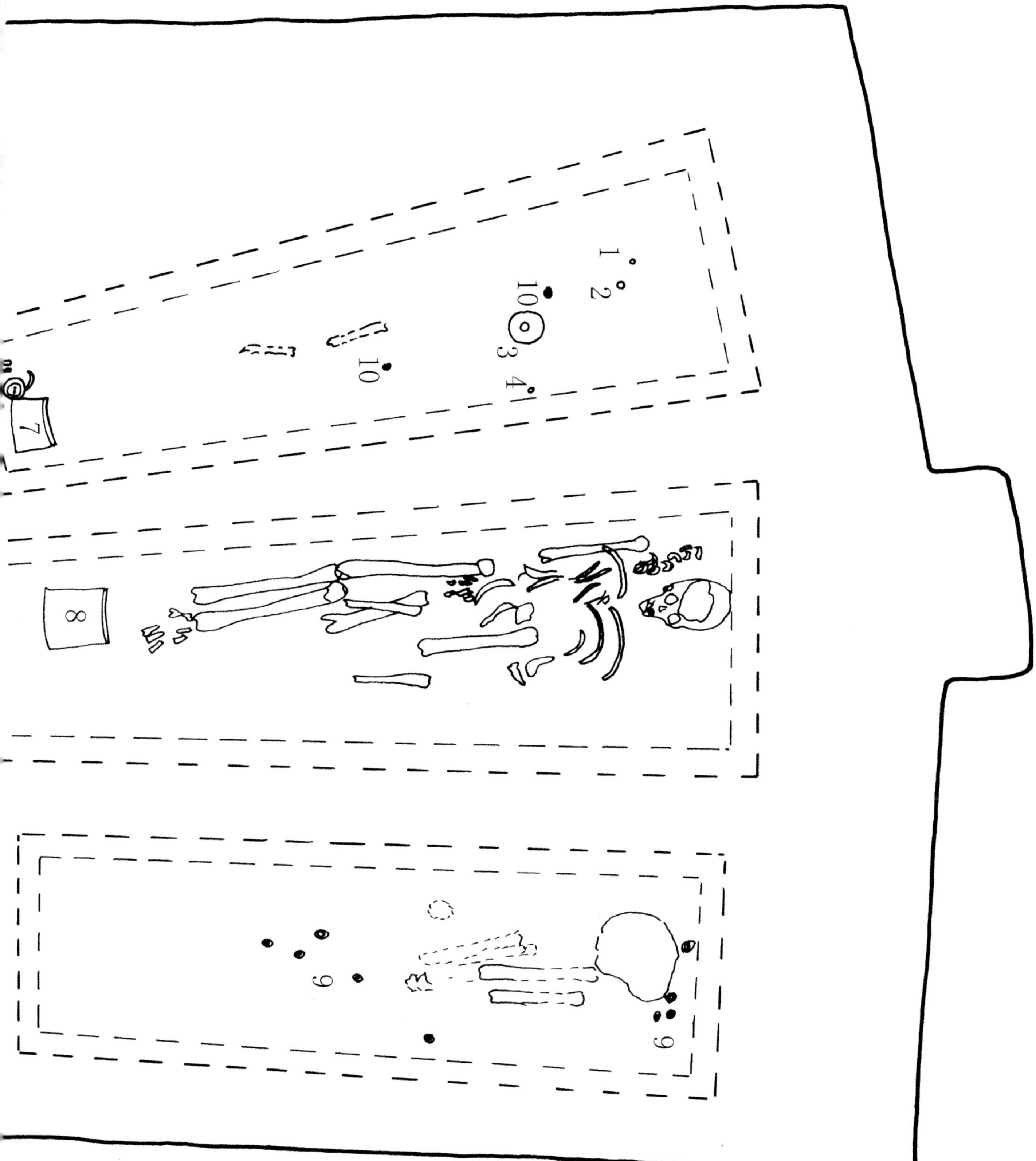

1
2
10
3
4
10
7
8
9
9

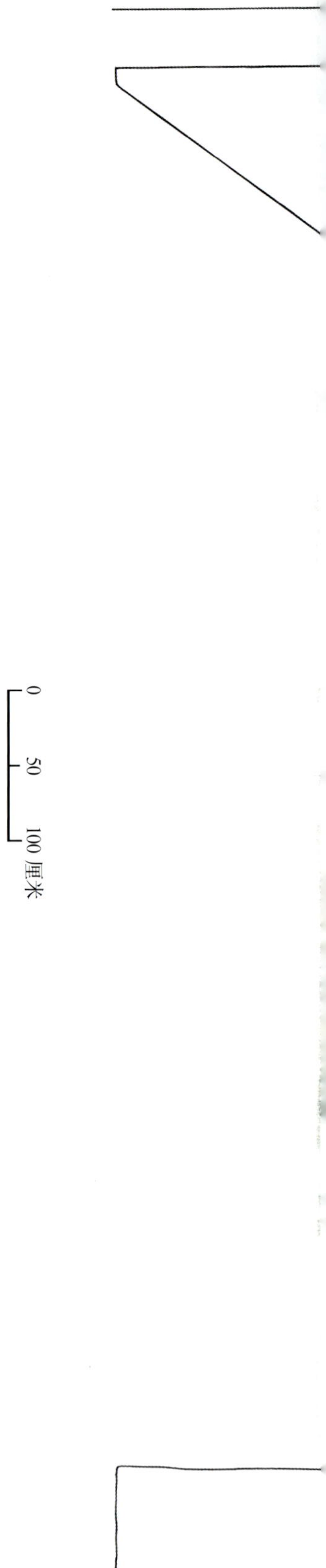

图3-35　IM4180平剖图

1. 玉鼻塞　2. 玉珠　3. 铜镜　4. 土珠　5. 铜箸　6. 铅罐　7、8. 买地券　9~11. 铜钱

图3-36　IM4180墓道（由南向北）

（一）墓道

墓道为长方形斜坡，填土花土，开口距地表0.4米。口长9.65米，宽1.44米。底部斜坡长11.4米，宽1.44米，距墓口深0.1～7.75米，坡度36.5°（图3-36）。

（二）过洞

过洞位于墓道与封门之间，土洞拱顶，斜坡底。斜坡长4.7米，宽1.4米，高1.66～2.16米。过洞东壁北部发现一土洞侧室墓，侧室西侧过洞填土内有长1.4米，宽0.7米，深0.2米的平台，疑为掏挖侧室时形成，平台南部低于过洞底部0.2米，北部高于过洞底部0.4米。墓室一角已伸入IM4180封门东侧挡砖一侧，但未破坏挡砖。墓室内残存棺痕，墓室北宽南窄，长2.14米，宽0.58～0.78米，高0.85米，内置一棺，棺长1.8米，北宽0.48米，南宽0.3米，棺板厚08米，棺内人骨一具，已粉化，性别不明。随葬遗物仅见顺治通宝2枚。

（三）封门

封门位于过洞与甬道之间，封门范围平面呈梯形，南宽北窄，南部比过洞宽，底部低于过洞底部约0.1米，两侧用小砖纵向错缝叠砌挡墙，白灰勾缝，拱顶。底部小砖错缝平铺。石封门两扇，未打磨，门框皆为长条形青石，石门南侧为三块空心砖东西侧立放置，外为一空心砖横向侧立放置。三块空心砖尺寸分别为：长1.35米，宽0.48米，厚0.15米；长1.32米，宽0.43米，厚0.12米；长1.3米，宽0.34米，厚0.14米。小砖长0.29米，宽0.15米，厚0.7米。封门区域南宽1.66米，北宽1.36米（图3-37～图3-39）。

（四）甬道

甬道位于封门与墓室之间，砖砌拱顶，平面呈长方形，侧壁小砖错缝叠砌，白灰勾缝，底部小砖错缝平铺，与封门底部铺砖衔接。甬道南端顶部有一圆形盗洞，直径0.67米，由地表开口，打破封门和甬道顶部，进入墓室，盗洞填土为现代物品和地表扰乱耕土，为当代盗洞。甬道东西宽1.36米，南北长0.84米，高26米。甬道有填土、淤土和盗洞扰土。

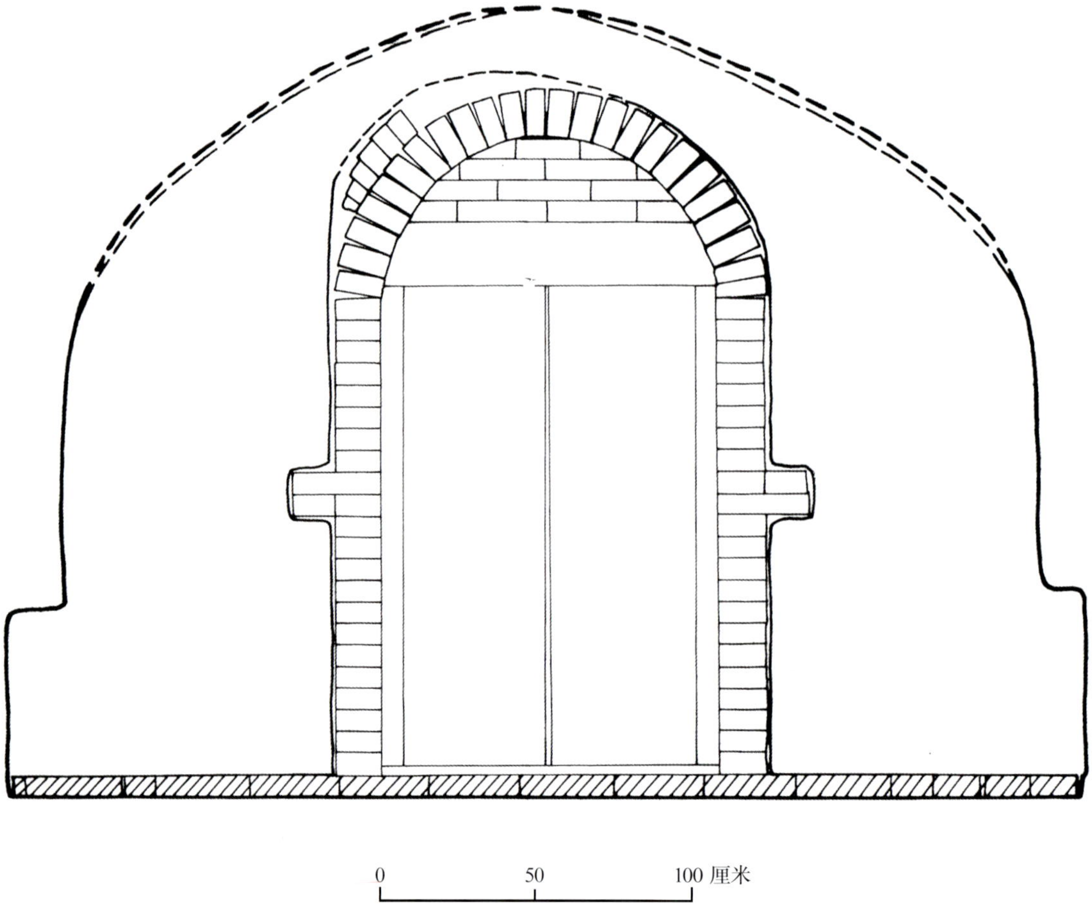

图3-37 IM4180封门正视图（由北向南）

图3-38　IM4180墓门外（由南向北）

图3-39　IM4180墓门内（由北向南）

（五）墓室

墓室位于甬道之北，平面呈长方形，为土洞穹隆顶，顶部坍塌。底部前部小砖错缝平铺，东、西、北壁各有小龛一个。东部小龛宽0.4米，进深0.13米，高0.6米。西壁小龛宽0.46米，进深0.25米，高0.54米。北壁小龛宽0.6米，进深0.22米，高0.54米。棺床位于墓室中后部，高于墓室底部0.5米。棺床前部用小砖纵向平铺叠砌5层，顶部中间用一块大型方砖东西平铺作为祭台。棺床上并排有三副棺痕，棺木已朽，中棺内人骨保存较好，仰身直肢，为男性。两侧人骨均已粉化，性别不明。棺痕皆北宽南窄。中棺长2.24米，北宽0.82米，南宽0.66米。西棺长2.2米，北宽0.74米，南宽0.5米。东棺长2米，北宽0.7米，南宽0.6米。随葬遗物较少。中棺和西棺内各放置镇墓瓦一块，东棺内仅见明代通宝钱。西棺内还有铜箸、铅罐、铜镜、玉鼻塞、玉珠等。墓室长4.46米，宽3.1～3.38米，高2.84米，墓底距地表深7.8米（图3-40）。

图3-40　IM4180墓室

三、随葬遗物

玉鼻塞

1件。标本IM4180：1，圆柱状，中空，上口径0.6厘米，下口径0.7厘米，高1.1厘米。

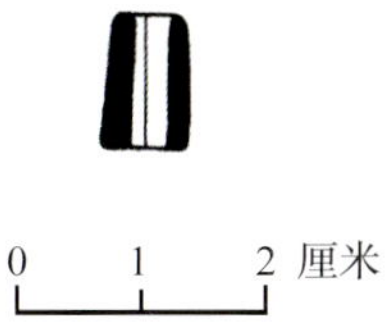

玉鼻塞（IM4180：1）

玉珠

2件，形制相同。编号IM4180：2、IM4180：4。

标本IM4180：2，圆球状，中有圆孔，孔径0.2厘米。玉珠直径1.5厘米。

标本IM4180：4，圆球状，中有T形圆孔，孔径0.2厘米。玉珠直径1.5厘米。

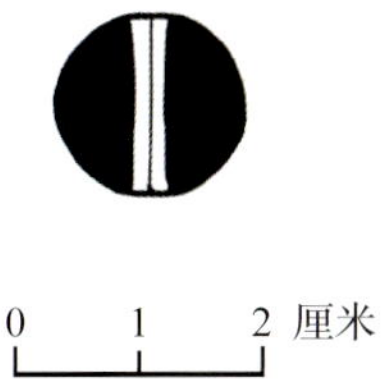

玉珠（IM4180：2）

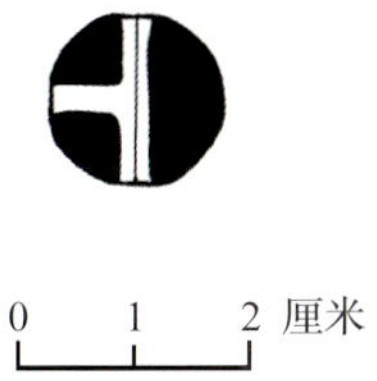

玉珠（IM4180：4）

铜箸

1双。标本IM4180：5，一端为四棱形，一端为圆柱状，两根长度相同，均为长23厘米，四棱边长0.6厘米，圆柱直径0.5厘米。

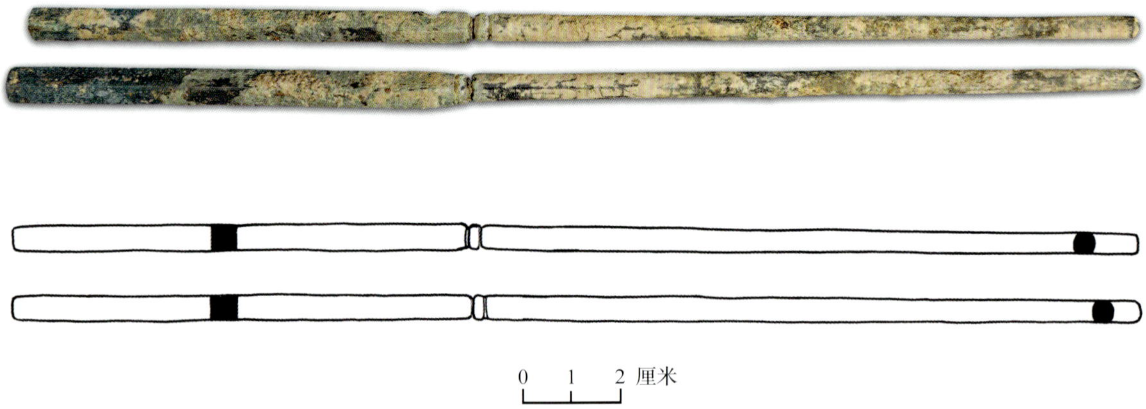

铜箸（IM4180：5）

铅罐

1件。标本IM4180：6，残。铅质，双耳，敞口，溜肩，直壁，平底。口径4.9厘米，底径5.6厘米，高17厘米。

铅罐（IM4180：6）

买地券

2件。编号IM4180：7、IM4180：8。

标本IM4180：7，板瓦，瓦背墨书“亡者安稳”“生人福寿”，中部为“五岳镇煞符（泰山）”，瓦长19.9厘米，宽15.7厘米。

标本IM4180：8，板瓦，瓦背墨书“镇墓”“吉利”，中部上为“敕令”，下为“五岳镇墓符（泰山）”。长22.3厘米，宽17.9厘米。

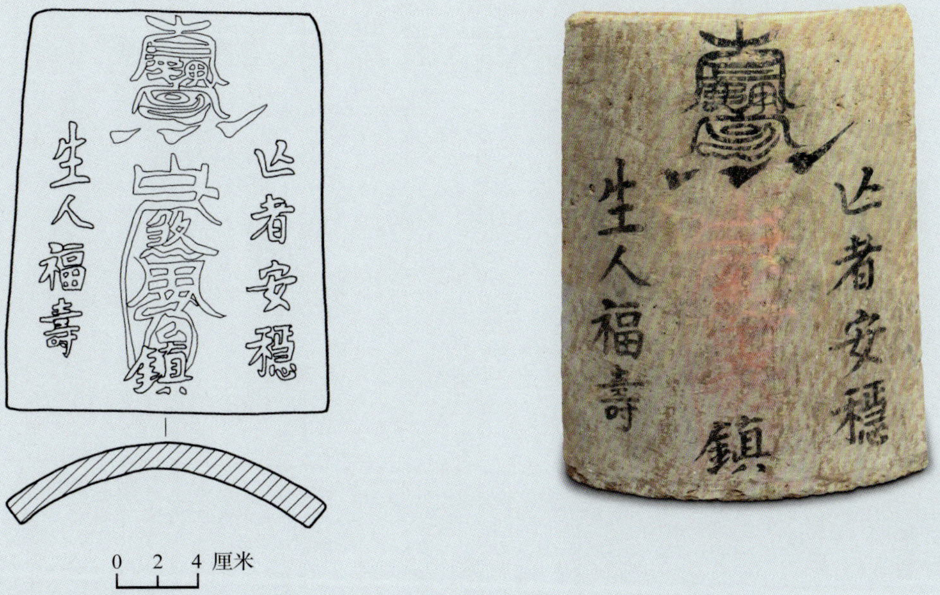

买地券（IM4180：7）

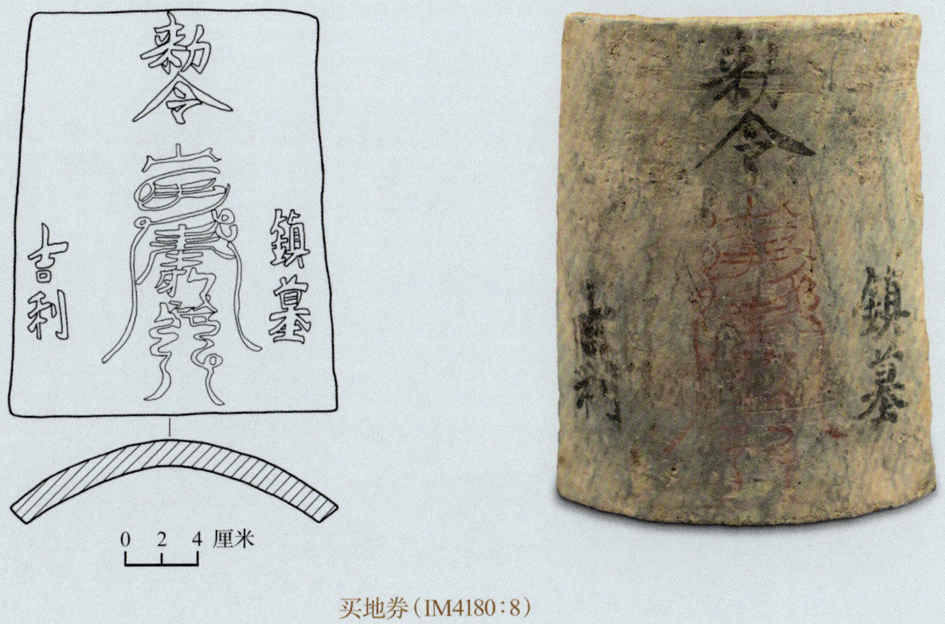

买地券（IM4180：8）

铜镜

1件。标本IM4180：3，拱形钮，背部由内向外三周凸棱，凸棱之间为梵文准提镜。直径9厘米，厚0.65厘米。

铜镜（IM4180：3）

铜钱

3组。编号IM4180：9、IM4180：11、IM4180：12。有元丰通宝、天禧通宝、熙宁元宝等20枚。

天禧通宝 2枚。外圆内方。直径2.4厘米，孔边长0.7厘米，厚0.1厘米。

元丰通宝 10枚。外圆内方。直径2.55厘米，孔边长0.7厘米，厚0.1厘米。

熙宁元宝 8枚。外圆内方。直径2.4厘米，孔边长0.7厘米，厚0.1厘米。

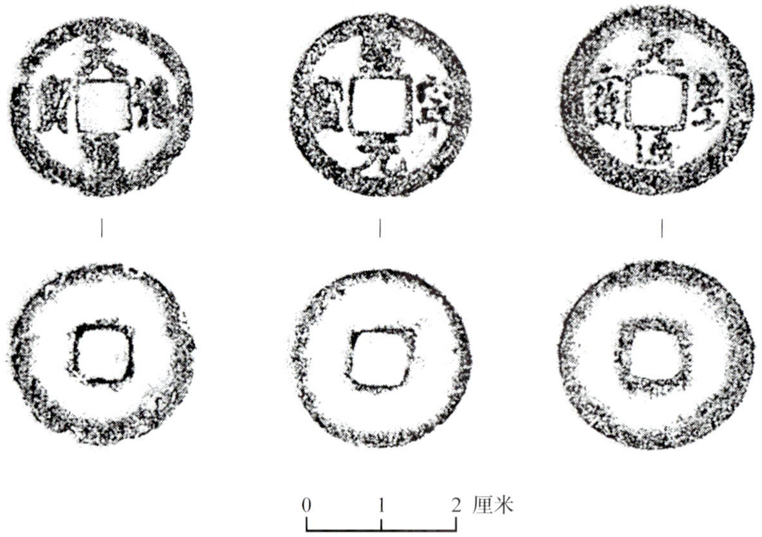

铜钱（IM4180：9、IM4180：11、IM4180：12）

第四章

墓志考释

沈应时家族墓地共出土墓志铭6合，即沈机夫妇合葬墓志铭、沈机墓志铭、沈应时墓志铭、沈应时妻李氏墓志铭、沈侨夫妇合葬墓志铭、沈余庆夫妇合葬墓志铭。墓志对沈应时家族渊源、历官记载甚详，现考释如下。

第一节　沈机夫妇墓墓志考释

沈机夫妇墓葬中出土2合墓志，一方为夫妇合志，一方为沈机墓志。沈机墓志在先，合葬墓志在后。

一、沈机墓志

沈机墓志（IM4195：2），由志、盖两部分组成，青石质。盝顶，顶部阴刻篆书，竖排3行，每行4字，共12字，“大明故处士东桥沈公墓志铭”，四面阴刻“四神”图案。志文四周阴刻花草纹，志文楷书，阴刻，竖31行，满行38字，计1046字。首行题“明故处士沈东桥墓志铭”。

（一）墓志录文及标点

明故处士沈东桥墓志铭

洛阳嵩少山人李天成撰并书篆

东桥处士五十三而卒，一乡之人亡问老少罔不惊悼！予既已往哭之矣！盖伤其不终云。其嘉靖辛亥孟秋之杪乎！乃伯子应时以庚戌进士留京师，方命下授知山西翼城县，未就道而讣音适至，遂奔还，叩柩大恸，予又往吊之，见其擗踊哀毁，曰：“子不闻送死大事也，勉之！慎之！”应时哀少止。匍匐稽颡，谓予曰：“伤哉，父也！孤生不能养，死不能面诀，孤之罪大矣！天不殄绝，孤顾父是及，孤於此不用其恸，又恶乎用其恸？且我沈氏世居城南，内叔岂不闻知？正德辛未遭兵燹，家产尽毁，吾祖以故忧愤而卒，遗我父十有四年矣。三叔复冲弱。祖母吴杨二夫人俱衰老。当是时也，居无庐，出无乘，我父用是大惧，遂弃学，务植生，竭力周旋，以奉二亲，抚三孤，艰辛苦楚莫可言状。十年始复其庐。逾年娶吾母辛夫人，而家道浸浸可观。人见我父少而树立也，咸称其干蛊。丁亥，族有讼十年未决，费日不给，举族坐困，父倾资倒囊供之无难色，事亦多赖，人见我父义而轻财也，咸服其睦族。丁酉，吴夫人没。壬寅，杨夫人又丧。虽再值中衰而附身附棺勿之有悔。人见我父戚逾於易也，咸嘉其敦本。我父忧沈氏之不振，日训孤及时修业，曰：“汝苟为大儒，家虽窘，吾亦豫。汝苟惰入汗下，家虽豫，吾亦窘。孤奉教，惟谨寻，叨中河南癸卯乡试，每戒孤母称贷习骄侈为俗态。及再叨登第，亲诣都下，戒孤初入宦途，上毋负国，下毋负学，毋温饱以悦亲，飘然而归留之不及。”人见我父家训之严贞也，咸拟之义方。呜呼！父平生无过举，既素为乡人，所与又窃视其饮食动定无以异，曩昔，方幸其日之必永，讵知归而病，病而不起乎！讵知旅邸之，训其永决之言乎！呜呼！孤服家庭之教，幸有今日，欲禄养，而父不逮，风木之悲抱恨终古。卜是年十一月十有八日窆葬北邙先兆，大恐蹈夫有美不称之罪，欲图为不朽者，惟内叔，其毋孤，弃孤昏迷，先人行实不能悉，知先人者，莫如陈伯荐，已托之为状矣！予唯唯，及睹状，亦若应时之言。夫据状：处士生弘治己未十二月二十日，姓沈氏，讳机，字德由，东桥则其号也，直隶长洲人。一世祖政，洪武初从义兵定天下，后隶河南卫，故今又为河南人。二世祖礼，三世祖鈜，父澜。世无失德，生子四人，伯子即应时，娶吾兄儒官天秩女。仲子随时，娶义官王用才女。叔子乘时，季子济时。女二人，一适杨昂子泰，一适引礼许光祚子庠生灏。孙子二，侨、伉，孙女一。李子曰：“予观处士而疑德不必寿，寿不必德乎！”夫干蛊之谓孝，睦族之谓仁，敦本之谓礼，义方之谓毅，备此四德而又发之以忠诚，执之以矜约，家虽索而心自如，子虽仕而气愈下，视世之约则徇物，裕则肆已，奚啻倍徙哉！曾无一致短之行，乃如斯而止。其他悖乱者，往往终其天年，岂修短者叹君子作德不与哉，无怪乎马迁天道之惑也，虽然惟德则不朽，不寿犹寿，不德则速朽，寿亦不寿，予於处士无憾矣！故为之铭曰：“天道忌彰，人道忌昡。匪壬曷殇，匪懿曷春。昭伏屈信，叵测斯电。嗟嗟处士，惧彼作善。曰艾匪寿，不可谓短。曰德匪爵，不可谓贱。佑启令嗣，为邦之彦。世济其美，孰常孰变。”

石工刘策镌

（二）墓志考释

沈机墓志由洛阳嵩少山人李天成撰并书篆。李天成，沈机长子沈应时的岳父李天秩之弟，自称“山人李天成”。山人，一般指隐士高人或与世无争的高人。

东桥处士，东桥，沈机别号，明代在文人雅士之间流行别号称呼，以示高雅、亲切、尊敬之意。处士，原来指有德才而隐居不愿做官的人，后来泛指未做过官的读书人。据墓志沈机之父沈澜去世时，沈机方14岁，上有老母，下有弱弟，家道艰难，“遂弃学，务植生，竭力周旋，以奉二亲，抚三孤，艰辛苦楚莫可言状”。十年后，家业复兴，方娶妻成家，可谓尝尽生活艰辛。沈机义而轻财，乐于助人，友邻睦亲，颇有德才，以“处士”褒之甚当。

“嘉靖辛亥孟秋”即1551年7月。“伯子应时”即长子沈应时。“庚戌进士”，沈应时为嘉靖二十九年（1550年）庚戌科殿试金榜第三甲第130名同进士出身。

“方命下授知山西翼城县，未就道而讣音适至”，翼城县，自春秋以来，先后名为绛、翼、故绛。北魏太和十二年（488年）置北绛县，北魏孝昌二年（526年）置新安县，属北绛郡。北齐天保七年（556年）废入北绛县，故址在今翼城县境内。隋开皇十八年（598年）改为翼城县。唐天祐三年（906年）改为浍川县。宋复名翼城县。金升为冀州。元复称翼城县，一直沿用。沈应时进士及第后，授任的第一个职务为山西翼城知县，但因沈机病故，未到任。“沈氏世居城南”即洛阳城南。明清洛阳城位于今洛阳市老城区。

“正德辛未遭兵燹，家产尽毁，吾祖以故忧愤而卒，遗我父十有四年矣。”正德，明武宗朱厚照年号（1506～1521年），“正德辛未”即正德六年（1511年）。据《明史卷十六·本纪第十六·武宗》：“六年春正月甲子，大祀天地于南郊。……三月戊辰，赐杨慎等进士及第、出身有差。庚午，惠安伯张伟充总兵官，右都御史马中锡提督军务，讨直隶、河南、山东贼。丙子，免被寇州县税粮一年。是月，小王子入河套，犯沿边诸堡。夏四月癸未，刘忠乞省墓归。是月，淮安盗起。六月，山西盗起。秋七月壬申，贼犯文安，京师戒严。癸酉，调宣府、延绥兵入援。八月己卯，兵部侍郎陆完将边军讨贼。四川巡抚都御史林俊擒斩贼首蓝廷瑞、鄢本恕。甲申，贼刘六犯固安。丙戌，召张伟、马中锡还。九月丙寅，再调宣府及辽东兵益陆完军。冬十月癸未，贼陷长山，典史李暹战死。甲申，贼焚粮艘于济宁州。”[①]沈机家居河南洛阳，“遭兵燹”可能与当年三月发生在直隶（今河北）、河南、山东的农民起义有关。洛阳地处运动中心，沈机家也在此次战乱中遭到破坏。遭兵燹之后，沈澜忧愤而卒，时年，沈机虚岁14岁。上有二母，下有幼弟三人，沈机不得不“弃学，务植生，竭力周旋，以奉二亲，抚三孤”，家境十分困难。“十年始复其庐”，待娶妻时，已是家道殷实。

据墓志，沈机生于弘治己未年（1499年），卒于嘉靖辛亥年（1551年），享年53岁。一世祖政，二世祖礼，三世祖鈂。子四人，沈应时、随时、乘时、济（合葬墓志写“际”）时，女二人，孙二人。“儒官天秩”即李天秩，长子沈应时岳父。儒官，古代掌管学务的官员或官学教师。《汉书·翼奉传》：“奉以中郎为博士、谏大夫，年老以寿终。子及孙皆以学在儒官。”[②]“义官王用才”，次子随时岳父。义官是由官府直接任命或采用其他奖励形式向社会颁布的一种编外官职。乘时、济时未娶。引礼许光祚，次女婿庠生许颛，引礼，指引导行礼。庠生，科举制度中府、州、县学的生员的别称。庠序，古代地方办的学校，泛指学校。明清时期称县学为“邑庠”。

墓志最后，是对沈机去世的惋惜和哀悼。墓志撰写人与沈机有亲戚关系，对沈机十分了解，充分肯定了沈机一生所作所为，孝亲睦邻、德高望重、誉满乡里。惋惜其有德无寿，并以“马迁天道之惑”而哀悼之。司马迁天道之惑，见《史记·伯夷列传》：“或曰：‘天道无亲，常与善人。’若伯夷、叔齐，可谓善人者非邪？”[③]墓志叙述别开生面，既写沈机个人生平，又叙人事儿女姻亲，言简意赅，生动刻画了沈机的一生。

---

① （清）张廷玉，等：《明史卷十六·本纪第十六·武宗》，中华书局，1947年。
② （汉）班固：《汉书·翼奉传》，中华书局，2007年。
③ （汉）司马迁：《史记·伯夷列传》，中华书局，2006年。

二、沈机夫妇合葬墓志

沈机夫妇合葬墓志（IM4195：1），由盖、志两部分组成。志盖，青石质，盝顶，四边素面磨光。顶部阴刻楷书，竖排5行，每行4字，共20字，“明赠中宪大夫父沈公封太恭人母辛氏合葬墓志”。墓志方形，青石质，志面四周阴刻凤鸟花草纹，志文楷书，阴刻，竖24行，满行24字，计498字。首行题“明赠中宪大夫父沈公封太恭人母辛氏合葬墓志”。

（一）墓志录文及标点

明赠中宪大夫父沈公封太恭人母辛氏合葬墓志

司马温公曰：“人果贤耶！则名闻昭显，众所称颂，流播终古，不可掩蔽，岂待碑志始为人知？如其不贤，虽以巧言丽辞，强加采饰，徒取讥笑，其谁肯信？碑立于墓道，人犹见之，志乃藏于墓中，自非开发莫之观也。今必欲为志，但可直述乡里世家、生死年月、男女子孙，终始而已，不在多言也。”朱文公《家礼》所载志式与温公之意正同。应时於先父母合葬墓志谨遵《家礼》，并温公训言为之。父沈公，讳机，字德由，河南卫人。考讳澜，嫡母吴氏，母杨氏。弘治十二年十二月二十日生，嘉靖三十年七月二十三日卒，加赠中宪大夫、山西按察司副使。母辛氏，考讳铉，洛阳县人，母张氏，弘治十五年十一月十四日生，隆庆五年三月二十九日卒，加封太恭人。子男四人，伯即应时，巡抚江西、都察院右副都御史，妻儒官李天秩女，加封恭人。仲随时，散官，妻王用才女。叔乘时，早殇。季际时，郡庠廪膳生，先母卒，妻庠生苏鏊女。女三人，长早殇，次适杨泰，三适许颛，亦先母卒。孙男三，曰侨，庠生，娶知县吴三聘女。曰侊，庠生，娶散官刘贷女。曰任，年十岁。孙女二，一适举人刘衍畤，与侨俱应时生。一六岁，与任俱际时生。曾孙二人，延庆九岁，聘庠生孙光遇女，余庆五岁，皆侨生也。曾孙女一人，三岁，侊生。母以应时官兼抚宁夏军功，蒙朝廷谕祭，恩至渥也。卜卒之明年二月初四日迁父柩合母葬於新茔，茔在今洛阳城西北三里邙山之麓。

孤哀子应时泣血谨志　孙侨书

（二）墓志考释

沈机夫妇合葬墓志是沈机与妻子辛氏合葬墓志铭，由其子沈应时撰，其孙沈侨书。墓志撰写另辟蹊径，开头引用司马光名言，继之则以朱熹《家礼》相印证，不落窠臼，言简意赅，以高度凝练的语言叙述辛氏乡里世家、生死年月、男女子孙，终始而已。

司马温公即司马光（1019～1086年），《宋史》有传，字君实，号迂叟，陕州夏县（今山西夏县）涑水乡人，世称涑水先生。北宋政治家、史学家、文学家。历仕仁宗、英宗、神宗、哲宗四朝，卒赠太师、温国公，谥文正。为人温良谦恭、刚正不阿。主持编纂了中国历史上第一部编年体通史《资治通鉴》，政治上主张对西夏、辽国采取割地忍让政策，反对王安石变法。

朱文公即朱熹（1130～1200年），《宋史》有传，字元晦，又字仲晦，号晦庵，晚称晦翁，谥文，世称朱文公。祖籍徽州府婺源县（今江西婺源），出生于南剑州尤溪（今福建尤溪）。南宋著名的理学家、思想家、哲学家、教育家、诗人，世尊称为朱子。著述甚多，有《四书章句集注》《太极图说解》《通书解说》《周易读本》《楚辞集注》《家礼》等，后人辑有《朱子大全》《朱子集语象》等。

据墓志，辛氏生于弘治十五年（1502年）十一月十四日，卒于隆庆五年（1571年）三月二十九日，享年70岁。弘治，明孝宗朱佑樘在位年号（1488～1505年）。隆庆，明穆宗朱载垕的年号（1567～1572年）。辛氏去世时，沈应时已官至"巡抚江西、都察院右副都御史"，因此，其父沈机得赠中宪大夫、按察司副使，辛氏封太恭人。中宪大夫，文官名，散阶，金始置，正五品中，元升正四品，宋、金、辽皆实施，明为正四品升授之阶，清正四品。按察司副使，明初所设按察司的副长官，正四品，洪武十四年（1381年）改为从四品。

墓志载："父沈公，讳机，字德由，河南卫人。"明建国后实行卫所兵制，几个府为一个防区，设卫。卫以下设千户所、百户所。兵数大抵以五千六百人为卫，一千一百二十人为千户所，一百十二人为百户所。百户所有总旗二，各辖五十人，小旗十，各辖十人。兵士称"军"，世袭当兵，另编军籍。卫的主官为指挥使，所的主官为千户、百户。各卫所分别属于省的都指挥使司（简称都司），统由中央的五军都督府统辖。河南卫隶属河南都司。

墓志称辛氏为"太恭人辛氏"，太恭人，明清时四品官之母或祖母的封号。恭人，古时命妇封号之一。宋徽宗政和三年（1113年）定制，中散大夫至中大夫之妻封恭人，元六品、明清四品官员之妻的封号也称恭人。如系赠封母或祖母，则称太恭人。又清制宗室之奉恩将军妻亦封恭人。后多用作对官员妻子的尊称。《明史卷七十二·志第四十八·职官一》载："外命妇之号九：公曰某国夫人，侯曰某侯夫人，伯曰某伯夫人。一品曰夫人，后称一品夫人。二品曰夫人，三品曰淑人，四品曰恭人，五品曰宜人，六品曰安人，七品曰孺人。"①《清史稿卷一百十·志八十五·选举五》载："正、从四品恭人。"②

辛氏去世时，"子男四人，伯即应时，巡抚山西、都察院右副都御史"。"巡抚"一词，始见于洪武二十四年（1391年）明太祖命懿文太子巡抚陕西，亦系临时差遣。永乐十九年（1421年），蹇义等26人分巡各省，巡抚制度开始萌芽。都察院右副都御史，官名，明始置，为都察院左右都御史的副职，亦分左右，正三品。

① （清）张廷玉，等：《明史卷七十二·志第四十八·职官一》，中华书局，1974年。
② 赵尔巽，等：《清史稿卷一百十·志八十五·选举五》，中华书局，1976年。

沈机夫妇墓有子四人，即沈应时、随时、乘时、际时，除沈应时外，余皆无考。女三人，长女殇，次婿杨泰，三婿许颛。孙子三人，即沈侨、沈伉、沈任，沈侨有墓志，沈伉、沈任无考。孙女二人，孙婿刘衍畴。据洛阳出土真定县令刘润墓志，刘润长子刘衍祚，次子刘衍畴。刘家与沈应时家族关系密切，刘衍畴的夫人为沈应时的女儿，刘衍祚的孙女嫁给了沈应时的孙子沈余庆，有曾孙二人，即沈延庆、沈余庆，沈延庆早殇，沈余庆有墓志。

茔在今洛阳城西北三里邙山之麓，据《河南通志》卷四十九："沈应时，明南京工部尚书，墓在府城北十里北邙山之麓。"[①]考洛阳县城与河南府城位置，基本吻合。

① （清）王士俊，等修：《河南通志》卷四十九，《钦定四库全书》影印本。

第二节　沈应时夫妇墓墓志考释

沈应时夫妇父母出土墓志2合，分别为淑人李氏和沈应时墓志。

一、李氏墓志

李氏墓志（IM4084：142），志盖青石质，盝顶，四边素面磨光。盖顶边长58厘米，底边长77.5厘米，厚12.5厘米，顶部阴刻篆书，竖排3行，每行3字，共9字，“明诰封淑人李氏墓志”。墓志方形，青石质。边长77.5厘米，厚15厘米。志文楷书，阴刻，竖21行，满行25字，计412字。首行题“明诰封淑人李氏墓志”。

（一）墓志录文及标点

明诰封淑人李氏墓志

淑人李氏，予妻也。考儒官讳天秩，别号恒菴，洛阳西侯里人。母张氏。淑人冲稚时，岳翁爱重越诸女，十年择配无谐。嘉靖丙申，淑人十四岁矣！翁许予聘，庚子毕奠雁之礼，壬寅生子侨，甲辰长女生，丁未次女生。淑人由予所历官阶，初封宜人，再封恭人，又再封淑人，万历六年今上大婚，礼成。淑人以三品命妇具服入贺，得览宫阙、朝仪与宴赏，此亦宦室者一幸矣！侨以予户部侍郎考绩，蒙恩荫官生，娶黄州府同知吴君三聘女，卒。继娶礼科都给事中谢君江女。长女适举人刘衍畤，次女卒。孙男三人，吴氏出者曰延庆，卒。曰余庆，聘参将孙君绍先女，卒。继聘县庠生刘君崇业女。侧室陈氏出者曰集庆，聘府庠廪生刘君持是女。淑人生於嘉靖癸未四月初十日，卒於万历九年辛巳六月二十八日，享年五十有九。呜呼痛哉！淑人与予共微贱，养二亲。克终大事，综理内政。助予登科名，相从诸省两京，宦游始终，凡四十二年。今一旦已矣！遗予垂老，茕茕无依，赖痛与伤心哉！卜本年冬十月初四日，即先考妣茔兆之次，启土以葬。生平行谊不能悉，惟撮其家世姓氏生卒年月志之，俾后有所考焉！南京工部尚书哀夫沈应时志，哀子侨泣血稽颡谨书。

（二）墓志考释

李氏墓志由其夫沈应时亲自撰写，其子沈侨书。志文简略，主要介绍李氏娘家父母姓氏，沈李结亲过程，李氏的优良品格、生卒年月及子女姻亲关系，字字珠玑，字里行间流露出夫妻和谐、深厚的感情，表达了沈应时对李氏去世的哀痛之情。据墓志，李氏，生于嘉靖癸未（1523年）四月初十日，卒于万历九年辛巳（1581年）六月二十八日，享年59岁。

淑人李氏，淑人为古代命妇的封号，中国古代命妇封号分九品，淑人为三品，明清时一般为正三品及宗室奉国将军的妻子的封号。父亲儒官李天秩，别号恒菴，洛阳西候里人。李天秩，史无载，是撰写沈机墓志的山人李天成之兄，该兄弟二人一人别号恒菴，一人别号山人，带有道家气息，可能与明代浓厚的道教氛围有关。

李氏初封宜人，再封恭人，又再封淑人。李氏的封号是随着沈应时官职的升迁而加封的，万历六年，因皇上大婚，得以三品命妇具服入贺。

李氏生一子二女，子名沈侨，时蒙荫官生。官生，科举考试中监生名目之一。明清时期官员之子，不经考选取得监生资格者称荫监。长女嫁给刘衍畤，其墓志2019年出土于洛阳邙山真定县令刘润家族墓地中。次女早殇。孙子三人，分别为沈延庆，早殇，沈余庆，有墓志，沈集庆，无考。

李氏去世后，对沈应时身心健康造成了很大影响，正如李氏墓志所言："遗予垂老，茕茕无依，赖痛与伤心哉！"李氏去世不到一年，沈应时"脾郁不自解，竟不起"，不久亡故。

二、沈应时墓志

沈应时墓志（IM4084：143），青石质，盖盝顶，磨光，四侧素面。盖顶边长58厘米，底边长84.5厘米，厚20厘米，顶部阴刻篆书，竖排4行，每行4字，共16字，"明资善大夫南京工部尚书沈公墓志铭"。墓志方形，侧面打磨光滑。边长84.5厘米，厚20厘米。志文楷书，阴刻，竖40行，满行45字，计1487字。首行题"明资善大夫南京工部尚书封对泉沈公墓志铭"。

（一）墓志录文及标点

明资善大夫南京工部尚书对泉沈公墓志铭

赐进士中宪大夫前山东按察司副使刘贽撰

赐进士大中大夫浙江布政司左参政刘衍祚书

赐进士通议大夫前南京刑部右侍郎王正国篆

万历壬午八月十三日，南京工部尚书对泉沈公卒於洛，守臣疏略上闻，下所司议恤典、祀葬悉从优例云。先是，公以清望孤立朝著，间值少宰员缺，时江陵相以葬假初还，欲借公望以要众心，且欲公附已，遂以司农卿改吏部右侍郎，逾年升南京工部尚书，公正色自树，竟不附，居岁余，稍稍露风旨，公遂上书，蒙允致仕，还洛，庚辰秋八月也。逾二年，江陵相故，事且败。庙廊正瞩目在公，而公遽不起，公不幸，抑公家之不幸耶！故讣闻而荐绅共为恻然，恤典特从厚议焉。遂卜葬。先期，家君侨持状来，以贽知公，自束发之交又同年进者，宜为之铭，贽曷能辞。按状：公讳应时，字子易，对泉别号也。贯直隶苏州人。高祖道坚。明兴从征入洛，占籍河南卫，家焉。曾祖鋐。

祖澜。澜与父机俱以公贵，赠都察院右副都御史。祖妣朱氏，母辛氏俱赠淑人，以正德辛巳十二月廿一日生公，公生而秀颖佚群，少贫苦，力嗜学，即有远大之志，有相者洪姓，奇之，云："此儿翌日位极人臣！"弱冠游郡庠，癸卯举於乡，庚戌登第，授翼城令，未任即居，赠君忧。服阕，补令长子。仅二年，丙辰应内征，以王亲例勘明部，少一覆，出贰西安郡。公出，而公议未平，以贰郡非公资，又失覆，公不与也。庚申擢守杭州。甲子，备兵海道副使，寻改易州。丁卯，分守凉州参政。戊辰春，拜按察使，寻转山东右方伯。即冬，擢巡抚宁夏右佥都御史。公宦望积美，故一岁三简，人不谓速也。辛未，转右副都御史，巡抚江西。未行，闻太淑人讣，归。以宁夏军功三品未任，犹荷恩，谕祭出特典也。服阕。乙亥，起巡抚山西。逾年，晋大理卿、户部亚卿、总督仓场、寻陟天曹。以迨今，官虽荐历膴仕，实未尝越一阶也，亦自见公高品。公心醇而敏於才，论议顷从要，实善能以片言析理。遇事通方，而当於世务却不诡随於时，故所至辄有惠政。初令长子，减供亿，清徭籍，兴科目，雪缙绅某重辟之冤，而复斥其以荼苴金之谢，士民共肖像祀之，西安杭城皆海内剧郡，而杭又值倭兵抢攘，公莅事，才有游刃，当事机而戢服人心，关中人以青天呼之。杭声实卓异，至形在荐牍中，能敏能惠，既以吏治著声，有长子贵戚鲍朗，挟其机诈，立致钜万，豪横百里间，公首擒芟之，境内大治。浙福总督赵仗特钺，侵海上军储十余万赃。既败，公勘报必尽法，乃军门胡党护之，密出时相手札，胁公从，至变色，公竟不移。海道某宦，阁辅某切戚也，怙势侮法，至以爱憎嘱，公变置官守，伻来且无状，公怒杖遣不少贷。隙成，将阴中公，当事者预为公处，其改易州，因此他如清太仓之宿弊，大理决夤夜杀人之疑狱，皆甘心迕贵要，而执法不挠，士论又服公强毅，及守凉州，能先机料敌，虏犯威宁，辄失利引去。既抚西夏，威怀有度，经制悉除，故套敖、忽洞、小松山、白城子诸捷，方略要不出公指授，以故斩获甚多。蒙钦赉白金绮币，升俸从一品，斯又以武略表见，宜中外以全才属望在公也，遽遂尔高，岂明主意哉。既归洛中，旧游方喜公来续旧社，而公归亦甚欢也，旋依第为园，不时招携唱酬，访乐事，若可终生焉。无何，李淑人病且逝。淑人与公媲德，交相爱者，一逝伤公意，遂成脾郁不自解，竟不起。岁前一夕，公寝室上腾二火，光如大星，团空而散，异哉！数先定已，故公自恙，至属圹神，采迄如素定，非自信不能也，大都公天性孝友，常以赠君不及，禄养太淑人，迎养未终，为终天恨，岁时及宦中，蒿里之望，必流涕竟日。爱弟随时，终身无间言，弟际时，从弟顺时，俱早殇，抚其孤遗同己出也。内外族鄙，赖公举火、洎婚葬赒急者甚众。沈淑人自少婴病，曾阴以赀纳白氏为奉巾栉，公知竟遣还，赀不责偿也。房帷终无私畜，其性尚修积之概，足以祈天类然，而享寿仅六十二也。吾独慨夫诚合之才，自古难之，而世方藉赖彼苍者，天顾不憖遗，若此，此何心哉！配即李累，封淑人，内行公，另有志。子一，即侨，恩荫国学。生女一，适举人刘衍畴。孙男三，延庆殇，余庆、集庆将以癸未冬十一月初六日启李淑人之圹合葬焉。乃为之铭曰：维崧高炳，灵维哲人，肇生为循，为良之纲之屏，出镇两邮，入荐列卿，文武吉甫，左右阿衡，来兮洛社，为重去兮，国是夷明。环召方毁，星晕先零，东山不作，嗟彼苍生，青邙千祀，垂此勒铭。

（二）墓志考释

明资善大夫南京工部尚书对泉沈公墓志铭由赐进士中宪大夫前山东按察司副使刘贽撰、赐进士大中大夫浙江布政司左参政刘衍祚书、赐进士通议大夫前南京刑部右侍郎王正国篆盖。

资善大夫南京工部尚书对泉沈公即沈应时。资善大夫，文散官名，金始置，正三品下，元升为正二品，明为正二品初授之阶，清废。沈应时曾担任南京工部尚书，明成祖迁都北京后，南京的官僚机构继续保留。对泉为沈应时别号。工部尚书，古代官职名。工部是古代中央六部之一，掌管全国屯田、水利、土木、工程、交通运输、官办工业等，工部尚书为其长。工部尚书品级在明代为正二品，清代为从一品。沈应时，正史无载。《清史稿》卷二三六、四七四有同名之人，但考其事迹与活动时间，与此沈应时非同一人。据《河南通志》卷五十九载："沈应时，字子易，河南卫人，嘉靖庚戌进士。备兵海上，值严嵩私人赵文华为总督，侵军储数十万，事败，嵩嘱从宽，应时勘报务尽法，触嵩怒，迁凉州参议，能先机料敌，敌不敢犯，既抚西夏，于敖忽洞、小松山、白城子，屡以捷闻，累擢户部侍郎。时张居正当国，以应时不附己，迁南工部尚书，岁余乞归。"[①]又据《河南通志》卷四十九："沈应时，明南京工部尚书，墓在府城北十里北邙山之麓。"[②]书中所载沈应时历官及墓地位置与此次出土的沈应时墓志及墓地位置完全吻合。因此，《河南通志》所载沈应时应为此墓主人。

撰志为赐进士中宪大夫前山东按察司副使刘贽。刘贽，正史无载，嘉靖二十九年庚戌科殿试金榜第三甲第160名同进士出身，为官刚正不阿，累遭贬官。《河南通志》卷五十九："刘贽，字子礼，洛阳人，嘉靖庚戌进士，累官吏科给事中，慷慨敢言，尤以进贤远奸为第一义。督理三殿工，擢通政司参议，以直忤时，谪凤阳推官。时权珰骄悍，司陵阉有事皇陵，微雨辄拥盖，贽面斥曰：'此何地也而拥盖？大不敬！'珰惧，敛戢，累迁临清副使。"[③]乾隆版《洛阳县志》中说："刘贽，字子礼，嘉靖进士，初授平阳府推官，擢礼科给事，陈时政以进贤远奸'为第一'，盖笃论也。督三殿工，诸曹阴怀染指，贽正色斥之，晋通政司参议。同事者攻之，谪凤阳推官。值守陵太监拥盖走陵下，贽撤去，之后以临清副使致仕。筑室西郭，要同志为敦谊会，有终焉之志。"[④]可见，刘贽在"临清副使"这个位置上一直干到了退休。刘贽有关于"洛阳八景"的诗作传世。

书丹为赐进士大中大夫浙江布政司左参政刘衍祚。刘衍祚，正史无载，嘉靖二十九年庚戌科殿试金榜第二甲第54名进士出身。据邙山出土真定县令刘润墓志，墓主刘润有两个儿子，长子刘衍祚，次子刘衍畴。刘家与沈应时家族关系密切。刘衍畴的夫人为沈

① （清）王士俊，等修：《河南通志》卷五十九，《钦定四库全书》影印本。
② （清）王士俊，等修：《河南通志》卷四十九，《钦定四库全书》影印本。
③ （清）王士俊，等修：《河南通志》卷五十九，《钦定四库全书》影印本。
④ （清）龚崧林修：《洛阳县志》，中州古籍出版社，2014年。

应时的女儿，刘衍祚的孙女又嫁给了沈应时的孙子沈余庆。大中大夫，官名，明代以前称太中大夫。

篆盖为赐进士通议大夫前南京刑部右侍郎王正国。王正国，正史无载，嘉靖二十九年庚戌科殿试金榜第三甲第44名同进士出身。据洛阳出土《明兵部尚书王公讳邦瑞功德碑》载："公初配冀氏，封宜人，生子一，正国，通政司右参议，先以进士，左谏垣，有风采。"《明史卷一九九·列传第八十七·王邦瑞传》载："子正国，南京刑部侍郎。"[①]

刘贽、刘衍祚、王正国、沈应时四人为同榜进士，沈应时与刘衍祚还有联姻，沈应时死后，葬于洛阳县西北五里邙山。

墓志详细记述了沈应时家世渊源、婚姻关系及历官政绩等，沈应时庚戌登第，初授翼城令，值父丧丁忧，历任长子令，出贰西安郡，擢守杭州，备兵海道副使，寻改易州，凉州参政，按察使，山东右方伯，巡抚宁夏右佥都御史，右副都御史，巡抚江西、山西大理卿、户部亚卿、总督仓场、寻陟天曹、司农卿、吏部右侍郎、南京工部尚书等职。

墓志载："公以清望孤立朝著，闻值少宰员缺，时江陵相以葬假初还，欲借公望以要众心，且欲公附己。"江陵相，即张居正（1525～1582年），字叔大，号太岳，汉族，幼名张白圭。江陵（今湖北荆州）人，时人又称张江陵。明朝中后期政治家、改革家，万历时期的内阁首辅，辅佐万历皇帝朱翊钧开创了"万历新政"。《明史》卷二一三："张居正通识时变，勇于任事。神宗初政，起衰振隳，不可谓非干济才。而威柄之操，几于震主，卒致祸发身后。〈书〉曰'臣罔以宠利居成功'，可弗戒哉！"[②]《明神宗实录》卷一二五："性沉深机警，多智数。……及赞政，毅然有独任之志。受顾命于主少国疑之际，遂居首辅，手揽大政，劝上力守（行）祖宗法度，上亦悉心听纳。十年内海寓（内）肃清，四夷詟服，太仓粟可支数年，冏寺积金至四百余万，成君德，抑近幸，严考成，综（核）名实，清邮传，核地亩，询经济之才也。……惜其偏衷多忌，小器易盈，钳制言官，倚信佞幸，方其怙宠夺情时，本根已断矣。威权震主，祸萌骖乘。何怪乎身死未几，而戮辱随之。"[③]墓志所载居正之为人与《明神宗实录》所言暗合。

墓志主要刻画了沈应时为官清廉、急民所需、能文能武、不畏权贵、光明磊落、刚正不阿的性格。沈应时初令长子"减供亿，清徭籍，兴科目，雪缙绅某重辟之冤，而复斥其以茶苴金之谢"，官声显著，"士民共肖像祀之"。沈应时能问文能武，在西安、杭州为郡守时，面对乱局和倭寇，游刃有余，指挥若定。"及守凉州，能先机料敌，虏犯威宁，辄失利引去。既抚西夏，威怀有度，经制悉除，故套敖、忽洞、小松山、白城

① （清）张廷玉，等：《明史卷一九九·列传第八十七·王邦瑞传》，中华书局，1974年。

② （清）张廷玉，等：《明史卷二一三·列传第一〇一·张居正传》，中华书局，1974年。

③ 《明神宗实录》卷一二五，《明实录附校勘记》（第54册），中华书局，2016年。

子诸捷，方略要不出公指授，以故斩获甚多。”“当事机而戢服人心，关中人以青天呼之”。沈应时“能敏能惠，既以吏治著声”，不畏权贵。志载：“有长子贵戚鲍朗，挟其机诈，立致钜万，豪横百里间，公首擒芟之，境内大治。浙福总督赵仗特钺，侵海上军储十余万赃。既败，公勘报必尽法，乃军门胡党护之，密出时相手札，胁公从，至变色，公竟不移。海道某宦，阁辅某切戚也，怙势侮法，至以爱憎嘱，公变置官守，伻来且无状，公怒杖遣不少贷。”墓志称“他如清太仓之宿弊，大理决夤夜杀人之疑狱，皆甘心迕贵要，而执法不挠，士论又服公强毅”。沈应时刚正不阿，面对张居正的拉拢，“公正色自树，竟不附”，面对张居正的排挤，坦然面对，从容致仕，退居家中，优哉游哉，招携唱酬，坦坦荡荡。

志文中“浙福总督赵”指明代浙福总督赵文华。赵文华（1503～1557年），字元质，号梅村，慈溪县城骢马桥南（今浙江宁波慈城镇）人。《明史》卷三〇八有传。

“乃军门胡党护之，密出时相手札”，军门胡，指胡宗宪，时相乃严嵩。胡宗宪（1512～1565年），汉族。字汝贞，号梅林，徽州绩溪（今属安徽）人，明朝抗倭名将。万历十七年（1589年），御赐归葬故里天马山，谥号襄懋。嘉靖十七年（1538年）进士。历任益都（今属山东）、余姚（今属浙江省）知县，后来提升为御史巡按宣府、大同，嘉靖三十三年出任浙江巡按御史。为人多智略，擅用权术，立志为国建功立业。当时倭寇大肆攻掠沿海州县，严嵩党羽、工部侍郎赵文华奉派督察沿海军务。赵文华依仗严嵩权势，恣意横行，打击不肯阿附自己的浙直总督张经和浙江巡抚李天宠。胡宗宪主动与赵文华结交；又通过赵文华结交严嵩父子。赵文华将张经等的王江泾大捷之功归于宗宪，又陷害张经与李天宠，擢胡宗宪为左佥都御史，代天宠御倭之任。后嘉靖文华又排斥新任总督杨宜，以胡宗宪为兵部右侍郎代杨宜任总督，任兵部侍郎兼佥都御史，总督浙直福建军务。嘉靖三十五年诱降并歼灭了倭寇的徐海、陈东、麻叶、辛五郎等部。嘉靖三十九年，又以平海盗王直功，加太子太保。以得明世宗宠信，晋兵部尚书，并加少保。嘉靖四十一年、四十四年，两度因“严嵩案”入狱。在狱中愤然下数千言，发出“宝剑埋冤狱，忠魂绕白云”的慨叹！嘉靖四十四年，死于狱中。隆庆六年（1572年）得以昭雪，并录平倭功勋入国史。《明史》卷二〇五有传。

严嵩（1480～1566年），字惟中，号勉庵、介溪、分宜等，汉族，江西分宜人，弘治十八年（1505年）乙丑科进士，是明朝著名的权臣，擅专国政达20年之久，累进吏部尚书，谨身殿大学士、少傅兼太子太师，少师、华盖殿大学士。《明史》卷三一八有传。

据墓志，沈应时生于正德辛巳（1521年），卒于万历壬午（1582年），享年62岁。沈应时字子易，别号对泉。籍贯直隶苏州人，高祖道坚，曾祖鋐。祖澜，父机，子侨，孙延庆、余庆、集庆。夫人李氏，先沈应时一年卒，另有志。

第三节　沈侨夫妇墓墓志考释

一、沈侨夫妇墓志

沈侨夫妇墓中出土墓志一合，为夫妇合志（IM4098：94）。志盖，青石质，盝顶，四边素面磨光。盖顶边长50厘米，底边长84厘米，厚20厘米。顶部阴刻篆书，竖排5行，每行4字，共20字，“明显考官生府君沈公暨配显妣吴孺人合葬墓志”。墓志方形，青石质，四周磨光，无纹。边长84厘米，厚27厘米。志文楷书，阴刻，竖27行，满行34字，计794字。首行题“明显考官生府君沈公暨配显妣吴孺人合葬墓志”。

（一）墓志录文及标点

明故显考官生府君沈公暨配显妣吴孺人合葬墓志

府君讳侨，字惟高，别号中野，上世直隶苏州人。始祖道坚，从我明入洛，占籍河南卫，家焉。我高祖澜，曾祖机，俱以我大父贵赠都察院右副都御史。我大父讳应时，累仕至工部尚书。我大母李氏，累封为淑人，生我府君於嘉靖壬寅二月廿九日也。府君生而凝重，不妄訾笑，随我大父宦游四方，所至辄焚膏，继晷学，制举业，学钟王书，间亦游戏丹青焉。郡弟子员，会我大父以侍郎奏绩，蒙恩荫府君为官生，大父寻晋少宰，时亦贵倨矣。府君淡素自若，食不兼馔，衣多澣濯，出入驱一，疑叚绝不以车骑仆从相高，以故里中长老称醇谨笃行君子者，必首吾府君焉！谓府君处名乡阀阅之地，而勘公子，习循循蹈矩，而退若不胜衣，遇六亲必执分，而善婀恤。与人交惠而有信，干之能容而给之，亦不逆诈得，宁人负我之意耶！府君自少至壮至老，脾腑为祟，无日不病，无日不药也。即养生家所称，善调摄者无逾我府君矣。府君以体羸，不胜尘氛，陈情叩天子，阙请移荫，荫不孝余庆。府君自此得以脱屣相羊也。宪副刘公与先大父同举进士者，忘年拉府君与二三知己结淡然社。府君亦自于迟事，旁拘亭为圃，手植花木，为晚年乐事。府君把酒不能入唇，客到啜苦。茗谭说前辈，风雅不倦。府君虽不好客而亦不禁客也。暇则训我子姓，勿得从俗竞奢，即下至臧克获辈，亦能以语言化诲之尔。府君懿行硕德，里中所见记尚多，不孝子岂能道其万一也！迺於万历庚戌三月初五日竟以脾病长逝，弃不孝兄弟号慕无从。呜呼痛哉！寿仅六十有九。配我母吴孺人，郡丞吴外翁女也。先府君卒者三十余年矣！继我母谢孺人，都谏谢外翁女也。吴母出者延庆，殇。次即余庆，官生，娶文学刘公崇业女。庶母陈出者，集庆，痒生，娶文学刘公持是女。孙男四，进，痒生，娶上林苑署丞史君注女。选，娶痒生方君可荐女。远，聘太学生李君人珍女。俱余庆出。遴，聘邑学生温君廷梗女，集庆出。孙女二，适痒生王廷献者余庆出，许郡学生刘君承眷子启孙者集庆出。不孝兄弟奉母命卜以逾年辛亥二月二十日即我先大父尚书茔兆之次，启我吴氏母开土合葬焉，不孝五内摧裂，又当藩封拆卸之时，庐舍尽颓，其何以堪！谨抆泪以撮其世系年月俾世代而下我沈氏有所考云。不孝男余庆泣血谨志。

集庆泣血谨书

石工魏守安刻

（二）墓志考释

沈侨夫妇墓志由其子沈余庆撰志，沈集庆书，石工魏守安刻。墓志主要叙述沈侨生平、家世渊源、个人品格。沈侨因自幼有脾病，身体虚弱，常年饮药，后因脾病去世。

沈侨，字惟高，别号中野，上世直隶苏州人。直隶，明称直隶于京师的地区为直隶。自永乐初建都北京后，又称直隶北京的地区为北直隶，简称北直，相当于今北京、天津两市、河北省大部和河南、山东的小部地区；直隶南京的地区为南直隶，简称南直，相当于今江苏、安徽两省。此处指南直隶。

沈侨为恩荫官生，因体弱多病，“府君自少至壮至老，脾腑为祟，无日不病，无日不药也”，最后辞去官荫，移荫其子沈余庆。“府君以体羸，不胜尘氛，陈情叩天子，阙请移荫，荫不孝余庆。”

沈侨擅长书法，有钟王之遗风，也擅长丹青。书作有李氏墓志，笔力遒劲，挥洒自如、酣畅淋漓、赏心悦目、清新率真，具有很高的书法造诣。墓志载沈侨“生而凝重，不妄呰笑，随我大父宦游四方，所至辄焚膏，继咎学，制举业，学钟王书，间亦游戏丹青焉”。

沈侨晚年与刘衍畴结“淡然社”，悠游人间，脱屣相羊，风雅不倦。沈侨家风淳厚，德泽乡里。“暇则训我子姓，勿得从俗竞奢，即下至臧克获辈，亦能以语言化诲之尔。府君懿行硕德，里中所见记尚多。”

据墓志，沈侨生于嘉靖壬寅（1542年），卒于万历庚戌（1610年），享年六十九岁。先娶吴孺人，生延庆，早殇，吴孺人卒，继娶谢孺人，生余庆。妾陈氏，生集庆。孙子四人，分别为进、选、远、遴，孙女二人。

据墓志，沈侨去世之时，家世已经衰落。“藩封拆卸，庐舍尽颓。”沈应时的荣光在这时已经落幕。

第四节　沈余庆夫妇墓墓志考释

一、沈余庆夫妇墓志

沈余庆夫妇墓中出土墓志一合，为夫妻合志（IM4110：15）。墓志为青石质，盖盝顶，顶部磨光，四侧粗磨，背面为旧碑正面，字迹依稀可见。盖顶阴刻篆书，竖排5行，每行4字，共20字，“明恩荫官生显考沈公配显妣孺人刘氏合葬墓志”。顶边长48厘米，底边长79厘米，厚19厘米。墓志方形，边长79厘米，厚20厘米。四侧粗磨，背面依稀可见旧碑文，志文楷书，阴刻，竖30行，满行41字，计1152字。首行题“明恩荫官生显考沈公配显妣孺人刘氏合葬墓志”。

（一）墓志录文及标点

明恩荫官生显考沈公配显妣孺人刘氏合葬墓志

孤生不辰，慈亲蚤丧。藐焉诸孤，茕茕何恃！相与吁天号泣，恨不能从之地下也！考君戒慰之曰：“有父在，尔曹毋过恸。”为今越年几何？天复夺我考君去也。呜呼！骨肉凋零，焉能已於恸哉！敬用穆卜，将以冬杪，襄大事因，惟葬宜有志，纪实录也。谨依先大司空所遵朱考亭志式述其世系年月，抆泪而志之。考君姓沈氏，讳余庆，字世积，承泉别号也，祖贯直隶长洲县人。始祖讳道坚，明兴从戎入雒，占籍河南卫，家焉。三传而为五世祖讳澜，诰赠右副都御使，从孙贵也。澜生高祖讳机，累受诰，赠右副都御使，从子贵也。高祖生曾祖讳应时，登嘉靖庚戌进士，历任南京工部尚书。曾祖生我王父讳侨，由郡庠生恩荫官生，承父荫也。配王母吴氏，都御使吴公瀚孙，黄州府丞吴公三聘女实生。考君蚤逝。继配王母谢氏，都谏谢公江女。考君行二，与伯父讳延庆、叔父讳集庆者同铅椠，习举子业，攻苦刻励，佥为先达所许，可且也。友于之化宛若埙篪，彬彬然质有其文已！居无何，伯父蚤殇。考君与叔父先后游胶序，永念贻谋，志切绳武。适值王父婴疾，上疏改荫。

帝命曰俞，考君以伦序承任，读书成均，恂恂雅饬，无纤毫贵介气习。期许远大，求无负朝廷。作养至意，讵欲以任子终耶！不意王父告变，时势倥匆，虽当藩封肇建，居第拆卸之时，考君天性孝敬，丧葬一如礼制，既而身总家政，力崇节俭，不以棼呶遗诸孤。脱略世故，远谢尘嚣，自命曰痴隐。卜筑西园，亭榭掩映，山水潆峙，梅桂芳馥，松竹交翠，檐雀翔鸣，渊鱼踊跃。额其室曰：松石山房。日徜羊其间，呼吸精和。偃仰自如，课儿弄孙。绘画鸣琴，观图史、考方技。时与一二知己促膝啜茗，话旧论心。恬养清澹，优游卒岁。此即可以永寿，命享期颐也。奈何彼苍不吊，仲子夭折，悲哀忧郁，脾气受症，孤躬侍汤，药几及半载，庶几平复。寻遭谢王母之艰，考君力疾治丧，如葬王父礼。哀毁过恸，夙恙顿增。春初痰饮，夏秋泻痢。药饵罔功，渐至不起。弥留之际，犹复眷恋诸孤，属以后事。少选昏愦，奄忽而逝。痛哉！痛哉！考君生於隆庆戊辰四月二十六日，卒於崇祯戊辰八月初七日，享寿六十有一。先妣刘孺人，考之元配也，祖衍祚，与曾祖同年举进士，任参政。父讳崇业，郡痒生，母董氏。妣少端敏，通内则，精女红，及笄，以年谊谐婚。既归，能执妇道，内政修整，凡奉养祭祀无不精腆，内助慈教，夫子咸益焉。以至和宗惠，下阃中奉为楷式，其贤有足征者。妣少考君三龄，七月念一日生，先考君卒一十有七载二月初二日，享年四十有二，痛矣！先妣之亡也，考君钟爱诸孤，怜念失母，弦断不忍再续。久之，谢王母劝谕再四，曰力栉箕帚之任可若何？考君曲从母命，姑纳秦氏为侧室，其体悉诸孤之情，每传诵於宗党之口，恩至渥也。生男四，长即进，邑庠生，娶史氏，光禄寺署丞注女。次选，郡庠生，娶方氏，庠生可荐女，俱先卒。继娶董氏，庠生玉生女。次远，娶李氏，光禄寺署丞人珍女，俱刘出。次遴，未聘，秦出。女三，长适郡丞王公佐才子庠生廷献，刘出。二、三尚幼，俱秦出。孙男四，长若星，聘庠生董公昌庆女。次如星，次南星，次东星。孙女五，长适光禄寺署丞李公松乔子庠生即升。其二未字，其三字庠生王公鹗子良棅。四、五尚幼，未字。俱进出。今以崇祯元年冬十二月初四日，启先妣之窀合葬於敕建先茔之次。呜呼！龙剑双合，玄宫永闭。风木余恨，昊天罔极。举笔泪涌，泣书而继之以血也！谨志。

不孝孤进泣血撰书

远泣血篆额

（二）墓志考释

沈余庆墓志由其子沈进撰书，沈远篆额。按墓志，沈余庆为荫官生。沈侨墓志载：“府君以体羸，不胜尘氛，陈情叩天子，阙请移荫，荫不孝余庆。”按照明代门荫制度，沈应时可以荫其子，但沈侨因身体原因，让荫其子沈余庆，因此沈余庆得荫官生。沈余庆母刘孺人，沈应时同榜进士刘衍祚孙女。“先妣刘孺人，考之元配也，祖衍祚，与曾祖同年举进士”，生于隆庆辛未（1571年），卒于万历辛亥（1611年），享年四十二岁。

墓志对于沈余庆生卒年月、家世渊源叙述较详细。沈余庆生于隆庆戊辰（1568年）四月二十六日，卒于崇祯戊辰（1628年）八月初七日，享寿六十有一。沈余庆生男四人，沈进、选、远、遴；女三人。有孙男四人，若星、如星、南星、东星；孙女五人。

沈余庆高祖沈机，祖父沈应时，父沈侨。墓志对沈氏家族迭遭变故书之甚详，其祖父虽官居工部尚书，但延至沈余庆这一代，余荫仅为官生，加之沈侨病体缠身，难以延续沈应时余荫，只得由沈余庆继承。沈家变故迭遭，沈侨病故，“藩封肇建，居第拆卸”，家境一日不如一日，无疑在明末时期，各种社会矛盾突出，虽缙绅士大夫已逐渐难以为继了。

第五节 沈应时家族世系及姻亲关系

沈应时家族墓地出土墓志对沈应时家族世袭及婚姻关系书之甚详。婚姻关系的研究是中国古代社会研究的重要方面之一，考察沈氏家族的婚姻关系，中国古代“门当户对”的观念体现得非常明显。

根据墓志所载，沈机妻辛氏，父亲辛铉，母亲张氏。沈机有四子儿女。长子沈应时妻李氏，儒官李天秩之女。沈随时，妻王用才之女。沈乘时，早殇。沈际时，妻庠生苏鏊之女。女婿杨泰、许颛。沈应时有一子二女，子沈侨妻吴孺人，郡丞吴外翁之女，继室谢孺人，都谏谢外翁之女；女婿刘衍畴。沈侨子延庆，早殇；沈余庆，娶文学刘公崇业之女，刘崇业为沈应时同榜进士刘衍祚之子；沈集庆娶文学刘公持是之女。沈余庆子沈进娶上林苑署丞史君注之女，沈选娶庠生方君可荐之女，沈远聘太学生李君人珍之女；女婿庠生王廷献。沈集庆子沈遴聘邑学生温君廷梗之女；女婿郡学生刘启孙。沈余庆孙沈若星，聘庠生董公昌庆之女；孙女婿光禄寺署丞李松乔子庠生李即升。

从沈氏男女婚配对象看，自沈机以来，婚姻对象一般为乡贤、低级官僚和庠生家庭，这与沈应时家族诗书传承家风相关，也是门当户对的重要体现。

墓志对沈应时家族世系记载甚详尽。

沈道坚（始祖）——三传至沈澜（高祖）——沈机（曾祖）——沈应时（祖）——沈侨（父）——延庆、余庆、集庆——沈进、沈选、沈远、沈遴——若星、如星、南星、东星

沈应时家族墓一共发现五座墓葬，其中一座虽未见墓志，从出土遗物和埋葬方位分析，应为其家族成员。沈余庆为沈应时长孙，墓葬虽被盗扰，但仍出土了墓志及一些随葬遗物，是研究沈氏家族渊源、家族世系、婚姻关系的重要材料，也是研究明代埋葬制度和社会习俗的重要资料。

第五章

洛阳地区
明墓综述

洛阳地区发掘出土的明墓不多，见诸报道的主要有伊藩王家族墓、福王家族墓、道北二路刘承眷家族墓、瀍河回族区五股路龙泉小区的孙遇诰家族墓、北窑村庞家沟北的蔡复元家族墓、邙山乡后东村的陈邦裕家族墓、周山王邦瑞家族墓地、沈应时家族墓地和刘润家族墓地等，此外还有一些零星小型明代墓葬。

第一节　洛阳明墓的分布区域及保存现状

洛阳地区已发现的明墓主要分布在邙山南坡陇海铁路沿线两侧、老310国道以南区域，以及高新区周山，有藩王墓、郡王墓、高级官吏、一般官吏和平民墓等。藩王墓主要分布于邙山地区，相对分散。清乾隆时期洛阳知县龚崧林等曾对伊藩诸王陵墓的遗迹进行过调查丈量，记录有详细数据①。20世纪80年代，黄明兰先生曾对伊王墓进行过调查研究②。总体来说，伊藩各王陵保存情况不一，封土大多被破坏，基本没有属于明代的地面建筑，有些甚至连封土、碑刻、石像生等都早已荡然无存，保存较好的仅有伊厉王墓和伊简王墓。此外，还发现过一些可以确认墓主身份的伊藩郡王墓，如洛阳安惠王朱勉湿（薨于天顺八年，即1464年）墓、万安康懿王朱典樍（薨于隆庆四年，即1570年）墓，以及伊方城恭惠王妃蔡氏合葬墓（墓志铭现藏于洛阳古代艺术博物馆，刘衍祚撰，李士登篆）。见诸报道的明郡王墓有明方城镇国太夫人赵氏墓、明方城镇国将军朱典栉（龙泉）墓、明辅国将军朱褒焌，以及诰封夫人王氏、潘氏合葬墓等。高级官吏及其家族墓主要有两处，明南京工部尚书沈应时家族墓、明兵部尚书王邦瑞家族墓。沈应时家族墓位于邙山南坡陇海铁路线北侧一线，王邦瑞家族墓位于高新区周山东坡。一般官吏及其家族墓有刘润家族墓、明承德郎陕西巩昌府通判韩爵墓、刘承眷夫妇合葬墓、孙遇诰墓等。明朝普通墓葬发掘数量多，但资料公布少。近年来，洛阳市在定鼎北路两侧考古发掘了明代小型墓70余座。

① （清）龚崧林修：《洛阳县志》，中州古籍出版社，2014年。

② 黄明兰：《洛阳明藩王墓考古实录》，《洛阳出土墓志研究文集》，朝华出版社，2002年。

第二节　洛阳出土明墓基本情况

一、明代藩王墓

明代等级制度森严，从墓葬规模、规制及随葬遗物都有明显体现，一般来说，明代藩王墓规模较大、封土高大、气势宏伟。洛阳已发现的藩王墓有伊王朱㰘墓、伊简王墓、福王家族墓地等。

伊王朱㰘墓位于谷水西4公里，即新安县磁涧镇老井村东北0.5公里的邙山上。该墓于1949年之前被盗，形制布局与北京明十三陵之定陵地宫类似。在墓前30多米处左右两边有御制祭文碑二通。墓室用大砖砌成，墓顶为弧形券顶，墓室全长34.1米，墓室主体为前、中、后三个主室依次排列，中室左右两侧各有一个侧室。1975年老井村农民在兴修水利挖土时，在伊王朱㰘墓左侧挖出伊王妃刘氏墓志。

伊简王墓位于洛龙区辛店镇老井村北。现在的墓冢已经凹陷。原封土南有一碑刻，半埋于台地边缘，碑为圆首，可见楷书“明伊”两字。据村中知情人介绍，该墓曾于抗日战争末期被盗，其墓道朝南，墓道上部用石条封盖，现在村中尚保存有墓中石条，长2.23、宽0.45、厚0.17米。墓上封土在“农业学大寨”时就被夷平，墓前原有的石供桌，也于20世纪70年代被毁。

福王家族墓地，北邻焦枝铁路，三座墓葬呈“品”字形排列，均坐北朝南。墓葬结构基本相同，砖砌拱券式，由墓道、封门砖、门洞、石门、甬道、墓室、棺床等部分组成。根据墓葬所处位置，结合墓内出土“大明崇祯三年三月廿二日，福府瓦匠孙尚喜、张嘉猷、孙尚进、周天梁”等福王府瓦匠姓名的铭砖，以及墓葬结构和出土的随葬金银币等遗物分析，该区域为福王家族墓地。由于缺乏墓志等材料，三位墓主的具体身份尚不得确证。

二、明代郡王和宗室成员墓

洛阳发现的明代郡王或宗室家族成员墓有方城赵氏墓、朱典栫墓、朱褒焌墓等，另外，20世纪60年代在洛阳老城北劳砖厂M1出土了一批明代陶俑，发掘者推测该墓可能为明代伊藩王或郡王墓。

明方城镇国太夫人赵氏墓，于1963年6月在金谷园火车站东北地区人民汽车公司油库工地发现并发掘。该墓为长方形砖石墓，石板封门，带壁龛。棺床铺方砖，有祭台，被盗严重。墓志记载：“太夫人赵氏者，方城镇国将军之夫人也，将军讳訏洌……镇国将军父曰怀僖王，怀僖王父曰伊安王，伊安王父曰伊简王，伊简王父曰伊厉王。”伊厉王朱㰘，明太祖朱元璋第二十五子。

明方城镇国将军朱典栉墓，于1971年9月在洛阳铁路分局俱乐部工地发现。该墓为青砖结构的洞室墓，长斜坡墓道，石门，砖砌棺床，有祭台。墓志记载：“将军讳典栉，别号龙泉，我明太祖高皇帝六世孙也。初高皇帝第二十四子封于伊，是为伊厉王，生高祖简王，生曾祖安王，生祖方城怀僖王，生父昭和王，生兄怀顺王。其镇国将军西楼，则皆将军之兄也。”

明辅国将军朱褒烄夫妇合葬墓，于1985年在洛阳铁路分局供电段办公楼工地发现。该墓为长方形砖室墓，由墓道、过洞、天井、甬道、墓室、壁龛六部分组成。

三、明代官吏及家族墓地

洛阳发现的明代官吏及家族墓不少，但正式发表墓葬资料的，初步统计仅有14座。主要有刘鼎墓、沈应时家族墓、刘润家族墓、董用威夫妇墓、韩爵墓、刘承眷家族墓、王邦瑞家族墓、太医院吏目徐道夫妇墓等。

饶阳县簿刘鼎墓，于1983年6月在洛阳市东郊机车厂大厂房（编号C5M4）工地发现并发掘。县簿即县主薄，为从九品地方官。墓葬形制为长方形土洞墓，由墓道和墓室两部分组成。墓室长5.6、宽2米。墓室遭到严重破坏，仅出土3件器物，其中一件三彩盘比较精美。

太医院吏目徐道及其夫人魏氏墓，墓主徐道为太医院主管内部事务的吏目，级别为从九品。该墓于1984年2月在铁道部洛阳隧道工程局工地发现并发掘。墓葬形制为长斜坡墓道的长方形砖石墓，墓室呈长方形，长6.23、宽3.5米。墓室南部设祭台，长1.32、宽0.45米。棺床上置南北向的棺木两列五具，北部两棺当是徐道及其夫人魏氏，南面三棺的墓主身份不明。出土有瓷瓶、瓷罐、瓷炉等，每个死者身旁有铜镜一面、铜钱28枚。

直隶凤阳知府董用威夫妇合葬墓，于2020年4月在北环路与洛吉快速通道交叉口东北角老城区营庄村发现。该墓为一座斜坡墓道单室砖室墓，南北向。墓室东西宽3.95、南北长55米。墓主人董用威，是明朝时直隶凤阳府的知府。董用威先娶戴氏，戴氏去世后继娶王氏。万历二十三年（1595年），董用威去世，葬在凤阳当地，万历二十六年迁葬到洛阳。

真定县令刘润墓，墓葬形制为近长方形竖穴墓道倒梯形墓室的土洞墓。墓道平面呈北宽南窄的梯形，墓道长2.4、南宽0.8、北宽16米。墓室北宽5.4、南宽4.4、南北长5.2米。截至目前，该墓共出土随葬品98件（套）。墓志内容显示墓主人刘润生前是正定县令，先后配王氏、周氏。墓室里的三具木棺搬入了洛阳市文物考古研究院实验室进行清理，工作尚未结束。

刘母沈氏墓，为竖穴式墓道倒梯形墓室的土洞墓，墓道长3、宽1.1米。墓室南北长3.8、北宽4.9、南宽3.8米，墓室北部用小砖砌出0.24米高的棺床。出土文物37件（套），有铜钱、铜镜、锡壶、陶生活用具、陶俑、墓志等。墓志内容显示，墓主人为刘衎畴夫人沈氏，即当时南京工部尚书沈应时之女。

明承德郎陕西巩昌府通判韩爵墓、明茂才月轩刘公配阎孺人合葬墓及刘承眷夫妇合葬墓的形制结构相似，均为长方形竖穴斜坡墓道，墓室平面呈梯形，南窄北宽，四壁平直，经过修整。

兵部尚书王邦瑞墓志于1989年发现。2011年，洛阳市第二文物工作队在高新区三山村西、周山东麓缓坡地带发掘了王邦瑞父亲王谟夫妇墓，该墓葬由墓道、甬道、墓门、墓室组成，东西向，墓道在东，墓室在西。由于该墓葬早年被严重盗扰，此次发现的随葬品极少，仅出土少量古钱币崇宁重宝、皇宋通宝及少量陶瓷片。据《莲庄王氏祖谱》记载，王邦瑞墓区坐西朝东，其中，仅坟墓部分就东西长达170步，正中位置为王邦瑞的墓葬，旁边还有其长子、明刑部侍郎王正国和他的父亲王谟的墓葬。在王邦瑞墓东边，是长长的神道，依次设置着多通祭碑和朝天石柱、石人、石虎、石羊、石马等神道石刻。整个墓区自成一体，规模宏大。

1980年3月，洛阳市文物工作队在洛阳东郊史家湾村北发掘了一座明墓。该墓由斜坡墓道、门楼、甬道和墓室组成，墓室平面呈长方形，弧形券顶，附壁龛3个。后室设砖砌棺床，前置石案。石案上放置青花碗、盘、绿釉、酱釉瓷罐、铜鼎、铜觚、铜壶、铜灯、铅爵和铜铸男、女俑。在龛内出土有瓷罐一件和10余枚铜钱。二棺木已朽。在棺床东北部有“嘉靖”年号买地券一块，为夫妇合葬。

四、明代小型墓葬

洛阳明代小型墓葬发现较多，大部分未见墓志、铭文砖等明确纪年遗物，随葬遗物极少。定鼎北路西侧苗南村以东区域先后发掘明代小型墓葬60余座，墓葬形制多为竖穴式墓道近长方形或倒梯形墓室的土洞墓，个别墓葬的墓室内有用砖砌的棺床，多数墓葬有空心砖或青石质的封门。

第三节 洛阳明墓葬俗特征

一、墓葬形制特征

洛阳发掘出土的明代墓葬的形制主要有三个类型。

单室券顶墓 墓室呈长方形或近正方形，单室砖券，可能是明朝中期及以后伊藩郡王级别墓葬的固定制度。

仿门楼式墓 多为无影墙仿门楼式，墓口由砖（石）雕口楼、大脊、屋檐、拱券门洞等组成。东郊明墓和东花坛明墓属于此类型。

土坑竖穴墓 此类墓葬在天顺（1457～1464年）、成化（1465～1487年）以后非常流行，从一品职官到平民各个社会阶层都有使用，一般使用木棺椁，也有砖石棺椁的，使用砖石棺椁的一般地位较低。

二、随葬遗物特征及丧葬礼俗

洛阳发掘出土明代墓葬中，大中型墓葬随葬遗物种类比较丰富，主要有生活用具、出行仪仗队、各类侍俑等，少部分墓葬还出土瓷器、金银器等。

明代丧葬礼俗严格规定了丧礼的规模，随葬物品的等级和数量。明代墓随葬器物种类：陶器（人物俑、动物俑、生活用品、明器、符瓦）、瓷器、金属器（铜镜、锡壶）、钱币等。其中，以陶俑和各种陶制生活用具为大宗。陶俑的基本功能是陪葬，模拟了死者生前所需的奴仆侍从、鞍马仪仗、家禽家畜等，使死者在冥间的生活所需宛如生前一应俱全，所以陶俑真实地负载了古代社会的各种信息。

《明史卷六十・志第三十六・礼十四》曰：“丧葬之制洪武五年定。凡袭衣，三品以上三，四品、五品二，六品以下一。饭含，五品以上饭稷含珠，九品以上饭粱含小珠……明器，公、侯九十事，一品、二品八十事，三品、四品七十事，五品六十事，六品、七品三十事……”[①]沈应时家族墓地和刘润墓均出土了大量陶俑及日常生活用具，尤其是在沈应时墓中发现的明代官员出行仪仗俑是近年来洛阳地区明代考古的重要收获，此外，韩爵墓、刘承眷家族墓地也出土了一些陶俑及生活用具明器等，这些随葬遗物的发现丰富了我们对明代社会及埋葬习俗的认识。

---

① （清）张廷玉，等：《明史卷六十・志第三十六・礼十四》，中华书局，1974年。

附录

附录一　沈机夫妇墓（IM4195）出土遗物统计表

编号	名称	类别	数量	尺寸（厘米）	保存现状	时代	备注
1	墓志	石	1	盖顶边 56、底边 76、厚 15.5； 志边 76、厚 17	完整	明	
2	墓志	石	1	盖顶边 51、底边 74、厚 13； 志边 74、厚 16		明	
3	陶房	陶	1		碎	明	
4	陶灶	陶	1	长 24.9、宽 17、高 12	残	明	
5	陶碗	陶	1	口径 11.2、底径 5.6、高 5.1	完整	明	A 型
6	陶碗	陶	1	口径 11.2、底径 5.6、高 5.7	修复	明	A 型
7	陶酒盅	陶	1	口径 6.4、底径 2.1、高 2.7	完整	明	
8	陶碗	陶	1	口径 10、底径 6.3、高 6	完整	明	A 型
9	陶酒盅	陶	1	口径 6.4、底径 2.1、高 2.7	完整	明	
10	陶鸡	陶	1	长 12.8、高 7.3	完整	明	
11	陶酒盅	陶	1	口径 6.4、底径 2.1、高 2.7	完整	明	
12	陶碗	陶	1	口径 14、底径 9.2、高 6.5	完整	明	B 型
13	陶狗	陶	1	长 11.3、高 8.8	完整	明	A 型
14	陶狗	陶	1	长 11.3、高 8.8	完整	明	A 型
15	陶狗	陶	1	高 13.3、托板长 7.2、宽 6.3	完整	明	B 型
16	陶井	陶	1	长 13.4、宽 13.4、高 3.4	残	明	
17	陶狗	陶	1	高 13.3、托板长 7.2、宽 6.3	完整	明	B 型
18	陶井	陶	1	长 15.6、宽 15.4、高 4.6	残	明	
19	陶猪	陶	1	长 15.4、高 7.3	完整	明	
20	陶猪	陶	1	长 15.4、高 7.3	完整	明	
21	陶灯	陶	1	高 15、上口径 7、腹径 9.9、底径 6.9	残	明	
22	陶房	陶	1		碎	明	残碎
23	陶碾	陶	1	直径 19、通高 14.8	完整	明	
24	陶磨	陶	1	直径 18.2、高 7.6、磨盘直径 9、厚 2	残	明	
25	陶羊	陶	1	长 13.2、高 8.3	完整	明	
26	陶羊	陶	1	长 13.4、高 8.3	完整	明	
27	陶爵	陶	1	长 14、宽 5.6、高 8.1	残	明	
28	陶牵马俑	陶	1	长 37.7、宽 29.8、高 42	残	明	

续表

编号	名称	类别	数量	尺寸（厘米）	保存现状	时代	备注
29	陶牵马俑	陶	1	长 37.7、宽 29.8、高 42	残	明	
30	陶男俑	陶	1	踏板长 14.3、宽 12.4、残高 27.2	残	明	Bb 型
31	陶男俑	陶	1	踏板长 15.4、宽 13.7、残高 27.7	残	明	E 型
32	陶男俑	铜	1	踏板长 15.2、宽 13.6、残高 28	残	明	Bc 型
33	陶男俑	陶	1	踏板长 18.6、宽 13.6、高 34.6	残	明	Ca 型
34	陶碟	陶	1	口径 11.6、底径 5.3、高 3.1	残	明	A 型
35	陶男俑	陶	1	踏板长 15.6、宽 11.2、高 33.3	残	明	Bb 型
36	陶爵	陶	1	长 14、宽 5.6、高 8.1	残	明	
37	陶碗	陶	1	口径 9.4、底径 3.8、高 4.8	完整	明	C 型
38	陶碗	陶	1	口径 11.8、底径 7.2、高 5.4	完整	明	A 型
39	陶男俑	陶	1	踏板长 16.4、宽 13.3、高 34.2	残	明	Ba 型
40	陶碟	陶	1	口径 11.5、底径 6.3、高 2.9	完整	明	B 型
41	陶男俑	陶	1	踏板长 15.7、宽 14.6、高 34.8	残	明	Ba 型
42	陶男俑	陶	1	踏板长 14.1、宽 13、高 34.8	残	明	Bc 型
43	陶灯	陶	1	最大腹径 10.7、底径 9.3、高 24.5	残	明	
44	陶灯	陶	1	最大腹径 10.7、底径 9.3、高 24.5	残	明	
45	陶男俑	陶	1	踏板长 17.6、宽 9.3、残高 25.5	残	明	Ba 型
46	陶香炉	陶	1	口边长 12.1、腹径 14.6、高 16.2	残	明	
47	陶碟	陶	1	口径 11.4、底径 6.2、高 3	残	明	B 型
48	陶灯	陶	1	残高 9.5、底径 6.9	残	明	
49	陶牵马俑	陶	1	长 37.7、宽 29.8、高 42	残	明	
50	陶女侍俑	陶	1	踏板长 15、宽 13、厚 2、通高 34	残	明	A 型
51	陶男俑	陶	1	踏板长 14.9、宽 13.6、厚 2、通高 34.2	完整	明	Bb 型
52	陶男俑	陶	1	踏板长 13.7、宽 12.4、厚 2、通高 34	残	明	Bb 型
53	陶男俑	陶	1	踏板长 14.2、宽 13.8、厚 2、通高 34.4	残	明	Bb 型
54	陶男俑	陶	1	残高 8.8	残	明	残片
55	陶俑	陶	1	踏板长 13.6、宽 13.5、厚 2、通高 33.6	残	明	Cb 型
56	陶男俑	陶	1	踏板长 15、宽 12.3、厚 2、通高 34.8	残	明	A 型
57	陶男俑	陶	1	踏板长 16.6、宽 13.8、厚 2、通高 33.6	残	明	Ca 型

续表

编号	名称	类别	数量	尺寸（厘米）	保存现状	时代	备注
58	陶男俑	陶	1	踏板长 14.9、厚 2、通高 32.7	残	明	Ba 型
59	陶男俑	陶	1	踏板长 15.2、宽 12.9、厚 2、残高 26.7	残	明	Bb 型
60	陶男俑	陶	1	踏板长 16.6、宽 13.3、厚 2、通高 32.9	残	明	D 型
61	陶俑底座	陶	1		残	明	残片
62	陶戏楼	陶	1		残	明	残片
63	陶俑底座	陶	1		残	明	残片
64	女侍陶俑	陶	1		残	明	残片
65	陶男俑	陶	1	踏板长 14、宽 12、厚 2、残高 27.1	残	明	Bb 型
66	陶俑底座	陶	1		残	明	残片
67	陶男俑	陶	1	踏板长 13.3、宽 12.7、厚 2、通高 33.4	残	明	Cb 型
68	陶男俑	陶	1	踏板长 15、宽 14.7、厚 2、通高 34.3	残	明	Cb 型
69	陶女侍俑	陶	1	踏板长 12.1、宽 13.5、厚 2、通高 34.7	完整	明	B 型
70	陶女侍俑	陶	1	踏板长 15.4、宽 11.4、厚 2、通高 33.3	残	明	A 型
71	俑头	陶	1		残	明	残片
72	陶轿	陶	1	长 24.8、高 39	完整	明	
73	陶俑	陶	1		残	明	残片
74	陶女侍俑	陶	1	踏板长 14.6、宽 13.4、厚 2、通高 33.3	残	明	C 型
75	陶女侍俑	陶	1	踏板长 14.1、宽 11.7、厚 2、通高 34.2	残	明	B 型
76	陶女侍俑	陶	1		残	明	残片
77	陶俑底座	陶	1		残	明	残片
78	陶俑底座	陶	1		残	明	残片
79	陶女侍俑	陶	1	踏板长 13.7、宽 13.4、厚 2、通高 34.4	残	明	B 型
80	陶女侍俑	陶	1	踏板长 13.42、宽 12.8、厚 2、残高 26.3	残	明	B 型
81	陶床	陶	1	长 38、宽 23、高 31	完整	明	
82	铜钱	铜	1	直径 2.4、孔边长 0.7、厚 0.1	完整	明	
83	石祭台	石	1	长 107、宽 67		明	
84	陶男俑	陶	1	踏板长 14.8、宽 13.2、厚 2、通高 35.2	残	明	Bb 型

附录二　沈应时夫妇墓（IM4084）出土遗物统计表

编号	名称	类别	数量	尺寸（厘米）	保存现状	时代	备注
1	陶男仪仗俑	陶	1	残高 19.7	残	明	A 型
2	陶男仪仗俑	陶	1	残高 20.6	残	明	A 型
3	陶男仪仗俑	陶	1	高 33	残	明	A 型
4	陶男仪仗俑	陶	1	高 31.6	修复	明	A 型
5	陶马俑	陶	1	高 30、长 31、宽 11.5	完整	明	
6	陶男仪仗俑	陶	1	高 33	残	明	A 型
7	陶男仪仗俑	陶	1	高 33.4	修复	明	A 型
8	陶男仪仗俑	陶	1	高 32.9	修复	明	A 型
9	骑马仪仗俑	陶	1		残碎	明	残碎
10	骑马仪仗俑	陶	1	残长 24.3、高 37.8	残	明	C 型
11	骑马仪仗俑	陶	1	残长 28.4、残高 29.2	残	明	残碎
12	骑马仪仗俑	陶	1	残长 25.3、高 22.7	残	明	B 型
13	骑马仪仗俑	陶	1	长 28、残高 31.5	残	明	残碎
14	骑马仪仗俑	陶	1	长 25.9、残高 22.7	残	明	残碎
15	骑马仪仗俑	陶	1		残碎	明	残碎
16	陶烛台	陶	1	高 24	完整	明	
17	陶灯	陶	1	高 15	残	明	
18	骑马仪仗俑	陶	1	长 12.2、宽 3.7	完整	明	残碎
19	陶鼎耳	陶	1		残	明	
20	陶碗	陶	1	口径 9.5、底径 3.5、高 5	完整	明	
21	陶碗	陶	1	口径 9.5、底径 3.5、高 4.5	完整	明	
22	陶酒盅	陶	2	口径 3.7、底径 1.5、高 2	残	明	
23	陶研墨器	陶	1	直径 3、高 4.5	完整	明	
24	小陶盘	陶	1	口径 7.5、底径 5、高 2	完整	明	
25	陶镜	陶	1	直径 4、厚 1.3	完整	明	
26	陶爵	陶	1	长 13.5、高 7.5	完整	明	
27	陶爵	陶	1	长 13.5、高 7.5	完整	明	
28	陶爵	陶	1	长 13.5、高 7.5	残	明	
29	陶灯	陶	1	高 15	完整	明	

续表

编号	名称	类别	数量	尺寸（厘米）	保存现状	时代	备注
30	陶碟	陶	1	直径 5.5、高 1	完整	明	
31	陶椅	陶	1	高 18	完整	明	
32	铜钱	铜	1	直径 2.3、孔边 0.6、厚 0.1	完整	明	
33	陶碟	陶	1	直径 5.5、高 1、	完整	明	
34	陶酒杯	陶	1	口径 4.8、高 3	完整	明	B 型
35	陶酒杯	陶	1	口径 4.8、高 3	完整	明	B 型
36	买地券	陶	1	长 33、宽 16	完整	明	
37	粉盏	陶	1	口径 5.7、底径 3、高 1.5	完整	明	
38	陶臼	陶	1	高 10	完整	明	
39	陶房	陶	1	宽 27.5、进深 16、前高 27、后高 41	完整	明	
40	陶磨	陶	1	直径 16.5、高 11.5	完整	明	
41	陶碾	陶	1	直径 18、高 14.5	完整	明	
42	女侍俑	陶	1	高 31.5	残	明	A 型
43	陶提壶	陶	1	口径 2.2、腹径 4.2、高 5.5	残	明	
44	陶女侍俑	陶	1	高 32	残	明	B 型
45	陶女侍俑	陶	1	高 34.5	完整	明	B 型
46	陶女侍俑	陶	1	高 25.5	残	明	A 型
47	陶斟酒壶	陶	1	高 7	完整	明	
48	买地券	陶	1	残长 20.3、宽 16.2	残	明	
49	陶女侍俑	陶	1	高 34	残	明	B 型
50	陶壶	陶	1	底径 4.5、口径 3.5、高 9.5	残	明	
51	陶晾衣架	陶	1	宽 17.7、高 21.5	完整	明	
52	陶锅	陶	1	口径 5.5、高 3	完整	明	
53	陶碗	陶	1	口径 9.3、高 3	完整	明	
54	陶鸡	陶	1	长 15、高 7.5	完整	明	
55	陶猪	陶	1	长 14.5、高 8	残	明	
56	陶杯	陶	1	口径 4.8、底径 2、高 3	残	明	C 型
57	陶女侍俑	陶	1	高 25	残	明	B 型
58	陶女侍俑	陶	1	高 31	残	明	B 型

续表

编号	名称	类别	数量	尺寸（厘米）	保存现状	时代	备注
59	陶女侍俑	陶	1	高 25	残	明	B 型
60	陶女侍俑	陶	1	高 25.5	残	明	B 型
61	陶温酒壶	陶	1	口径 4、底径 4.5、高 8	残	明	
62	陶房	陶	1	宽 27.5、进深 17、前高 26、后高 41	完整	明	
63	陶盆	陶	1	口径 8.5、底径 4、高 3.5	完整	明	
64	陶女侍俑	陶	1	高 31	残	明	B 型
65	陶女侍俑	陶	1	高 31	残	明	B 型
66	陶箱	陶	1	长 19、宽 14.8、高 11.5	完整	明	
67	陶轿	陶	1	长 16、宽 16、高 33	完整	明	
68	陶鸭	陶	1	长 8.5	残	明	
69	陶灶	陶	1	长 21.5、宽 18.5、高 10	完整	明	
70	陶戏楼	陶	1	长 29.5、宽 23、高 33	残	明	
71	陶瓢	陶	1	长 8.8、宽 5.7、高 4.2	完整	明	
72	陶烛台	陶	1	高 24	完整	明	
73	陶香炉	陶	1	口长 12、宽 10、高 14	完整	明	
74	陶女侍俑	陶	1	高 25	残	明	B 型
75	陶女侍俑	陶	1	高 25	残	明	B 型
76	陶女侍俑	陶	1	高 31	残	明	B 型
77	骑马仪仗俑	陶	1	长 29、高 38	完整	明	D 型
78	陶男仪仗俑	陶	1	高 35	完整	明	A 型
79	陶男仪仗俑	陶	1	高 35	完整	明	A 型
80	陶男仪仗俑	陶	1	高 35	残	明	C 型
81	陶男仪仗俑	陶	1	高 35	残	明	C 型
82	陶男仪仗俑	陶	1	高 35	残	明	A 型
83	陶男仪仗俑	陶	1	高 33.4	残	明	A 型
84	骑马仪仗俑	陶	1	长 29.1、高 37.7	完整	明	B 型
85	骑马仪仗俑	陶	1	长 29、高 36.8	完整	明	B 型
86	陶男仪仗俑	陶	1	高 33.4	完整	明	A 型
87	陶男仪仗俑	陶	1	高 33.8	完整	明	A 型

续表

编号	名称	类别	数量	尺寸（厘米）	保存现状	时代	备注
88	陶男仪仗俑	陶	1	高 33.3	完整	明	A 型
89	陶男仪仗俑	陶	1	高 33.5	完整	明	A 型
90	陶男仪仗俑	陶	1	高 34	完整	明	B 型
91	陶男仪仗俑	陶	1	高 33.9	完整	明	B 型
92	陶男仪仗俑	陶	1	高 33	完整	明	B 型
93	陶男仪仗俑	陶	1	高 34.6	完整	明	B 型
94	陶男仪仗俑	陶	1	高 34	残	明	A 型
95	陶男仪仗俑	陶	1	高 33.6	残	明	A 型
96	陶男仪仗俑	陶	1	高 33.7	残	明	A 型
97	陶男仪仗俑	陶	1	高 33.6	残	明	A 型
98	陶男仪仗俑	陶	1	高 32.5	残	明	B 型
99	陶男仪仗俑	陶	1	高 32.6	完整	明	B 型
100	陶男仪仗俑	陶	1	高 34.1	残	明	A 型
101	陶男仪仗俑	陶	1	高 34.3	残	明	A 型
102	陶男仪仗俑	陶	1	高 33.1	残	明	A 型
103	陶男仪仗俑	陶	1	高 33.7	残	明	A 型
104	陶轿	陶	1	长 19.7、宽 17.8、高 35.7	完整	明	
105	骑马仪仗俑	陶	1	长 29.1、高 37.9	残	明	B 型
106	骑马仪仗俑	陶	1	长 30.6、高 37.5	残	明	B 型
107	骑马仪仗俑	陶	1	长 30.8、高 38.5	残	明	B 型
108	骑马仪仗俑	陶	1	长 29.5、高 41.2	完整	明	B 型
109	陶男仪仗俑	陶	1	高 33.7	完整	明	A 型
110	陶男仪仗俑	陶	1	高 32.8	完整	明	A 型
111	陶男仪仗俑	陶	1	高 33.9	残	明	A 型
112	陶男仪仗俑	陶	1	高 33.7	残	明	A 型
113	骑马仪仗俑	陶	1	长 28.6、高 37.3	残	明	A 型
114	骑马仪仗俑	陶	1	长 32、高 40.5	完整	明	A 型
115	骑马仪仗俑	陶	1	长 29.3、高 36.7	残	明	D 型
116	陶男仪仗俑	陶	1	高 33.1	残	明	A 型

续表

编号	名称	类别	数量	尺寸（厘米）	保存现状	时代	备注
117	陶笔架	陶	1	长 13、宽 9.1、高 17.5	完整	明	
118	陶男仪仗俑	陶	1	高 33.1	残	明	A 型
119	陶男仪仗俑	陶	1	高 33.5	残	明	A 型
120	陶男仪仗俑	陶	1	高 33.5	完整	明	A 型
121	骑马仪仗俑	陶	1	长 30.5、高 36.9	残	明	A 型
122	骑马仪仗俑	陶	1	长 31、高 35.9	完整	明	A 型
123	陶男仪仗俑	陶	1	高 33.6	残	明	A 型
124	陶女俑	陶	1	高 31.7	完整	明	C 型
125	陶男仪仗俑	陶	1	高 32.3	残	明	C 型
126	陶男仪仗俑	陶	1	高 33.3	修复	明	A 型
127	陶男仪仗俑	陶	1	高 33.5	残	明	C 型
128	陶男仪仗俑	陶	1	残高 17.6	残碎	明	A 型
129	陶男仪仗俑	陶	1	高 25	残	明	A 型
130	陶男仪仗俑	陶	1	高 33.4	完整	明	A 型
131	骑马仪仗俑	陶	1	长 29.8、高 38	残	明	B 型
132	骑马仪仗俑	陶	1	长 29.2、高 37.5	修复	明	B 型
133	骑马仪仗俑	陶	1	长 28.1、高 37.6	修复	明	B 型
134	骑马仪仗俑	陶	1	长 29.9、高 38.4	修复	明	C 型
135	骑马仪仗俑	陶	1	长 30、高 37	修复	明	B 型
136	骑马仪仗俑	陶	1	长 32.3、高 37	修复	明	C 型
137	骑马仪仗俑	陶	1	长 31.3、高 37	修复	明	C 型
138	骑马仪仗俑	陶	1	长 33、残高 32.1	残	明	残碎
139	骑马仪仗俑	陶	1	长 28.6、残高 31.7	残	明	残碎
140	骑马仪仗俑	陶	1	长 23.7、残高 31.2	残	明	残碎
141	祭台	石	1	长 122、宽 65		明	
142	墓志	石	1	盖顶边长 58、底边长 77.5、厚 12.5； 志边长 77.5、厚 15		明	
143	墓志	石	1	盖顶边长 58、底边长 84.5、厚 20； 志边长 84.5、厚 20		明	
144	陶粉盒	陶	1	口径 6、底径 3、高 1.5	完整	明	

续表

编号	名称	类别	数量	尺寸（厘米）	保存现状	时代	备注
145	陶碗	陶	1	口径 11.8、高 5	完整	明	
146	陶鼎耳	陶	1	残长 10	残	明	
147	陶笔架	陶	1		残	明	
148	陶茶几	陶	1	长 7.3、宽 6.9、高 3	残	明	

附录三 沈侨夫妇墓（IM4098）出土遗物统计表

编号	名称	类别	数量	尺寸（厘米）	保存现状	时代	备注
1	陶碾	陶	1	盘径 14.9、高 10.2、碾径 6、高 5	残	明	
2	陶轿	陶	1	长 17.7、宽 14、高 26.6	残	明	
3	陶臼	陶	1	口径 3、高 2.8	完整	明	
4	陶缸	陶	1	口径 8、底径 4.6、高 11.4	完整	明	
5	陶鸭	陶	1	长 11.5、高 7.2	完整	明	
6	陶鸭	陶	1	长 11.7、高 6	完整	明	
7	陶杯	陶	1	口径 5、高 2.7	完整	明	
8	陶钵	陶	1	口径 10、高 4.4	完整	明	
9	陶温水壶	陶	1	口径 10.2、底径 9、高 10.5	完整	明	
10	陶狗	陶	1	长 8.2、宽 4.4	残	明	
11	陶缸	陶	1	口径 8、底径 4.6、高 11.4	完整	明	
12	陶磨	陶	1	盘径 14.2、通高 9、磨径 9.8、高 4.2	完整	明	
13	陶男侍俑	陶	1	高 28.1	完整	明	A 型
14	陶男侍俑	陶	1	残高 23	残	明	A 型
15	陶男侍俑	陶	1	残高 20.2	残	明	B 型
16	陶男侍俑	陶	1	高 19.1	完整	明	B 型
17	陶男侍俑	陶	1	高 18.9	完整	明	A 型
18	陶椅	陶	1	面宽 9.5、进深 8.4、高 14.5	完整	明	
19	陶桌	陶	1	长 15.5、宽 8.7、高 10.3	完整	明	
20	陶粉盒	陶	1	口径 11.5、高 2	完整	明	
21	陶鸭	陶	1	长 12.8、高 7	完整	明	
22	陶杯	陶	1	口径 5、高 2.7	完整	明	
23	陶猪	陶	1	长 13、宽 5.5	完整	明	
24	陶床	陶	1	长 26.6、宽 13.8、高 12.4	完整	明	
25	陶椅	陶	1	面宽 9.4、进深 4.3、高 7.1	残	明	
26	陶男侍俑	陶	1	残高 14	残	明	B 型
27	陶男侍俑	陶	1	高 28.9	完整	明	A 型
28	陶男侍俑	陶	1	高 18.9	完整	明	B 型
29	陶房	陶	1	长 21、宽 13.4、高 29	残	明	

续表

编号	名称	类别	数量	尺寸（厘米）	保存现状	时代	备注
30	陶男侍俑	陶	1	高 11.2	残	明	D 型
31	陶轿	陶	1	长 12、宽 11.4、高 26	残	明	
32	陶男侍俑	陶	1	残高 27	残	明	C 型
33	陶女侍俑	陶	1	残高 27.5	残	明	A 型
34	陶缸	陶	1	口径 7、底径 3.6、腹径 7.4、高 9.8	完整	明	
35	陶缸	陶	1	口径 7、底径 3.6、腹径 7.4、高 9.8	完整	明	
36	陶缸	陶	1	口径 7、底径 3.6、腹径 7.4、高 9.8	完整	明	
37	陶缸	陶	1	口径 7、底径 3.6、腹径 7.4、高 9.8	完整	明	
38	陶缸	陶	1	口径 7、底径 3.6、腹径 7.4、高 9.8	完整	明	
39	陶粉盒	陶	1	直径 11.3、高 1.6	完整	明	
40	陶男侍俑	陶	1	残高 28.9	残	明	D 型
41	陶男侍俑	陶	1	残高 28.2	残	明	D 型
42	陶井	陶	1	长 15、宽 6.5、高 12.2	完整	明	
43	陶椅	陶	1	面宽 9.2、进深 7.2、高 14.4	残	明	
44	陶床	陶	1	长 12.9、宽 11.7、高 16.5	残	明	
45	陶鸭	陶	1	长 11.2、高 7	完整	明	
46	陶狗	陶	1	长 8.3、宽 5.2	残	明	
47	陶杯	陶	1	口径 4.2、高 2.2	完整	明	
48	陶杯	陶	1	口径 4.2、高 2.2	完整	明	
49	陶长颈花瓶	陶	1	口径 2、底径 2.1、最大腹径 3.5、高 7.1	完整	明	
50	陶鸡	陶	1	长 12、宽 8.2	完整	明	
51	陶鸡	陶	1	长 12、宽 8.2	完整	明	
52	陶温水壶	陶	1	口径 10.5、底径 6.4、高 8.1	残	明	
53	陶马	陶	1	长 30、高 29.5	残	明	
54	陶磨	陶	1	盘径 14.6、通高 9.2、磨径 9.8、高 4.2	残	明	
55	陶灯罩	陶	1	直径 6、高 7.4	完整	明	
56	陶粉盒	陶	1	直径 7、高 1.3	完整	明	
57	陶臼	陶	1	口径 3、高 2.8	完整	明	
58	陶提梁壶	陶	1	口径 2.1、底径 1.8、最大腹径 4、壶高 3.9、通高 7.9	残	明	

续表

编号	名称	类别	数量	尺寸（厘米）	保存现状	时代	备注
59	陶男侍俑	陶	1	残高 22.9	残	明	B 型
60	陶男侍俑	陶	1	高 14.2	完整	明	A 型
61	陶男侍俑	陶	1	残高 27	残	明	C 型
62	陶房	陶	1	长 23.5、宽 17.6、高 35	完整	明	
63	陶房	陶	1	长 24.5、宽 17.5、高 35.2	完整	明	
64	陶灯	陶	1	高 12.3	完整	明	
65	陶磨	陶	1	盘径 16.2、高 14.2、磨径 9.8、高 5.2	完整	明	
66	陶灯	陶	1	高 12.2	完整	明	
67	陶碗	陶	1	口径 9.6、底径 3.6、高 4.4	完整	明	
68	陶缸	陶	1	口径 10.5、底径 6.4、高 8	完整	明	
69	陶女侍俑	陶	1	托板长 12.8、宽 13、厚 1.5、通高 34	完整	明	C 型
70	陶女侍俑	陶	1	托板长 13、宽 11.6、厚 1.5、通高 34.4	完整	明	C 型
71	陶女侍俑	陶	1	托板长 13.4、宽 11.6、厚 1.5、通高 34	完整	明	C 型
72	陶女侍俑	陶	1	托板长 13.7、宽 11.6、厚 1.5、通高 34.5	完整	明	C 型
73	陶女侍俑	陶	1	托板长 11.5、宽 10、厚 1.5、残高 26	残	明	C 型
74	陶男侍俑	陶	1	托板长 13.7、宽 12、厚 1.3、通高 14.2	完整	明	B 型
75	陶女侍俑	陶	1	托板长 14、宽 13.7、厚 1.5、通高 33.8	完整	明	C 型
76	陶男侍俑	陶	1	托板长 10.3、宽 6.5、厚 1.3、高 25.8	完整	明	C 型
77	陶床	陶	1	长 32、宽 18.8、高 32	完整	明	
78	陶碾	陶	1		残碎	明	
79	陶轿	陶	1	长 37、宽 22.5、高 39	完整	明	
80	陶女侍俑	陶	1	托板长 13.5、宽 13、厚 1.5、通高 34.4	完整	明	C 型
81	陶灶	陶	1	长 25.5、宽 16.5、高 14	完整	明	
82	陶女侍俑	陶	1	托板长 14.5、宽 14、厚 2、残高 26.3	残	明	C 型
83	陶女侍俑	陶	1	托板长 14.5、宽 13、厚 2、残高 32.7	残	明	B 型
84	陶女侍俑	陶	1	托板长 14.4、宽 13.4、厚 1.5、通高 32.7	残	明	C 型
85	陶女侍俑	陶	1	托板长 13.5、宽 11、厚 1.5、通高 33.8	残	明	C 型
86	陶女侍俑	陶	1	托板长 12.7、宽 11.7、厚 1.5、通高 34.5	完整	明	C 型
87	陶女侍俑	陶	1	托板长 13.2、宽 11.7、厚 1.5、通高 33.7	完整	明	C 型

续表

编号	名称	类别	数量	尺寸（厘米）	保存现状	时代	备注
88	陶女侍俑	陶	1	托板长 13.2、宽 11.7、厚 1.5、通高 33.7	完整	明	C 型
89	陶房	陶	1	长 26、宽 22.5、高 44	完整	明	
90	陶房	陶	1	长 28.2、宽 23.4、高 45	完整	明	
91	陶盘	陶	1	口径 11.5、底径 5、高 2.8	完整	明	
92	陶碾	陶	1	盘径 20.5、高 9、碾径 6、长 5.2、通高 18.6	完整	明	
93	陶臼	陶	1	舂窝直径 6、深 5、口径 12.4、底径 9、高 12	完整	明	
94	墓志	石	1	盖顶边长 50、底边长 84、厚 20；志边长 84、厚 27		明	
95	祭台	石	1	长 170、宽 50、厚 8、通高 20		明	
96	铜钱	铜	1	直径 2.4	完整	明	
97	陶钵	陶	1	口径 10.3、高 4.4	完整	明	
98	买地券	陶	1	长 22.4、宽 19	残	明	
99	买地券	陶	1	长 22.4、宽 19	残	明	

附录四 沈余庆夫妇墓（IM4110）出土遗物统计表

编号	名称	类别	数量	尺寸（厘米）	保存现状	时代	备注
1	铜钱	铜	1	直径 2.4、孔边长 0.7、厚 0.1	完整	明	
2	铅饰	铅	1	长 10、直径 1.1	完整	明	
3	陶轿顶	陶	1	长 11.8、宽 11.8、高 8.2	残	明	
4	买地券	陶	1	长 21.7、残宽 12	残	明	
5	买地券	陶	1	长 22.1、宽 17.7、	完整	明	
6	陶碗	陶	1	口径 11、底径 6.2、高 3.8	残	明	
7	铁器	铁	1	长 11.8、宽 8.8、高 5.8	锈残	明	
8	陶杯	陶	1	口径 5.4、底径 4.6、高 3	完整	明	
9	陶鸭	陶	1	长 12.9、高 6	完整	明	
10	陶狗	陶	1	长 9、高 3.9	完整	明	
11	陶猪	陶	1	长 13、高 5.5	完整	明	
12	陶滴水	陶	1	长 13.4、宽 6.8、厚 0.8 ～ 2.3	残	明	
13	陶三足盏	陶	1	口径 10、高 3.5	完整	明	
14	陶片	陶	1		碎	明	
15	墓志	石	1	顶边长 48、底边长 79、厚 19 厘米； 志边长 79、厚 20		明	

附录五 IM4180出土遗物统计表

编号	名称	类别	数量	尺寸（厘米）	保存现状	时代	备注
1	玉鼻塞	玉	1	上口径 0.6、下口径 0.7、高 1.1	完整	明	
2	玉珠	玉	1	孔径 0.2、直径 1.5	完整	明	
3	铜镜	铜	1	直径 9、厚 0.65	完整	明	
4	玉珠	玉	1	孔径 0.2、直径 1.5	完整	明	
5	铜箸	铜	1	长 22.8、四棱边长 0.6、圆柱直径 0.5	完整	明	
6	铅罐	铅	1	口径 4.9、底径 5.6、高 17	残	明	
7	买地券	陶	1	长 19.9、宽 15.7	完整	明	
8	买地券	陶	1	长 22.3、宽 17.9	完整	明	
9	铜钱	铜	1	直径 2.4、孔边长 0.7、厚 0.1	锈残	明	
10	铜钱	铜	1	直径 2.4、孔边长 0.7、厚 0.1	锈残	明	
11	铜钱	铜	1	直径 2.4、孔边长 0.7、厚 0.1	锈残	明	

附录六 沈应时之女墓志铭

明故敕封孺人刘母沈氏墓志铭／赐进士第通议大夫南京总督粮储户部右侍郎前奉／敕提督军务巡抚南等□处地方督察院右副都御史汾阳王缉撰／赐进士第中奉大夫河南等处承宣布政使司左布政使前广东道监察御史汾阳张更化书／赐进士第奉政大夫太常寺少卿前户科都给事中太原万自约篆／世之通道义慎名检可为士君子道而闺阁女流卒寥寥焉若孺人者固通道义而慎名检者也／昔之所谓女士者非耶按贰守□榖杨君状孺人姓沈氏乃我汾阳太守恒阳刘公之配也厥考／南京工部尚书封泉沈公讳应时，母封淑人李氏尚书公男一官生讳侨女一即孺人生而□□／端庄尚书公奇之总角之后色笑不形言动不苟幼诵女经辄晓大义四德三从以身体焉识者／咸以女德重之尚书公为西／公乙丑于归公时孺人年十有六／时公方游邑庠充弟子员孺人以励志敏学焉公勉常居会／公举河南乡试屡赴春闱者八次其衣履之类□不先时而备公甚□焉彼／左参政府君云岩公暨封淑人母周氏伯兄大参后峰公禧萱俱庆棠棣□芳家法颇严孺人事／之衣食必亲供父母爱之□无间言与嫂氏始终周旋无一不相得妯娌之间雍雍也侄庠生／崇业礼部祠祭司员外郎广业视之犹生而训爱时及待子女以慈惠而恩义□切少长即为之／延师教以义方外而姻□处之以诚内而藏获驭之以恩威大小无怨言公筮仕峄尹孺人相／公克供厥职招流移三千余户设归仁等官庄五百四十余所孳生官牛一万余又开荒地一万／余顷昔之荒郊尽为沃野开煤井五百眼立磁窑三所□民岁获万金民乃立生祠／人之内助也庚寅公考最公／敕封文林郎沈氏／敕封孺人辛卯夏公转汾守汾俗奢丽人情狡诈公于奢者示之以俭刁者感之以诚驾驭宗亲减／息词讼引一水以资灌溉开煤井以裕民生而砂器瓷器一如之峄焉又给木绵之种兴大蓝之／利通来宗仪悉归约束刁诈者顿息孺人内助之功又可诬哉乃今公考最□院保留／诰命可得将军晋阶宜人矣孺人不少待痛忍言公以励官箴游官九载子女长成乃与万历／一至此也老母在堂幼子在侧／诰命之宠谁与共荣崇陟之禄谁与共享出焉既无所托入焉又无所与千里迢迢旅□以归公固／不能为情之甚矣讵生于嘉靖二十三年八月初二日卒于万历二十二年正月十七日享年五／十一岁男一大业聘举人荀虞龙女女一尚幼未字卜次年二月十九日葬于祖茔邛山之麓／呜呼孺人懿行在闺阃孝友在家庭慈惠在子姓荣遇在／息渥孺人虽捐馆而其德固垂之不朽者因誌而铭曰孺人之系出自宗徿灵毓秀孺人肇生式维戬榖懿德孔成克相郡伯丕著贤声／帝嘉壸范鲁晋驰声／龙章锡宠冠佩褒荣一德靡渝九原慰灵岿岿邛山奕奕佳城于万斯年永藏珍铭／石工杨大禄／

后　记

项目领队	史家珍
现场发掘	吴业恒　张西峰　王云涛　常永卿
资料整理	吴业恒　王云涛　常永卿　王　瑞　李媛媛　赵澍中　杜程程　尚红丽　赵　静
器物修复	智爱玲　郑　卫　侯　瑛
绘　　图	吴业恒　马占山　王云涛　常永卿　郭改伟　赵　静　苏　静
照　　相	罗火金　吴业恒　高　虎　张西峰
拓　　片	屈红国　李光夫
报告编写	吴业恒　史家珍　马占山　赵晓军